"十三五"国家重点图书出版规划
中国现代政治学经典

张奚若文集

主　编　张小劲　谈火生
执行主编　刘猛

清华大学出版社
北京

本书封面贴有清华大学出版社防伪标签，无标签者不得销售。
版权所有，侵权必究。侵权举报电话：010-62782989 13701121933

图书在版编目（CIP）数据

张奚若文集/张小劲，谈火生主编. —北京：清华大学出版社，2019（2019.9重印）
（中国现代政治学经典）
ISBN 978-7-302-52226-3

Ⅰ.①张…　Ⅱ.①张…②谈…　Ⅲ.①社会科学–文集　Ⅳ.①C53

中国版本图书馆CIP数据核字（2019）第018381号

责任编辑：张　莹
封面设计：贺维彤
责任校对：王凤芝
责任印制：丛怀宇

出版发行：清华大学出版社
　　　　　网　　址：http：//www.tup.com.cn，http：//www.wqbook.com
　　　　　地　　址：北京清华大学学研大厦A座　　邮　编：100084
　　　　　社 总 机：010-62770175　　邮　购：010-62786544
　　　　　投稿与读者服务：010-62776969，c-service@tup.tsinghua.edu.cn
　　　　　质量反馈：010-62772015，zhiliang@tup.tsinghua.edu.cn
印 装 者：三河市金元印装有限公司
经　　销：全国新华书店
开　　本：185mm×260mm　　印　张：29.25　　字　数：516千字
版　　次：2019年5月第1版　　　　　　　　印　次：2019年9月第2次印刷
定　　价：98.00元

产品编号：077130-01

"中国现代政治学经典"编委会

主　　编：张小劲　谈火生
执行主编：刘　猛

编委会成员

　　　　张小劲　景跃进　任剑涛　应　星
　　　　谈火生　刘　瑜　苏毓淞　于晓虹
　　　　孟天广　刘　猛　曲　甜　赵　娟

总　序

对那些既向往政治昌明，又钟情学术探究的个人来说，两全其美的选择莫过于修业、治学以及授教政治学。学无止境，知也无涯，穷毕生之力亦可自明通达；种学织文，诲人不倦，乐在得天下英才而教之；知世则哲，学优则仕，当可奉献智识于国家与社会。

历史无疑厚待了这些自知且欲的知世者。一百多年前，一场革命的爆发、一个朝代的终结与一所现代大学的诞生交错在一起，为这个已有五千多年历史的古老国度带来了新思想的激荡和新学术的萌生。传统的政治智慧与治国术理，西洋的政治思维与制度创设，时下的政治运作与治理实践，汇集成了一个名曰"政治科学"的现代学科，成为可传授的知识、可研究的学问和可求解的主题。

在这所最初被叫作"清华学堂"的现代大学里，"政治学"成为最早开设的课目，"政治学会"成为最早组建的校园社团，"政治学系"更是学堂改制为大学时首批开办的学系之一。在相当长一个时期里，从清华园启程远涉重洋、留学海外的青年才俊，以政治学为志向者不在少数。成立未久的政治学系不仅接纳了诸多学成归国的政治学人，而且吸引了清华园里最多数量的学生。借由这些师生的发奋蹈厉，清华政治学系迅速崛起为首屈一指的中国现代政治学研究重镇。其先生师长，建树丰厚，享有学界显赫声名；其后进学生，撒播八方，讲学从政致用其长。

清华政治学系因1952年院系调整而取消，历经五十余年之后得以复建，再十年后又有重组。由是之故，政治学在清华，一如其他社会科学和人文科学，中道崩裂的场景似多于弦歌不辍的情形，原本辉煌的片段久蒙积年累月的尘埃。然而，历史毕竟仍是慷慨大度的。当我们这一代政治学人再度聚集清华园时，系史的原始档案以及前辈学人的行藏著述无疑成了政治学系师生共同必修的功课。历史既展现了西方政治学引入中国并渗透本土知识的融会进程，又记述了仁人志士企盼民富国强且为之付出心血的前尘往事。不欺名于先人，不湮没于事功，历史记载着事实与真相。追念前辈，追比先贤，更是历史所宣明的道理和主张。

在完成这门功课的过程中，寻觅的艰辛与发现的快乐，对于名师高徒的羡慕与恨不同行的慨叹，关乎学问的体悟与期许未来的责任感，始终交织在一起。由此我们更加确信，在推进政治昌明、追寻良治善政的路途中，政治学必是能够取之汲之、惠我惠众的知识源泉。

本套丛书即是这门功课的初步作业，丛书收录数位学者的学术经典之作。这些学者在中国现代政治学发展史上素有一代宗师的美誉。他们的学术经历和教学生涯，他们的治学态度和学业理路，他们的创新成就和知识贡献，构成了现代中国政治学发展的实体内涵和无形财富，成为当代中国政治学的历史传统和学术道统中最宝贵的组成部分。而他们的学术文字更是中国现代政治学发展史上的宝库。

从知识社会学的角度无疑可以更清晰地揭示1920年代末至1930年代这一代政治学人的学术共同点。这些学者身上的共同点，既涉及家国命运和时代特点，又包括个人遭遇和生命历程。

首先，他们有着同样极其特殊的教育经历和学术背景，而这种教育经历和学术背景也是这一代政治学者所独有的。他们大都幼年接受中国传统教育，对中国传统文化有着广泛精深的理解；少年时代进入现代大学接受教育；其后远涉重洋，前往欧洲或美国，再接受高度系统化的科学训练。在他们身上，中国文化的底蕴与西方学术的造诣并存而相长。

其次，他们同样处在近代中国一个极其特殊的社会环境中，这种社会环境从1920年代中后期至1930年代中后期。在这段时期里，国家形式统一，局势相对稳定，但平静背后暗藏的困难和挑战，给予这代学人时不我待、时不再来的急迫感，迫使他们珍惜时间、用功学术。

再次，他们胸怀着共同的学术抱负，在治学中强调引入现代政治学专业知识和先进文明的政治智慧，整理中国丰富的历史资料和复杂的现实素材，以系统化和体系化的方式与世界先发文明对话交流，进而面对中国的问题探寻出路和办法。这种学术抱负既潜藏于中华民族传统文人积淀和传承的伦理之中，又前所未有地融入了现代学术的思维要素和科学态度。更具体地说，"天下兴亡，匹夫有责"以及"为大多数人求福祉"是他们走上政治学研习道路的理性依据和情感依托，随着专业知识的积累，他们的学术期待演化为以学术强国、以教育救亡的现实选择，意图用自己的所学所长救国家于即倒、拯万民于水火。环境容许，他们着力于学术；一旦有所需求，他们甘愿放弃学术而以自身所长直接介入现实政治。总之，书生报国，对他们而言不是两可之间选择，而是生存的样式本身。

一如吕文浩所言："从人事的网络来说，早期养成清华习气的那批毕业生陆续返校执教，形成以后实际左右校政方向的所谓'少壮派'。这批人以及有意无意援引的教授大抵具有相似的文化背景，工作和生活在同一个清华园内，自然容易形成相似的学风，也就是学界所称道的'清华学派'。"尽管他们钻研的问题有所不同，但他们之间相互尊重，最终都在清华共同推进着现代政治学的发展；更确切地说，这是在古老中国创立现代政治学的伟大事业，是以中国素材所提炼的政治智慧培养中国的人才，以现代科学方法重新认知中国的尝试；清华政治学人的工作在某种程度上就是使中国接近和融入世界先进文化，接触和汲取世界先进文明的功业。

从学术史的视角，老清华的政治学系表征了民国时期政治学的学术水准，成为中国现代政治学上的典范。鉴于前辈学者学术成果所具有的学术价值和历史意义，特整理出版"中国现代政治学经典"，为往圣继绝学，为学术传薪火，为中国现代政治学的发展贡献一份力量。

"中国现代政治学经典"编委会

导 言
张奚若：西方政治思想史研究的宗师

张奚若，原名张耘，字熙若，陕西朝邑（今属大荔）人，1889年10月出生于一个中医家庭。[1] 幼年读私塾，后入宏道书院，与吴宓同学，在宏道书院曾带头发起驱逐日本教授。辛亥革命前夕，他到上海求学，入上海理化专修学堂，未久又转入中国公学。在上海期间，张奚若加入同盟会，投身革命，结识了革命志士于右任、宋教仁、黄兴、陈其美等人，为准备发动革命而奔波。辛亥革命期间，张奚若回到西安，但对革命后哥老会人掌权甚为失望，乃再次离开西安。他深切感到："革命党人虽然是富于热情和牺牲精神，但是在治理国家和建设国家方面却一筹莫展"[2]，因痛感破坏容易建设难，便起了出国留学的念头，希望能到海外"学些实在的学问，回来帮助建设革命后的新国家"。[3]

1913年7月，怀抱理想的张奚若来到美国，入哥伦比亚大学。他在出国之前曾想读土木工程，后因对数学不感兴趣，再加上他认为国家要富强必须仿效西方民主制度，所以入学未久便选择了政治学专业。[4] 1917年张奚若获得学士学位，同年秋，去德国科隆大学进修。后返美继续攻读硕士，与金岳霖同学，并结识徐志摩，1919年获得硕士学位。[5] 张奚若在美期间，积极筹办《政治学报》，每日专心在图书馆至少八九个小

---

[1] 黄中岩：《张奚若》，载中共党史人物研究会编：《中共党史人物传》第五十五卷，西安，陕西人民出版社，1994年。
[2] 张奚若：《回忆辛亥革命》，载中国人民政治协商会议全国委员会文史资料研究委员会编：《辛亥革命回忆录 第一集》，164～165页，北京，文史资料出版社，1961年。
[3] 张奚若：《回忆辛亥革命》，载中国人民政治协商会议全国委员会文史资料研究委员会编：《辛亥革命回忆录》第一集，165页。
[4] 孙敦恒：《张奚若先生生平事略》，见《张奚若文集》，4~5页，北京，清华大学出版社，1989年。
[5] 孙敦恒：《张奚若先生生平事略》；金岳霖：《我的最老的朋友是张奚若》，见张月媛编：《清华大师文选》第一辑，北京，新世界出版社，2002年；韩石山：《徐志摩传》，304页，北京，北京十月文艺出版社，2004年。

时[1]，写出书评评介巴克所著《希腊政论——柏拉图与其前辈》和施达勒布拉所著《国家社会》，并曾写成论文《社约论考》《主权论沿革》，均发表于《政治学报》。[2]

毕业之后，张奚若赴法、意、德、英等国考察游学。[3]其间，他仍关心国内政局发展，写出的《我们的政治主张》发表于胡适所创办的刊物《努力周刊》上。从1913年起，张奚若在欧美度过了12个春秋，这一段游学的历程，张奚若学得了西方政治思想的精要，对西方民主制度有了直观的认识，并坚定了对自由、平等、民主、博爱等价值的热爱。

1925年，张奚若回到国内，本拟接受胡适邀请担任《努力周刊》主编，但后来改任北京国际出版品交换局局长。虽然未加盟《努力周刊》，但他还是受徐志摩之邀，以"一位有名的炮手"加盟徐主编的《晨报副刊》，曾撰写《苏俄究竟是不是我们的朋友？》一文，在此刊中引发一场"对俄问题"的大讨论。[4]国民党南京政府成立后，张奚若应蔡元培之邀，担任大学院高等教育处处长一职，协助蔡元培试行"大学院制"，[5]但未久便觉不适，于1928年7月离职后，在南京中央大学讲授政治学。

1929年8月，张奚若应聘于清华大学政治系，与浦薛凤同为清华大学西方政治思想史的权威。曾讲授"西洋政治思想史""西洋政治思想史名著选读""柏拉图政治哲学""卢梭政治哲学""西洋政治思想史专题研究"。[6]他讲课生动有趣，并对学生要求极严，曾要求毕业生要有"奋斗""续学""耐劳"的精神。[7]在清华期间，张奚若继续专精于西方政治思想史研究，曾发表《自然法观念之演进》《法国人权宣言的来源问题》《卢梭与人权》，对西方政治思想的介绍和启蒙思想的宣扬不无裨益。而一向偏好述而不著的张奚若，在1930年代的清华任教期间，也发表时政文揭批政府政策和预测时局发展。他参与了知识分子对民主独裁的大争论，曾写出《国民人格之培养》和《再论国民人格》，发表于《独立评论》第150期和第152期，以个人主义为基础力主民主政治价值；发表《塘沽协定以来的外交》批评国民党的外交政策；并曾

---

[1] 徐志摩：《对张奚若〈副刊殃〉的按语》，见《徐志摩全集补编3 散文集》，上海，上海书店出版社，1994年。
[2] 金岳霖：《我的最老的朋友是张奚若》；张奚若：《社约论考》，载《政治学报》（北京），第1卷2期，1920年8月；《评巴克著〈希腊政论——柏拉图与其前辈〉》，载《政治学报》（北京），第1卷2期，1920年8月；评施达勒布拉《国家社会》，载《政治学报》（北京），第1卷2期，1920年8月。
[3] 黄中岩：《张奚若》。
[4] 智效民：《胡适和他的朋友们》，76~78页，昆明，云南人民出版社，2004年。
[5] 《整顿巩固 重点稳健——张奚若教育思想简述》，见杨际贤、李正心主编：《二十世纪中华百位教育思想家精粹》，北京，中国盲文出版社，2001年。
[6] 孙敦恒：《张奚若先生生平事略》；黄中岩：《张奚若》，北京，清华大学出版社，1989年。
[7] 《在毕业典礼会上代表教会致辞》，见《张奚若文集》，北京，清华大学出版社，1989年。

于 1936 年 11 月 29 日在《独立评论》第 229 期上发表《晋察不应以特殊自居》，而引致国民党将《独立评论》关闭。[1]

抗战爆发后，张奚若随清华大学南下，在新组建的西南联合大学中担任政治系主任和教授，怀着极大的责任心，开展战乱之中清华政治系和西南联大政治系教学和研究工作。在此期间，他主要讲授"西洋政治思想史""近代西洋政治思想"，而这两门课当时"是很叫座的，听他的课是乐趣，一点不感到那些外国古代的思想是枯燥的，而却是引人入胜的"。[2] 而对于学生，他亦是身教言传。他常教导学生，读政治学不是为了做官，曾对学生说"立志当一个社会改革家，是为上策；立志当一名正派学者，是为中策；二者都不成就做一个普通人。若趋炎附势，钻营求官，则是下策"。[3] 对于时局，他更是以其直快性情，不畏威权，直陈其见；因不满蒋介石的统治政策，曾在国民参议会上激烈批评蒋介石的独裁，后拒绝出席国民参政会，并对国民党的腐败大加指斥，多次讲演、发表文章，呼吁"废止一党专政，取消个人独裁"。[4]

抗战胜利后，张奚若返回北京，仍然担任清华政治系教授兼系主任。他积极反对国民党统治，支持人民民主和学生运动，曾发表《人民怎样渡过这内战的难关？》《新的课题》《青年人的理想与勇气》等文章。1947 年 2 月，他还同朱自清等 13 位教授联合发表宣言，呼吁国民党释放被捕学生。[5] 为全力从事政治活动，张奚若后来辞去了系主任职务，由曾炳钧接替。此后，他又为和平解放北平作出了巨大的努力。

1949 年 9 月，张奚若出席中国人民政治协商会议第一届全体会议，曾建议以"中华人民共和国"为国名，并得到采纳。建政以后，张奚若历任中华人民共和国中央人民政府委员、中央人民政府政务院政法委员会副主任、教育部部长、对外文化联络委员会主任、中国人民外交学会会长等职务。在人民教育与国家外交工作上，用心颇多。1957 年整风运动中，他提出"好大喜功，急功近利，否定过去，迷信将来"的批评意见，因周恩来总理的保护，他才免于被打成"右派"。

张奚若一生经历清王朝、中华民国和中华人民共和国三次政权转换，自青年时期就怀抱革命理想，终其一生存有救国建国之志向，而又选择以知识救国为路向。他身

---

[1] 刘桂生：《刘桂生学术文化随笔》，324~325 页，北京，中国青年出版社，2000 年。
[2] 端木正：《端木正文萃》，34 页，广州，中山大学出版社，2004 年。
[3] 杜如楫：《怀念尊敬的张奚若老师》，见《张奚若文集》，北京，清华大学出版社，1989 年。
[4] 《废止一党专政，取消个人独裁！》，见《张奚若文集》；孙敦恒：《杰出的爱国民主人士张奚若》，见北京市政协文史资料委员会编：《北京文史资料 第六十七辑》，168 页，北京，北京出版社，2004 年。
[5] 孙敦恒：《杰出的爱国民主人士张奚若》，见北京市文史资料委员会编：《北京文史资料 第六十七辑》，北京，北京出版社，2004 年。

受西学教育，回国之后，志在传播启蒙思想和研究西方政治思想。他一生治学志不在著书立说，而希以知识改造政治。其为数不多而为文生涩的论著中[1]，多从大处着眼，追根溯源，以梳理西方政治思想中某一学说的源流脉络为主，以介绍西方现代启蒙思想为主旨。虽然如此，张奚若并非盲目受价值引导，而以理性态度对待思想史研究，是"一个保存了中国风格的学者"[2]。可以说，张奚若是一位启蒙思想家，但其思想中也不无张力存在，一方面他推崇卢梭人民主权学说，但另一方面看到个人权利的重要，因而人民主权的实现和个人权利的保护何以得到调和，始终是其思想中的困结。[3]而最终，他反对蒋介石的统治，而接受中国共产党的人民民主，从中不难看出他思想上的变化与选择。

尽管著述不多，但张奚若已发表的学术论文仍具有很大的影响。其中，《社约论考》是张奚若早年政治思想史研究的代表作，最初于1920年发表于北京《政治学报》第1卷第2期，后于1926年由商务印书馆列入"百科小丛书"出版。

按照张奚若的说法，写作此文的目的，一是要对社会契约论的起源发展之历史沿革作出概括式的梳理。因为在中国常常将社约论与卢梭相联系，只知卢梭而不知其他思想家，但是社约论却不限于卢梭，这一知识史是中国亟须认识的。二是要在思想史沿革的基础上，对社会契约论的价值意义作出判断。[4]围绕着这两个目的，《社约论考》一文分别对上自古希腊哲学家、中世纪、16世纪思想家乃至霍布斯、洛克及卢梭、康德、费希特均分别作出简练的评析。在历史回溯中，此文不仅对相关思想家无遗漏之处，而且对重要转折时段和重要思想家的分析更具出彩之处；文中指出，所谓约，因时而不同，中世纪乃政约而非社约；十七八世纪社约论并非出于古希腊哲学家，而是自中世纪之政约论思想；比较霍布斯、洛克与卢梭的社会契约论，可以发现"霍布斯以为人民社约永弃主权与政府中之一人或数人"，"洛克以为人民以社约暂寄主权于政

---

[1] 徐志摩曾评价张奚若，"他那支笔的硬，简直是僵，光光的几块石头，这里苍苔都没有长上去，是没有问题的了。但他那文章因此没有价值吗？正是反面；他才是真正学者的出品，一点也不偷懒，一点也不含糊。"（徐志摩：《对张奚若〈副刊殃〉的按语》）

[2] 金岳霖：《我的最老的朋友是张奚若》；张奚若：《社约论考》，载《政治学报》（北京），第1卷2期，1920年8月；《评巴克著〈希腊政论——柏拉图与其前辈〉》，载《政治学报》（北京），第1卷2期，1920年8月；评施达勒布拉《国家社会》，载《政治学报》（北京），第1卷2期，1920年8月。

[3] 王元化认为张奚若并无忽视个人权利，雷颐则强调张奚若在30年代民主独裁大讨论中以个人权利为基调的民主政治论说；但两人均未指出张奚若人民主权学说与个人权利之中的张力所在，尤其是张所推崇的卢梭的人民主权论是以个人权利交付团体为前提的，而张30年代的讨论中个人主义的彰显，反映出其在人民与个人之间的调和的思想倾向。参见王元化：《九十年代反思录》，93~97页，上海，上海古籍出版社，2000年；《艰难的抉择——漫话张奚若》，见雷颐：《经典与人文》，天津，百花文艺出版社，1999年。关于张奚若个人主义和个人权利的言说，可见《国民人格之培养》《再论国民人格》；关于张人民主权的言说可见《主权论》《卢梭与人权》《法国人权宣言的来源问题》。

[4] 张奚若：《社约论考》，1~4页，上海，商务印书馆，1926年。

府，政府不道，人民得收回此权"。"卢梭则大异于二者，以为约成之后，人民自己变为主权者，主权永久存于人民全体或社会，与政府丝毫无与，既无所谓永弃，亦无所谓暂托。"[1]

张奚若对社会契约论的思想价值评价甚高，他认为虽然社约论不能成一家一言，而各有目的、方法、理想，造成派别繁多，但"其哲理上最要之点则一。此点维何？曰：政权根据为人民同意"[2]，社约论是造成近代平民政治中最有影响力的因素，"社约论之最大价值，即在以民意代天意，谓政权基础，不在天不在王而在平民"。[3] 其实，在他的思想中，社会契约论已经是一种政治原理，即使历史中未有依据，但它于社会中的应用乃是构造政治的上策之选。

此书的研究方法，亦采用文本分析与历史背景分析相结合的方式，在其中张奚若不仅重视社会契约论观念之内容及演进，且关心其何以产生以及历史背景与缘由为何，还对社会契约论对美国革命与法国革命的影响作出分析。此外，他对不同思想人物社会契约论思想的描述中也处处显现其比较方法的应用，如他分别从自然境、自然法、社约、主权者对霍布斯、洛克和卢梭作出区别。总括而言，此书内容虽简，但言简意赅，不失为一种介绍社会契约论来龙去脉的入门小书。

《主权论》是张奚若学术专论中的又一代表之作，曾于1925年列入商务印书馆"百科小丛书"第七十九种出版。由此，张奚若曾被称为"主权论权威"[4]，这本对西方主权思想简练表述的小册子，足以反映出张奚若对西方政治思想研究的涉猎之深。张奚若之所以将西方主权思想引介到中国，是因为在他看来"主权论在西洋政论上占一特殊地位，其影响于古今政治思想及政治改革者亦最大"，然而"近年来中国政治革新，学者多研究西洋政治学理，惟于政治学上最关重要而且最饶兴味之主权论，则问之者殊寡"。[5] 在此书中，张奚若以人物思想为主体，以思想沿革为线索，于其中以窥察"各说强弱之点"[6]。他以十分精简的笔调勾画了主权思想的起源发展脉络，从主权思想的肇端亚里士多德谈起，分别对布丹到洛克的主权思想、卢梭的人民主权论、法国的公理主权和德国的国家主权论、奥斯丁的法律主权论以及联邦制国家的主权论一一探讨，并对西方政治思想演进中与主权论相对而生的学说展开分析，如法兰西革命后的康德

---

[1] 参见张奚若：《社约论考》，8~60页。
[2] 张奚若：《社约论考》，60页。
[3] 张奚若：《社约论考》，2页。
[4] 张国华：《我所知道的张奚若先生》，载《张奚若文集》，484页，北京，清华大学出版社，1989年。
[5] 张奚若：《主权论》，1页，上海，商务印书馆，1925年。
[6] 张奚若：《主权论》，2页，同上。

学说,以及19世纪法国学者莱昂·狄骥和英国学者拉斯基对主权论的批判。通过对主权思想的历史探源,张奚若发现"主权论肇源于亚里士多德",而在布丹、卢梭和奥斯丁处得到大发展,后又遭到狄骥和拉斯基的反对。[1]

从总体来看张奚若是认同主权学说,而反对他所处时代流行一时的反主权学说,更甚重要的是,从张奚若对主权思想演进的论说之中,不难发现他对人民主权学说价值的重视。在此书中,它常是以人民主权为中心,来观察各家之学说。如他认为,霍布斯的主权论是对民主主权学说的根本推翻[2],而康德"在形式上虽不反对民约,在实际上其为害更甚于反对也"。[3]虽然,在张奚若看来政治学说受到政治历史条件的局限,在各个时代自然应有不同价值,但亦不能就此泯灭人民主权学说的价值。他在全书的最后结论中道:"盖自法兰西革命以来,主权为国家公意之说,风驰电掣,为世界民权发达之根本哲学。今虽弊端百出,势力大失,而其历史上助长民权之功,自不可没。政论非一成不变者也,国家不能作非之主权论,不能适用于今日,亦犹朕即国家之说,不能见容于十八世纪中也。"[4]

《法国人权宣言的来源问题》一文为1930年代初张奚若在清华政治学系任教时所写,连载于《武汉大学社会科学季刊》第二卷一、二、三号和第三卷二号。他的学生王铁崖曾称此文,"是一篇罕见的好文章","时隔几十年,这篇文章仍是十分珍贵的"。[5]

此文主要从思想史的角度探讨《人权宣言》的来源出处问题。西方学术界关于人权宣言的来源向有争论,一派认为其来源于卢梭的政治哲学;另一派则认为其是模仿了美国的《权利法案》,张奚若在此文中抱着"对此问题加以讨论,一方面固然不敢矜奇立异,一方面希望也不至于雷同附和"的严谨态度,从目的方法与内容两个层面来审视《人权宣言》。张奚若认为考察《人权宣言》来源要从两方面,一是从宣言的目的,是"用宣言的方法去限制国家的权力"[6],从哪里而来入手;二是要看宣言中的条文的思想是从何而来的。就方法而言,张奚若认为,卢梭的《社会契约论》是主张个人自然权利全部赋予国家,而国家权力不受限制,人民即等于是国家,而这与《人权宣言》中限制国家权力的精神是不相符合的。就内容而言,张奚若同意《人权宣言》中的观念由美国而来,但并不同意《人权宣言》中条文内容全系抄自美国。他考证了《人

---

[1][4] 张奚若:《主权论》,51页,同上。
[2] 张奚若:《主权论》,14页,同上。
[3] 张奚若:《主权论》,24页,同上。
[5] 王铁崖:《怀念张先生》,载《张奚若文集》,483页,北京,清华大学出版社,1989年。
[6] 《张奚若文集》,140页,北京,清华大学出版社,1989年。

权宣言》的产生过程，展现了其中的激烈辩论和草案条文逐条通过的曲折进程，将争辩中正反两面的观点一一陈说。最后，他得出结论，《人权宣言》的内容既有事实上的来源，也有理论上的来源，"自事实方面看，它是由当时法国人民的真实疾苦来的；自理论方面看，它是由全体十八世纪的政治哲学来的，美国的影响虽有而不大"。[1] 在此文中，张奚若还逐条辨析《人权宣言》之内容受哪位政治哲学家何种学说影响而生。

张奚若曾说，西方历史上有三大思想家，即柏拉图、卢梭和马克思。[2] 在对《人权宣言》溯源的同时，也透露出他对卢梭思想的重视和对人民主权学说的认同。他认为，《人权宣言》虽然在目的和方法上不是从《社会契约论》中而来，但在内容上确是受到卢梭政治哲学的影响。他甚为推崇卢梭的人民主权论，"卢梭的主权只有一种，无论何时均在人民，政府不过代主权者传达号令之机关，其权力完全得之于主权者而且为主权者所支配所限制"。[3] "卢梭的主权者就是人民，人民就是主权者；因此，主权者的权限虽大，却与人民的自由毫无妨害；其实，不但无妨害，而且主权者的权限越大，人民的自由才越发展。"[4]

如果从方法而言，这是一篇具有考证性质的思想史论文。全文所引用文献大都系法文文献，而所标注释有 242 个之多。这些无不反映出张奚若治思想史的功底。

尽管在中华人民共和国成立后，张奚若少有平静稳定的治学机会；但如前所述，他所取得的研究成就，他所完成的学术建树，他所参与的政治活动，亦足以使他在现代中国政治学历史中占据一个重要的地位。1973 年 7 月 18 日，张奚若在北京逝世，享年 85 岁。

---

[1]《张奚若文集》，194 页，北京，清华大学出版社，1989 年。
[2]《张奚若文集》，482 页，北京，清华大学出版社，1989 年。
[3]《张奚若文集》，204 页，北京，清华大学出版社，1989 年。
[4]《张奚若文集》，205 页，北京，清华大学出版社，1989 年。

目 录

政治思想史

主权论沿革 / 3

社约论考 / 24

自然法观念之演进 / 53

卢梭与人权 / 79

法国人权宣言的来源问题 / 83

书评：公法界之大革命 / 144

书评：政权性质论 / 146

书评：希腊政论——柏拉图与其前辈 / 147

书评：国家社会 / 149

书评：共产主义的批评 / 151

书评：A History of Political Thought in the Sixteenth Century / 154

书评：French Liberal Thought in the Eighteenth Century / 156

书评：Theories and Forms of Political Organization / 158

书评：The Rise of European Liberalism / 160

中国政治

那里配做"狄克推多" / 165

党化教育与东南大学 / 168

执政府与刘镇华到底有甚么特别关系 / 171

闲话 / 173

闲话 / 175

北京国立八校合并问题 / 177

"五七"学潮的我见 / 180

"东大风潮"的辨正 / 184

怎样筹款援助上海罢工的工人 / 187

沪案筹款方法及其支配机关 / 189

副刊殃 / 192

双十节 / 196

中国今日之所谓智识阶级 / 198

英国派兵来华的目的和影响 / 202

英国人的头脑与此次出兵 / 206

南北可以妥协吗 / 209

南京事件与不平等条约 / 211

外国人应该知道的几件事 / 214

宁案与五国通牒 / 217

英国今日几个最大的问题 / 220

政治上的目的与手段 / 241

在第四届毕业典礼上代表教授会致词 / 243

国立清华大学教授会致国民政府电 / 244

独裁与国难 / 245

一切政制之基础 / 248

论所谓中日亲善 / 252

《塘沽协定》以来的外交 / 256

陕西的教育问题 / 259

国民人格之培养 / 264

再论国民人格 / 268

全盘西化与中国本位 / 272

国难的展望 / 283

东亚大局未来的推测 / 287

今日学生运动之意义及影响 / 291

国事不容再马虎下去了 / 294

世界大混乱与中国的前途 / 298

对于两广异动应有的认识 / 301

国难的下一幕 / 304

绥东问题的严重性 / 308

论成都事件 / 311

外交政策与策略 / 315

冀察不应以特殊自居 / 319

国际政治与中国 / 322

民主政治当真是幼稚的政制吗？/ 325

我为甚么相信民治 / 329

中国的出路 / 333

政治协商会议所应该解决的问题 / 336

对政协会的意见 / 347

对东北问题的谈话 / 350

人民怎样渡过这内战的难关？/ 354

谈时局 / 357

纵谈时局 / 360

新的课题 / 365

时事杂话 / 367

忆民国初年的陕西大选 / 369

论中国的政治前途 / 372

青年人的理想与勇气 / 377

不要辜负了时代 / 379

五四运动的将来 / 381

司徒雷登的威！/ 383

国防与青年智识分子 / 387

批评工作中的"四大偏差" / 389

辛亥革命回忆录 / 392

附 录

我所认识的志摩 / 415

为《学生报五四特刊》题词 / 418

悲愤的话语 / 419

一多先生死难一周年纪念 / 420

一个报告 / 421

书信 / 423

  致胡适 / 423

  致胡适 / 424

  致胡适 / 424

  致王徵 / 426

  致胡适 / 428

  致王徵 / 428

  致胡适 / 430

  致胡适 / 430

  致胡适 / 431

  致任鸿隽 / 431

  致杨杏佛 / 433

  致胡适 / 434

  致胡适 / 435

  致胡适 / 435

  致梅贻琦 / 436

  致梅贻琦 / 436

  致梅贻琦 / 437

  致梅贻琦 / 437

  致陈岱孙 / 438

  致梅贻琦 / 438

  致梅贻琦 / 439

致陈岱孙 / 439

致陈岱孙 / 440

致龚祥瑞 / 440

致梅贻琦 / 440

致梅贻琦 / 441

致梅贻琦 / 441

致梅贻琦 / 441

致梅贻琦 / 442

致赵凤喈 / 442

致梅贻琦 / 443

致鲍觉民 / 443

致张正欣 / 444

编后小记 / 446

- 主权论沿革
- 社约论考
- 自然法观念之演进
- 卢梭与人权
- 法国人权宣言的来源问题
- 书评：公法界之大革命
- 书评：政权性质论
- 书评：希腊政论——柏拉图与其前辈
- 书评：国家社会
- 书评：共产主义的批评
- 书评：A History of Political Thought in the Sixteenth Century
- 书评：French Liberal Thought in the Eighteenth Century
- 书评：Theories and Forms of Political Organization
- 书评：The Rise of European Liberalism

政治思想史

主权论沿革[*]

主权论（the theory of sovereignty）在西洋政论上占一特殊地位，其影响于古今政治思想及政治改革者亦最大，凡读西文政论书籍者，当不以此言为谬。近年来中国政治革新，学者多研究西洋政治学理，惟于政治学上最关重要而且最饶兴味之主权论，则问之者殊寡。今特作是篇，冀引起学者研求学理之兴趣。力有不逮，固作者所自知也。

主权者，一国之最高统治权也，英文谓之 sovereignty 源出法文之 souverainté，汉译主权二字，颇嫌不适，以主字含对外意多，似仅可表对外主权，[1] 而不能兼对内主权。[2] 近人有译为萨威棱帖者，固可免汉文歧义之弊，然此种音译，字多音长，令读者望之生畏，救弊得弊，亦嫌不当。今民国临时约法已用主权二字（约法第二条云，中华民国之主权，属于国民全体），作者因之，非敢引法律为护符，不过无佳译以代之耳。

自来谈主权者，大都不外从两方立论。一从主权之性质立论，一从主权之处所立论。言性质者，有谓主权无限制，有谓有限制，有谓可分，有谓不可分，有谓可让弃，有谓不可让弃。言处所者，亦复因时代国情之不同，有谓其在君主者，有谓其在人民者，又有谓其在国家者，议论纷纷。非知其历史沿革，无从见各说强弱之点。今为讨论便利起见，特分八段陈述。一，布丹以前之主权论；二，布丹至洛克；三，卢梭及法国革命；四，法国革命后之反响；五，公理主权与国家主权；六，奥思定之主权论；七，联邦制与主权；八，今日之新趋向。

---

[*] 原载《政治学报》（政治学报社）第一卷第一期，1919 年 12 月。原文无标点，只有断句符号，整理时添加标点符号。
[1] External sovereignty.
[2] Internal sovereignty.

一、布丹以前之主权论

有统系之主权论，虽始唱于布丹，[1] 而布丹绝不为此论之初祖。布丹以前，论主权者，首为旷世哲人亚里士多德，嗣后有罗马法家，再后又有中世纪之反对教皇力扶民权诸巨子，如马西离，[2] 欧克，[3] 及苟散纳 [4] 等。今请以次论之。

（一）亚里士多德　亚氏谓一国之主权，因政治组织之不同，或在一人，或在少数，或在多数。在一人者，谓之君主政治，或独夫政治；在少数者，谓之贵族政治，或富民政治；在多数者，谓之平民政治，或暴民政治。[5] 然此仅据当时历史事实而言，至自哲理言，主权应属一人或少数或多数，亚氏颇持应属多数之说。其理由如下：

欲问主权应谁属，应先定谁属之标准。欲定此标准，应先询国家之为物，其目的安在。亚氏谓国家存在之目的，在扶助人民得享最高尚之生活，生活不足贵，贵在高尚耳。国家存在之目的既如此，其次应问如何可达此目的。亚氏谓达此目的之物，非富，非贵，曰德。故德为断定主权谁属之标准。标准既定，最后应问谁为具是德者。亚氏谓具是德者，非一人，非少数，乃多数。因一人或少数之德，容或较优于多数个人之德，而绝不能较优于多数全体之德也。[6] 此犹谓此马之力，或较大于彼马之力，而绝不能谓一马之力，较大于万马之力也。

如上所说，主权属于多数人民明矣。但主权虽属于多数人民，而行使主权者，则为政府官吏。自事理言，多数人民，既无自作官吏之才能，又无自作官吏之机会，其运用主权之法，仅在选举官吏及警责官吏。多数人民，虽不能自作官吏，有选举官吏之权，官吏有违法或不尽职处，人民又有警责之权。故选举及警责官吏二者，乃人民主权之运用式也，亦即人民主权之被限制处也。

（二）罗马法家　当罗马帝国极盛之时，王威赫赫，自无主权在民之说。读罗马法"王意即法，以人民曾以其所有之权传授于王也"[7] 一语，令人想见当年主权在君之旨。其他谚语，如"王意所在，即法所在"，亦大有朕即国家之概。然此仅就罗马帝国极

---

[1] Jean Bodin.
[2] Massilius.
[3] Ockam.
[4] Cusanus.
[5] Politics Jowett's, translation, Bk. III, ch. 11.
[6] 同上 Bk, III, ch. 11.
[7] Institutiones LI. Pt. II, Sec. 6.

盛时代言,迨后王权中衰,民权渐伸,主权在民之说,复见萌芽。于昔所谓"王意即法,以人民曾以其所有之权传授于王也"一语,加以新解,谓王意所以即法者,以曾得人民总权之让与,既由人民让与,则王意之出于民意也明矣云云。

(三)中世纪　中世纪政教相争之时,袒教者谓主权在教皇,护政者谓主权在君主。谓在教皇者,持主权出于神赐之说;谓在君主者,持主权得自民与之说。亚块纳[1]翼教而扶政者也,谓二说皆近是,惟其立论少有迁就,不如马西离,欧克,苟散纳等力持主权在民之说纯且粹也。马西离者,中世纪末之急进的政论家而近代民权主义之前驱也,持主权在民之说,谓政府之权出于法,而民乃造法者也,且谓法之为物,须出于全体人民之公意,而不能出于一人或少数之私旨。法而出于一人或少数之私旨,则其所保护者,仅一人或少数之私利,而非全体之公利。故为全体公利起见,法非出于全体人民所造不可。全体人民,既为造法者,又须有监督此法之权,庶执政者不敢有违法之处。监督之法维何,曰惩罚违法官吏是也。[2]准此,则执政者仅能于法律范围以内,行使其权,出此范围,则惩罚绳于其后。主权在民,未有若斯之严且备者也。

欧克与马西离同时,持主权在民说,较马有过之无不及。谓统治权有三大限制,一、民福;二、神意;三、自然法。统治权在此三限制中,其威无上,逾此则失其效。

苟散纳较马欧为后起,谓一切政权,皆出于人民同意。执政者不过受人民推选而为之履行法律,其性质仅为人民代表而已。苟氏论政最要处,在政权出于人民同意一语。其意盖谓人生而自由平等者也,今于此自由平等之人民以上,忽置一束缚自由位不平等之统御者,非得人民同意莫由。[3]质言之,即自由之人,不受束缚,受之须出于其本意也。平等之人,不屈人下,屈之须出于其本意也。此其为说,与卢梭民约论无大异。

马欧苟三人,统持主权在民之说,且其持论有一共同之点,颇足形容中世纪之思律,不可略述于此。此思律可以三段论法表之曰,全体大于部分,人民为全体,执政者为部分,故人民较执政者为大。人民既较执政者为大,则主权在人民而不在执政者明矣。[4]

以上所论,自亚里士多德以至苟散纳,不过主权论之滥觞耳,若其发达,则俟近世。布丹者,近世有统系主权论之初祖也。今请转而论之。

---

[1] St. Thomas Aquinas.
[2] Marsilius, Defensor Pacis, Bk. I, ch. 12 and 15, 见 Coker, Reading in Political Philosophy.
[3] Dunning, History of Political Theories, I, pp. 270~276.
[4] Maitland, Political Theories of the Middle Age, pp. 35~61.

二、布丹至洛克

（一）布丹　布丹之主权论，一力扶专制君主之主权论也。所以然者，以当时法国承封建之末，政与政争，教与教讧，国家几陷于无政府危境，非有一强有力之君主，不能拯社会于焚溺，布丹之专制君主主权论，盖亦当时纷乱政象之天然出产物也。

欲明布丹之主权[1]为何物，宜先知其定义。布丹曰，"主权者，高出于人民以上，不为法律所限制之威权也。"[2]又曰，"主权者，一国之绝对永久权也"。定义既明，请再言其性质。布丹之主权，有六要性。一，主权为绝对的，维绝对故不受裁制。二，主权为永久的，永久二字，在此可作终身解，终身君主，方有主权。若任期有限之摄政王，或国有大故时之全权统揽者，或其他性质相似之上官，不得认为操有主权。三，主权不可分，惟不可分，故一国之内，不能有二主权。四，主权不消灭，惟不消灭，故不能以时间虚度而视为失效。五，主权不可让弃，惟不可让弃，故常与君主之寿命相终始，不能以意传之他人。六，主权无限制，无限制故不受法律之禁止。但此处所谓法律者，仅指一国之民法而言。此种民法，乃执掌主权者自己所造，造之者当然不受其所造之限制。若夫神道法，[3]自然法，[4]万国公理，[5]以及国家大法，[6]固高出于主权执掌者之上，限制主权而不为主权所限制也。据此，则布丹之主权，除为神道法，自然法，万国公法，及国家大法四者所限制外，固一绝对，永久，不可分，不可灭（不可让弃，不受限制之威权也。

布丹之论主权，不止于此，凡若国家之存在，国体之判别，国民之定义，法之源府，革命之意义，均莫不以主权为枢纽。今为篇幅所限，不能详述，约而言之，可曰，国之存在与否，悉视主权之有无为判，主权在则国存，主权缺则国不存。主权在一人者，国体为君主，在少数者为贵族，在多数者为共和。此主权与国家及国体之关系也。至于谁为国民，布丹以为凡受主权之命令管辖者，均为国民，否则反之。若夫法之制定，固以执掌主权者之意旨为断，盖法为执掌主权者所造，执掌主权者之意旨，即为法律。最后应问何为革命，布丹曰，革命者，国家主权移易时之改革也。主权若移（即

---

[1] Souverainets 一字布丹首用之，布丹以前称主权曰 plenitudo potestatis.
[2] Bodin, De Republica, Bk. I, ch. 8.
[3] The Law of God.
[4] The Law of Nature.
[5] The Law of Nations.
[6] Leges imperii.

由一人移至少数或多数，或由多数移至少数或一人），改革虽小，亦为革命；主权不移，改革虽大，不为革命。

布丹之主权论，诚政论史上有数文字，其穷理深，其为词有统系而不紊，其影响于后来者亦最大，奉为圭臬者固多，而视为邪说者亦不少。今请论其反对派。

（二）阿徒修　阿徒修[1]者，雠君党[2]健将也，反对布丹，倡民主主权说，最有声于时。布丹谓主权集于少数执政者，阿徒修谓其散于全体人民。布丹谓主权为绝对而无限制，阿徒修谓其非绝对而有限制。布丹欲为君主树威，藉救社会之纷扰。阿徒修力为人民争权，冀脱苍生于淫威。二人用意不同，持说自异，无足怪也。

阿氏主权论之起点，根于民约。彼谓人与人约而成家，家与家约而成乡，乡与乡约而成邑，邑与邑约而成国。国者由约而生之最高集合体也。国之成，其动力发于下而不发于上，故主权在下而不在上，约成而治者与受治者分。治者之权，出于受治者之许可，其性质为暂托而非永弃。故治权有违人民许可原意时，人民不但可收回此权，并可得治者而处分之。由此观之，政府固为人民所造而向之负责任者也。阿氏又谓主权在事理上须属人民。因人民之生命，永久不死，而执政者之生命，则与个人生命无异，易于终绝，不配负有主权也。以上所言，仅及主权之性质及处所，至于何谓主权，观阿氏之定义自知。阿徒修曰，"主权者，关于管理人民身体灵魂安宁之事之最高最广权也。"此其为说，与布丹之所谓"高出于人民以上，不为法律所限制"云云，相去殆不可以道里计矣。

（三）谷罗狄士　布丹袒君，阿徒修护民，持论各趋极端。谷罗狄士[3]则持调停之说，周旋于两者之间。其为说虽不如两氏之有统系，然以有影响于后代学说处，故亦论及之。

谷罗狄士曰，主权者，不受他权限制之权也。[4]此权之执掌者，分普通特别两种。普通执掌者为国家全体，特别执掌者为一人或政府中少数执政者。[5]谷氏论主权最要之点，在此区别。所谓周旋于君主民权之间者，即在此处。惟谷氏虽认有二种主权执掌者，而彼所持论者，则仅及特别执掌者。此特别执掌者主权之为物，自谷氏视之，纯然为一种权利。[6]其性质与他种私人权利如土地所有权无少异。执掌此权者，亦与

---

[1] Johannes Althusius.
[2] The Monarchomachs. 阿徒修外 George Buchanau Hubert Lanquet Mariang 等亦有名。
[3] Hugo Grotius.
[4] De jure belli ac Pacis, Bk. I. ch. 3, Sec. 7. Whewell translation.
[5] De jure belli ac pacis, Bk. I, ch. 3, Sec. 7.
[6] A right.

他种物主无异。他主于其地可传之子孙，或租售之他人。君主之于其主权亦然，传之租之售之，悉惟其意是听。此其为说。表面上似较布丹更为专制，实则不尽然。以布丹之主权，尊严难犯，不可让弃，此则可让弃也。其他亦有不如布丹持论之趋极端处。如布丹之主权无限制，谷氏之主权有限制；布丹之主权不可分，谷氏之主权可分；布丹之主权为永久，谷氏之主权可久可暂；布丹之主权仅有一种执掌者，谷氏之主权则有二种等，尤其例之彰彰者也。

（四）霍布士　霍布士[1]生于十七世纪英国君民激战之时，振笔著书，以拥护君权为己任，举一切民权学说而颠扑之，为说坚强不可破。自来民党劲敌，未有若霍氏锋芒之可畏者也。

霍氏论主权，可分三段。一，人类最初自然境；[2]二，民约；[3]三，主权。彼谓生民之初，无君无民，无善无恶，一切悉惟蛮力是恃，相杀相残，不能安处。为求福避祸计，乃相约而群奉一强有力之人以为君。未约之前，人人平等，既约之后，众人为民，一人为君。民以其所有权利，降之于君，令其代行一切保护惩罚之责。且认君之行为，即民自己之行为，不可反抗。换言之，约成之后，自然人之人格，已经消灭。所谓君者，乃诸自然人之总替身也。[4]霍氏论民约与他家不同之点，在谓所谓约者，非君与民约，乃民与民约，[5]君不与约，故高居民上，不为限制，而民则相约以服从。约成之后，不但悉降其权于君，且并不能毁此约而更立他约也。[6]霍氏以前，论民约者，多谓未约之前，主权在民，既约之后，民以主权全体或其一部移之于君。君违约旨，民可收回此权。此为民主主权论者极强之点。承认此点，便无专制君主主权说发生余地。霍氏欲根本推翻此说，故谓主权与民，同生约后。[7]未约之前，蛮力相竞，民且无有，何论主权。二者俱无，谓为在此在彼，殊属不辞。故主权者，乃约成后，与民同时发生之物，明乎此，则"原属""移与""收回"云云，皆毫无意味矣。此吾所谓霍氏于民主主权说根本推翻之也。

主权始终在君，与民无与，已如上述。至其性质如何，霍氏谓主权之为物，自君一方视之，不可分，不可弃；自民一方视之，不可毁，不可拒。分之则不完全，弃之

---

[1] Thomas Hobbes.
[2] The state of nature.
[3] Contract.
[4] The bearer of their person.
[5] Hobbes, Leviathan, Pt. II, ch. 18.
[6] Ibid., Pt. II. ch. 18.
[7] Ibid., Pt. II. ch. 17.

则人类将相杀相残,复返于自然之域,而毁之拒之,又均非约之所许。

霍氏主权之为说,较布丹更趋极端,更为专制。以布丹之主权,虽不受人民限制,然受神道法自然法国家大法等限制;霍氏之主权,则无论何种限制,均不之受,以其于神道法自然法,视君主为最终之判断者,于国家大法,则并其存在而亦不之认也。[1]

霍氏之主权论,完备如此。顾以轻视宗教,卒未得当时英人之承认。英人之神圣霍氏,乃十九世纪中叶以来事也。然霍氏在其本国,享名虽迟,而在欧洲大陆,则早与当时大学者谷罗狄士齐名,抑或过之。其势力至福禄特尔及孟德斯鸠出始稍衰。

(五)蒲芬道夫　蒲芬道夫[2]调停谷罗狄士,霍布士之说,谓政治社会成于二约。第一约为民与民约,共舍自然境而入社会,谓之社约。第二约为民与君约,君司法理,民尽服从,谓之政约。[3]政约结果所得之统治权,谓之主权。主权威力无上,不可分,不负责,不受他法之裁制。然蒲氏于此,并非完全赞同霍氏。以霍氏之主权,绝对而无限制。蒲氏之主权,则非绝对而有限制也。自来论主权者,多混绝对[4]与最高[5]为一说。蒲氏谓绝对与最高截为二事。绝对无所不辖,不受限制。最高则仅于其所辖者中为最高,不受限制,于其不辖者,则受限制。主权为最高,然非绝对不受限制。限制主权者,详言之,为神道法自然法以及旧风古习。概言之,凡政府存在理由所在,即主权限制所在也。蒲氏学说,在英法及他国无甚影响。惟在德国,则自十七世纪至法国革命,百余年间,学者多宗之。

(六)洛克　洛克[6]之《政府论》,[7]原为表同情于英国一六八八年之革命而作,为自来盎格鲁撒逊人种谈民权者所宗。一七七六年美国独立,其自由政论,多本洛氏。即以提倡民权出名之卢梭,亦受洛氏影响不小。洛氏诚一大民权政论家哉。

洛氏谓生民之初,处自然境。此自然境,虽非如霍布士之所谓乱境,[8]而个人权利,以无公共判断者,终不十分安稳,故群相约而立一政治社会及政府。[9]政府中之最高机关,为立法机关。[10]立法机关,为法之源府,及人民总意之代表,即政府主权所在处。

---

[1] Hobbes, Leviathan, Pt. II. ch. 26.
[2] Pufendorf.
[3] Pufendorf, De jure naturae et gentium VII, 2, 7. Kennett's translation.
[4] Absolute.
[5] Supreme.
[6] John Locke.
[7] Two Treatises on Civil Government.
[8] State of war.
[9] Two Treatises, Bk. Iw, ch. 2−3, 7~8.
[10] Two Treatises, Bk. II, ch. 13.

立法机关外，又有一行政机关，行政元首之职权，悉为法律所规定。在此法律范围中，其权最高，不受限制，为形式主权所在处。立法机关，虽高于行政机关，然为人民所建，对于人民，负保护生命自由财产之责。

立法机关违职，或侵害人民权利时，人民得凭其天赋人权，收回政府主权而另建立法机关。[1]据此，一国之内，有三种主权。一，形式主权，操于行政元首，为法律所限制。二，政府主权，操于立法机关，为政府存在原理所限制。三，政治主权，操于人民。政府在时，政治主权，处于静境，虽存在而不生效力。政府倒后，由静而动。有建设新政府之能力，威权无上。[2]

洛氏论政要点，在人民权利及政府存在理由，于主权论之本少，论主权性质处尤少。除有限性外，其余盖不可得而闻也。有统系之主权论者，布丹霍布士而后，当以坚利洼哲学家卢梭为首屈一指。

三、卢梭及法国革命

近代世界民权潮流，多导源于法国革命，而法国革命之政治理想，又多得之于卢梭。故卢梭者，实法国革命之晨钟，而世界民权史上之自由神也。其所作政论，皆上结往古，下启来今，历来政论家，未有若卢梭势力之大者也。今去卢梭之死，已百四十年矣，其政论犹为学者所争讼，其名犹为妇孺所称道，即不学如今日之中国人，亦莫不耳卢梭之名，影响之大，可见一斑。卢梭《民约论》[3]大旨，在发挥（一）人民自由，不受束缚；（二）国家万能，不受限制；（三）万能国家之下，人民犹为自由，且国家愈万能，愈不受限制，人民始愈自由，愈不受束缚。[4]此说本甚牵强，不过卢梭词辩，故信之者夥耳。

卢梭之论主权也，曰，自然境中，困厄太多，非个人之力所能胜，故群相约而立一致治团体。[5]当约之时，各以其所有权利，让之全体，令其代行保护辅助之责。此全体得各个人权利之让与，揽有总权。凝而静时，谓之国家，发生动时，谓之主权。[6]易言之，国成于约，约发于意，国家为人民公意所造，又为人民公意所运动，主权即

---

[1] Two Treatises, Bk. II, ch. 11, 19.
[2] Two Treatises, Bk. II, ch. 19.
[3] Contrat Social.
[4] Contrat Social, Bk. I, ch. 6.
[5] Le Corps Politiqui.
[6] Contrat Social, I, 6.

公意[1]也。

卢梭之主权，有四要性。一，不可让弃；二，不可分；三，不能作非；四，绝对无限。何言乎不可让弃。卢梭曰，权力或可让弃，而意志绝对不可让弃，[2]主权既为人民公意，若谓公意可让弃，不啻谓个人私意亦可让弃。今人既认私意不可让弃，何独于公意而谓之可让弃耶。主权既不可弃，则人民不能服从君人者一人之私意，与代议政体之不合理，不言自喻。人民而服从君人者一人之私意，或听少数代议士之代操政权，是自弃其自由权，而国家亦随之而解散矣。[3]准此，合理之主权执掌者，厥惟一种，曰人民全体。合理之政体，亦惟一种，曰共和。卢梭于此，盖已根本推翻专制政体矣。主权之不可让弃如此，何言乎主权不可分。卢梭曰，主权为公意，公意惟一不可分，分之便无公意。[4]世人往往以由主权发出之特权可分，遂谓主权自身亦可分，此大误也。主权不但不可弃不可分，自其本性言之，并且不能作非。卢梭曰，公意所志，在人民福利。公意之于人民，亦犹个人私意之于其一身。公意不能伤害人民，正如个人不欲自残其肢躯也。[5]最后卢梭谓主权为绝对无限。卢梭于此，又引社会公意与个人私意作比，谓天授人以全权处分其肢躯，民约授国家以全权管理其人民，人民不能限制主权，与肢躯不能限制意志，其象虽殊，其理则一。[6]主权完全自由，不但不受他人之限制，亦不受自己之限制。不受他人之限制，故人民无从施其羁勒，不受自己之限制，故不向人民负担保权利之责。其造福于人民之道，惟在以公安为目的，对于人民，一视同仁，无此轻彼重之别耳。

霍布士之主权，生于约。卢梭之主权，亦生于约。霍布士之约，为民与民约。卢梭之主权，亦为民与民约。社会根基，在两氏均为个人。惟两氏民约起点虽同，归结乃异。霍布士以人民隶政府，卢梭寄政府于人民。霍布士之主权，操于政府。卢梭之主权，操于人民。政府为主权所造，供主权之驱使而不能驱使主权也。

卢梭主权论，影响于法国革命者甚大，征之史籍，当知不诬。一八七九年人权宣言书第三条有曰，"主权在国家"。一七九一年宪法第三章第一条曰，"主权惟一，不可分，不可弃，不消灭"。一七九三年宪法第二十七条权利章曰，"僭窃主权之独夫，可由自由人民处死之"。又三十五条曰，"政府侵害人民权利时，人民全体或一部，有革命之权，

---

[1] La Volonté générale.
[2] Contrat Social, II, 1.
[3] Contrat Social, II, 1; III, 15.
[4] Contrat Social, II, 2.
[5] Contrat Social, II, 3.
[6] Contrat Social, II, 4.

以革命乃人民最神圣之权利，最不可忽之义务也"。

四、法国革命后之反响

法国革命后，政治革新，多趋极端，惹起各方反动不小。革命学说，根于民约，故反动论调，亦以攻击民约为事，盖欲从政治原理上根本推翻之也。此反动党可分三派，一为历史派，二为神权派，三为君产派。惟于论反动党前，不可不以数语略及康德，[1] 以康德在形式上虽不反对民约，在实际上其为害更甚于反对也。

（一）康德　康德受卢梭影响不小。卢梭之国家，建于民约；康德之国家，亦建于民约。卢梭之主权为公意；康德之主权，亦为公意。[2] 惟康德与卢梭相同之点，置于此处，其不同处，较同处实多，而其影响亦较大也。卢梭之民约，虽不必为历史上必有之事，然彼亦未明言其必无。康德则以最明瞭之词，谓所谓民约者，仅理想上悬揣之事，用之作解释法律存在之具，为事实上断不可得。[3] 康德于此，分理想与事实为二。民约在理想上或有，在事实上必无。此吾谓其于形式上虽不反对民约，实际上更甚于反对之意也。彼又谓主权亦分二种，一为理想上之主权，生于民约，为人民之公意；一为事实上之主权，生于威力，操之政府。康德论主权，偏重事实，故其结论，不啻谓主权即政府之武力，主权不但为政府之武力，人民对于此种武力，且无权以反抗之。革命之事，法兰西一七九三年宪法谓为人民最神圣之权利，最不可忽之义务者，康德视之，叛逆而已。

（二）历史派　国家为民约所建，革命学说视为金科玉律，然自历史派观之，直一荒诞不稽之辞耳。历史派对于社会一切现象，悉以长期的因果眼光目之。凡事作始甚微，经若干变迁进化，始达现状，绝非一朝一夕可由人造而成。文字也，道德也，法律也，国家也，皆自然界之自然生长，非一人一时之力所可一蹴而致者。革命学说，谓国家为人造之物，人民有建设或破坏之权，历史派谓其为数千年社会自然演进之结果，原因复杂，在少数人权力之外，国家既为自然演进之结果，民约之说，不攻自破矣。历史派之健将，先有卜克，[4] 后有萨维倚。[5]

---

[1] Immanuel Kant.
[2] Works, Rosenkranz and Schubert's edition, V, 207.
[3] Works, V, 207.
[4] Edmund Burks.
[5] Savigny.

（三）神权派　法兰西革命后，宗教隆威，大受打击。故不久即有神权派出，于革命学说攻击不遗余力。德梅特[1]鲍那[2]希达尔[3]，尤此派中之最负声望者也。革命学说，谓人民同意为政权基础，国家乃民意产品。神权派疾而恶之，谓政权基础，不但不为人民同意，且与人类无关。以彼此同为人，甲无权治乙，此无权治彼也。政权既与人类无关，然则果何自来耶。神权派谓其来自人类以外，何谓人类以外，曰神，曰造物之主。德梅特曰，政府者，宗教也，有宗教之信条，有宗教之神秘，又有宗教之官吏。鲍那曰，一国之内，有统治之权，有服从之义。统治之权，有其理由，服从之义，有其用意。此理此意，非宗教无以明之。希达尔亦谓主权之所自来，厥维神明，与人无与。总之，自神权派观之，主权之为物，纯出神赐，绝非人造，既非人造，所谓约也意也，皆毫无意味矣。

（四）君产派　人类果平等乎，抑不平等乎。人之生也，果处于自然境乎，抑居于社会中乎。民约论者，谓人类平等。其初生也，处自然境中。哈拉[4]者，君产派首领也，谓人类本天然之强弱，绝不平等，强者侵入，弱者卫己。侵之极降服必众，卫之至乃求荫护。降服荫护之结果，分人为二群，强者治之，弱者受治，由此社会国家生焉。人皆生于社会中，而并不能生于社会以外，考之历史，亦从未生于社会以外。此乃物性使然，无可易者。人类既不能生于社会以外，又何所用其相约而后始入社会耶。君产派之主权，本于人类天然之优胜，强者以其天赋能力，取得政权，政权性质，与他种产业性质无异。其取得之也，或由个人才能，或由祖宗传与。有此权者，亦可以其传之子孙，或授之他人。要之，主权为一种产业，生民之初，已经存在，何待民约而后生也。

民约巧论，经康德及历史派神权派君产派等之攻击，在当时政论界中，已无立足地矣。惟攻击者持论各有不同，不可不注意。康德谓民约为事实上所必无，将其从根本取销。历史派谓国家由自然演进而成，非人力所可强造。神权派以为人无权治人，治人之权，为神所授。君产派以为主权生于人类自然等差，为强者之天然私产。此数派中，除历史派外，余皆偏向君主，抑遏民权。然即历史派，亦以攻击民约故，为他党引为同调，在当时为君主效用不少。

---

[1] De Maistre.
[2] Bonald.
[3] Stahl.
[4] Ludwig von Haller.

五、公理主权与国家主权

自来政论，未有不为其当时实在政象之产物者。此观于十九世纪中法国之公理主权，与德国之国家主权两说而益信。法兰西革命后，政治更新，多趋极端，故有各方之反动。然此反动派之学说，以与当时民权膨胀潮流，太相背驰。虽为抨击民约论之利器，而决不能作代替民约论之良剂。调和之论，在法有公理主权说，在德有国家主权说。今请述此二说发生之由及其性质。

（一）公理主权　法当一八一四年拿破仑帝流窜，国运改造之际，正统派欲复革命前之旧观，讬政柄于皇室。革命家欲固自由之基础，寄主权于人民。然朕即国家之妄想，革命时早已破灭无余，恢复良非易易。而在倾心民权者一方面，又以革命惨象，犹留人之脑际，欲重建完全民治，亦难做到。二者各不能胜，于是有调和之议。一八一四年之宪章，与法兰西以立宪君主政体，实调和之结果也。然法国学者向信主权不可分。革命之前，仅知有主权在君之说，革命之后，仅知有主权在民之说。今此宪章平分政权于君民二者之间。法兰西国家之最高统治权，既不完全在君，又不完全在民。向信主权不可分之论者，至此殆不能不踌躇狐疑而别思有以解之也。解之之道维何，曰，主权不在君不在民，而在君民以外。何谓君民以外，曰公理。[1]此公理主权说之大概由来也。

既明公理主权说为当时特别政象之产物，其次应问其性质如何。寇山[2]曰，公理者，非君主之理，亦非人民之理，乃一种抽象的绝对公理。[3]以君主与人民同为人类，人类不能无非，则其理亦不能常是。常是之理，非人能有，故曰绝对。主权既为绝对公理，而绝对公理又非人所能有，然则人将何由而知此公理之存在与否及其存在之处所耶。主张公理主权说者，对此难题，无从解答，故其终也，惟有视主权为政治学上无关紧要之物，置之不理而已。虽然，一八一四年之新旧调和，原属一时权宜之计，迨一八三〇年之"七月革命"成功后，政局为之一新，昔之绝对公理主权说，至此欲与事实相合，一变而为国家公理。[4]西士孟底[5]曰，"国家主权，属于国家公理"。所谓国家公理者，盖即人民全体之理也。

革命时代之主权为公意，本期中之主权为公理。意理之分，影响极大，读主权论

---

[1] Raison.
[2] Cousin.
[3] Raison absolue.
[4] Raison nationale.
[5] Sismondi.

史者，不可不注意也。

（二）国家主权　法兰西革命后，主权在君在民，两有不可。法人之公理主权，又属一种毫无依附之物，不切实用。德国学者，酌察本国国情，创所谓国家主权说。国家主权说之大意有二，一曰国家为有机物，[1]二曰国家为法人。[2]

赫智尔[3]谓"国家为道德理想之实现"。[4]国家之组成，实道德最大之发展。无国家则道德不完全，无国家则个人无自由无权利。个人之有自由权利，非以其为人而有之，乃以其为国家之份子而有之也。何言乎国家为有机物，曰以其为宇宙间理想发展之结果也。[5]赫智尔之国家，不但为有机物，且为人。[6]人者，享有权利者也。国家享有权利，故为人。国家享有权利中之最大者为主权，主权运用之目的，非政府之利，亦非人民之福，乃国家全体之安宁而已。赫智尔之主权，虽属于国家全体，然国家全体之为物，空泛无着，仅有主观的存在而无客观的存在。无客观的存在，则国家之人格，仅属想像的而非真实的。真实人格，有君主在，始克有之。君主既为国家真实存在所不可缺，其在国家所占地位之重要可知矣。

次赫智尔而论国家为有机物者，当以伯伦知理[7]为最要。然伯伦知理之有机国家说，根于科学，非若赫智尔之高谈玄理也。当十九世纪中叶，科学已经发达，社会一切现象，悉引科学以为解。有机国家说，即自然科学法之施于政论者也。伯伦知理谓有机物有三要性，一为形式精神之俱备；二为全体中各部之特别官能；三为由内向外之发育。国家具此三性，故为有机物。伯伦知理与赫智尔不同之点，不止于此。赫智尔之主权，名义上存于国家全体，实际上存于君主。伯伦知理之主权，则始终存国家全体，[8]君主虽在，不若赫智尔视之重要也。何言乎国家为法人，曰，以其在法律上有享受权利及肩负义务之能力也。国家之权利义务，为社会中权利义务之最高者，故其人格，亦为社会中诸种人格之最高者，统辖一切，揽有主权。持法人说者，以戈伯尔[9]与格尔克[10]为最著名。

---

[1] Organismus.
[2] Juristische Person.
[3] Hegel.
[4] Der Sta fit die Wirklichkeit der sittlichen Idee——Grundlinien der Philo ophie der Recht, Sec. 257.
[5] Grundlinien, Sec. 269.
[6] Grundlinien, Sec. 35-36.
[7] Johann Kaspar Bluntschli.
[8] The Theory of the State, 500-501.
[9] C. F. von Gerber.
[10] Otto Gierke.

六、奥思定之主权论

（一）奥思定主权论之起源　英国民政，自十七世纪末叶以来，早已确立不拔。故奥思定[1]之主权论，既非如霍布士之欲拥护君权，又非如卢梭之欲鼓吹民权，尤非如公理国家两说之欲调停于君民二者之间。其惟一用意，盖欲为当时英国纷乱如麻之法律，立一有条不紊之统系耳。用意如此，故其为说也，偏重法律，轻视政治，其得名以此，其受攻击亦以此。

（二）奥思定之先导　奥思定之先导曰边沁，[2]边沁为功利主义之鼻祖，其论政也，大反对民约为政权基础之说，谓人之所以服从威权者，非以曾经同意，不能反抗。不过为个人最大乐利计，服从为较便耳。边沁之主权，自法律一方视之，不受限制，自事实一方言之，实为"实用"[3]目的所限制。奥思定之主权亦如此。不过奥氏论主权偏重法律，骤观之似无限制耳。

（三）奥思定之法论　奥思定之一切政论，悉筑于其法论之上。故欲知其论主权，应先明其论法。何为法，曰，"强迫一人或数人或全体，对于一事，作为或不作为之命令也"。[4]法之性有三，一曰法为命令；二曰此命令来自一位置较高之定体；三曰此位置较高之定体，有监行法之权力。命令定体监行三者，为法所不可缺，宪法及风俗之不为法者，无他，无此三性也。

（四）奥思定之主权论　奥思定论主权，最要之点，在诸主权不属于涣散不定之人民，或空虚无着之国家，而属于人民或国家中之一一定部分。此一定部分，奥氏称之曰，确定人体。[5]确定人体，或为一人，或为一人以上之合体。其在英国，王及上下两院，即此确定人体也。自奥氏观之，一国之内，治者与受治者之分，极为明暸。主权属于治者中之最高部分，此最高部分受人之服从而不服从于人，所居地位，又极明切易认。盖不易认，则不确定，不确定，则主权之何存，不可得而知矣。确定处所一端，实奥氏论主权最要之点。

主权不但有一确定处所，其性质在法律上又属绝对无限，以法为执掌主权者所造，

---

[1] John Austin.
[2] Jeremy Bentham.
[3] Utility.
[4] Jurisprudence, I 98.
[5] A determinate human body.

造之者当然不受其所造之限制。且执掌主权者，在一国中所居之地位为最高，谓最高受限，未免蹈论理上自相矛盾之嫌。主权既属绝对无限，则其在法律上无义务[1]之可言可知。以法律上之义务，须有法律上位置较高之人，强迫履行，始克有效，不然，徒为具文而已。主权不但无法律上之义务，且无法律上之权利。[2] 以法律上权利之为物，须两造及判官三者俱备始可。今若执掌主权者，对于人民，享有权利，则执掌主权者，同时既为判官，又为两造之一，于理难通。若谓执掌主权者，仅为两造之一，听第三者之判断，是将主权移于此所谓第三者。原有之执掌者，既非最高，自无主权之可言矣。康德谓执掌主权者有权利而无义务，奥思定谓其并权利而亦无之，诚论理上应有之结论。

一国公法之要旨，在定明治者与受治者间之法律的关系。今主权执掌者，对于人民，既无权利义务之可言，是已无公法存在余地。治者与受治者间之关系，其性质纯为事实的而非法律的。治者与受治者间之关系，既为事实的而非法律的，则凡一切政府之存在，亦属事实的而非法律的。合法政府一名词，奥氏视之不通已极，以政府之为物，仅有存在之可言，而无合法非法之可分。所谓宪章，仅为一种道德的节制，而非法律的强迫。政府有背宪章，或可谓之为不道德，而不能谓之为违法，以宪章非法之。奥思定之所谓法，执掌主权者之命令而已。

奥思定之主权，绝对无限，已如上言。惟所谓绝对无限者，仅指其在法律以内之威权言。若舍法律而言事实，则主权之存在，全以人民之"习惯的服从"[3]为依据。服从非道德的，非法律的，乃习惯的。习惯的服从之基础为"实用"。实用存则服从继，实用亡则服从断。以实用作服从之解释，自功利派起，影响于近代政论者不浅。

（五）奥思定主权论之评论　奥思定之主权论，偏重法律，轻视事实。崇拜之者固多，而攻击之者亦不少。梅恩[4]者，英国之政治制度历史家也，谓奥氏之主权，有二大病。一，政权存在，原因多端，而奥氏仅于其中抽取武力一端，以概其余，形式上虽或可通，事实上绝不能代表真相。[5] 二，即以形式论，奥氏之主权论，亦仅可用以解释今日文明社会之政象，而不能通于文化幼稚之蛮人社会。以蛮人社会之政治动作，多出于人类天性，非酋长命令所可强迫使之然也。[6] 梅恩而外，西吉威[7]亦颇反对

---

[1] Legal duties.
[2] Legal rights.
[3] Habitual obedience.
[4] Sir Henry Maine.
[5] Early History of Institutions, p. 359.
[6] Early History of Institutions, p. 392.
[7] Henry Sidgwick.

奥氏之主权论。惟西氏反对奥氏，较梅恩更进一步，谓奥氏之主权论，不但不可通于蛮人社会，亦不可通于今日之文明社会，不但不可通于事实，亦不可通于法律。以今日文明社会之人民，对于执掌主权者之法律，非事事皆遵从之而不反抗也。[1]

评论奥氏者，多谓其偏重形式的法律，忽视事实的政治。戴色[2]欲通两方之说而调和之，谓主权分法律的与政治的二种。[3]法律上之主权，在一社会中，属于一确定人体，为法之源府，为一国政令之所由出，为司法者及律师之所公认。人民反抗法律上之主权时，得由司法者按法处罚之。政治上之主权，属于人民全体，虽不为法律所明认，而政潮起闻，悉视此权为标准，控制法律上之主权而不为其所控制。例如英国之议院，为法律上主权存在之所，而操有选举权之人民，则政治上主权之主人翁也。

七、联邦制与主权

以上所述主权论，自亚里士多德至戴色，均系自一国之内着眼。本段所言，则自由众小邦组成一大国中，邦与国或地方与中央之间立论。自一国之内着眼，其论脚为政府与人民，自邦与国或地方与中央之间立论，其单位为邦之政府与国之政府，或地方政府与中央政府。前者为单一国之主权论，后者为复合国之主权论。今日联治主义，日见发达，复合国之主权论，亦日见重要。故特采其往史而略述之。

今日世界重要联邦国有三，一为北美合众国，一为瑞士，一为欧战未终以前之德意志帝国。今为篇幅所限，请缺瑞士，仅论美德。

（一）美国　美国当十三州离英独立之后，各州均为独立，操有完全主权，十三州俨然十三国也。嗣以群谋抵御外侮故，十三州连合为一大国，号曰北美合众国。合众国之政府，曰联邦政府，联邦政府之政权，得自十三州之让与。当未连合之前，十三州为十三完全独立国，操有一切统治权；连合之后，十三州各以其统治权之一部分，让之联邦政府，其未让者，各州自存之。由此美国人民受治于两层政府，一为其原有之本州政府，一为新设之联邦政府。各州政府及联邦政府，于其特有权限中，各为独立，各有主权。于其范围以外，各非独立，各无主权。此当日由特别政象而生之特别政制。政制既出，政论自出。昔之所谓主权不可分者，至此殆不能不破其旧说矣。梅笛生[4]曰，

---

[1] Element of Politics, pp. 652~654.
[2] A. V. Dicey.
[3] Legal sovereignty and political sovereignty—Law of the Constitution, pp. 68~73.
[4] James Madison.

主权若不可分，则合众国之政治组织，岂非世间最滑稽最可笑之事乎。又曰，欧洲学者主权不可分之说，不能适用于合众国，以合众国之宪法，乃空前之奇观，不能以旧说拘之也。[1] 法人陶克维[2]周游新大陆，归著《美国平民政治》一书，亦言合众国之主权，分于各州及联邦政府之间。主权可分，当时学者盖已认为公论。惟此说所以能风行一时者，以平民政制之下，人多以为主权根本在人民，州政府及联邦政府，仅为代行此权之机关，非真操有主权也。主权既在人民，则一层政府二层政府，可分不可分，均属无关紧要，无争讼价值矣。

虽然，主权可分之说，即在美国，亦非一成不变者。当十九世纪中叶，联邦政府，权力日大，各州政府，权力日削。主权可分之说，昔日两方皆承认之，今则两方均攻击之。盖欲为各州保全势力者，谓各州为独立政治团体，操有完全主权，联邦政府为各府所建，各州权力当然在联邦政府之上。反之，欲为联邦政府扩充势力者，谓主权在国家全体，代表此全体者，为联邦政府，而非各州。贾尔宏[3]袒各州者也，谓主权惟一不可分，分之便无主权。[4] 又曰，如谓国家有半主权，无异谓几何学上有半方或半三角矣。主权既不可分，究竟何属。贾氏力持属于各州之说。与贾氏相反者，有李布尔[5]及解谋生[6]等，持国家为有机之说，言主权在此有机全体而不在其各部分，此有机全体为国家。故曰主权在国家全体而不在各州。

柏节士[7]今日美国政学界泰斗也，谓由主权而生之特权虽可分，主权自身绝不可分，特权操之政府，主权属于国家。柏氏严国家政府之别，以为美国只有联合政府，[8]而无联合国家。[9]

（二）德国　十九世纪中德国之政治史，可分为两大期。第一期自一八一五年至一八六六年，为德意志联邦时代。第二期自一八六六年及一八七一年以后，为北德联邦及德意志帝国时代。第一期中，联邦初成，各邦权力甚大，为维持两方特殊地位计，故有主权可分及有限之说。迨至第二期中，帝国势力，日益膨胀，德人倾心统一，欲以完全主权，授之帝国。昔日有限可分之说，至此一变而为无限不可分。时势造政论，

---

[1] Letters and Other Writings, IV, 61, 420~421.
[2] De Tocqueville.
[3] John C. Calhoun.
[4] A Disquisition on Government, p. 146.
[5] Francis Lieber.
[6] John A. Jameson.
[7] John W. Burgess.
[8] Federal government.
[9] Federal state.

未有若斯之明且著者也。[1]

持有限可分之说者，首为魏滋。[2] 魏氏曰，联邦制之下，联邦之中央政府及各邦之地方政府，各有一定权限，在此权限中，各为独立，各不相犯。所谓独立，即主权也。[3] 联邦之主权，为各邦之主权所限制。各邦之主权，又为联邦之主权所限制。然所谓限制者，仅指主权之范围而言，非谓其内容亦可限制也。[4] 范围有限，故联邦及各邦不能轶出于自己范围之外。内容无限，故联邦及各邦于自己范围之内，各属最高，不受限制。范围内容之分，为魏氏论主权有限最要之点，不可不察。

政论随政象为转移。主权可分之说，适用于一八六六年前之德意志联邦而不能适用于一八六六年后之北德联邦，又不能适用于一八七一年后之德意志帝国。一八六六年前，魏滋之主权，与独立无异。一八六六年后，大法学家如迈叶[5] 赫乃[6] 拉邦堤[7] 叶理乃[8] 等之主权，则为"法律上自行决定统辖权之能力"。[9] 知此能力所在之处，即知主权所在之处。一乡一村，一城一市，于其自己范围之内，或有独立自治之权。但此范围之大小，非由乡村城市自己定之，乃由位置较高者，代定之。有决定自己统辖权之能力者，厥维操有主权之国家，反言之，操有主权之国家，法律上不认有地位较高者之存在，认此存在，即非主权国矣。

魏滋谓范围与内容为二事，限制于彼，或可独立于此。塞德尔[10] 谓决定范围，为内容中所不可缺之点。无自行决定范围之能力，即无内容，即无主权。此统辖能力[11] 说也。统辖能力说不认一国之中有二主权。一国中若无二主权，则德意志帝国之各邦，自无主权可言，而不能不居服从地位矣。

然德意志帝国各邦，原为完全独立之国，今因组织联邦，失其原有主权，本不甘心，若再失其国家资格，未免太失尊严，不能自安。调和之道，惟有舍主权之实而留国家之名。然自来政论，皆视国家与主权为一不可分离之物，主权在则国存，主权缺则国亡。今欲舍彼存此，作无主权之国家，非先别立新论，分主权与国家为二物不可。

---

[1] 关于本期中德国学说参观 Marriam, Theory of Sovereignty since Rousseau, 185~216.
[2] Geory Waitz.
[3] Grundzüge der Politik, p. 162.
[4] Grundzüge, 166.
[5] Geory Meyer.
[6] Albert Haenel.
[7] Paul Laband.
[8] Georg Jellinek.
[9] Die rechtliche Selbestimmung seiner Kompetenz.
[10] Max Seydel.
[11] Kompetenz-Kompetenz.

梅叶，拉邦堤，叶理乃等均持国家主权可分之说，谓国家可离主权而独立，为说牵强，固调和之说所难免也。

八、今日之新趋向

社会，变动的也，非凝静的也。故支配社会之学说，亦新陈代谢者也，非一成不变者也。帝王受命于天之说，国家建于民约之论，皆有其历史上发生之由及其致用之效。然人智进化，政象变迁，凡一政论，在一时视为金科玉律，不几何时有为后来者敝屣弃之。天命民约之说无论矣，即主权自身，自布丹以来，政论家认为天经地义，今则有人视若神话小说，大倡废弃之说。无他，时势变迁，适用于已往者，不能适用于现在，社会要求不同，学说自亦不能不异耳。今日以前之主权论，争讼于在君在民，有限无限，可分不可分诸点。今日之新论，则无论何种主权论，均不承认。质言之，今日以前之旧说，对于主权，仅为内部之调和。今日之新论，则作局外之攻击，一欲其有，一欲其无，根本大异，不可不察。

今日反对主权者虽多，数其健将，当以法国公法学者狄格[1]为首屈一指。其次英人拉斯克[2]亦此派中之铮铮有声者也。今请略述两氏重要论点于下。

（一）玄想学说与实在学说　何谓关于国家之玄想学说，[3]狄格曰，社会有人焉，人有意志焉，玄想学说，以为社会之上，除此种确切可证明之个人及个人意志以外，又有一公人及公意。公人为国家之人格，公意即国家之意志。国家之人格，与个人之人格，截然不同。国家之意志，在个人意志之上，命令个人而不受其他较高意志之命令。所谓国家之意志，简言之，即主权也。[4]主权以玄想学说为基础，于兹明了可见。狄格于未攻击主权以前，先从根本推翻玄想学说而以实在学说[5]代之。实在学说，以为所谓国家[6]者，自事实上观之，不过社会上治者与受治者之简称。国家之权力，悉操于治者个人之手。国家之人格，即此治者个人之人格。国家之意志，即此治者个人之意志。国家之行为，即此治者个人之行为。社会之中，仅有个人人格，个人意志，而

---

[1] Léon Duguit.
[2] Harold J. Laski.
[3] The Metaphysical doctrines of the State.
[4] Duguit, the Law and the State, pp. 6~7.
[5] The realistic doctrines of the State.
[6] 此处所谓国家者 State 非 Nation。

无公人格公意志。公人格公意志，乃玄想家自欺自娱之词，为事实上绝不可有。[1]事实上既无公人格，则国家之自身，尚且不存，何有于公意。公意既无，更何有于主权。吾人若认狄格之实在学说为不爽于事实，则主权之说，在法理上不攻自破矣。

（二）主权与国家存在之目的　国家之存在，有一定之目的。政权继续，悉视国家之行为能达此目的与否以为判。顺此目的，则人民服从而政权继续，违此目的，则人民取销同意而政权失其凭藉。易词言之，政权之继续，为有条件的而非绝对的。[2]条件为何，曰国家政策之用意及其施行之方法。在消极一方面，须不侵害人民权利违反社会公安。在积极一方面，又须为人民造幸福，为社会谋乐利。如此，人民始有服从之理由，政权始有存在之根据。不然，小则怨声随之，政象不安，大则革命继之，政权终斩，绝对云乎哉，自戕而已矣。此事历史例证甚多。[3]一七七六年之美国独立，一七八九年之法国革命，特其中之彰彰较著者耳。

（三）主权与责任　主权自其定义言之，不负责任者也。而今日平民政治真精神，则在欲使国家负责。[4]主权与责任二者，性质抵触，如冰炭之不相容。欲存主权，须舍责任。欲课责任，须弃主权。今日民政发达，二者何去何从，不卜自知。但所谓责任者，乃国家之责任，非行政官吏之责任。[5]行政官吏之责任，自法兰西革命以来，早已确立不拔（法国屡次宪法，均有官吏负责之规定），而国家之责任，则至今尚未实现。行政官吏之责任，仅于违法时由违法官吏负之。若未违法，则行政官吏之行为，虽与国家存在之目的相左，乃法律之咎，非官吏之咎。法律之咎，官吏不能代负之，国家亦不能自负。以法律为国家公意所造，公意自其本性言之，不能作莠法以自害也。若夫国家之责任，则不然。国家责任制之下，国家对于一切法律之良否，均须负责。不能以国家不能作非一语为护符，以事实上国家不过操政权者少数个人之代名词，谓操政权者少数个人不能作非，世非妄人，谁其信之。

（四）主权与地方自治　主权论，历史上中央集权制下之政论也。今日地方自治制，日见发展。国家主权说，与之到处冲突，妨害社会进化，良非浅鲜。[6]盖为行政便利计，为地方特殊利益计，一事往往本应属之地方，而中央争之不休，以为与国家主权有关，

---

[1] The Law and the State, pp. 8-9.
[2] Laski, Authority in the Modern State, pp. 42~48. Duguit, Transformations du droit public, Introduction, XVIII~XIX.
[3] Laski, Authority in the Modern state, 44~45. Also his Problem of Sovereignty, pp. 268~269.
[4] Duguit, Transformations du droit public, ch. 7.
[5] Duguit, Transformations, 221~280.
[6] Laski, Problem of Sovereignty, Appendix B.

不能让弃。其结果非莠政百出，即事务放驰，既挫民政精神，又阻社会发展。为中央争一无谓之虚名，为地方添一莫大之障碍。孰得孰失，岂待智者而后知之耶。

综上所述，主权论肇源于亚里士多德，发达于布丹卢梭奥思定，而受死刑于狄格拉斯克。其为质也，先后有三，曰力意理。而意为其中之最有影响者。盖自法兰西革命以来，主权为国家公意之说，风驰电掣，为世界民权发达之根本哲理。今虽弊端百出，势力大失，而其历史上助长民权之功，自不可没。政论非一成不变者也，国家不能作非之主权论，不能适用于今日，亦犹朕即国家之说，不能见容于十八世纪中也。

社约论考[*]

社约旧译作民约

数年前严几道作《民约平议》一文，攻击卢梭《社约论》[1]不遗余力。《甲寅报》记者章君秋桐起而驳之，于严氏非难卢梭不当之处，颇多指正。惟严章两家为文本旨，均以当时国中实在政象为目标，非欲穷探哲理作学术上有统系之讨论也。用意既殊，持说自异。故其终也，连篇累幅，不外枝节之辞，无与于社约论之大道正义。何言乎社约论之大道正义？曰，欲知社约论之大道正义，应先知社约论在历史上发生之由。既知其历史上之价值，其次又应问其在人类政治生活中所含永久不变之真理如何。二者既明，则人类最初平等与否，卢梭所言合理与否，均属无关紧要矣。

社约论在历史上发生之原因虽多，就其大者著者言之，可曰为抵抗专制扶持人权而生。专制魔王视人民如奴隶如私产，凡百政令，惟王所欲，其所藉以拥护王位之具，悉惟武力。诵帝王受命于天之训，读朕即国家之说，可想见当时人民在政治生活中所处之地位若何矣。社约论之最大价值，即在以民意代天意，谓政权基础，不在天不在王而在平民。此种论调，在今日已成老生常谈。然自人类政治生活发展史上视之，则为古今文明一大转机，为近代平民政治之张本。社约论发达之前，人民在政治生活中为被动的而非自动的；社约论实施之后，向者草芥之氓，一变而为其自己生命之主人翁。此在群众道德个人人格上，均为一大进步。研究社约论者，不可不知也。然读者于此，切勿误会作者之意，以为一切社约论皆以抵抗专制扶持人权为职志，或近代平民政治

---

[*] 原载《政治学报》（政治学报社）第一卷第二期，1920年8月。原文无标点，只有断句符号，整理时添加标点符号。

[1] 社约法文原文为 Contrat social，旧译作民约，既乖原意，又滋误会。今称社约，非敢好奇立异，不过欲免此弊耳，乖原意滋误会之处，详后"中世纪"节小注。

尽属社约论之产物。不然不然。社约论者各家之用意，固不如是之一致，而促助政治进化造成近代平民政治之份子，又不若是之简单。作者之意，不过谓社约论者中之最大部分均以抵抗专制扶持人权为职志。而造成近代平民政治之各种份子中，社约论乃其最有势力最有影响者耳。

社约论在政治进化史上已往之地位如此，其次请再言其在人类普通政治生活中所含永久不变之真理如何。前者为历史上过去之事，其兴趣仅及于历史家；后者则为现在及将来各种文明政治组织之一最大原则，举凡关心政治者均不可忽。此所谓普通政治生活中所含永久不变之真理维何，曰人民同意是也。一国之人，分治者与被治者两种。政权虽操于治者，而运用此政权之目的及方法，则须得被治者之同意。不然，若治者时时违反被治者之意志，积怨达于极点，被治者必起而驱逐旧治者而另置新治者，以求合乎其同意。此不但于现代行使议会政治各国为然，即在今日中国武人横行民权不张时代，而犹有反对帝制，护法，要求惩办曹陆章诸举者何也，毋亦人民之求伸其同意耶。社约论之所谓人类最初平等自由享有权利等语，在今日科学发达时代，尽可视为神话小说，然其根本哲理以人民同意为政治组织柱脚，则无论何时莫之能易。非惟不能易，且社会愈进化政治愈改良，将愈见此理之确切不拔也。

向来政论家对于社约论之意见，可分二派。一派视社约为历史上确有之事实，以为人类最初之社会或政府果建于约，约者即人民用以表示同意之具也；其他一派以为社约并不必为历史上必有之事，不过为论理上难逃之结论。第一派在今日社会学人类学发达时代，已无人信；第二派则含理至微，犹多商量余地。[1]

"民约"二字，在中国几常与卢梭之名相联现，故人多以为社约论为卢梭特创，卢梭之外，再无人言社约者。不知社约论肇源于希腊哲学家，成形于中世纪，大发扬于霍布士（Hobbes）洛克（Locke）及卢梭，而绝响于康德（Kant）菲希特（Fichte）。据此，可知卢梭不过持此论者之一人，以其势力特伟，故较他家为知名，初非前无古人后无来者也。今请就社约论之历史沿革而略述之。

一、希腊哲学家

欧洲文化多半导源于希腊，即此十七、十八两世纪中最风行最有影响之社约论，

---

[1] 参阅 Ritchie, Darwin and Hegel, p. 226.

亦无不可上溯希腊而寻其渊源。柏拉图《共和论》之第二篇中，[1] 代表当时新思想之葛老铿与苏格拉底谈论公道之原始及性质时，葛老铿谓人性不好以公道[2]加诸人而好以不公道[3]加诸人。何也？以不公道加诸人，有利于己也。然人性虽好以不公道加诸人，而又不愿人以不公道加诸己。何也？以其有害于己也。人性如此，行为亦如此。其终也，害多而益少。以己以不公道加人，人又以不公道还之。其结果，利未见而害先随之。欲免此弊，故群相约而立法禁人以不公道加人。法成之后，群众行为顺乎法者，谓之公道，谓之合法。违乎法者，谓之不公道，谓之犯法。此公道之原始也，此法之原始也，此亦即政治社会之原始也。政治社会成于约，约之原因，为免彼此相侵互受其害之弊，此论颇与十七世纪中霍布士论社约之原始处相似。亚里士多德论国家之目的时，[4] 亦称当时之诡辩家黎可夫浪谓法为人民互相尊重权利之约。苏格拉底临刑之前，其友有劝其以逃亡免者，苏格拉底拒之曰，雅典之人，于其平日享受雅典法律保护之时，已与其他雅典人民立一无形之约，愿守其法律，不应临时以其法律之不公道，破约而不之守也。[5]

以上数家所言，虽可视为社约论之发轫，然希腊哲学家言社约最有声者，则为艾璧球拉（Epicurus）及其门弟子。艾璧球拉曰：公道非独立之物，乃人与人互约彼此不相伤害或被伤害之结果。[6] 公道为约之产品，有约之处，始有公道，无约公道不存。艾氏于此，以最明瞭之词论之曰："动物中之不能立约或以彼此不相伤害相绳者，即无所谓公道或不公道，其在人类亦然。一国之份子，不愿或不能彼此相约以尊重其相互之利益者，其群众之间，亦无公道或不公道可言。"[7] 艾氏之后，其弟子陆克锐瑕（Lucretius）承其师说而扩大之，谓人之初也，处自然境中，养生之物，虽称充裕，而人各为谋，无公善公安可言。故其继也，其群中之智者强者，教其群以共同生活之法而弃其人自为谋之习，然智者强者转瞬以嗜利贪权而沦暴虐。暴虐之极，反抗随之，君长见戮，争夺以起，公道不存，蛮力是恃。彼以武来，此以力往。辗转相讐，势必至灭群而后已。幸有人焉，睹此恶象，思有以救之。令人共立法令以相守，法成之后，人乐从之。何也？以蛮力相寻，人不堪命，无已，惟有相约而屈服于法律耳。[8] 米饶

---
[1] Plato's Republic, p. 41, Davies and Vanghan translation.
[2] Justice.
[3] Injustice.
[4] Aristotle's Politics, p. 124, Welldon's translation.
[5] Plato's Crito, p. 51, Jowett's translation.
[6] Diogenes Läertius, Lives of Philosophers, p. 478, Yonge's translation.
[7] Diogenes Läertius, p. 478.
[8] Lucretius, On the Nature of Things, pp. 139~144, Munro's translation.

斗拉（Metrodorus）且谓社约不但造公道，并可谓之造人。以自然境中之人，对于他人，与虎狼无异，"无约与法，人将相食"，约成法立，狞狰虎狼变为善良之人。[1] 此与卢梭所谓社约化蠢弱之动物为灵慧之人 [2] 之义，无大殊也。

　　社约论之希腊根源，约略如此。但凡一政论之生，大概总与其当时社会实在现象有多少之关系。吾人既知希腊哲学家对于国家来源有社约之观念，其次又应问其何以有观念。欲明乎此，不可不知希腊之政治组织，希腊时代之国家，皆城市国家；土地甚狭，人口不众。其在雅典，成年之人，除为奴者外，皆有直接参与政治之权，所谓直接民治是也。直接民治之下，人民思想，极其自由。对于国家，自难视为武力之产品。故柏拉图谓国家为社会分工人我互赖之结果；亚里士多德言人依天性为政治动物，国家乃人性自然产品；而艾璧球拉视其为由人民彼此相约而生之物。三家持论虽殊，[3] 而直接民治之下，思想自由，为社约论发生之由，盖不可掩也。

二、中世纪

　　研究中世纪之社约论者，不可不知二事。一，中世纪之社约论，非由希腊直接相传而下，乃中世纪时代特别社会现象下之特别产物。二，中世纪之社约论与希腊之社约论，不但来源不同，其性质上又有一根本不同之点。此根本不同之点何在？曰，希腊之社约，为个人与个人相约而立政府，政府由约而生，并不与约。中世纪之社约，为人民与政府相约，政府乃与约者之一份子，并非由约而生。个人与个人相约之条件，为彼此各弃其天然野蛮自由 [4] 而享社会自由。[5] 人民与政府相约之条件，在政府一方为保护，在人民一方为服从。个人与个人相约之约，在社约论史上谓之社约。[6] 人民与政府相约之约，谓之政约。[7] 此中分别本严，惟通常则统称之曰社约。盖以社约论在十七、十八两世纪中最有影响也。[8]

　　中世纪之社约论，乃其时代中特别社会现象下之特别产物，非由希腊直接相传而

---

[1] Guyan, La Morale d'Epicure, p. 151.
[2] Contrat Social, Bk. I, ch. 8.
[3] 柏拉图、亚里士多德，并不信社约之说，读者不可误会。
[4] Natural liberty.
[5] Civil liberty.
[6] Social Contract.
[7] Governmental Contract.
[8] 中国旧译社约作民约，似仅可贼此处之所谓政约，而不能兼社约。且以民字代社字，有失原文人与人相约共同生活于社会之上之意，约之目的为创造社会，非仅为民也。

下,前已言之矣。夫所谓中世纪之特别社会现象者,约略言之,可分二端。一,宗教的;二,政治的。罗马亡后,基督教势力大张,风俗习惯,多带宗教性质。甚至学者立言,尽以一部《圣经》为根据。即纯属政治性质之社约论,亦须得《圣经》中之引证,始克折服人心。此与吾国腐儒所谓非先王之法言不敢言者,殆无以异也。《圣经》中类似社约之言甚多,请举其最著者一端如下:

"伊斯勒之父老,来会达维王于海布浪,王与彼等立约于上帝之前,彼等然后始奉达维为伊斯勒之王。"[1]

此处达维王与伊斯勒父老所立之约,即上文所谓政约,非社约也。不但此约为政约,实则中世纪以及十六世纪之所谓约,严格言之,皆为政约而非社约。以与约者一方为人民,一方为政府。(君或王仅可视为代表政府之符号)其约之目的,在人民一方面为得政府之保护,并非个人与个人相约。共入社会,弃其天然自由而享社会自由也。真正社约论者,当以霍布士为第一。

宗教虽有影响于中世纪社约论之发生,然究不如当时政治状况影响之大。以中世纪之政治制度为封建制度,而封建制度之根本基础为契约。自天子以至庶人,其间阶级虽多,然每一阶级间之根本关系则一。此种关系,在主[2]一方为得服从,在仆[3]一方为得保护。两方相约而出于誓,誓即约之形式也。中世纪之时,无人不为他人之仆。即无人不与其在上者有契约之关系。社会组织,悉基于约。此种现念,本已侵入脑海,又得罗马法中契约之说,为之助长增高,宜乎当时学者对于国家之来源有社约之思想也。

中世纪之学者言社约者甚夥,就中以马乃果(Manegold of Iantenback)安格伯(Engelbert of Volkersdorf)马西离(Marsilins)欧克(Ockham)仇散纳(Cusanus)席尔维(Aeneas Sylvius)等为尤知名。马乃果首谓君若不尽保民之责,则民无从君之义,以君先破约也。[4] 安格伯言天下所有王霸之权,皆基于能满人天然欲望之服从契约。[5] 马西离以为一切政治团体之所以能继续存在者,以其能得多数人民之同意也。[6] 欧克

---

[1] 2 Samuel V. 3.
[2] Dord.
[3] Man.
[4] Carlyle, History of Medieval Political Theory, III, 163~169. Poole, Illustrations of Mediaeval Thought, 232.
[5] Gierke, Political Theories of the Middle Age (Maitland's translation), p. 146 note 138.
[6] Dunning, History of Political Theories, I, 250~251.

曰，王者之主权，得自人民自由意志所立之降服契约。[1] 仇散纳则更进一步，以为不但政权根于契约，即法律之有无效力，亦视其能得人民之同意与否以为判。[2] 然以上数家所谓契约，皆被治者与治者间所订之政约而非社约。严政约社约之别者，中世纪中席尔维其第一人也。席氏曰，蛮荒杯榛之人，相约而立社会，社会成立之后，有违犯社约者，故又相约而立政府以处罚之。[3] 凡此皆见于学者之著述者也。其见于事实者，古籍所载，谓阿拉岗[4]贵族选君之时，有一训语曰，"吾等与子同德之人，选子以为吾等之君，子须遵守吾等之法律及权利，不然，吾等不子选"。[5] 此即非真确事实，而契约思想之深入人心，于此固可见其一斑也。

三、十六世纪

十六世纪承中世纪之末，其社约论之性质，与中世纪中马乃果所言，大致相同。其所谓约，皆民与君所立之约。不过十六世纪之作者，言约之条件较详，文字又激烈，在当时影响为大耳。

十六世纪中言君民之约收效最大之文字，当以毛乃（Duplessis Mornay）之《警暴君》[6]为第一。此文所言契约有二种：一为君民与上帝所立之约；此约之旨，在上帝一方为保护，在君民一方为信仰正教。二为民与君所立之约；此约之旨，在君一方为维持人民安宁，在民一方为服从君命。《警暴君》之作者，于此就为君者之地位，比较两约之性质而为之词曰："第一约中之义务为信仰，第二约中之义务为公道。立第一约时，君以虔诚敬服许上帝；立第二约时，君以公道治理许人民。按乎前者，君之职务为与上帝增光荣；揆之后者，为与人民保安宁。第一约之条件曰，君须守上帝之法律；第二约之条件曰，君须与个人以其所应得。违破第一约时，将由上帝惩罚之；违破第二约时，将由人民全体或职司保护人民之官吏处罚之。"[7] 第一约此处无关紧要，今请略言第二约。

君民相约，两方各有义务（即君之义务为保护，民之义务为服从）。惟君须先尽

---

[1] Gierke, p. 188 Note 308.
[2] Dunning, I, 272~273.
[3] Gierke, p. 187 Note 306.
[4] Aragon.
[5] Hallam, Middle Ages, II, 43.
[6] Vindiciae Contra Tyrannos. 此文初现于一五七九年，当时用 Stephanus Junius Brutus 假名出版，其真作者，至今难考，大概不为 Duplessis Mornay 即 Hubert Languet 矣。
[7] Vindiciae Contra Tyrannos 见 Coker, Readings in Political Philosophy, pp. 213~214.

其为君之义务，民始能尽其为民之义务。君若不能尽其对民之义务，则民对君之义务立解。《警暴君》之作者，谓民在此约中之地位，为罗马法中之立约者，[1] 君之地位为从约者。[2] 立约者之地位，较优于从约者之地位。其言曰：

> 此约之中，民为立约者，君为从约者。立约者之地位较优于从约者之地位。何也？以立约之时，民间君曰，君将依公道按法律以治民乎。君应之曰，彼将如是治之。民既得君之许诺，于是乃告君曰，君若依公道按法律以治吾人，吾人将尽忠于君。据此，可知君之义务为绝对的，民之义务为条件的。君若不能履行此条件，则民之义务，自然照约解消矣。[3]

《警暴君》之作者，于此又详言以申明之曰，当约之时，所以君誓于前民誓于后者，岂非以民之誓也，以君之誓为条件乎。又曰，约之所以有条件者，岂非以倘遇条件不能履行时，约将无效乎。今君与民约，既纳其条件而不履行其条件，君之失职，约之无效，民之义务不存，何待言耶。[4]

十六世纪中次毛乃而论君民之约最有声者，其惟布勘能（George Buchanan）乎。布氏于一五七九年出《苏格兰人之主权》[5] 一书。其时正当苏格兰人逐其皇后玛丽[6]之后。布氏此书，尽为赞同苏人此举而作也。布氏谓君民间之关系，全属契约性质，人民以政权与君之时，有一附属条件。此附属条件之性质如何，曰，政权之行使，须合乎公道与法律。如此，人民以政权与君，君以合乎公道与法律行使政权许人民。倘遇一方违背条件时，约之效力即失。他一方无履行其条件之民贼，人人得而戮之。[7]

上所引述，皆见于学者之理论者也。但当时政权根于契约之说，深入人心。不但学者立论如此，即政府公文措词，有时亦有带契约性质者，兹取一端证之。

苏格兰人欲白其废除玛丽后之合义，遣使赍书于英后意利塞白曰，苏格兰人之对待玛丽，较玛丽所应得者实为宽大。又曰，苏格兰人之祖宗之处罚其君也，非死即逐。又曰，苏格兰人乃一自由之民，其立君也，立其自由选择之人，君若不道，苏格兰人

---

[1] The stipulator.
[2] The stipulatio.
[3] Coker, p. 213.
[4] Ibid., p. 214.
[5] De Jure Regni apud Scotos.
[6] Queen Mary of the Scots.
[7] Dunning, History of Political Theories, II, 59–60.

按其古风遗俗又有自由废除之权。凡此所言，皆所以表明君权并非他物，不过君民互立之契约耳。[1]

不但苏格兰之自由人民持说如此，即号称专制帝王日以君权得自神赐之说诏人之解姆斯第一（James I）有时亦竟不知不觉作契约之说。斯说影响之大，更可见也。解姆斯于一六〇九年书于英国国会曰：

> 君以二誓许守其国之根本大法。一为为君之默誓。盖为君者自君之性质言，已经默然承认其有保护人民及法律之责。二为登极时之明誓。登极时君以保护人民及遵守法律誓于人民。凡治平国之贤君，皆须遵守其法律上与人民所立之契约。……故君若不能以法律统治其国，是由君而变为独夫也。[2]

四、自政约至社约间之过渡时代

上文已屡言之，中世纪之所谓约，乃政约而非社约。言社约者，前有希腊哲学家，后有十七、十八两世纪之政论家。然十七、十八两世纪政论家之社约论，又非直接得之于希腊哲学家者，乃由中世纪渐次嬗脱而出。锐杞（David G. Ritchie）谓胡克（Richard Hooker）为中世及近世社约论变迁之一大关键，[3] 吾则以为凡一政论之变迁，少有为一人一时之力者。胡克之社约论，诚近于近世而远于中世，然由中世至近世过渡时代中之作者，又绝不止胡克一人。胡克之前，有阿徒修（Althusius），胡克之后，又有格鲁西（Grotius）。故今于未论胡克之前，先及阿徒修，次言格鲁西。

（一）阿徒修　阿徒修之所谓约，既别于中世，又异于近世。中世纪之约，君与民之约也；近世之约，个人与个人之约也；阿徒修之约，则为团体与团体之约。中世纪之约，其与约者之单位，一方为君，一方为人民全体；近世之约，其与约者之单位，为各个个人；阿徒修之约，其与约者之单位则为省。[4] 然省何自而来乎？阿氏谓省成于邑，邑成于城，城成于家。转言之，即家与家相约而成城，城与城相约而成邑，邑与邑相约而成省，省与省相约而成国。社会团体，家为最小者，国为最大者。[5] 自家而国，其间各种阶级之单位，皆为团体而不为个人。阿氏着眼，既在团体而不在个人，

---

[1] Milton, Tenure of Kings and Magistrates.
[2] 见 Locke, On Civil Government, Morley edition, p. 296。
[3] Ritchie, Darwin and Hegel, 209–212.
[4] Province.
[5] Dunning, History of Political Theories, II, 61–63.

故学者有目阿氏之社约为联邦之约,而视阿氏为近代联邦论之初祖者。[1] 阿氏又曰,国之成也,其动力发于下而不发于上,故统治权之源府,在下而不在上,此与卢梭所谓主权属于人民无异。[2]

（二）格鲁西　格鲁西本为法学大家而非政治哲学家,故其论社约也,不如他家之详明。且格氏本一亚里士多德派之学者,于人类政治行为颇信亚氏"人依天性为政治动物"之说,自不能坚持社会建于契约之论。惟格氏国际公法之根本基础为自然法。[3] 自然法之内含,非上帝之命,[4] 乃人群之理。[5] 揆之此理,国与国之关系本于契约,人与人之关系,亦本于契约。此不惟由其学说推想得此结论,即格氏亦尝自言曰:"遵守契约（以人群须自相裁制,始能生存。而自相裁制之道,除互守契约外无他术也）,既合于自然法,可知政治权利生于人民互立之契约,盖凡入社会或服从一人或数人之命者,皆可视为曾经公然或默然承认其有服从社会多数判断之义也。"[6] 又曰:"当其始也,人民于经验之余,知孤立之家族,不能抵御外来之蛮力,于是以其自己之同意联合而入政治社会,政治社会成而政府权力生焉。"[7] 此处所谓"孤立之家族不能抵御外来之蛮力"云云,有何异于霍布士之所谓乱境,[8] "以其自己之同意,联合而入政治社会"云云,又有何异于一般社约论者之所谓契约。不过格氏学说要点,在国际公法,于社约论,仅偶尔及之,在其全体学说中,无关紧要耳。

（三）胡克　自中世纪之政约至近世之社约,其过渡时代中之作者,当以胡克为最要。以其所言约之性质,近于近世而远于中世,且有影响于洛克,为古今社约学说变迁一大关键也。其言曰,"政治社会有二基础焉:一为人性愿享社会生活之天然趋向,二为人与人公然或默然相约共同生活之同意。"[9] 人何以欲与他人共同生活于社会耶? 胡克曰,社会未成立之前,蛮力横行,公道不彰,大地之上,正义之人,不逾八人,祸乱相寻,人不堪命。"欲免此种相互之祸害凌辱,别无他术,惟有彼此相约共建一公共统治机关而服从之。服从之旨,在为大家得和平获公安造幸福耳。"[10] 又曰,"若非

---

[1] Figgis, From Gerson to Grotius, 234.
[2] 阿氏之学说,有无直接影响于卢梭似难断言,关于此点,参阅 Figgis, From Gerson to Grotius, 229, 241 及 Vanghan, The Political Writings of Rousseau, II, 6–8。
[3] The Law of Nature.
[4] Divine Command.
[5] Human reason.
[6] De Jure Belli ae Pacis, Prolegomena Sec. 15.
[7] Ibid., I, IV, 7. 3.
[8] The State of War.
[9] Ecelesiustical polity, I, X, (1).
[10] Ibid., I, X, (4).

大家以同意选择统治者而共同听命焉，祸乱将无已时。惟选择统治者，须得公共同意。无此同意，则一人无为他人君长之理也。"[1] 其论国际法时，又重言以申明之曰，"社会生活满足人性之处比孤居独处为多。以生活社会之中，其由彼此互助所得之益较他处为大也。"[2] 据此，可知胡克所言，于社约论中之所谓自然境，[3] 公约，同意，政治社会等名词，几乎无一不备，称为近代社约论第一人，洵无愧也。

中世与近世过渡时代中之理论既如此，今请再证以当时之事实，以见社约论并非完全由理想家闭门虚造而无历史事实以为凭也。十七世纪中与社约有关，为社约论者所常称引之事实有二。一为一六二〇年英国清教徒[4] 舍其祖国，由荷兰航行至美洲将上岸建殖民地时所立之约，通常称为美夫老瓦约章。[5] 二为一六三八年苏格兰人民于其社会扰乱不堪之时所立之国家约章。[6] 此二约前者比后者为尤要，兹请赘以数语。

当一六二〇年清教徒船行至新大陆之维紧尼亚时，维紧尼亚固为一片荒郊，既无法律，又无政府。漂洋过海远离祖国之清教徒，若不自作法律自立政府，其不化为蛮人者几希。彼等有鉴于此，乃共立约以相保护。约文曰：

> 吾等签名此约之人，谨誓于上帝之前曰，吾等解姆斯王忠顺之民，为增上帝之光荣，基督教之信仰，及吾王与国家之尊荣，来建第一殖民地于维紧尼亚北部，兹于上帝及吾等彼此之前，以虔诚之貌，互相为约，而联合吾等为一政治团体，以坚吾等之保护，以达以上所言之目的。以此之故，吾等将应时需，为殖民地设立公道平等之法律宪法与官职而遵从之。一千六百二十年十一月十一日约翰哈佛等四十一人立于哈得角。

此约文中"吾等解姆斯王忠顺之民"等字样，仅为虚文而已，其最要之点，在"兹于上帝及吾等彼此之前，以虔诚之貌，互相为约，而联合吾等为一政治团体"等语。当时维紧尼亚既为一片荒郊，无法律无政府，是一幅最好自然境图。清教徒之自立政治团体，是由自然境进入政治社会，而此美夫老瓦约章，乃造此政治社会之契约也。

---

[1] Ecelesiustical polity, I, X, (4).
[2] Ibid, I, X, (12).
[3] The state of Nature.
[4] The Puritans.
[5] The Mayflower Compact. 约文见 Poore, Constitutions and Charters。
[6] The Scottish National Covenant. 约文见 Gardiner, Constitutional Documents of the Puritan Revolution。

事实如此，宜乎崇信社约论者，引为铁证也。[1]

五、霍布士

社约论史上最为著名之人有三，曰霍布士，曰洛克，曰卢梭。洛卢两家之社约论，均以拥护民权为旨，而霍氏之用意，则在扶持君权捍卫专制。虽于后代民权思想抵触不入，而其持说之极有统系，设辞之严合论理，固为自来政论史上有数文字。且霍氏之论社约，与洛克卢梭极有关系，为社约论史上鼎足之一。欲明洛卢，不可不先知霍也。

社约论者各家之持说及用意，虽彼此不同，而其最要论点则一。即彼此均以为蛮荒古初之时，人类处于自然之境。[2] 自然境中，人类自由平等，无政府无法律，其所赖以维系人类之道，厥维自然法。[3] 但嗣以自然境中有种种不便之处，人类乃互相为约，共舍自然境而入政治社会。[4] 社约者，即此处自然境中自由平等之人，以彼此同意，共建政治社会之约也。政治社会成而政治权力[5]生焉。社约论者，即用以说明政治权力之来源及其基础之论也。世之难社约论者，每谓社约为历史上必无之事。不知此仅可用以难洛克，而不能用以难霍布士与卢梭。以霍卢并不以社约为历史上必有之事，不过认其为解释政权基础难逃之哲理耳。

霍布士之社约论，完全筑于其人性论之上。故今于未述霍氏社约论之前，请以数语略及其人性论。[6] 霍氏以为人性以自私自利为本，贪诈狡黠，皆其自卫之术，喜怒哀乐，无非得失之象，袭势扩权，冀满欲壑，而得此望彼，不死不止。既知霍氏之所谓人性如此，兹请进言其所谓自然境，自然法，社约，及政治社会等。

（一）自然境　人欲餍其欲望，日以争夺权力为事。（以权力为餍足欲望之具也）既得此权，复望彼权。欲望无穷，争夺权力之事亦无已时。故霍布士之所谓自然境，乃一彼此相争，人我相雠，公权不存，私杀无已之战境[7]也。战境之中，无善恶，无是非，无私产。[8]何谓无善恶？霍氏曰，一切情欲，得之天性，若无公共判断标准，原无此

---

[1] 此说并非不无可驳之点。以（一）清教徒来自一高等社会，有立约之智识与能力，并非自然境中之蛮人可比。（二）所立之政治团体，只可视为高等社会之殖民地，不能谓为人类最初之政治社会。
[2] The state of Nature.
[3] The law of Nature. 惟卢梭不信自然境中有自然法。
[4] Political society.
[5] Political Authority or Power.
[6] Leviathan, chs. 6~11.
[7] The state of War, Leviathan, ch. 13.
[8] Ibid.

善彼恶之分。此种判断善恶之公共标准，惟政治社会始有之。自然境中，既无此标准，自无善恶可言。何谓无是非？霍氏曰，是非与知觉不同，知觉得之天性，是非为法所造。自然境中，无立法之人，故无法。无法，故无是非。何谓无私产？曰，私产为外界之物。自然境中，外界之物，人可共有，其所赖以别人我之分者，悉惟武力。武力无定，故外界之物可以拥为己有与否亦无定。

霍氏虽不以争杀不息之自然境为人类历史上必有之事，但深信人性好杀多疑，为战乱之媒。不但自然境如是，即今日政治社会亦如是。尝曰，"如有人焉，不以吾由人性推想所得之结论为然，而欲证之以事实者，吾愿请其返躬自问曰，当外游之时，彼何以以兵器自卫而又好与他人同行乎。当夜寝之时，彼何以扃键其门户乎。当家居之时，彼又何以固封其箱箧乎。外行自卫，试问其对于国人之意见为何知乎。夜寝键户，试问其对于其乡人之意见为何如乎。家居封箧，试问其对于其子女与僮仆之意见又何如乎。行径如此，试问彼之描写人性以行为，有何亚于吾之以语言者乎。"[1] 此外霍氏又引美洲蛮人社会之无法纪及各国君主互相敌视二例，为自然境之证。[2]

（二）自然法　欲知自然法，[3] 应先知自然权利。[4] 自然权利者，个人以其天然能力之所及，保存其生命之自由也。[5] 自由之义，为外界障碍之不存，保存生命之力或为外界障碍所限。惟在此限制之中，其力之所能及，即其权利之所必至。易言之，一人之自然权利，即其自然能力（或权力）也。自然法反此，自然法乃一种由理性所得之规则，禁人为有害于其保存生命之事或不为有益于其保存生命之事也。[6] 如此，可知自然权利之性质为自由，自然法之性质为限制。揆之前者，天下无论何事，凡能餍人欲望者，个人皆有权以为之；按乎后者，个人须舍弃其天然权利之一部，以冀安享其余。何也？以不如此则彼此权利将见冲突。其终也，无论何种权利，均将不稳。所谓欲得其全，半亦莫保者是也。

自然法之性质既如此，兹请再问其条件如何。霍氏自然法之条件甚多，其最要者有三。第一曰，求得和平而守之。[7] 以无和平则人将永在自然境中而生命莫保也。第二曰，舍弃自然权利。[8] 以按之自然权利，天下无论何事，凡能满足欲望者，皆可

---

[1] The state of War, Leviathan, ch. 13.
[2] Ibid.
[3] The law of Nature, or Natural law of lex Naturalis 恐无汉译。
[4] The right of Nature, or Natural right, or jus Naturale 旧译作天赋人权。
[5] Leviathan, ch. 14.
[6] Ibid.
[7] Ibid.
[8] Ibid.

为之。无论何物，均可有之。如不舍弃，是和平将无从而得，惟舍弃自然权利，须人人一律。不然，舍之者将为不舍者所蹂躏，与求得和平及保存生命之旨有违。第三曰，人人既互约各弃其自然权利之后，应共守此约。[1] 约而不守，是等无约，而人将犹在战境中也。

守约一节，为霍氏社约论全体最要之点。前言自然境中无是无非，所谓是非，即公道或不公道[2]也。霍氏公道之定义，即为守约；不公道之定义，即为不守约。[3] 但人之立约，原以其有利于己也，故其守约亦以其有利于己也。如有不利，是人将破约而不之守。守约破约，悉以利之所在为断。约之能守与否既如此其难定，然则公道将何赖以维持耶。霍氏曰，维持公道，须有一公共权力强人守约始可。[4] 有不守者，则公共权力将加以惩罚。人见守约之利大于不守，群将以守约为趋而公道赖以维持矣。然强人守约之公共权力，惟政治社会始克有之，故公道亦惟政治社会始克有之。[5]

（三）社约　自然境中之生命，既然穷愁凶短，为自存计，自非舍之而入政治社会不可。然政治社会与自然境不同之点，全在有一限制个人及保护个人之公权。[6] 公权之要质，在有一单一之意志。[7] 敌欲造公权，须先废除大家众多之意志[8]而造一单一之意志。霍氏曰：建立公权惟一之法，惟有人人各以其所有权力纳之一人或一团体之人，变其众多之意志为单一之意志。换言之，即大家委任一人或一团体之人以负其大家之人格。[9] 委定之后，此负大家人格之一人，关于公安公利所有一切行为，人人将认为其自己之行为，且以其每人个人之意愿降之于此一人之意愿。如此，每人与他人约而单一之意志成矣，而公权生矣，而政治社会始矣。[10]

霍氏又谓每人与他人互约之形式，可以下语表之曰：

吾以治吾自己之权，降之于此人或此团体之人而令其治我。但吾之为此为有

---

[1] Leviathan, ch. 15.
[2] Justice or injustice.
[3] Leviathan, ch. 15.
[4] Ibid.
[5] Ibid.
[6] A common power.
[7] A single will.
[8] A multitude of wills.
[9] "To bear their person." 关于此点阅 Green, Principles of Political Obligation, pp. 61~62, 及 Leviathan, ch. 16。
[10] Leviathan, ch. 17.

条件的。条件维何？曰，子亦须将治子之权，降之于彼，令照样治子。[1]

卢梭之社约，须与约者全体承认之后，始生效力。霍氏之约，则仅得多数承认已足。其言曰：

> 一政治社会，如具下列情况，即可认为完全成立。即一群之中，人人以其同意与他人约，听其群中之多数，以负其大家人格（即代表大家）之权。授之任何一人或一团体之人，此所谓人人者。对于举定之人，无论当举之时，曾经赞成或反对，举定之后，均须视此人或此团体之人之行为与判断为其自己之行为与判断，而令其达维持公安抵御外侮之目的。[2]

如此，大家悉降其自然权利于一人之后，大家个人之人格与其自然权利，完全消灭。而此一人以"肩负大家人格"之资格，享有一切权利，拥有无上威力。自兹之后，大家退而为民，[3] 一人或一团体之人进而为主权者。[4] 主权者揽有一切权利，以其无上威力为大家谋公安建和平。前已言之，个人自然权利为其自然权力，今主权者既操有大家自然权利之合，故其权利亦即大家自然权力之合。转言之，主权者之权利，即主权者之权力（或威力）也。权力所至之处，即权利所至之处。观于社约成立之手续，可知（一）所谓约者，乃个人与个人所立之约，主权者不在其列，主权者既不与约，自不为约所缚。此为霍氏社约论中最关紧要之点，以后影响极大，不可不察。（二）关于主权者之选定，少数有服从多数之义，为约中明载之一条，承认此条，以后便无少数反抗之余地矣。霍氏捍卫专制之处，已经兆端于此，阅后当更了然。

（四）主权者　主权者之地位，基于二重论理之上。其一，政治社会之功用为建立公道防止不公道，而公道之性质为守约，不公道之性质为破约。其二，社约为个人与个人所立，主权者不在其列。由此二重前提，得有以下结论。[5]

第一，社约一经成立主权者一经举定之后，人民无论据何理由，若无主权者之许可，均不得毁此约而别立新约。废此主权者而另立新主权者，以如此则人民将为不

---

[1] Leviathan, ch. 17.
[2] Leviathan, ch. 18.
[3] The subjects.
[4] The sovereign.
[5] Leviathan, ch. 18.

公道之事也。不但另立新约另举新主权者为不公道，即平常反抗，亦为不公道。以人民于其立约之时，已经承认约成之后主权者之行为将为其自己之行为，今若反抗，是破约也。主权者之行为既为人民自己之行为，故遇有反抗主权者为主权者剿戮之时，只可认为反抗者自己之自杀，不能谓为为主权者所杀。

第二，主权者既不与约，自无破约之事。既无破约之事，则其行为有时或可谓之为不良，而断不能谓之为不公道。

第三，主权者即为多数所举，少数亦无反抗之权。以约中明明规定少数有服从多数判决之义，少数者对于此条，如曾赞成，是破约而为不公道之事。如未赞成，是不与约，不与约则其对于多数者之地位，犹在自然境中。自然境为战境，多数者惟有以蛮力对待之，毫无不公道之可言。

第四，主权者之行为既为人民自己之行为，则主权者不能为有害于人民之事可知，有之只可认为人民自害而已。但此殊为事实上必不可能之事，以人无自害之理也。

设词诡辩周密如此，岂真再无攻击之余隙耶？曰，不然。以立约之时，主权者既不与约，则主权者与人民之关系，犹为自然境中蛮力与蛮力之关系。主权者之所以能镇服群众者，以其蛮力较大于群众个人之蛮力耳。设使群众互相结合，其力足以倾倒主权者时，则霍氏之说，岂非不攻击破乎。虽然，霍氏非不此知而无辞以对也。彼之言曰，人民与主权者之关系，诚为自然境中蛮力与蛮力之关系，但自然境中赖以维系人类之道曰自然法。自然法禁人为有害于其保存生命之事。[1] 今人若倾倒主权者，是相率共舍政治社会而重返自然也。自然境为彼此相侵争杀不息之战境，今人即不满意于政治社会之生活，然而害相权取其轻，政治社会中之生活，无论如何总较自然境中之灾厄困苦为愈。是故按之自然法，政治社会中之人，决无倾倒主权者重返自然境之理。[2] 霍布士之社约论，约略如此。吾人本可于此舍霍氏而论洛克，但以霍洛之间，又有哲学家史比努札（Spinoza）者，论社约颇与霍氏有关。故今请以数话略及史氏，然后再进论洛克。

史比努札论社约与霍布士不同之点有二。（一）霍氏之国家，享有一种道德上（即自然法上）之权利，为人民所不能抗。史氏则并不作道德之说，以为一切权利，均为权力，权力不存，权利即亡。此不但于自然境中个人与个人之间为然，即在政治社会个人与国家之间，亦莫不然。人民反抗国家如占胜利，国家自然消灭不存。毫无公道

---

[1] 阅上文言自然法处。
[2] 关于此点参阅 Green, Principles of Political Obligation, pp. 64~66。

不公道或道德不道德之可言。[1]（二）霍氏以为社约一经成立之后，人民仅有永远服从之义，其着眼与用意仅在人民对于国家之服从义务。史氏则完全注重国家存在之目的，国家之行为，有违此目的时，国家存在之基础已为动摇矣。以此，故凡足以招多数人民之怨谤及反抗之事，国家均无权以为之而应视为大忌者也。[2]

六、洛克

（一）自然境　洛克论社约与霍布士第一不同之点，即在谓自然境并非人我相侵之战境，而为和平所布公理所彰之善境。[3]霍氏之自然境为战境之代名词，洛氏则严自然境与战境之别，以为一为和平，善意，互助，生存之境，一为雠怨，恶意，蛮力，互杀之境。其言曰，"自然境者，大地之上，人与人共同生活，以理性为其表率，而无公共裁判者立于彼此之间，以公权为其判断曲直之境也。战境反是。战境之中，人以武力侵人，而被侵者不能诉之于一公共裁判者以求救。以不能诉之于一公共裁判者以求救，故人即在社会之上，对于相侵之人即同国民，亦有作战自卫之权。"以此"公共裁判者之不存，致人对于彼此立于自然之境，而武力横来，生命被侵，无论公共裁判者存在与否，均置人于战境"。[4]战境并不限于自然境，即政治社会亦可有之。

反对社约论者常以社约为历史上所无一语相难。然洛氏固信其为历史上必有之事者也，对于此说，自非无辞以对。尝曰："政府起于文字之前。"又曰："社约犹之个人，不能记忆其呱呱坠地及襁褓时情况。若以历史不载自然境中事，遂谓人类从未生于自然境，是何异以吾人仅知塞西斯之军人为壮丁，而遂谓其并未为儿童乎。"[5]

（二）自然法及自然权利　自然境中，人人平等自由，无尊卑主奴之分。[6]其所恃以管理群众行为之道，悉惟自然法。[7]但洛氏之自然法为理性，[8]非如霍氏之仅为天性[9]也。天性可善可恶，理性则有善无恶，诏人以互尊其自然权利之道。自然境中之法律，

---

[1] Theological-Political Treatise, ch. 16.
[2] Political Treatise, ch. III, Sec. 7-9.
[3] On Civil Government, II, Sec. 19.
[4] Ibid.
[5] Sec. 101.
[6] Sec. 4.
[7] Sec. 6.
[8] Reason.
[9] Instinct.

既为自然法,然则执行此法者为何如人乎。洛氏谓执行自然法者为个人自己。[1] 以自然境中,人人平等,如有一人可执行,则人人皆可执行也。执行之道,在惩罚破坏之者,使之不敢破坏为止。

既知自然法为诏人互尊其自然权利之理性,次应问何为自然权利。洛氏自然权利之最要者有三。[2] 一曰生命,保存生命为人一切行为最要之的。故凡关于保存生命合理之道,皆为自然法上应有之权利。二曰自由,行为自由为保存生命不可少之要素,故凡在自然法之中,人人皆有自由之权,不受他人限制。三曰财产,[3] 财产为维持生命必需之物,揆之自然法,为人生所不可缺。

自然境之情形如此。难者将曰,自然境中既有自然权利,又有自然法以维持之,乐善多福,岂非人间至祥之地。谓人将舍之不居,转入束缚重重之政治社会,岂亦有说乎。洛氏应之曰,自然境中,虽有自然法为维持自然权利之具,但以执行自然法者为个人,而个人智慧不齐,其智者固深明自然法之奥妙,其不智者或有偏私之人,未免有时不愿以自然法施之于其自身。且个人执行自然法之方法,各各不同,易生纷乱,其权力又有限,易遭反抗。有此数因,故自然境中虽有自然法,终有种种不便之处。欲免此弊,惟有相率而入政治社会耳。[4] 转言之,即自然境中,并非毫无和平与自由,不过不如政治社会中之完全耳。霍氏政治社会之起因,仅为保存生命,洛氏则为获得较为完全之生命自由财产,其别不可不察。

（三）社约 每人与他人约,共建政治社会。当约之时,每人以其执行自然法之权,以同意付之社会,[5] 令其断定人之行为,何者为违犯自然法。断定之后,又加以相当之惩罚。断绝自然法及惩罚违犯此法之人二者,即洛氏政治社会之功用也。[6] 洛氏于此与霍氏不同之点有三。①洛氏之自然人,于其建立政治社会之时,仅以其执行自然法之一种权利（仅此一种）降之社会,[7] 并非如霍氏所言,以其所有自然权利,一一俱降之也。②霍氏之降,乃降之于一人或一团体之人,洛氏则降之于社会全体。[8] 政府中之一人或一团体之人,乃社会成立后由社会共同决定之事,非立约时所及。由此可知

---

[1] Civil Government, II, Sec. 7.
[2] Ibid., Sec. 4, 54, 87, 95, 124.
[3] 洛氏财产之定义,新颖特奇,阅 Ibid, Sec. 27, 28.
[4] Ibid., Sec. 124–127.
[5] The Community.
[6] Civil Government, II, Sec. 128.
[7] Ibid., 128.
[8] Ibid., Sec. 87.

洛氏于建立社会及建立政府截然分为二事，[1]非如霍氏之混为一谈也。③洛氏社会成立之后，少数虽有服从多数之义，但当初立社会之时，（即当立约之时）须得人人同意，不能以多数强其服从也。[2]前谓洛氏之社约论，以拥护民权为旨，于此当可见其梗概矣。

（四）主权　霍氏之主权，操之于政府中之一人或少数，洛氏之主权，[3]则存之于社会全体。[4]政府之权，得之社会之付托而为保护人民生命自由财产之目的所限制。政府如滥用威权侵犯人民之生命自由财产，则已失人民付托之本意，人民得收回此权，另建新政府。[5]（但当未收回时，主权可视为暂寄于政府）吾人于此应注意霍洛两氏一大不同之点，即霍氏以为政治社会之生活，即不堪命，人民亦无倾倒主权者之理，以如此人民将返于争杀不息之战境而生命将更苦也。洛氏欲破此说，首谓自然境并非战境，即或返之，亦无大忧。次又分社会解散与政府解散为二事，[6]谓政府即亡，社会犹存，旧政府虽去，新政府可立。[7]初不必如霍氏之恫吓而返于穷愁险恶之自然境也。

关于政府不能侵犯人民权利之点，洛氏又曰，政府之权，得自人民之让与。按之自然法，人民无自危其生命自由财产之权，故政府亦无之。[8]又曰，自然境中，人民尚有抵御其生命自由财产之权，今入社会而反失之，岂非名为社会而其实更劣于自然境乎。[9]又曰，自然境中，即有不安，然涣若散沙之千人，其为害究不如政治社会中千人之力聚于一人之手之烈也。[10]霍氏谓人欲避自然境之凶险，甘屈于一人无限威权之下而不辞。洛氏讥之曰，若然，"是何异谓人欲避狐狸之为扰而甘为虎狼所吞噬也耶。"[11]

七、卢梭

（一）自然境　卢梭之自然境，既别于霍布士，又异于洛克。盖霍氏之自然境为战乱好杀之境，洛氏之自然境为平和乐善之境。自卢梭视之，一则失之于太野，一

---

[1] 社约论者分建立社会及建立政府为二层手续者，以 Pufendorf 为始，阅 Merriam, History of the Theory of Sovereignty since Rousseau, pp. 28, 30; Dunning, History of Political Theories, II, pp. 323, 349.
[2] Civil Government, II, Sec. 95, 122.
[3] Supreme power. 洛氏不用 Sovereign power，以其含专制意多也。
[4] Civil Government, II, Sec. 149.
[5] Ibid, Sec. 149, 168.
[6] Ibid, Sec. 211.
[7] Ibid, Sec. 220.
[8] Ibid, Sec. 135.
[9] Ibid, Sec. 137.
[10] Ibid, Sec. 137.
[11] Ibid, Sec. 98.

又失之于太文,均非原人时代之真相。尝曰,"哲学家之欲追建社会基础者,均觉非上溯自然境不可,然而从无人真至其地也。"[1]何者。以自然境中之人,孤居不与世通知识情欲,均甚简陋,食息而外,别无他事。间或彼此相遇,亦偶然之事,不足起永久之关系。[2]谓为好杀,是以今日文明社会之罪恶归之。谓为乐善,是又以今日文明社会之道德归之。原人社会,既非道德的,又非不道德的,而为非道德的。道德观念,社会进化人智较高时始有之。以之形容无知无识之原人生活,未免有画蛇添足之诮也。[3]

霍布士谓自然境中之人,私利成心,日以攘夺权力为事。卢梭以为此不但为事实上难有之事,即有之,其结果亦断不能如霍氏所言,成为争杀不息之战境。以按之霍氏,战杀之目的,在灭尽敌类,据一切为己有。今若有人果能达此目的,是适足以败其自私之心而违其争杀之本愿。何也。灭尽人类,据大地为私有,效果所及,将见无人代执劳役而非自苦不可。无人崇拜其威权而虚荣之心以破,即真拥有天下之宝藏,试问无人健羡,无人拜赏,有何用处。卢梭于此,以最淋漓痛快之词诘之曰,"彼若为大地之上,绝无仅有之人。试问即富有六合,究有何益。茫茫宇宙,一人独居,私心纵炽,谁将为之采天下之产物耶,谁将为之扬名驰誉于四表耶,谁将食其所蓄而用其所储耶,谁将矜其功业而慑其权力耶。吁,吾知之矣。与其杀尽人类,彼将束之缚之桎之梏之而使其为彼之奴矣。但仅此舍杀戮而取奴蓄一端,已经易尽全题而目。毁杀之说,已不复存,战境已不复有矣。"[4]霍布士之所谓战境,卢梭不能赞成如此。反之,洛克之所谓和平乐善,卢梭亦大示反对。盖洛氏以为自然境中之人,具有道德观念。其所异于政治社会者,仅在缺乏公共裁判者一端。卢梭则大不谓然,以为道德以公道与不公道为准则,而公道与不公道又皆政治社会之产物。有曰,"吾人道德不道德之观念,完全得之于政治社会。以法律存于公道之前,非公道存于法律之前也"。[5]据此,可知洛氏之自然境,为有道德的。卢梭之自然境,为非道德的。有道德故其所求于政治社会者仅为维持道德之公共裁判者而已。非道德故其所求者,甚为复杂,不止公共裁判者一端。人之所求于政治社会者不同,故政治社会权力之大小,功用之广狭,亦不同。洛卢两家,因其所言自然境之性质不同,故其政治社会之性质亦大异。自然境于政治

---

[1] Discours Sus l'inegalité,见 Vaughan, Political Writings of Rousseau, I, p. 140。
[2] Ibid, pp. 148, 158~161.
[3] Ibid, p. 159.
[4] Neuchâtel 图书馆所藏社约论原稿,见 Vaughan, Political Writings of Rousseau, I, p. 293。
[5] Geneva 图书馆所藏社约论原稿第二篇第四章,见 Vaughan, I, p. 494。

社会关系之巨，有如是者。

按之卢梭，自然境中之人，孤居独处，不与世通。饱腹之余，贪眠好息，与其他动物无异。[1] 但难者将曰，自然境中之人，既然孤居独处，不与世通，是将老死不相往来。而所谓政治社会者，果何自而生耶。以作者所知，卢梭于此所言并不如霍洛之较为明了。然撮其大意，可曰，人之初也，虽处自然境孤居不相往来，但厥后或以人口之增殖，或以渔猎之须互助，或以其他偶然之事而相联合。联合既频，于是孤居独处之习渐破而家族部落之俗渐成，家族部落之俗成而人类最初之社会生。社会发生之后，人性亦因之而大变。所欲既多，所需自繁，所需既繁，所欲更多。[2] 然个人之力有限，不能胜外界之困厄而偿其所欲。其终也，乃非与人相约而互相为助不可。[3] 此约之来历也，此政治社会发生之原因也。

虽然，卢梭非信自然境为历史上必有之事者也。[4] 社约之意，在彼不过欲为政治社会建一强固的哲理基础。此观于其《社约论》开宗明义第一章之开首数语而益信者也。其言曰：人生而自由者也，而今则尽在桎梏之中矣。凡人自信为他人之主者，其为奴也更甚于人。此种变迁，何自而起乎，吾不得而知之。如何而可使其为合法乎，吾以为吾可解决此题。

《社约论》全篇深旨，即在解决此人之生也，本为自由，而今又不自由之难题。其功用乃哲理的，非历史的也。

（二）自然法　自罗马法家以来，自然法之观念，侵入脑海，为政论家所宗引。言社约者均谓其为自然境中维系人类行为惟一之具，而洛克且几视之为一极严极显之神律。[5] 史比努札虽不之信，顾未明言其必无。[6] 其敢高倡革命之说而敝履视之者，政论史上卢梭其第一人也。[7] 卢梭以为此法与其称之为自然法，不如称之为理性法。[8] 以所谓自然法者，不外人类一种大公无私之知觉或判断，此种知觉或判觉，经历史上若干时代之道德的淘养法律的训练，始克有之，并非自然境中之浑沌原人，所可一蹴而致者。自然境中之人，浑浑噩噩，既无所谓善，亦无所谓恶，又无所谓道德不道

---

[1] Neuchâtel 原稿七八五六号，见 Vaughan, I. p. 298, 306。
[2] Discours, 见 Vaughan, I, 150–151; Geneva 原稿一篇二章，见 Vaughan, I, 447。
[3] Contrat Social, I, 6.
[4] Discours, 见 Vaughan, I, 141。
[5] Divine Code.
[6] Green, Principles of Political Obligation, 49–50, 55.
[7] Geneva 原稿一篇二章，见 Vaughan, I. 449; Discours Vaughan, I, 136–7。
[8] La loi de raison.

德。[1]道德观念不存，自无自然法可言，以自然法乃一种理性的判断或道德的观念耳。自然法为道德观念之说，证之以历来自然法之意义，益为显著。自然法之意义，一时代与一时代不同，所以然者，以每一时代之道德观念不同，故其自然法之意义亦不能不因之而异。转言之，自然法乃人类道德进化的反照。视时势为变迁，并非固定之物。生人之初，造物者即以之植于人类之胸际也。

卢梭之自然境说，本已较霍布士，洛克为近情理。而其自然法论则更言前人之所不能言，见前人之所不见者矣。虽然，卢梭在社约论史上位置之重要，固在其社约论自身，自然境自然法云云，特其中之枝节耳。今请述其最著名最有影响之社约论。

（三）社约　自然境中，困危太多，非个人之力所能胜，故群相约而联合其个人之力为一公共之力，以为抵抗外界困厄保持群众生活之具。但个人之力及其自由为其保存生命最要之物，今若以之与一公共机关，岂能无害于个人自卫之能力乎。卢梭于此，高标其社约之根本问题曰：

> 社约难题，全在得一联合团体，令此团体以其所有全力抵御联合者每人个人之生命财产。且令此与全体相联合之个人，同时又仅服从其个人自己，自由不亚于未约之前。[2]

卢梭于此，既欲令个人以其权力与自由尽量降之于一联合团体，又欲令此服从团体之个人，同时又仅服从其自己，自由与昔无异。此诚有如卢梭所言为一莫大难题。但卢梭智慧无穷，自有利器解此盘根错节。其言曰：

> 约之条文，若以最简单之词出之，即与约者以其自己及其所有权利尽量与于社会全体。此并无害于个人，以每人既以其自己完全与于社会，是大家之条件相同。大家条件既同，则人无为不利于他人之心也。[3]

卢梭此处所注意者，不但在人人弃与之条件须为同等，且谓此种弃与须为尽量悉数绝对无限的。曰：

---

[1] Discours, Vaughan, I, 159.
[2] Contrat Social, I, 6.
[3] Ibid.

弃与既为绝对的，则其联合自为完全无缺而个人毫无余剩权利可言矣。盖若有丝毫权利留于个人，社会之上，公私之间，将无公共裁判者。公共裁判者不存，每人将自为裁判而不久又将作裁判大家之干涉矣。如此，则自然境犹将存在而联合将变为强暴或无用矣。[1]

人人悉以其所有权利与之社会，其结果如何。卢梭曰：

每人以其个人与于全体，其结果等于与于无人。且以每人对于他人享有他人对彼所享之同样权利，其结果不但吾人以失之于他人者得之于他人，且获较大之权力以为吾人所有权利之保障。[2]

又曰：[3]

吾人于此，若弃社约中不关紧要之辞，其重要条件将如下。吾人每人以其个人及其个人所有之权力，共同置于公意[4]支配之下，同时吾人每人即变成全体中一不可分之部分。

个人如此与社会融合而为一体，个人为部分，社会为全体。卢梭曰：[5]

联合之举，于多数个人人格之处，造一单一的道德集合体。[6]此道德集合体所含组合份子之数，恰与集合者之人数相等，且此道德集合体，由此同一联合举动而得其单体，[7]得其公我，[8]得其生命，得其意志。

---

[1] Contrat Social, I, 6.
[2] Ibid.
[3] Ibid.
[4] Volonté Générale.
[5] Contrat Social, I, 6.
[6] Un Corps Morale et Collective.
[7] Unité.
[8] Moi Commun.

卢梭社约之作用，全在得人人之同意，造一公意公我，公意公我成而政治社会生。政治社会之为物，与人无异，以其为多数个人联合而成，故曰公人。[1]卢权曰，此公人昔称城市，今称共和或政治团体。当其静时，称之曰国家；动时，称之曰主权者；与其他同类团体对峙时，称之曰强权。与约之人，自其全体言之，谓之人民；自其个人参与主权言之，谓之市民；自其屈服于国家之法律言之，谓之国民。

霍布士之社约，仅得多数同意已足成立。卢梭则以最明瞭之词，谓政治社会成立之后，政治运用虽由多数取决，但当初立社会之时，却非人人同意不可。其理有二。一，政治联合为天下最自由之事，以人人生而自由，为其自己之主人翁，他人无权迫之使为奴隶也。[2]二，政治社会成立后，一切政治运用，将由多数取决，但此多数取决之权，根于原约[3]之规定，若原约不得人人同意，则后来多数取决之权，将毫无根据。十人之中，九人无强迫一人之权，一人亦无服从九人之义也。[4]以初立约时之同意作以后多数取决之根据，为卢梭社约论中一大要点，不可不察。[5]

由自然境至政治社会之方法及手续，约略如此。至入政治社会后人性上所生之影响及变易如何，实甚重要。盖自卢梭视之，未入政治社会之前，人之行为以天性利欲自然倾向为断，既入之后，以公道道德义务理性为断。此为人类生活上极大之变迁，所关极要者也。[6]且人当入社会之时，虽失自然境中之利益不少，但其所得于社会者，较其所失者，实多且大。以社会之上，人之能力扩大，思想发展，情欲因之高尚，灵魂因之超度。所谓社会"化蠢弱之动物为灵慧之人"者是也。[7]然此仅就社会之影响于人类道德及性情者言。若就自由权利一方言之，其影响尤有大者。盖人于入社会时，所失者为其天然自由，[8]所得者为社会自由。[9]天然自由，虽多而不稳；社会自由，即少而可靠。天然自由，视个人之力为依据；社会自由，以国家全体之力为干城。享受天然自由者，全受情欲之驱使；享受社会自由者，仅听道德之指挥。一为假自由，一为真自由，分别极严而关系极大也。[10]

---

[1] Personne publique.
[2] Contrat Social, IV, 2.
[3] Contrat primitif, 英文为 Original Contract.
[4] Contrat Social, I, 5; IV, 2.
[5] 关于此点之评论，阅 Green, Principles of Political Obligation, pp. 88~90。
[6] Contrat Social, I, 8.
[7] Ibid.
[8] Liberté Naturelle.
[9] Liberté civile.
[10] Contrat Social, I, 8.

（四）主权　社约之惟一作用，在为政治社会之主权建一坚固不拔之基。所谓自然境也，自然法也，社约也，皆为建此基础之方法手续。方之主权自身，其间固有轻重本末之别也，但历来社约论者之目的，虽俱为主权建置基础，惟其所建基础之性质，殊人人不同。霍布士以为人民以社约永弃主权于政府中之一人或数人；洛克以为人民以社约暂寄主权于政府，政府不道，人民得收回此权；卢梭则大异于二者，以为约成之后，人民自己变为主权者，主权永久存于人民全体或社会，与政府丝毫无与。既无所谓永弃，亦无所谓暂托。政府之为物，完全为主权者之行政机关，供主权者之驱使而不能自为主权者。易言之，主权者造法者也，人民从法者也，政府则介于主权者与人民二者之间，为执行主权者所造之法律之器具耳。[1] 然读者于此或将曰，若是，岂非人民同时既为制造法律之主权者，又为服从法律之人民乎。卢梭应之曰然。以约成之后，人民成为主权者，社会中之个人，对于他人，由此生一二重关系。一，个人自己为主权者之一小部分，他人为服从主权者之人民。二，自己为服从主权者之人民，他人为主权者。[2] 譬如一国之中，有人一万。主权者之于个人，犹万之于一。个人之于主权者，犹一之于万。个人之为服从法律的人民，为完全绝对的，而其为主权者，则仅其万分之一耳。[3] 于此生一问题，即个人既为主权者之一微小部分，又须完全服从主权者所造之法律，其结果岂非个人仅有主权者之名而无主权者之实，受多数压制而为不自由之甚者乎。此在实在政治事实上，诚属无从解决之难题。但在卢梭之理论上，则毫无困难之处。盖彼于为主权二字作界说时，已下一限制，使之只能为善不能为恶也。兹请察其主权性质说。卢梭曰，主权者公意也，何为公意？曰，以社会公利为目的之意也，其仅以私利为目的者，虽多不为公意。卢梭于此，立公意与众意[4]之别。前者以公利公益为怀，为人人同有之意。后者以私利私益为怀，为彼此不同之意。一为私意之差，一为私意之合。[5]（如以算式表之将如下：甲之意 =a+b+c，乙之意 =a+d+e，丙之意 =a+x+y。公意 =a，即各私意之差。众意 =a+b+c+d+e+x+y，即各私意之合）主权既为公意，公意又为人人同有之意，则主权之不能为非，个人之无从受压制，不言自喻。故卢梭曰，主权者既由个人组合而成，自无伤害个人之理。盖凡物自其本性言之，断无自害之理也。[6]

---

[1] Contrat Social, III, 1.
[2] Ibid, I, 7.
[3] Ibid, III, 1.
[4] Volonté de tous.
[5] Contrat Social, II, 3.
[6] Ibid, I, 7; II, 3.

虽然，卢梭于此，并非不知私意有僭窃公意之患而未尝设法以防之也。防之之道有二。一，主权之作用，限于立法。（反言之，即法为人民自己所造）法之范围，仅及全体之公利而不能及私人之特利。法而涉及私人特利，即不为法而失主权之效力。[1]二，主权者（即人民自己）依法规定，于每一定期中，自由集会，投票解决二事。"第一，主权者对于现有政体，是否愿再维持。第二，人民对于行政之权，是否犹愿存于现任官吏之手。"[2]有此二重防维，卢梭以为主权将永为人民之公意而民权政治安如磐石矣。

八、社约论与美法革命

社约论之意义，观于以上所述霍布士洛克卢梭三家之言论，当已知其梗概。今请再略言社约论在实在政治事实上之影响。以上所述自霍布士至卢梭，纯属玄想的理论，本段所言，则为玄想理论之效果。吾于本文之始，已标明社约论有二大价值。一为其在历史上助长民权已往之功，一为其在人类政治生活中所含永久不变之理。本节所述，即其历史上已往之价值耳。

近代民权发展史上最大之事，曰美法二大革命，而美法二大革命之政治原理，又多得之于洛克及卢梭。此观于当时两国学者之著述及其成文宪法而可知者也。讨论学者之著述，非本文篇幅所许。今请仅言其宪法中有关社约论之处。

（一）美国革命 一七七六年六月十二日美国之维紧尼亚州所立之宪法，其权利宣言章第一条即曰，"凡人自其天性言之，皆为平等的自由独立，[3]而有数种固有之权利。此种权利，人于入社会之时，不能以约剥夺其子孙后代。"同年七月四日美国合众国之《独立宣言书》中有曰："凡人皆平等，享有造物者所授不可弃之权利，此种权利为生命自由及幸福之获取。政府之设，原为保护此种权利，政府合法之权，得自被治者之同意。"以上权利同意云云，已可见社约论之影响。然犹未若一七八〇年麻塞丘塞州宪法所言之更为明切也。一七八〇年麻塞丘塞之宪法，于其开宗明义之权利章，大书特书曰，"政治社会成于各个个人之自由联合，联合之时，全体与个人，个人与全体，互相为盟而立社约。社约之目的，在令大家共同受治于同一法律之下而获公益"。

---

[1] Ibid, II, 4, 6.
[2] Ibid, III, 18.
[3] "Equally free and independent."

（二）法国革命　一七八九年震惊全欧之《人权民权宣言书》[1]之第一条曰，"权利上，人生而自由平等而现在又继续为自由平等者也。"第二条曰，"政治社会之目的，为为人保存其自然不可失之权利。此种权利，曰自由，曰财产，曰安全，曰压制之抵抗。"第三条曰，"一切主权，存于国家。"第六条曰，"法为公意之表现。"第十二条曰，"人权民权之保障，须有一公力。[2]故此力之建置，乃为全体之公益。非为掌此力者个人之私利也。"

一七九三年宪法之人权民权宣言书，较之一七八九年更为激烈，更为透辟。其第一条曰，"社会之目的，为人民之幸福。政府之设，在为人担保其天然不可丧失之权利之安享。"第二条曰，"此种权利为平等自由安全财产四者。"第三条曰，"凡人准乎自然之理及于法律之前皆为平等。"第四条曰，"法者，公意之自由尊严的表现也。"第二十五条曰，"主权存于人民，不可分，不可失，不可弃。"第二十六条曰，"一部分之人民，不能行使全体人民之权。"第二十八条曰，"一人民无论何时，均有修改或改良或更换其宪法之权。一世之人，不能以其法律束缚其来世也。"

九、康德与费希特

社约论之正史，可谓告终于卢梭。康德，费希特所言，不过取卢梭之陈义而以德文出之耳。卢梭言人生而自由，康德费希特亦言人生而自由。卢梭言国成于约，康德费希特亦言国成于约。卢梭注重人民之意志，康德费希特亦注重人民之意志。总之，凡卢梭学说中精微特出之处，无不为康德费希特所吸收。

虽然康德费希特之社约论，虽与卢梭大致相同，但亦不无小异或特别注目之处。今请仅就此点而略表出之。

（一）康德　康德论社约最要之点，在谓社约并非历史上实有之事，不过为解说政治社会基础最合论理之理想。卢梭于此点，亦曾再三言之，惟不如康德之特别注意也。所以然者，以康德之一切哲学，均分理想与事实为二，哲学家所谓二元说者是也。二元说施之于社约论，有二大影响。一，社约在理想上或有，在事实上必无，此处注意在事实，在客观上真有之事，在维持现状，为取销社约论最妙之法。二，社约在事实上即无，在理想上绝不可少，此处注意在理想，在主观上应有之事，在创造新世界，

---

[1] Declaration des droits de l'homme et du citoyen. 通常简称《人权宣言》。
[2] Un force publique.

为扶持社约论最平之理,康德之政论,果重理想,抑重事实,非本文范围所及。[1] 此处所欲言者,乃其注重理想之处。康德曰:"状表人民由其自己建设国家之事,称曰原约,正确言之,此不过一种代表理想的外表形式,用之作状画建设国家基础之合理的手续耳。"[2]

(二)费希特　费希特之社约论,与卢梭不同之点,在分社约成立之次序为三层。第一,个人与个人互相为约,以彼此不相侵犯其个人财产为目的,谓之财产约。财产约之性质为消极的,以其仅以不相侵犯为戒而未尝以互相保护为法。欲达彼此互相保护之愿,于是有第二约。第二约谓之保护约,其性质为积极的,根于第一约而来,但立第一约及第二约之人,均为各个个人。若无总体以团结之,恐财产保护二约均将徒托空言而乏实效。以此,个人乃与全体约而自为全体之一部,此第三约谓之联合约。联合约之目的,在得一总体作实行第一第二两约之具,为三约中之最要者,为建国之关键。[3] 费希特之社约论,大致若是。较之卢梭,虽稍有不同,但皆枝节之异,无关紧要也。

社约论者各家之立说,约略如此。但凡一理想或一学说,多有正负两面。社约论之正面如是,其负面若何。欲明乎此,请以数语略及其评论派。

十、社约论之评论者

评论社约论者,有历史家焉,有哲学家焉,有法律家焉,有人类学家焉,有社会学家焉,门户之多,殊难尽述。今为篇幅所限,且因社约论本一哲学观念,故缺他家,仅论哲学家。哲学家评论社约论之最有声者,以侯木(David Hume)为首屈一指。侯氏之评论,分为二段。第一段为历史的评论,第二段为哲理的评论。历史上之理由,持之者多,且又不能破社约论者之坚垒,故不赘。兹请仅言其哲理上之论点。

社约论者极强之理,在谓人生而自由平等者也,而今又屈服于政治权力之下者,非出于其本愿发于其同意莫由也。反言之,即吾人何以服从政权耶,曰,以曾经同意,许其服从,不能破此信诺而不服从也。侯木对此以许诺为服从根据之说,大不谓然,言人之所以服从者,以其不能离政治社会而生,而政治社会又不能离政治权力而存。

---

[1] 参阅 Dewey, German Philosophy and Politics, Chs. 1–2.
[2] Kant, Philosophy of Law, Sec. 47, Hastie's translation.
[3] Fichte, Science of Rights, Kroeger's translation, pp. 213~227.

服从之义，为政治社会之功用，为服从者个人之利益。舍实利[1]而言空诺，未免因果倒置。侯氏于此，难社约论者曰：若有人焉，问服从之理果何在乎，吾将应之曰，"以不如此社会将无从而存在也"此等答语，非常明瞭，为人人所能悟解。君等之答语为"吾人应守吾人之信诺"，但若有人再问曰，"吾人何以应守信诺耶"，吾知君等将无辞以应之也。[2]侯氏以实利为服从根据，已为后来功利主义开其先声，边沁攻击社约论时，引侯氏为同调，盖有由也。[3]

近人中评论社约论之有法学统系者，理想派有谷仁（T. H. Green），实在派有狄格（Léon Duguit），均限于篇幅不能详述。

十一、结论

准上所述，可见社约论并非一家之言或一有统系之学说。言目的，则有保君保民之分；言方法，则有主权永弃暂弃永留之别；言理想，又有以历史上已往之事为现在政权之基础者，有以哲理上之假设为现在政治现象之解说者，更有悬为理想作将来社会之实验者。派别繁多，不能概论。但此诸派中，殊异虽多，而其哲理上最要之点则一。此点维何？曰，政权根据为人民同意。

以人民同意作政权根据，证之历史，绳之论理，揆之道德，均为不易之理。盖（一）历史上，政权若不根于人民同意或太背同意，未有不遭革命或反叛之效果者。（二）论理上，政权行使有违被治者之同意时，被治者得起而倒之，以政权即无，人民所感不便之处，其为害实较轻于政权暴虐之苦。此诚有如洛克所言，人未欲避狐狸之为扰而甘为虎狼所吞噬者也。况此外又有改造政权刷新政治之望乎。（三）一言道德，则个人尊严之人格与权利，不应自暴自弃，任操政权者剥夺以去也。吾尝谓中国今日政府横恶不法，实一道德问题，其意以此。

历史家及社会学家有谓社会发生从未有以约为根据者，此徒迷于已往之陈死事迹而未尝加以哲理的推测者也。傅倚（Alfred Fouillée）谓今日社会之关系即非契约的，而最高式社会之关系必为契约的。[4]所见自较泥古者高出万倍。盖社会之上，人与人或团体与团体间之关系，统计可分三式。一为各个独立，彼此不属；二为集中于一，

---

[1] Utility.
[2] Of the Original contract, 见 Essays Moral, Political and Literary, Vol. I. p. 456。
[3] Bentham, Fragment on Government, pp. 153~155.
[4] Science Sociale Contemporaine.

以一辖众；三为众相联合，为平等之对待。第一式为社会所难有，有之亦难持久；第二式利多归于一而害多归于众，非全体之福；第三式性质适中，有第一第二之益而少第一第二之害，为三式中之最上式。社约论，即以此式之原理施之于一国政权之构造者也。然此式之原理，绝不限于一国政权之构造，即其义而引申之，则凡今日之所谓联治主义以及将来之真正国际同盟，无不以社约论之所谓与约者之同意为之基础，社约论岂历史上之陈说哉，其应用固未有已也。

自然法观念之演进[*]

自然法（the law of nature）[1]之意义及性质，历来学者所持至为不一。今姑择其各种性质中之一端以弁于此，或可使读者粗知其意义而便于了解下文。此性质若何？曰：历来自然法论者皆以为宇宙间各种现象均有一种原则以维系之；此原则在人名曰理性（reason）；自然法即由此理性而发生之规则也。此法之所以名为自然，以其乃宇宙间之一种自然现象，不受人类感情之干涉，不为一时一地之人为法（positive law）所限制。不但不为人为法所限制，且人为法须依自然法之所诏示以为法。不然，背之者必受其害。准此，可知自然法之最大用途在范围人为法而为之标准。美法革命时学者争引自然法为掊击当时不良法律之利器，盖以此也。

自然法之本质为理性之说，多数学者皆承认之。但当中世纪时，基督教盛行，人多有以自然法之本质为意志（will）者，以基督教崇信上帝创造宇宙之说，以为自然法即上帝之意志。迨谷罗狄士（Grotius）出，始辟意志之说而复返于理性，为古今自然法史上一大关键。

治思想史者须知一种思想在人类历史上有若何关系。不然，即深熟各家学说之细目，未免见有遗大，仅知一种思想有理论的系统，而不知其又有事实的关系。自然法之影响于人类政治生活者，概括言之，可分以下数端：一，发展罗马法；二，提倡人类平等主义；三，建立国际公法；四，改良各国私法；五，鼓吹天赋人权。以上五者均现今文明之来源，而二五两端又为近代平民政治之基础。设政论史上无自然法之说，

---

[*] 原载《国立武汉大学社会科学季刊》第一卷第一号、第二号，1930年3月、6月。
[1] 亦称 Natural law，源出拉丁文之 Jus naturae 或 Jus naturale 或 lex naturalis，汉译有作自然"律"者。惟自然法有二种，一为科学的自然法，一为道德的自然法。自然"律"或可用以代表科学的自然法。若用以译道德的自然法，似觉未当。以道德的自然法与人为法如民法国际法等为对待名词；道德的自然法不能译为自然"律"，亦犹民法国际法等不能译为民"律"国际"律"也。本篇所论为道德的自然法，故不称律而称法。

吾知人类自由必不若今日之盛也。

自然法在历史上影响最大之时期为十七、十八两世纪。然十七、十八两世纪之自然法实中世纪之遗传物，而中世纪之政治哲学又多得之于希腊罗马。今请上溯希腊，下迄现代，以次述之。

一、亚里士多德与其他希腊哲学家

希腊哲学家论自然法之最知名者为亚里士多德。惟亚氏并非首倡自然法论之人。亚氏之前，海瑞克来塔斯（Heraclitus），苏格拉底，柏拉图，及一般"哲人"（the sophists）均已有此思想。海瑞克来塔斯曰："一切人法皆依天法以为命。"[1] 苏格拉底分法为成文法与不成文法。成文法为人所造，其效力限于一城一市；不成文法出之神授，其效力普及人类。[2] 柏拉图之理想主义亦以为抽象的公道及合乎绝对公道的法律与社会上之实在法律有别。至于一般哲人，则更根据"自然"（nature）攻击一切社会制度，不特法律已也。[3]

亚里士多德言自然法之处有二。一见之于其"伦理学"，[4] 一见之于"辩论学"。[5]"伦理学"第五章有曰，社会之所谓公道分为二种。第一种曰自然公道（natural justice），第二种曰习俗公道（conventional justice）。自然公道之性质遍天下而皆同。习俗公道，始无恒性，待风俗法律之规定以为经。设有难者曰世间公道处处皆有习俗之不同，原无自然之可言。亚氏将应之曰，若以习俗之不同，遂谓天下无自然公道，是何异以天下之人偶有善用左手者，遂谓善用右手者为不自然乎。此处论自然公道为亚氏谈自然法之柱脚，学者多称引之。其见于"辩论学"中者为第一篇第十第十三第十五各章中言法处。亚氏于第十章中分法为特殊法（particular law）及普遍法（universal law）而为之解曰，"吾所谓特殊法者，一种特殊政治社会中管理人民生活之成文法也；吾所谓普遍法者，人类到处承认而未成文之原则也"。第十三章又曰，"吾以为法有特殊普遍二种，普遍法即自然法。自然法以一种自然的公是公非为根据，不待人群之相接或公约而始生。"亚氏于此，并引诗人萨浮克黎（Sophocles）之"安笛高立"（The

---

[1] Fragment 91.
[2] Xenophon Memorabilia, IV, 4, 19.
[3] Ritchie, Natural Rights, pp. 21~27.
[4] The Nicomachean, Ethics, v, 7.
[5] The Rhetoric, I, 10, 13, 15.

Antigone）中安笛高立之言以为证，谓自然法并非仅存于今日或昨日而为永久不灭，话其来源，无人知也。[1] 第十五章所言，大致相同，兹略之。[2]

"自然"之为物，在亚氏学说中，含有一种宇宙的理性（universal reason）观念。大千世界各种现象均依此理性方略（rational design）而变化。自然法即此宇宙理性之表现也。此说至后益盛，阅下节自知。

二、"斯多派"与席西柔

亚里士多德之宇宙理性论得"斯多派"（the Stoics）为之发挥光大而益见其神秘。自然法之理性基础亦由此而永定。盖斯多派以为宇宙全体有一原则以维系之，此原则曰理性（logos 或 reason）。理性不但纲维宇宙大体，即宇宙中之各纤微小部亦莫不为理性贯穿弥漫之处。人者宇宙之一部也，其行为亦以合乎理性与否以为善恶之判断。换言之，宇宙即自然，理性即自然法也。[3]

"斯多派"之自然法，有一重要性质，即固定不易是。此法之内含及应用时，不分古今，地无论东西，厥一不异。[4] 理性而外，固定不易一端为"斯多派"论自然法最要之处。至于人类何由而知自然法之存在，"斯多派"以为凡具健全智慧之人皆有发现此法之能力。[5] 盖自然既为理性而人又为禀赋理性之物，其知之也原只求诸在我者而已。此外自然法又为判断人为法之标准。以个人行为之善恶既以合乎理性与否以为判，社会上人为法之良窳自亦视其能符自然法之意旨而定。人为法之与自然法相冲突者道德上人民无服从之理也。

提倡人类平等主义为自然法功效之一，前已言之矣。兹请察"斯多派"之所谓人类平等以"斯多派"为古代主持人类平等之最有力而且最有影响者也。"斯多派"谓天下所有之人皆属平等而为兄弟，无主奴贵贱之分。以凡人自其道德的品性言之并非属于一城一国或一级一业，乃属于世界全体。换言之，社会组织并非以一城一国或

---

[1] 安笛高立乃一西堡（Thebes）女子。其兄保理尼斯死，王以其有通敌之罪，暴其尸于鸟兽，下令国中禁人殓葬，违者死。安笛高立感于骨肉之情，违令潜葬。事发被逮，王问其何以故犯法令，安笛高立对曰："骨肉死必葬，乃一种永久不变之自然法。吾犯王令，以不知王令有变易自然法之力也。自然法并非仅存于今日，或昨日，其效力千古不易。语其原始，无人知之。吾诚不敢以遵王令故而破之也。"——见 The Antigone, Episode II。
[2] 锐杞（Ritchie）以为亚氏并不信自然法之说。作者以为锐氏之说仅能适用于"辩论学"第一篇第十五章而不能适用于第十章及第十三章。锐氏之说见于其 Natural Rights, pp. 30~32。
[3] Diogenes Laërtius, Lives and Opinions of Eminent Philosophers, Bk, VII, 53, 68, 70, 72.
[4] Ibid, VII, 68.
[5] Ibid, VII, 53.

一级一业为单位，乃以全世界为单位。此全世界中各个份子之位置及权利，一律平等，无高下之分。此即所谓"斯多派"之世界大同主义是也。但自来论政以打破国界种界为难。仁智如柏拉图及亚里士多德尚皆迥翔于希腊文明人种及国家范围之中。今"斯多派"竟以世界大同人类平等为说，其故何耶？其何由而致此耶？

历来政论鲜有不为其当时实在政象之产物者。斯多主义之所以能倡人类平等之说者，诚以当时希腊当亚历山大第一征服之后，希腊之城市国家已经消灭，昔之以雅典为天下者，今则北至斯勒，东达波斯，南抵埃及，皆为麦西顿王一姓之山河；昔之以希腊人种为文明族裔者，今则不过亚非欧各种民族中之一粟；夷夏之防尽撤，矜骄之风渐息；自封自大本成难事，而况创立"斯多学派"者以及后来之著名斯多家又皆来自小亚西亚，西雷亚及东方群岛蛮夷之地，[1] 出身本殊，而欲令其效法他人自尊自大之习，盖又事实上之所不可能也。[2]

人类平等说发生之原因如此，其次请察此说之哲理的构造如何。上已言之，宇宙之普遍原则为理性，而人又为禀赋理性之物，可知社会基础为个人所禀与他人相同之理性。人人既禀相同之理性，是人人皆为分受宇宙理性之同等部分，皆为同一物体之同样份子。在个人无贵贱之分，在种族无优劣之别。若强为参差于其间，是以此人之理性较优于彼人之理性，此人之自然较异于彼人之自然。揆诸论理，未免失于不辞也。

斯多主义本希腊产。迨后希腊衰亡，罗马代兴，斯多主义亦渡地中海而西，罗马学者大受影响，席西柔（Cicero），辛立克（Seneca），奥瑞士（Marcus Aurelius），其明例也。严格言之，席西柔本非"斯多派"，不过其道德思想受斯多影响不浅，而论自然法处尤甚。且席西柔之意见与后来罗马法之发展颇有关系，故不可不略知其关于自然法之见解。

席西柔本非真正哲学家，又非专门政论家，而为一学识甚广泛论一切之文人。其谈自然法也，并非有高深见解于其中，不过因受当时斯多主义之影响，视"理性"与"自然"为万物之源，凡所论证，好取以为根据耳。然自然法之于彼亦有一特别用途，即彼不信古代功利主义派[3] 以公道与法律为人所造之说，而以"自然"抗之谓一切公道与法律皆出于自然法，非人意所能干涉。其言曰，"公道基于最高法（即自然法）之上。

---

[1] Zeno 为"斯多学派之创建者"，生于 Cyprus，其先世居 Phoenicia。继 Zeno 而主斯多讲坛之 Cleanthes 与 Chrysippus，一生于 Assos，一生于 Soli。厥后罗马系之著名斯多家 Epictetus 生于 Phrygia。

[2] 关于此节参阅 Zeller, Stoics, Epicureans and Sceptics, pp. 35~36, 326~331。

[3] 如 Epicurus 及 Carneades。

最高法自古已在,不待立法机关之通过或国家成立之后而始有也。"[1] "法与公道并非建于人意,乃出于自然。"[2] "法既非个人之聪明所造,又非群众之命令所设,其惟一之源为一支撑宇宙,诏人作是避非,永久不息之原则。"[3]

席西柔之公道既出于自然,而自然法之性质又何如者?席西柔言自然法为理性,[4] 理性为神所植,[5] 自然法之效力永久不灭,[6] 为一切人为法之标准。[7] 今为便利起见,请引其原话一节如下:"真法(即自然法)为合于自然之纯正理性。其效力为普遍的,不易的,永久的。其命令勉吾人以义,其禁戒拯吾人于恶。其所劝励与禁止皆为善人所遵而为邪人所忽。其存在也,不受他法之裁制,不为他物所废除。元老院也,人民也,均无力使吾人不遵此普遍公道之法。吾人之良心为解释此法之唯一机关。此普遍法永久不易,并无罗马雅典之异,今日昨日之别;宰临万物,为神所司;违之者自戕其为人之性,必受其灾也。"[8]

三、罗马法家

近代自然法之观念承传于中世纪。中世纪自然法之来源有三。一为亚里士多德自然公道与习俗公道之别;二为拉丁学者如席西柔等之文学发挥;三则罗马法家矣。亚里士多德与席西柔之说已如上述。今请观罗马法家之论调。但欲知罗马法家之论自然法,须先明其论人类法(jus gentium 或 the law of nations),以人类法与自然法有息息相通之关系也。

"人类法"者当时世界各种民族共通承认之法也。此法与罗马民法(jus civile 或 civil law)有别。罗马民法只能适用于罗马国民及与罗马同盟国之人民,"人类法"则为罗马法庭对于原被两造非罗马国民或罗马同盟国人民时所用之法。此法发生之原因有数。(一)罗马人开疆拓土,降服甚众,自视为天之骄子,其社会权利自不能与被征服之蛮人等,故人口之中有国民与非国民之别,国民之权利较优于非国民之权利,支配国民权利之法律亦自不能不异于支配非国民之权利之法律。此在罗马人一方面不

---

[1] The laws, I, 6.
[2] Ibid, I, 10.
[3] Ibid, II, 4.
[4] Ibid, I, 12, 15.
[5] Ibid, II, 4.
[6] Ibid, II, 4.
[7] Ibid, I, 16; II, 5.
[8] The Commonwealth, III, 22.

愿以罗马国民之法施之于非国民者，为"人类法"发生之原因一也。（二）不但罗马人不愿以其上国法律治理他人，其实被征服之人民或远来贸易之商人亦不愿受罗马法之管理，以法律生于社会习惯，此等人之社会习惯较异于罗马人之社会习惯，今若易其本乡本土之社会习惯，自非所愿。此在非罗马国民之远人不愿受罗马法之处理，为人类法发生之原因二也。（三）罗马为地中海附近各处商贾会萃之区，商家交易，不问国籍，向有一种共同习惯与规则。此种规则完全筑于理性或公道观念之上，不待政府之颁布而始生。英国普通法（Common Law）承认"商人法"（Law Merchant）之效力，是一明例。故学者有以"人类法"并非他物，即罗马远方商人之习惯法也。[1]

罗马法庭既不愿以治理罗马国民之法治理非国民之异族远人，又不能以甲种异族远人之法治理乙种异族远人，而此所谓非国民之异族远人既不愿受罗马民法之治理，又不愿受他种异族远人之法之治理，其结果似应以一族之法治理一族之人。然罗马之异族无算，其异法亦无算，若果如此行之，是徒增法律上之纠纷而已。此种办法既难适用，其终也，惟有采取各种异族法律或习惯中相同之点以为解决之道；其不同者，由法庭根据人类公道观念以补之。所谓"人类法"，即各种民族共通承认之法律或习惯而为罗马法庭用以解决非罗马国民之纷争者也。称为"人类法"，以其为人类所公认也。

人类法当其始也仅为治理非罗马国民之法，迨后更进而为改良罗马民法之具。以民法产生于罗马特别社会情形之下，条例之中颇多狭隘难通之处，不若"人类法"之宽大平衡也。虽然，法律为社会最守旧之物，改之本不易，何况以矜骄自贵之罗马人而欲其采用来源并不甚高之人类法以为改良其民法之具，岂易事哉。然人类法之优点甚多，拘于成见而不采纳，又非罗马人之实用常识所许。不得已，必求通融之道以处此难。此即"人类法"与自然法混合之由，此亦即自然法在罗马法论中出现之处也。

罗马法家为实用起见，谓"人类法"并非他物，即自然法。盖以自然法之观念来自文明较高之希腊，又得席西柔之发挥，易得学者之敬仰，非若"人类法"来源之平庸不足引以为师可比也。[2] 且自客观的比较言之，"人类法"与自然法相同之处亦正不少。如自然法存于各种社会，人类法亦存于各种社会，自然法应用于无国民权利之人，人类法亦应用于无国民权利之人；自然法为人类所共承认，人类法亦为人类所共承认；

---

[1] 关于"人类法"发生之情形参阅 Sir Frederick Pollock's Note (E) to the third chapter of Maine's Ancient Law; Bryce, Studies in History and Jurisprudence, II, pp. 570~575; Sohm, Institutes of Roman Law, pp. 64~80, 103~104。

[2] 阅 Pollock, The History of the Law of Nature, in Columbia Law Review, Vol, I, No. 1, pp. 13~14。

自然法之根据亦为理性，人类法之根据亦为理性。人类法与自然法重要之点相同如此，何怪罗马法家视二法为一物耶。

虽然，罗马法家之最大多数，如格由斯（Gaius），保罗斯（Paulus），马克安奴斯（Marcianus）等，虽视"人类法"与自然法为一物，但亦有一例外。最知名之伍尔品奴斯（Ulpianus 或 Ulpian 以下称伍尔品）以为"人类法"与自然法有别。"人类法"之范围以人类为限，自然法则包括一切动物，不特人类已也。[1] 伍氏此说在罗马法家中虽为孤立，[2] 但亦有一重要关系。以一般法家均以为凡人按之自然法皆生而自由，今则奴隶之制到处皆有，其故何耶？且自然法之基础号称理性，其势力又属普遍，今奴隶之制到处皆有，不可谓非普遍，然而谓之为合于理性可乎？简言之，奴隶之制既存于各种社会，是否即可认为自然法之一种？伍氏以为不然，曰，按之自然法，凡人生而自由，奴制不存；奴制之生，盖根于"人类法"矣。[3] 伍氏奴制不存于自然法之说为后来反对奴制者引为干城，是以重要。不但此也，伍氏自然法兼及一切动物之说，因为后来编纂贾斯廷林法范（the Institutes of Justinian）者所采取，弁于此书之首，为中世纪学者所重视，故所关更为重要也。

知名之多数罗马法家虽有混自然法与"人类法"为一物之势，但严格言之，自然法与"人类法"本为二物，或应为二物。自然法应为人类普遍社会上，关于人类行为，理性所示之规则，"人类法"则为此种规则在事实上确为人类所遵守者。换言之，自然法为实在法律或风俗仅能几近之理想，"人类法"则为于一定时代中人类行为向此理想方面确能达到之标准。一为应有之事，一为确有之事。但惟天下有应有之事，故确有之事常取以为鹄，向之进行，而为人类进步之由。此自然法与"人类法"间之区别所以为要也。

自然法与"人类法"之关系既如此，兹请再观其影响于罗马民法者何若。自然法改良罗马民法之道略有三。（一）民法中苛虐狭隘之处，宜于昔日闭关之时，不宜于后来大通之世者，可引自然法为抨击改革之具。（二）民法中含糊不清，可狭可宽之处，可用自然法解释之而使其避狭就宽。（三）民法中完全不载之点，可取自然法

---

[1] 全文为"自然法者自然教于一切动物之法也，以此法不但属于人类，而且属于海陆空各种动物。吾人称为婚姻之男女配合及生养教育子女等事皆出此法。人类而外，其他一切动物之知有此法，固吾人所承认者也。"——见 The Institutes of Justinian, Lib, I, Tit, II。

[2] 别自然与"人类法"为二物者，伍尔品外，尚有笛锐立奴斯（Tryphoninus）及浮劳任奴斯（Florentinus）二家。惟二家并不言自然法包括一切动物。以自然法包括一切动物作自然法与"人类法"之别者，罗马法家中伍氏一家而已。参阅 Carlyle, History of Medieval Political Theory in the West, Vol. I, pp. 36~41。

[3] Digest of Justinian, I, l, 4; l, 17, 22.

以补之。如此更正补济，自然法在法家思想中乃渐变为通常法律之源府。自然法既成通常法律之源府，则通常法律之所禁令须与自然法之旨趣相合，自不待言。罗马法为近代欧洲大陆各国法律之本，而自然法又为发展罗马法之要具，自然法与近代欧洲文明关系之要，彰彰明矣。

四、中世纪

自然法之于罗马法家，与"人类法"无异；其在中世纪，则与上帝法（the law of god）相同矣。其故以当西罗马亡后，社会中可称知学之士皆为"宗教家"（ecclesiastics）；此种人之心坎中全为上帝所占，欲其不认自然法为上帝之法，实不可得。其后虽有亚里士多德与罗马法之复兴引起学者求智之兴趣不浅，然宗教思想浸入已深，亚里士多德与贾斯廷林在思想界至多亦只能与"教会"（the Church）鼎足而立，不能取而代之也。但此乃仅就"教会"一方而论，若自亚里士多德与贾斯廷林一方观之，其不败情形亦正相同。盖亚里士多德等哲学家之言已早为知名"教父"（Church Fathers）所称引，不但在中世纪"学子"（Scholastics 或 Schoolmen）之目中尊严与教条无异，即"教会"自己亦不敢显与为敌也。自然法之不为宗教所破灭，诚非偶然。虽然，当时之"教会"为维持上帝法，信仰，及道德计，均非保守其在社会上之最高地位不可。今若承认以理性为质之自然法，其将置以信仰为本之宗教于何地？进退维谷，昭然若揭。解决之道，惟有一途，即认自然法与上帝法为一物是矣。

此事骤观之似甚难，实则前世哲人已有先中世教父而为之者。海瑞克来塔斯，苏格拉底，席西柔等无论矣，[1] 即贾斯廷林亦尝谓"自然法以为天帝所立故，常存而不变"。[2] 哲人法家之立说尚如此，而况宗教信徒乎。故圣保罗（St. Paul）于其达罗马人书中有曰，"异端之人虽无教法，而其行为皆循自然自成一法，以上帝曾以法书于彼等之心也。"[3] 圣安布鲁斯（St. Ambrose）言法有二种。一自然法，一成文法。自然法存于人心，成文法刻之板石。上帝之法存于正人之心之法也。[4] 圣奥古斯廷（St. Augustine）曰，治御天国之法为一永久不变之法。[5] 圣克瑞叟斯图（St. Chrysestum）且曰，"吾所谓自然

---

[1] 见上一，二两节。
[2] Institutes, Lib, I, Tit, II, 11.
[3] The Epistle to the Romans, II, 14–15.
[4] Carlyle, History of Medieval Political Theory, I, p. 105.
[5] Bryce, Studies in History and Jurisprudence, II, p. 594.

法者并非他物，上帝而已，以造世界者上帝也。"又曰，"当万物之初，上帝于其造人之时即以自然法植于人之胸际矣。"[1] 然凡此所引不过合自然法与上帝法为一物之初步耳。其大发展，犹俟来者。

亚块纳（St. Thomas Aquinas）者集中世纪学术之大成者也。其论自然法与上帝法之关系最为完全而有势力。然亚块纳承谷雷欣（Gratian）之后，而谷雷欣又属祖师圣易西斗（St. Isidore）者也。故今于述亚块纳之先，应以数语略及圣易西斗及谷雷欣。

圣易西斗初承伍尔品及贾斯廷林之遗风分法为自然法人类法民法三种，[2] 而又各为之界说。其释自然法曰，"自然法者全人类尽同之法也。人之遵之也，乃出于天性自然，非出于何种命令。"[3] 伍氏自然法包括一切动物之说此处已不存矣。既其三项分类法亦非能为圣易西斗始终采纳者。以圣易西斗于他处又曰，"法分神人二种。神法以自然为基础，人法以风俗为柱脚。"[4] 既曰神法以自然为基础，是已合自然法与上帝法而一之矣。此说后为谷雷欣所宗。

谷雷欣于十二世纪中（圣易西斗之著述出于第七世纪初叶）作《教法集成》（The Decretum of Gratian）一书，其开宗明义之首篇即大书特书曰，"人类受治于二物。一自然法，一风俗。自然法即载于摩西法与福音中之法也。按照此法，耶稣诏人以己所欲人之施诸己者施之于人。"[5] 谷雷欣于此，既以自然法与耶教"金律"合而为一，而又为之解曰，自然法永久不变，其尊严高出于一切风俗及人造法律之上，风俗或人造法律与之冲突者概为无效。谷雷欣之说之所以特为重要者以其书后来居"教条法"（Canon Law）之首，为教条家（Canonists）所特遵也。

欲知亚块纳之论自然法，应先知其"法"字之普通意义。前人之所谓法多为 Jus，亚块纳之所谓法则为 Lex。二者之别在前者根于理性，后者出于意志。前者仅为一种原则，后者则为命令。原则为非人的自然之规则，而命令则必有发命令之人在。此二者之大别也。但亚块纳法之定义曰：法者"理性之命令，其目的为公益，而为职司社会治安者所颁布也"。[6] 既曰"理性之命令"，可知亚块纳之法兼含理性意志二份子于其中，不过又须为"职司社会治安者所颁布"，是其注重意志一方可知也。亚块纳之

---

[1] Scherger, The Evolution of Modern Liberty, pp. 20~30.
[2] 此即法学上有名之三项分类法，(the tripartite classification)，始于伍尔品，编纂贾斯廷林法范者宗之。见 Institutes, Lib, I, Tit. I, 4。
[3] Carlyle, History of Medieval Political Theory, I, p. 108.
[4] Bryce, Studies, II, p. 594.
[5] Carlyle, II, pp. 98, 105.
[6] Summa Thelogica, II, 1, 90, 4.

法字既为 Lex，故其自然法为 Lex Naturalis 而非 Jus Naturale。以自然法为 Lex Naturalis 者，自然法史上亚块纳其最要者也。[1]

亚块纳分法为四种。一，永久法（lex aeterna）；二，自然法（lex naturalis）；三，人法（lex humana）；四，神法（lex divina）。永久法为统治宇宙之法则，存于上帝之心。自然法为上帝所造以理性为质之人参与永久法之处，为永久法之一部。人法乃自然法之原则，由人之理性推测所得，用之以治理社会特别情形者。神法则圣经中之密示法（Law of Revelation）矣。[2] 准此分类，可知天下无论何法皆为上帝之法，以永久法为上帝统治宇宙之法，而其他各法又皆直接间接为永久法之一部也。自然法并非有异于永久法（即上帝法），不过前者为后者中理性之物所能了解之部分。人之所以能了解自然法者，以当创造之时上帝即以理性植于人之胸中使其有了解之能力也。然上帝之法范围太大，人之理性仅能知其中号称自然法之部分，而不能知其全体。知其全者上帝而已。

亚块纳自然法之最大原则曰趋善避恶，其势力普遍而不可易。但此原则之本身虽不可易，由此原则所得之细目则因时地之异而或不同。如盗窃之事，有违自然法者也，而古日耳曼人视之不以为非；公产与自由，自然法所诏告者也，而私产与奴制因实用故到处皆有；是其例也。[3] 至于自然法与人法之关系若何，亚块纳言人法既为自然法之一部，须与自然法相合。人法之有违自然法者，法之弊，非法之质。[4]

亚块纳在自然法史上重要之处，固在其论自然法与上帝法关系之处，但此外关于自然法本身之论彼亦特有建树，为前人所未见及者，此即彼自然法内容之分析是也。亚块纳分自然法为三支。第一关于人及一切物质者，第二关于人及一切动物者，第三仅关于人者。彼之言曰，"第一，人有好自然之益之倾向，此倾向人与一切物质共有之。即凡物按乎自然皆争自存，顺此争自存之倾向，凡能维持生命避免危害者皆属于自然法。第二，人有好数种特别事物之倾向，此倾向人与一切动物共有之。照此倾向，凡自然诏示一切动物之事，如男女配合教育幼稚等，皆属于自然法。（关于此条，参较伍尔品自然法之意。见上第三节小注）第三，人有好善之倾向，此倾向生于理性，惟人独有之，如人有欲知上帝及生活于社会上之自然倾向是。准此，凡自然倾向中如避免愚蠢及不为有害于他人之事等皆属于自然法。"[5] 如此分析，自然法中天性（instinct）

---

[1] 席西柔之自然法有时亦为 Lex Naturalis，惟不如亚块纳之一致。
[2] Summa Theologica, II, 1, 91, 1–5.
[3] Ibid, II, 1, 94, 5.
[4] Ibid, II, 1, 95, 2.
[5] Ibid, II, 1, 94, 2.

与理性（reason）二分子之区别非常明显，为自来言自然法者所忽，而有助于思想之进步诚非浅鲜也。

亚块纳之后，有欧克（Ockam）者，亦不以伍尔品自然法包括一切动物之说为然，言自然法一名词三意，即（一）行为规则（rules of conduct）中之有普遍效力而为自然理性所示者；（二）行为规则中之为不受治于人为法而仅仅受治于自然公道之社会认为合理与有效者；（三）行为规则中之可为自然法之原则所许可，但以所关之事非极重要，可为社会上一定之人为法律或政治权力所变易者。此处第二第三两条所言，即后来所称之"第二等自然法"（the secondary laws of nature）。卢梭以后之自然法大都"第二等自然法"之片面问题矣。[1]

吾人述中世之自然法论，本可于此结束。但有一要点不可不知，即：自然法之在中世纪并非一种不关实际之空虚理论，而为解决实在社会纷争时势力甚大之利器。盖当中世纪政教相争之时，两方多有诉之于自然法以为护符者；其在拥护教皇之信徒，辄谓教皇为上帝在人间之代表，关于神法上纷争之点，教皇为惟一解释之人；而在扶持民政者一方面，则又谓自然法为通人理性所能发现而了解之物，初不必视秘示法，或教皇以为依据也。两方各认自然法之存在与效力而争为解释此法之人，故政教相争之事愈多，援引自然法之声浪亦愈高。自然法在当时不仅为学者间之理论问题，彰彰然也。

不但政教相争，自然法为辩论之资，即在政治一方，自然法之说有时亦竟有出现于人主之文告者。法王菲立美晰（Philippe le Bel）于一三一一年释放不自由之民之文告中有曰，"与上帝同性之人，按之自然法，应为自由"。[2] 后其子路易雨旦（Louis le Hutin）释奴令中亦曰，"准乎自然之法，凡人皆应自由者也"。[3] 梅恩（Maine）谓自然法在此并非法律的论证而为政治的信仰，[4] 信矣。

五、宗教改革时代

宗教改革时代之作者之论自然法也，于理性上帝二点之外，又多注重自然法与实在政治问题之关系。如政府之起源，财产之基础，主权之范围等，皆当时极饶兴趣之

---

[1] Pollock, the History of the Law of Nature, in Columbia Law Review, Vol. I, No, 1, pp. 15~16.
[2] Ibid, Vol. 1, No. 1.
[3] Maine, Ancient Law, Holt's edition, With Introduction and Notes by sir Frederick Pollock, p. 90.
[4] Ibid, p. 90.

讨论而为后来民权思想开其先声者也。兹请略述数家之言于下。

（一）麦兰其东　麦兰其东（Melanchthon）不但为新教徒中论自然法者之领袖，且为近代论自然法之最早者；其一切政论悉筑于其自然法论之上。自然法之于彼，为上帝植于人胸，关于崇信上帝及维持政治制度之实用原则。此原则载于耶教"十诫"（The Decalogue）中，即前四诫为人对上帝之义务，后六诫为人对人之义务。但人之所以能知自然法之存在者，并非仅赖直接秘示法之教导；秘示法外，人性亦为悟解自然法之标准。即凡可以理性推测而得合乎人性之原则皆可视为自然法。如人性适于社会生活，由此原则可推知凡能得正当生活之规则皆自然法也。[1] 麦兰其东以为财产之基础，政府之来源，皆可于载自然法之"十诫"中得之。盖"不可偷窃"一语即认财产之存在，而"不可杀人"及创世纪中"杀人者将由人杀之"云云，又明示政府之为必要者也。

麦兰其东，欧登道（Oldendorp），汉敏（Hemming），温克拉（Winkler），根笛理（Gentili）等，[2] 皆新教学者中论自然法之知名者。欧登道以为罗马法中之自然法多来自罗马之"十二版法"（The Law of the Twelve Tables），"十二版法"来自希腊，希腊之法来自希伯来，希伯来之法为"十诫"中上帝直接传授之法。如此，可知自然法乃上帝所授与者。汉敏极言自然法可由理性推测而得。温克拉且分自然法为二十一款，包括敬神，信教，爱人，爱家，爱国，爱自由平等，及财产公有等事。至根笛理则更注重理性，以为自然法可由理性自然觉察而得；且谓凡人皆属同一社会之分子，按之自然，应互相尊爱，各保所有，不宜互相残夺也。以上数家均为近代国际公法学鼻祖谷罗狄士（Grotius）之先导，而根笛理尤其中之特要者也。

（二）侯克　侯克（Hooker）在英国政治哲学史上重要之处有三。一，侯克为上承亚里士多德，席西柔，亚块纳等之学说而下传之于洛克（Locke）者。其在英国，为古今政治思想之中介物。二，侯克讨论一切社会问题均重理性，为近代英国唯理派之最早而颇有势力者。三，近代政论中，社约，同意，自然境，诸名词均见于侯氏之书，[3] 为十七、十八两世纪中反对君主提倡民权之利器。

侯克之自然法全以理性为本。其言曰，"自然法者人性自知其到处为理性所范围

---

[1] Dunning, History of Political Theories: From Luther to Montesquieu, pp. 16~18; Scherger, Evolution of Modern Liberty, pp. 37~38.

[2] Dunning, History of Political Theories: From Luther to Montesquieu, pp. 154~156; Scherger, Evolution of Modern Liberty, pp. 38~39. 诸家原文见 Kaltenborn, Die Vorlüufer des Hugo, Grotius.

[3] The Laws of Ecclesiastical Polity.

之法也。以此之故，最好可称之曰理性法（The Law of Reason）。此法包含一切能为人之理解所显知或可知为正当或不正当，良善或邪恶等应为或不应为之事。"[1] 又曰，"理性法或人性法即人以其天然理性所推测而得之永远范围其行为之法也。"[2] 侯克自然法特要之处，不仅在其为理性，而且在人之所以能知此法者全恃其自己之理性，不须他物之助导。有曰，"此法可由理性推测而知，无俟上神之秘示而始晓也。"[3] 侯克于此，舍开上帝，专言理性，所见高出麦兰其东等远矣。

侯克分自然法为三类。第一类为命令的；第二类为劝告的；第三类为允许的。命令的自然法告人以必为或必勿为之事，允许的自然法示人以可为之事，劝告的自然法诏人以宜为之事。必为或勿为之事，或善或恶，同时只有一种；其为与不为系绝对不易的。可为之事，乃于数种不可逃避之恶事中，允为其一；但此一种，除遇特别情形外，平时绝不可为。宜为之事，则于数种善事之中，劝其为益之最大者。[4]

至于国家之起源若何，侯克以为国成于约。约之原因发于个人想望群众生活之天然倾向。不但国家之起源如是，即国际公法之发展亦莫不以人性好与人类共同生活之天然愿望为其基础也。[5]

（三）施瓦来滋　施瓦来滋（Suarez）为十六；七世纪西班牙法家中之最知名者。其法学见解一本亚块纳。惟思想清晰，立词极有统系，若非为中世纪腐说所束缚，其影响或不亚于后来名驰各国之谷罗狄士也。施氏之自然法为上帝植于人灵魂中辨别是非之法。

此法之来源为上帝，其目的为人之福利。施氏论自然法最要之点在谓自然法（施氏之自然法为 Lex Naturalis，非 Jus Naturale，与亚块纳同）为上帝之命令，非人之理性。既为命令，则人无论何时何地均非懔遵不可。前人有谓上帝之法只能施于崇奉秘示，法之耶教教徒，施氏大不谓然，言上帝之法不但对于崇奉秘示法者有效，对于一切人类均为一定不易，违之者惟有沦于九幽而已。自然法之各种条律悉为强固不易，无论何种人力莫能少曲。教皇之谕令也，人类法也，民法也，对之均毫无能力。[6]

在抽象的原理上，施氏之自然法虽尊严难犯如此，而在实在事实上，即施氏亦不

---

[1] The Laws of Ecclesiastical Polity, Bk. I, ch. 8, Sec. 9.
[2] Ibid, I, 8, 8.
[3] Ibid, I, 8, 9.
[4] Ibid, I, 8, 8.
[5] Ibid, I, 10, 1 and 12.
[6] Dunning, From Luther to Montesquieu, pp. 137~139. Janet 对于施瓦来滋自然法之解释稍有不同，参阅其 Histoire de la Science Politique, pp. 56~62. 关于施氏自然法论之批评阅 Franck, Reformateurs et Publicistes de l' Europe—Dix-Septième Siècle, pp. 17~40.

能不略为通融以求与社会实况相合。此观于其人类法之性质而可知者也。按之施氏，私产与奴制不容于自然法而合于人类法。自然法与人类法不同之点，在前者为道德上必应之事，后者为社会上方便之事；前者为自然所示不可逃免之结论，后者仅为各民族共同承认之判断；前者来自于神，后者得之于人；违背前者无论何时何地均为非，违背后者则仅于本地制度承认此法之社会为非也。[1]

以上所述自然法论，自中世纪以至施瓦来滋，多为神道观念所蒙晦。谓为自然法史上之神权侵略时代，当非过语。排神权之说而复自然法于其理性基础者，谷罗狄士之功也。请于下节论之。

六、谷罗狄士

（一）谷罗狄士自然法论之起源　当十六世纪之时，欧洲大陆尽为宗教纷争战场。迨至十七世纪初叶，宗教原因而外，又加以各国皇室互争版图问题。兵祸连结，法纪荡然。谷罗狄士悬焉忧之，以为战争之祸完全止之既不能，不如为之立一范围，使其行于法律轨道之中，藉以减少其横恶之势。此其《战争与和平法》（De Jure Belli ac Pacis）一书之所由作也。此书既以建立国际法为旨，自不能不求一种哲理以为基础。自然法即此基础也。

谷罗狄士之所以采取自然法以为国际法之基础者，良以国际法为各国共应遵守之物。既为各国共应遵守之物，其不能以当时一国或数国之法为之基础可知，以一国或数国之法止能于其本国境内有效，不能使他国共守也。采取各国之法既不成问题，采取罗马帝国之法可乎？曰，此中亦有二难。（一）十七世纪之罗马帝国，有名无实，又为崇奉新教各国所疑视，威望既去，法效自寡。（二）罗马帝国幅员虽大，终不失为一国，其法律多治理一国国内事件之条而不能适用于各国之间。如此，各国与帝国之法两不能用，而号称理性之自然法，历史既长，威望又高，被其采用，又何怪耶。

（二）谷罗狄士法之分类　谷罗狄士祖述亚里士多德分法为自然法 Jus Naturale 与建立法（Jus Voluntarium）二种。[2] 自然法本于理性，建立法出于意志。[3] 建立法又分

---

[1] Dunning, From Luther to Montesquieu, pp. 139~141.
[2] De Jure Belli de Pacis, I, 1, 9, 2.
[3] Ibid, I, l, 10, 1~2.

二种。一为人意建立之法（Jus Voluntarium Humanum）。一为神意建立之法（Jus Voluntarium Divinum）。人意建立之法亦分二类。一为一种特别国家之民法（Jus civile）。一为各国共守之人类法或国际法（Jus Gontium）。神意建立之法即上帝所立之神法（Jus divinum）。[1] 三者皆出于意志，即民法以一国之意志为本，人类法以各国之意志为本，神法以上帝之意志为本。自然法与建立法之大别，在人类行为之属于自然法者，其是非悉以合乎客观的理性与否自为是非；其属于建立法者，则依人意或神意之命令与禁止以为是非，初不能以其本性作则自为是非也。[2] 谷罗狄士于此分类中置上帝法与民法人类法等于一类而以自然法对峙之，已将中世纪混自然法与上帝法为一之弊一笔钩销，而措自然法于磐石不摇之基矣。

（三）谷罗狄士之自然法　谷罗狄士在自然法史上最要之处在其排放神权而以理性为自然法之基础。其自然法之定义曰，"自然法者纯正理性之禁令也。此禁令示人凡人之行为以其合于或不合于理性而有道德的必要或道德的卑劣"。[3] 人为禀赋理性之物，其行为之善恶悉以合于其理性与否为断，与神之意志无关。谷罗狄士于此，甚且谓世间即无上帝或有之而彼并不关心人事，人亦将自行其道，而善恶犹为善恶，自然法犹为自然法也。[4] 自然法对于上帝法完全独立，无相属之关系。此二法之别，在一以人之理性为本，一以神之意志作则。谷罗狄士曰，"自然法不但与人为法有别，且与神立法大异。盖自然法以合于理性与否以为禁令，神立法则以禁令与否以为是非。申言之，即神立法之所禁令并非以某等事物在其客观的本性上有必须遵从或必勿遵从之必要而禁之令之，乃以其为神所禁而必勿蹈之，为神所令而必须从之也。"[5]

除以理性为质外，谷罗狄士之自然法又有永久不变及不可毁易二大要性。彼之言曰，战争之时，一国之民法虽失其束缚之力，而自然法则仍有效，以自然法乃无论何时何地永久不易之法也。[6] 又曰，"自然法不可毁易之性如此其大，即上帝亦无更改之力。盖上帝之权力虽属广大，而世间数种事物实出于其范围之外，上帝不能变恶为善，亦犹其不能使二二为非四也。"[7]

---

[1] De Jure Belli de Pacis, I, l, 13~15.
[2] Ibid, I, l, 10, 2; 15, 1.
[3] Ibid, I, l, 10, 1. 谷罗狄士之所谓自然法为 Jus Naturale 而非 Lex Naturalis。其别参阅上论亚块纳处。
[4] Ibid, Prolegomena, 11.
[5] Ibid, I, l, 10, 2.
[6] Ibid, Prolegomena, 26.
[7] Ibid, I, l, 10, 5.

谷罗狄士之自然法以理性为质，以固定不易为性，已如上言。至此法之来源如何，亦颇有探讨之价值。谷罗狄士本亚里士多德人为社会动物之说，以为自然法之来源为人好求社会生活之欲望。人为理性动物，对于生命，并非无论何等生活均可享受，而有图求安全满足生活之倾向。然安全满足之生活仅可于社会中得之，而居处社会又非遵从数种社居规则不可，自然法并非他物，即此种社居规则也。数其大者，如不取人之所有，他人之物，吾若据有必须归之履行许诺，赔偿损失，及承认数种应受处罚之事等皆是。[1]

自然法之本质，之要性，之来源，之内容，约略如斯。然人何由而知此法之存在乎？谷罗狄士言此法之存在可由两种方法证明。第一为理证之法；第二为事证之法。理证之法较为精细，事证之法较为通行。取一事而断其与人之理性及社会性相合否，是谓理证。取一事而见其为各种民族或较文明之民族认为自然之法。是谓事证。[2]

谷罗狄士之自然法与罗马法家之自然法有二不同之点。（一）罗马法家如伍尔品及贾斯廷林之自然法包括一切动物，谷罗狄士之自然法则仅以人类为限。所以然者，以谷氏之自然法以理性为质，理性又以运用数种普通原则为本，人类而外他种动物既无运用根本原则之能力，故不属于自然法。[3]（二）罗马法家以为奴制不存于自然法，谷罗狄士则谓奴制之生于契约或根于罚罪者与自然法之性质颇为适合，毫无不相容之处。[4] 谷氏此说太为守旧，与民权之说不能相容，后为大受卢梭攻击，良有以也。

（四）谷罗狄士之国际法　谷罗狄士之国际法并非他物，即罗马法家以来之所称为"人类法"（Jus Gentium）者是也。但谷罗狄士之人类法与罗马法家之人类法有一大不同之点，故同为 Jus Gentium 而后人对之一则称之曰"人类法"（The Law of Nations），一则称之曰国际法（International Law）。此不同之点何在？曰，罗马法家之所谓"人类法"为各异种民族于其本族之内遵守之法，如婚姻，嗣祧，契约，买卖等日用平常社居之事皆属之。谷罗狄士之人类法则不然。谷罗狄士之人类法乃各国或两国之间交际上共应遵守之法，如现代平时国际公法及战时国际公法所载通商交战等事皆属之。前者为各国国内之法，后者为两国中间之法。前者为管理社会上个人之法，后者为管理世界上各国之法。谷罗狄士之 Jus Gentium 既为管理各国间事件之法，故后人称之为国际法而视谷氏为近代国际法之鼻祖。

---

[1] De Jure Belli de Pacis, Prolegomena, 6–8.
[2] Ibid, I, l, 12, 1.
[3] Ibid, Prolegomena, 7, I, l, 11, 1.
[4] Ibid, III, 8.

国际法既为管理各国之法，欲其有效，自非得各国或众国之同意不可。[1] 以国际法之目的并非一二强国之福利，乃各国或众国之安宁，正如一国民法之目的并非少数个人之福利，而为全体个人之安宁也。[2] 至于国际法之起源若何，谷罗狄士以为在人类求享共同生活之自然欲望。以国际之间若无相互之权利与法律，则国将不保，或勉强保之而不能得高尚安足之生活也。[3]

上文已言之，谷罗狄士之自然法为一种天然的社居规则。今观其国际法，可知亦不外此种社居规则之施于国际间者。前谓谷氏以自然法为其国际法之基础，兹当了然矣。

自 Jus Gentium 一名词之意义言之，谷罗狄士之时代诚此名词由古代人类法变为近代国际法之过渡时代也。然以系过渡时代，故即谷罗狄士自己之 Jus Gentium 有时亦可作人类法解。如其论自然法与 Jus Gentium 之区别处，特此例之彰彰者。按之谷氏，欲知一事属于自然法或 Jus Gentium，应用二种准则以绳之，即论理上与人之理性相合之事皆属于自然法，而为各种民族共通习用者为 Jus Gentium。其言曰，"古今学者相去数千载，相隔数万里，从此不相闻知，而对于一事能持同一之见解者，必有一种普遍原因，存于其间。此种普遍原因，非由人类理性正确推测而得，即由各种民族共通承认而来。由理性推测而得者属于自然法，由各民族同意而来者属于 Jus Gentium。……盖凡天下之事不能以正确推理得之于数种原则，而又到处皆存在者，非得人类全体之同意莫由也。"[4] 此处之所谓 Jus Gentium，以被人类共通习用及承认为质，与罗马法家之人类法无稍异。且谷氏于论自然法与人类法之区别处，又明言"此二法之别，非以学者之论证为断，而以事理之本质为归。以学者到处皆混自然法与 Jus Gentium 为一物也。"[5] 既云"学者到处皆混自然法与 Jus Gentium 为一物"，可知其此处所谓 Jus Gentium 乃历史上各家学者之 Jun Gentium。历史上各家学者之 Jus Gentium 为人类法，故谷氏之 Jus Gentium 在此亦为人类法。准此可知 Jus Gentium 不但经谷罗狄士由古代人类法而变为近代国际法，[6] 且即在谷氏自己亦先由人类法而后变为国际法。一名词嬗蜕变化之迹，趣味岂浅鲜哉。

---

[1] De Jure Belli de Pacis, I, l, 14, 1.
[2] Ibid, Prolegomena, 17.
[3] Ibid, Prolegomena, 18, 23.
[4] Ibid, Prolegomena, 40.
[5] Ibid, Prolegomena, 40.
[6] 谷罗狄士之前 Gentili 之 Jus Gentium 亦为国际法，关于 Gentili 及紧接谷罗狄士以前各家之 Jus Gentium，参阅 Kaltenborn, Die Vorläufer des Hugo Grotius auf dem Gebiete des Jure Naturae et Gentiumim Reformationszeitalter。

七、社约论者各家

社约论者各家之自然法论之要点已于吾所作"社约论考"[1]篇中言之，兹不再赘。惟有数端为该篇所未及，或须特别注意者特略举如下。

（一）霍布士　霍布士之自然法与以前各家所言之自然法有数不同之点，不可不察。第一，霍布士之自然法与自然境（The State of Nature）有密切关系，不但为以前各家之自然法论开一生面，且为后来言社约者树一新职。第二，霍布士之自然法，纲举目张，条分缕析，非向来各家之宽泛无着可比。按之霍氏自然法之根本要义在维持生命。然以自然境中祸乱相寻，生命无从而保，故自然法之第一条件即为偃息战争，缔结和平。但欲缔结和平，非大家共舍其自然境中互相侵杀之自然权利（Natural Rights）不可，故自然法之第二条件即为舍弃自然权利。然若仅仅缔结和平而不遵守和平，是和平犹无从而得，故自然法之第三条件即为守约。惟缔结和平，舍弃自然权利，守约三者虽为自然法之最要条件，而自然法之条件绝不止此三端。霍氏自然法之详细条件为数共十九。以上三者外，"感恩"，"互助"，"赦宥"，"大量"，"公道"，"谦逊"，皆其中之重要者也。[2]霍氏之所以包括此等琐节于自然法内者，以其反面，如"无情"，"互害"，"偏私"，"骄傲"，皆为祸乱之媒，和平之蠹，有害于维持生命之目的，与自然法之根本要义不能相容也。第三，霍氏首严自然法与自然权利之别。自然法之第一用途即在限制自然权利。限制之道为缔结社约。故霍氏自然法之根本用意不外作担保社约之用。第四，以前各家及以后各家之自然法皆为扶持自由，增长民权，霍氏之自然法则为扶持专制，抑遏民权。根本用意不同，无怪其不能为深信民权之史比努札（Spinoza）所赞成也。

（二）史比努札　史比努札根本推翻霍氏学说之处在不承认自然法为限制自然权利之具。其言曰，权利者权力也，权力所到之处即权利所到之处。权力为造物者所赐，为各物保持其生命之具，既无善恶之可言，又何是非之足分。鱼之游泳，鱼之权力也，亦鱼之权利也。大鱼吞小鱼，大鱼之权力也，亦大鱼之权利也。强侵弱，智欺愚，强者智者之权力也，亦强者智者之权利也。权利与权力名虽异而实则同。今自然既与各物以保持其生命之权利，而又谓有法（即自然法）以限制之，是自相矛盾，是取销其

---

[1]　见《政治学报》第一卷第二号（民国九年上海中华书局出版）。
[2]　关于十九条详目及其解释，阅 Leviathan, ch. 15。

保持生命之具，而置各物于死地也。[1]然此并非不道德之词，淆观听之辩，诚以吾人所谓善恶是非皆吾人强立之区别，非自然原有之规则。吾人所谓善，非果即善也。吾人所谓恶，亦非果即恶也。若合大千世界之一切现象而总观之，将见天下所有物象皆有其发生之由，生存之道。恶于此者或善于彼，非于彼者或是于此。不能以吾人小世界中之规矩强为方圆于其间也。[2]

霍布士自然法之性质史比努札不能赞成如此，然则史氏自己之自然法果何如乎？史氏曰吾所谓自然法者不过自然付与各物之一种特别生活的规则耳。譬如自然与鱼以游泳生活，与大鱼以吞噬小鱼之生活，故鱼之嗜水，大鱼之吞小鱼，皆自然法也。准此可知史氏之自然法不外天地间各物之生活形式及其保存生活之道而已。称之为自然法，以其为自然所造定不能易也。[3]

霍布士以自然法为担保社约之具，谓社约一经成立，人民一入政治社会，即无反抗主权者之权利。史氏大不谓然，言权利既为权力，则人民之所以能反抗主权者与否全视其权力之大小如何。若主权者不道而人民之权力又足以反抗或倾倒主权者，则直反抗倾倒之而已，有何不可。[4]史氏权利即权力，及自然法不能限制自然权利之说，至此始大见其作用。

（三）蒲芬道夫　当蒲芬道夫（Pufendorf）年壮之时，正欧洲智识界对于谷罗狄士及霍布士两家学说争讼最烈之际。谷罗狄士谓人性倾向社居，霍布士言人性自私自利。蒲芬道夫调停于两家之间，大抵其立说也关于道德原理之处多采谷氏，涉及完全政治之点又遵霍氏。其所著书名曰《自然法与人类法》（*De Jure Naturae et Gentium*），为历来论自然法之第一专门著作，在当时享名不小。不但此书为论自然法之第一专作，而且蒲氏自己又为自来教授自然法之第一讲师，受海德堡（Heidelberg）大学之特聘主讲自然法者多年。自然法在当时受人欢迎之状，可见一斑。

蒲氏自然法之根本要义为辅助社居生活及保持人类安宁。[5]根本目的既如此，故凡足以养成互助性格之行为均为自然法所许，而违反或有害于养成互助性格之行为均为其所禁。[6]换言之，即辅翼社居生活，保持人类安宁，为自然法之目的；而赞襄互助行为，禁止非互助行为，为自然法之方法。目的方法既定，故社会中一切制度之良否

---

[1] Theologico-Political Treatise, ch. 10.
[2] Ibid.
[3] Ibid.
[4] Ibid.
[5] De Jure Naturae et Gentium, Kennett's translation, Book II, ch. 3, Sec. 15.
[6] Ibid.

均以合此目的及方法与否以为判。私产之存在，蒲氏谓为合于自然法，以其为维持社居生活之具也。[1] 奴制亦合于自然法，以其根于一种契约而又有减少社会游民之用也。[2]

蒲氏之自然法有二大条件，第一凡人须保全其个人生命，[3] 第二凡人须勿伤害他人并须辅助社会全体。[4] 而此二条件之普通原则又不外自然法扶助社居生活，保持人类安宁之根本要义。

（四）洛克　社约论者各家言自然法之最详密者为霍布士。然霍氏自然法之最大用途在担保社约。社约未成立以前，自然境中战乱好杀，自然法虽存在而无效力。社约成立以后，政治社会中有民法（Civil Law）治理一切，自然法被其代替而鲜实用。此种自然法自洛克视之毫无用处，故洛克之自然法不但在自然境中有其效力，即在政治社会亦有之，且较在自然境中更为显著也。

洛氏自然法之目的为保全人类全体之安宁及存在。按之此法，人皆平等自由独立。一人无伤害他人之权，又无被他人伤害之理。其言曰"自然境有自然法以维系之。自然法为理性，管理人人，诏人凡人既皆平等独立，应勿为有害于他人生命，身体，自由，财产之事"。[5]

自然境中不但有自然法，且有司掌此法之人。然以司掌此法者为个人自己而非一公共裁判官，故有时不无纷乱争执之事。欲免此弊，故群相约而立政治社会。政治社会之最大功用即在司理自然法。司理自然法之方法分为三段。第一，立一统一法律，解释自然法，以免自然境中人自为解释之弊。第二，立一执行此法之裁判官，遵照此法，决断曲直。第三，设一公共权力，为惩罚反抗此法者之威力。[6]

蒲芬道夫言自然境中人人平等自由，奴制不存，奴制之生根于契约。洛克对于此说大施击攻，谓人在无论何时均为平等自由，初无自然境与政治社会之别，以自由为人生存极要而最不可缺之物，失自由者非并失其生存本身不可也。[7]

（五）卢梭　自然法为理性之说历来学者无论大小皆承认之。惟卢梭则大反前人之所言，不认理性为自然法之根基，以理性为后来人智渐开时始生之物，非自然境中之浑沌原人所能有也。卢梭既不承认自然境中之人操有理性，已将以前各家所言以理

---

[1] De Jure Naturae et Gentium, Kennett's translation, Book IV, ch. 4.
[2] Ibid, VII, l, 4.
[3] Ibid, II, chs. 4-5.
[4] Ibid, II, 3, 15.
[5] Civil Government, II, ch. 2.
[6] Civil Government, ch. 9.
[7] Ibid, ch. 4.

性为质之自然法根本打消，再无争讼余地矣。（关于此点参阅拙著《社约论考》）然卢梭虽不信自然法，却深信自然。其所著《教育篇》（Emile）及《人类不平等论》（Discours Sur L'inégaiité）均力攻当时社会上戕贼人性之假文明而提倡还真返朴"归于自然"。以其崇信自然而又鼓吹人类自由平等，故其学说在法国革命时影响极大。

然以理性为质之自然法虽不能见纳于卢梭，而卢梭又非无论何种自然法均不之承认者。按之卢梭，自然境中之人虽不能运用理性，但其天性中有二种情感，足为维持自然境中人我关系之用，此种情感一为保存自己之生命，一为怜悯他人之痛苦。自存及怜他二者为共同生活之柱脚，为自然法之源府。[1]

八、自然法与美法革命

导源于希腊哲学家之自然法，经历代学者之发挥传播，势力渐增，威严渐高。迨至谷罗狄士，蒲芬道夫与洛克，则俨然成一有统系之学说，以理性为本，以扶持人类自由平等为用。威力浩荡，所向无敌。无怪美法革命时学者争引为打破专制利器也。兹请先察自然法与美法革命之事实的关系，然后再述言论的估证。

自然法在十八世纪中所以极为革命家所欢迎者约有四因。第一，自然法本一道德法，诏人以"应有之事"。例如一国之人为法"应"与自然法相合而不冲突及一国之人民"应"享其为人之自然权利等是。然此种"应"为"应"有之事，以仅系抽象的道德观念而无人强迫执行，故常为一国之执政者所蔑视所违背。此种违背自然法之事，自权力一方言之，人民固属无可如何，但自道德一方言之，人民应听其违背乎？革命家必应之曰"不应"。既曰不应，则在道德一方革命家已经战胜一步而自然法之神效初见矣。第二，每一时代当大改革之际首先必须推翻许多不合情理之事，例如爵位及贵族特权是。然此种爵位特权亦皆由历史演进而来，其入人心也深，其为基础也固，今一旦如欲推翻，是显与风俗习惯为敌也。与风俗习惯为敌，必须有足以打破风俗习惯之利器始可。天地间有打破盲目习惯之伟力者，厥惟理性，以理性遇事只问其合理与否，不论其存在久长如何也。理性既为包医百病之乐而自然法又为理性，宜乎革命家引为干城也。第三，自然法言凡人皆平等，而十八世纪中之社会，阶级重重，权利不等。在上者横暴恶劣，在下者哀苦无告。取事实与学理两相比较，将见事实违于学理远矣。此事实之过乎，抑学理之过乎？革命家必曰事实之过也。第四，自然法言人

---

[1] Eiscours, Préface.

皆自由，而十八世纪中之政府对于人民之生活横加干涉。信仰不自由，言论不自由，出版不自由，集会不自由。人民之身体虽属于其个人自己，而一举一动均受政府之干涉，与属他人无异。"不自由毋宁死"，实足表现当时人民之苦况也。以上所言四因，第一为道德的动机，第二为智识的武器，第三第四则为事实的逼迫。自然法既有道德智识事实三者为之后盾，安有不为人馨香祝祷而每战必胜者乎？

自然法当美国革命时被人引为护符又有一特别原因。盖各殖民地反抗祖国之第一根据为英国法律，以按之英国法律英政府不能剥夺殖民地人民之诸种权利也。然英国法律操于英国政府之手，英国政府既不顾忌法律，甚或变更法律以难殖民地，是殖民地之通常的法律根据已失，而不能不诉之于一位置较高之物。此物维何？自然法是也。申言之，即殖民地人民先以其为英人之资格诉之于英国法律，迨其英人资格不能见纳，乃不能不以其为人之资格诉之于自然法也。此于未独立以前事实上已属不可逃免之局，及至独立以后，理论上更成惟一之道。以独立后，昔日隶人之殖民地，今则变为独立国家，英国法律当然不能适用也。

美国学者言自然法者甚多，兹请取革命前二人，革命时三人，以概其余。革命前言自然法之较早者当推盆恩（William Penn）。盆氏以为世间之法分为不可易之根本法及可易之通常法二种。通常法因时制宜，初无定衡，而根本法则起于普遍理性，与天地共长久，无论何时，不能更易。其言曰"根本法为人类本性之柱脚及合理社会之基础，去之则一切将倾倒而变为纷乱不可理"。又曰，"根本法无效之日，即房屋可去其基础而犹竖立，英人完全不存之日也。"[1] 盆恩而后，卫师（John Wise）言自然法更有系统，更有影响。其所著《新英伦教会政府之权利》一书，当美国独立之前四年重行付梓，再版出后多为当时革命重要人物人手一卷，其影响可想而知也。卫师于其言教会政府组织之处，谓"此等教会组织之原理实出于人类最初之状况及自由而以自然之光为根据也"。又曰"此种组织良美如此，似为自然本于纯正理性之教条，人类之需要，以及天然自由平等公道与自存原理之要求所创设也"。[2] 卫氏言自然境及政治社会时，谓彼欲"表述数种自然智识而以之发见关于人类生存及人类政府之自然法或自然理性之真正意旨"。[3] 又言人受自然法之支配，自然法为上帝管理人类行为植于人性不可更易之标准。此标准即公道与道德之标准。道德非他物，纯正理性之训诰而已。按之此法，

---

[1] Penn, The People's Ancient and Just Liberties Asserted, in Select Works, p. 376.
[2] Wise, A Vindication of the Government of New England Churches, pp. 20~21.
[3] Ibid, p. 22.

人无自奴之权,无干涉他人自然自由之道。政府须为平民,以平民政府为合于纯正理性,有规则而且易于令人尊敬之政府也。

革命时言自然法之最知名者为欧笛士(James Otis),约翰亚当木士(John Adams)及山苗尔亚当木士(Samuel Adams)三人。欧笛士曰:"上帝与人以自由权利。凡人如愿自由,即可自由。此种自由为自然法及上帝所规定,天下无论何法均无力以代之。"[1]又曰,按之自然法,凡人皆自由。今殖民地之人民既为人,故亦自由而无人能令其不自由。又曰,人民福利为自然法之一部分。为达此福利,人民有改革其政府之权。又曰,天下本无世袭不变之物,世袭不变之物惟生命与自由已耳。约翰亚当木士以为"权利起于政府之前,为主宰宇宙者所赐而不受人为法之节制"。[2]又曰,"英人之自由,并非得之于君主或国会而为原始契约所立之原始权利,与君权同等,与政府共长久"。又曰,人性为政府之源,自由为政府之本。[3]山苗尔亚当木士言自然法更为详明,影响更大,谓英人所享之权利皆出于上帝法及自然法,为人类共有之权利,殖民地人民有享受之权,无人能剥夺也。自然法之第一条件为人类自存。准此自存原则,人有享受及保卫其生命,自由,财产之自然权利。自然权利为自然法所授,人无权弃之,亦无权夺之。此种不可离弃不可剥夺之自然权利约有三则。(一)建设立法机关。但此机关无违犯保存社会之自然法之权。(二)立法机关所立之法须合公道且一律平等,不能任意或专横,有伤人民之生命及财产。(三)不得本人或其代表之同意,不能剥夺其财产。总之,人为法须遵自然法之意旨以为法,不能擅作威福也。[4]

学者之言论如此,今请再观此等言论之影响于事实者如何。

一七七六年合众国独立宣言书之首句即曰,自然之法及自然之神与人以宣告独立自建政府之权。其第二句又曰,天下有数种极为明显之真理,(即按之自然法为明显)即凡人皆平等而享有数种不可离弃之权利。此种权利之最要者,曰生命,曰自由,曰幸福之获取。政府之设原为巩固此等权利。政府有违此旨,人民可得而废弃之而另建能获安全及幸福之新政府。

一七八九年法国人权及民权宣言书之导言中亦有曰,法国人民之代表,以敬谨之貌,宣告人类自然,神圣,不可离弃之权利于上帝之前。此种神圣权利之第一条即曰,人生而自由平等而又继续为自由平等者也。第二条言政治社会之目的为保存人类自然

---

[1] Otis, The Rights of the British Colonies Asserted and Proved, p. 17.
[2] Works, III, p. 449.
[3] Ibid.
[4] Wells, Life of Samuel Adams, I, pp. 500~508.

不可丧失之权利。此等权利为自由，财产，安全，及压迫之反抗。

九、自然与各国民法

吾于本文之始即言自然法在人类政治生活中有五大影响：即（一）发展罗马法；（二）提倡人类平等主义；（三）建立国际公法；（四）鼓吹天赋人权；（五）改良各国私法。一二三四数端，已于以上数节中次第言之，今请略询自然法影响于各国私法之处若何。此种影响约分二类，一为哲理的探讨，盛行于德法意各国；一为事实的应用，发达于英国。

（一）德法意各国之法律哲学　法律哲学（Philosophie de droit）之要务在研究人与人社居根本上之哲理的或道德的关系。然欲研究此种关系，不能不先求一断定此种关系之原则。自然法即此原则也。人之社居关系，自法律视之，可分两面。一曰权利，一曰义务。法律哲学之起点，即在研究权利义务二者与道德自由及人类意志间之根本关系。以其所探讨者涉及道德自由意志等问题，故吾人可视法律哲学为玄学心理学道德学或自然神学中关于人类普通社居关系之一部。法律哲学之方法，为检察数种根本的法律原理，如主权，服从，权利，义务等是，及数种普遍的法律制度，如婚姻，家庭，财产，契约等是。检查此种原理及制度之目的在发见每一原理或制度之道德的或哲理的基础，而于此种基础之上建一最简单最纯洁最完美之制度。换言之，即先决定某种制度合于自然法之原则，然后再与一合于自然法之形式是也。

法律哲学派可谓始于康德与赫格尔，承传者夥不胜述；然其影响可谓始终仅限于欧洲大陆而未及英国。且即就大陆论，以受历史派之攻击，近年来势力亦大衰；惟希坦木拉（Stammler）之无定内含说（Ein Naturrecht Mit Wechselnden Inhalt）似犹多余响。[1]

（二）英国之公平法及商法等　英国之公平法（Equity）按名与实即罗马之公平法（Aequitas），而罗马之公平法又即自然法也。惟英国法家及裁判官向不喜言自然法，而改称自然法曰上帝法，或理性法。凡自然法所诏示之点，不曰上帝所命令，即曰理所指示。其所谓"良心法庭"（Courts of Conscience），又显然不外上帝与理性二物之合造品耳。

---

[1] Joseph Charmont, La Renaissance du droit Naturel, ch. 9. Stammler, Lehre vom Richtigen Rechte, S. 137~139.

自然法一名词在英国法律中虽不多睹，但亦并非完全不可见。当爱德华第四之世，法官埃弗吞（Yelverton）言"遇有正式法令不存之处，法官应援自然法以为判断准则，以自然法为各法之根据也"。[1] 史蒂林吞（Lord Stillington）亦言各国商人所共遵从之商法（Law Merchant）实自然法之一部。然此两家所言尚属于人为法不存之处取自然法以补其缺者。迨寇克（Lord Coke）及何霸（Lord Hobart）之时，则竟谓自然法既为人为法之基础，凡人为法之与自然法或普遍公道及理性相反者应作无效。再后至布拉克司登（Blackstone），所言自然法之观念更为强固。布拉克司登曰，"自然法既与人类共长久而为上帝所训诏，故高出于其他各法之上。自然法在大地之上，无论何国无论何时，均有效力。人为法与之冲突者即失其效，其有效者亦以其合于自然法而有之也。"[2]

一八八二年英国为印度所订之"民事诉讼法"中亦言外国法庭之判断与"自然公道不合"者，英国法庭不能承认之。又凡英国法律不能适用于印度土人之处，法庭之职务在适用"公道公平及良心之原则"。即最近如一八九八年英国与南鲁带西亚（Southern Rhodesia）殖民地之法令中犹言民事诉讼土人适用土人之法，亦须以土人之法不与"自然公道"相违反者为限。总之，以上所言"自然公道""公平""良心"等均不外英人与自然法之代名词耳。

十、结论

准上所述，可知自然法含有和平激烈两性。和平性表现于平时，其方式为救济或改良人为法，其历史上之成绩为发展罗马法，建立国际公法，改良各国私法。激烈性暴发于革命时期，其方式为破坏现制，创造新基，其过去之功绩为指导美法革命，鼓吹天赋人权。若就两者比较观之，则革命性之影响尤大。

然此皆就自然法之过去的成绩而言也。若夫现在，则除欧洲大陆一部分学者犹在不断的乐道其所谓自然法（Naturrecht 或 droit Naturel）外，其在英美，自然法之声浪早已消歇。盖英美法学家注重比较的事实研究，对于大陆学者所谓自然法根本认为空谈玄理无益实用也。然即在大陆，自然法之在今日亦不过一种抽象的或想象的法律原则，至多只能认为一种哲学或玄学，非若当年果有左右实在法律之力也。至于今日之

---

[1] 关于本节所引诸点阅 Pollock, History of the Law of Nature, in Columbia Law Review, March, 1902。
[2] Blackstone: Commentaries on the Law of England, Introduction, Sec. 2, pp. 40~41.

社会革命家，则更不闻有援引自然法为攻击社会现状之工具者。此其故或因今日科学发达，一般人对于"自然"之见解，不如昔人之乐观认为至善或完全合理也；或因现在历史智识比前较富，昔日迷信人类最初有自然境，自然境中有自然法，今则视为无稽之谈；或因今日社会问题内容极为复杂，解决之道亦极复杂，断非援引几条空洞的抽象的自然法所可为力也。

不过，自狭义一方言之，自然法在今日虽无多大势力，而自广义一方言之，则似在诸种不同的名称之下大有复兴之势。吾人已知从前边沁（Bentham）虽极端攻击自然法，而后人视彼之所谓"功利"（Utility），在实际上，无异自然法之一种。今若如此类推，将见不徒边沁之功利为自然法之一种，举凡今日带有几分玄学色彩的社会学说，如狄骥（Duguit）之客观的法律（Droit Objectif），拉斯克（Laski）之多元的国家（The Pluralistic State），以及马克思主义之唯物史观等，均无不可视为变相的自然法论也。[1] 自然法有二千余年之光荣历史，其消灭本不易，其应用或亦无穷乎。

---

[1] 参阅 Charmont, La Renaissance du Droit Naturel。

卢梭与人权 *

有一天跑到朋友家里去，一位小孩子问我有几个手指，我说每只手有五个，他很怀疑，他认为世界上应有两种人！一种人是有五指的；另一种人有六指，所以我亦认为世界上亦有两种人：一种是喜欢讲演的；另一种是不大喜欢讲演的，我就是属于第二种。照我们的经验，演讲者大概不出三种，第一种他所讲的没有意义，翻来覆去找不到头绪；第二种他所讲得很肤浅，自己不听也可以知道的；第三种他所讲的对于自己不甚需要，可听可不听的。如果我讲得无意义或太敷浅或对于你们不需要时，亦请原谅！承贵会数次来邀讲演，那末今天来讲"卢梭与人权"。我所要讲的一方面可说是卢梭，是人权；一方面既非卢梭，又非人权。在一七八九年法国大革命后法国制定了宪法，而产生了《人权宣言》，及以后各国受《人权宣言》的种种影响等我想诸位都已知道，不用讲的，不过其中有一个问题可以讲的就是产生《人权宣言》的思想的来源问题，我们却知道法国大革命大家都认为是受卢梭的影响，没有异议的，可是到了十九世纪末叶一位德国人叫 Jellinek，他证明法国的《人权宣言》不是受卢梭的影响，而都是抄袭一七七六年六月十二日美国独立时有一州所发表的 Declaration of Right 而来，而且每一条的字句等等都是抄袭的，于是引起法国人的反对，他们简直认为这是侮辱，廿世纪初便有一位法人反驳，谓法国人有法国人的天才，《人权宣言》当然由卢梭而来的；并且根本与美国的不同，美是注重于实际，而法国人是注重于理想，因此以后对于《人权宣言》的来源问题便引起不少人的研究和讨论，结果是莫衷一是，你有你的来源，他有他的来源，弄的毫无头绪！

那末这《人权宣言》究竟从那里来的呢？我对于他们的许多纷杂的讨论当然有一

---

* 原载《清华周刊》第三十四卷第七期，1930 年 12 月；张奚若一九三○年十二月二日在政治学会讲，丁挡记。

部分是赞同，同时也有一部分是不赞同的。我们讨论这问题，应当着重于下列两点：

（一）拿《人权宣言》作方法来限制国家的权限的这思想是从那儿来的。

（二）《人权宣言》里的每一条的思想是从那儿来的。

关于第一个问题，觉得还容易解决。法国人说《人权宣言》是由卢梭而来，因为人类跑入自然社会后的权利是生来就有，是所谓天赋的，而且政府不能干涉这人民的天赋权利，可是卢梭的思想与这刚相反；他认为人类跑入自然社会的权利一概不能保留，必把这种权利保留，则国家便难于形成，他在 Social Contract 一书里说每个人的权利都得放弃了交给团体，永远不能收回。为什么不能收回呢？因为假使保留了这权利，国家便变成不完全；国家的权是由个人而来，要使国家有权，非把各个人的权利放弃不可，就是说各个人造成国家后，个人的权利都归消灭，所以卢梭不是个人主义者，而是团体主义者。

德人说国家得限制其自己的权，这是错的，卢梭谓在政治团体方面讲，主权者绝对不能限制其自己的权，同时没有根本的大法亦不得限制人民的权，因为人民即国家，国家即人民；人民限制国家的权，即国家限制人民的权，各个人的意志都不同，在事实上是做不到的，看起来卢梭的思想似乎很专制，其实他是位平等主义者，他又说主权者的利益绝对与人民相同，不会做出坏事的，因为团体总不肯损其一部分人的利益，从这点可以知道卢梭以为人民跑入自然社会时的权利不能保留，不用限制的，所以可以证明《人权宣言》不是由卢梭而来。

德人 Jellinek 说法国《人权宣言》是由美国而来，这点我们可以表示相当的同意，因为有四点可以证明：

（一）美国革命时，法国那些贵族都奋力助美抗英，其独立的经过和思想等法国人都很明了的，同时法国许多思想家都有崇扬美国的宪法的表示。

（二）美国的《独立宣言》及其各州的宪法都译成法文于一七七八年出版后，便送到法国去宣传，思想传播得很快。

（三）法国大革命后的宪法会议里，第一位提议《人权宣言草案》者就是 Lafayette，他自己宣称《人权宣言草案》是受美国的影响。

（四）在那时的宪法会议里，许多演说词里时常引用美国的办法；说这办法是怎样的好，应当模仿才行等等。

所以从这四点看来，法国《人权宣言》的思想本身不是由卢梭而来，确是由美国来的。

Jellinek 又说法国《人权宣言》里的各条文字句都从美国抄来的，这点似太极端，我们不能承认，我们要想明了《人权宣言》里的每一条的思想从那儿来，应当来看看法国制定《人权宣言》的实在经过是如何，然后再行断定其来处。

法国于一七八九年七月六日由三十人组织宪法委员会，九日该会报告研究的结果，谓《人权宣言》宜慎重讨论，须暂缓公布等，当时大众都予以反对，十一日 Lafayette 自己拟一《人权宣言草案》呈上该会；因为其中字句不甚漂亮，次序不大整齐，于是也受大众的否决，十四日有八人又重组织宪法委员会，廿七日有人提出草案问题，终于搁起，直到八月一日才正式辩论《人权宣言草案》，辩得很烈；在辩之前，发生了四项先决问题：

（一）要不要《人权宣言》？

这是根本问题，赞成的人无非是说这是人权的保障，当然要的，反对者都认为《人权宣言》是无用的东西，人民心里有人权的影响便行，何必要写在纸上？并且正值革命的时候，很危险的，皇党当然也竭力反对。

（二）如果要《人权宣言》，把它放在宪法之前呢？或放在宪法之后呢？

因为《人权宣言》放在宪法之前，则表示宪法是根据人权宣言而定的，如果放在宪法之后，则人权宣言含有保护宪法的作用。

（三）人民有了一个权利宣言而无义务宣言似乎不妥当，所以除了《人权宣言》之外，是否要有一义务宣言？

（四）《人权宣言》的体材；是采一条条的条文规定呢？或用文章式的做一篇宣言规定呢？

这四项先决问题一直讨论到八月四日，大家都讨论得不耐烦了；于是有一人提议：（一）要《人权宣言》，（二）《人权宣言》在宪法之前，（三）《人权宣言》之外不用义务宣言，当时便通过，到八月九日才通过第四项，就是《人权宣言》的体材用条文规定。八月十二日由五人组织一审查议案的委员会，十七日该会即报告审查的经过，谓等宪法先制定以后再起草《人权宣言》，现在宜着重于一个问题作讨论的原则，于是又引起大众的反对，到了十九日才议决选定三十委员中的第六位的草案作讨论的基础，这第六位的草案有廿四条，结果所采用的不过五条，其实他的草案内容还不如 Lafayette 所拟的草案，那末为什么要采用他的草案作讨论基础呢？因为他前五位都是较有名的，如采用五位中的一位作讨论基础，势必又引起其余四位的不满；所以经于采用这无名的第六位的草案作一原则，做一讨论的标准而已，从二十日到廿六日之间，通过了《人权宣言》的导言及其十七条。每条经过很激烈的辩论和极郑重的表决。

所以从这番讨论的经过看来，《人权宣言》的各条文并不是抄袭于美国，也不完全（只有一部）由卢梭而来，其来源自有两处：

（一）事实上因为这次大革命法人所受的苦痛很深，而普遍地觉得需要这《人权宣言》来保障自身，我们看了宣言中的各条文都具有很深刻的表现和很切实的基础。

（二）辩论上因为十七世纪与十八世纪的自由思想发达。

现在我们且把《人权宣言》的各条分析一下，及其来源究竟如何？作一总结束如下：

导言——其中所说全为十八世纪的政治思想，受卢梭和洛克的影响最大。

第一条——叙述自由平等，是受卢梭的影响。

第二条——叙述自然权利，是受洛克与孟德斯鸠的影响。

第三条——叙述主权问题，受卢梭的影响。

第四条——叙述自由的范围，间接受卢梭的影响。

第五条——叙述法律限制问题，受卢梭的影响。

第六条——叙述法律是表现普通意志的问题，当然亦受卢梭的影响。

第七、八、九条——叙述刑律问题，是受孟德斯鸠的影响。

第十条——叙述宗教方面的事，受孟德斯鸠的影响。

第十一、十二、十三、十四、十五各条——叙述国家的治权问题，受英美思想的影响。

第十六条——叙述分权问题，受孟德斯鸠的影响。

第十七条——叙述人民财产的保障问题，受十八世纪普遍政治思想的影响。

（记者附白）——这篇很有研究性质的演讲稿我拉杂地记了出来，当时不及请张先生复看一遍，其中如有稍微出入，请张先生指正为幸！

法国人权宣言的来源问题 *

一七八九年法国"人权宣言"（la déclaration des droits de l'homme et du citoyen）[1]在当时法兰西及后来世界各国革命史上的重大影响是人人知道的，本篇不必叙述，本篇要研究的乃是这个宣言的来源问题。当法兰西革命后百余年间大家都以为这个人权宣言的观念和内容都是由卢梭的《社会契约论》那本书里来的。换句话说，就是大家都认卢梭为这篇惊天动地的文章的父亲。因此，赞成者就格外恭维他，反对者又特别唾骂他。他一方面作了功首；一方面又成了罪魁。

但是到了十九世纪将终的时候，忽然有些人对于这个历史定谳发生异议。他们说这个人权宣言不但不是由卢梭来的，而且它的精神和内容是与卢梭的学说完全相反，是彼此不相容的。依他们的意见，这个宣言是由一七七六年美国《独立宣言》（the Declaration of Independence）及当时美国各邦宪法中的《权利宣言》（the Bills of Rights）来的。主张此说最力的是德人叶理乃克（Georg Jellinek）。[2]

叶氏持论多趋极端，其结论差不多是说法国人自鸣得意的人权宣言不过是抄袭旁人的文章，并没有甚么了不得的地方。因此，便引起当时法国大法学家布笛米（Émile Boutmy）的激烈反驳。[3] 布氏以为卢梭《社会契约论》中的学说与一七八九年的人权

---

* 原载《国立武汉大学社会科学季刊》第二卷第一号、第二号、第三号、第三卷第二号连载，1931年、1932年。

[1] 原文意为"人民权利宣言"或"人权民权宣言"，本篇简称人权宣言。关于人权与民权的区别，阅 Duguit, Traité de droit Constitutionnel, 3e edition, Vol. III, pp. 623~625。

[2] 叶氏的理由及证据见其所著 Die Erklärung der Menschen-und Bürgerrechte, dritte Auflage, 1919, 尤其是第五页至第四二页。此书系一八九五年初版。Charles Borgéaud 在他的 Etablissement et Revision des Constitutions en Amérique et en Europe（一八九三年初版）中, David Ritchie 在他的 Natural Rights（一八九四年初版）中，亦均主张此说，惟所言不如叶氏之详尽透澈。又 Cournot 当一八六一年时似已有此见解，阅 Michel, L'Idée de l'Etat, p. 31, note 2。

[3] 见 Boutmy, La déclaration des droits de l'homme et du citoyen et M. Jellinek，载 Annales des Sciences Politiques, 1902, Juillet。

宣言并无不相容之处。不但相容，简直可说人权宣言就是"社会契约论"的实行，就是"社会契约论"的应用。不但人权宣言中许多条文是"社会契约论"的回响，连那宣言观念的本身都是"社会契约论"的教条之一。[1]

人权宣言的来源问题的论战从此开始。[2] 在二十世纪的最初十年中，关于这个问题的讨论及著作特别多。[3] 有的赞成甲说，有的赞成乙说，有的另创新说。不过就大体说，似乎赞成叶说的较多，另创新说的也不少，而赞成布说的则寥寥无几。

本篇作者以为讨论这个问题的各家似乎都把这个问题的性质看得太简单，以为这个来源非此即彼，非彼即此，好像一种事实只有一种原因的样子。不然，就是以为原因虽多，而其中只有一种（绝非二种！）特为重要，结果便非让这一种原因专利不可，便有把它认为惟一原因的趋势。本篇作者将就他的力量所及，（在现在的中国研究此种问题，最苦的是参考材料太缺乏，错误自属难免）对此问题加以讨论，一方面固然不敢矜奇立异，一方面希望也不至于雷同附和。

一

开头第一点，我们先要把这个人权宣言分作两方面看。第一是为甚么要有这个宣言呢？就是，这个宣言的用意在那里？这是宣言的目的问题。第二是这个宣言里面说些甚么呢？就是，这个宣言中的条文如何？这是宣言的内容问题。

宣言的目的，简单的说，是在限制国家的权力，是因恐怕国家滥用它的威权，妨害人民的安宁和幸福，所以拿几种根本原则叫作自然权利（或人权）的来限制国家的行为。因此，这个宣言的目的问题也可看作是一个方法问题，因为它是用宣言的方法去限制国家的权力的。宣言的内容是将这些所谓自然权利或人权一五一十的数出来；内容比较复杂，阅原文自知，这里不必多说。

---

[1] Annales des Sciences Politiques, 1902, pp. 416~419.
[2] 叶氏对于布氏的反驳的答复题曰 Réponse de M. Jellinek, à M. Boutmy, 见 Revue du droit public et de la science politique, 1902, pp. 385~400。
[3] 略举数种重要者如下（杂志论文不在内）：Walch, La déclaration des droits de l'homme et du citoyen, et l'Assemblée Constituante, Paris, 1903; Doumergue, Les origines historiques de la déclaration des droits de l'homme et du citoyen, Paris, 1905; Blum, La déclaration des droits de l'homme et du citoyen, 4e édition, 1909; Marcaggi, Les origines de la déclaration des droits de l'homme de 1789, 2e édition, Paris, 1912; Hägermann, Die Erklärung der Menschen-und Bürgerrechte, Berlin, 1910; Klövekorn, Die Entstehung der Erklärung der Menschen-und Bürgerrechte, Berlin, 1911; Rees, Die Erklärung der Menschen-uud Bürgerrechte von 1789, Leipzig, 1912. 以上均属讨论此问题的专门著作，其他散见于他种著作中的论述太多，兹不赘。

照这样说，这个来源问题便由一个变成两个。就是，第一，这个用人权宣言去限制国家的权力的方法（或思想）是由那里来的？是卢梭的"社会契约论"来的呢，还是由美国各种权利宣言来的呢，还是由别处来的呢？第二，宣言中每一条文的思想是由那里来的？是由卢梭来的呢，还是由美国来的呢，还是由别处来的呢？

二

关于方法问题，我们可以毫无疑义的说它不是由卢梭的"社会契约论"来的，因为"社会契约论"明明告诉人家国家的权力是不受限制的——是不能受限制的，是不必受限制的。因为若受限制，照个人主义的政治哲学说，只有用个人的自然权利去限制它；若用个人的自然权利去限制它，则须使个人于进入政治社会时，保留这些权利。然而卢梭在他的"社会契约论"里以最明显，最不含糊的文字告诉人家说个人于建设国家时不能保留任何权利；反之，须将其一切自然权利完全放弃，然后国家始能成立。他说：

"Ces clauses, bien entendues, se réduisent toutes à une seule, savoir: l'aliénation totale de chaque associé avec tous ses droits à toute la Communauté; …"[1]

既说"l'aliénation totale de chaque associé"，又说"avec tous ses droits"，可见卢梭是完全不主张个人进入政治社会时保留权利的办法。卢梭在这里似乎还嫌讲得不够明瞭，所以紧接着又说：

"De plus, l'aliénation se faisant sans réserve, l'union est aussi parfaite qu'elle peut l'être, et nul associé n'a plus rien à réclamer: …"[2]

个人的自然权利让弃得"sans réserve"，让弃得将来"rien à réclamer"，这与用人权宣言的方法去限制国家的权力的精神和办法相去殆不可以道里计了。

这还只是说，个人于进入政治社会时不能保留任何权利。其次，我们应问照这个办法造成的国家，于造成之后，是不是受一种根本大法的限制？卢梭毫不含糊的答道："不受"。他说：

"……il est contre la nature du corps politique que le souverain s'impose une loi qu'il ne puisse enfreindre."[3]

---

[1] Contrat Social, Liv, I, ch. 6.
[2] Contrat Social, Liv, I, ch. 6.
[3] Contrat Social, Liv, I, ch. 7.

又说，

"...il n'y a ni ne peut y avoir nulle espèce de loi fondamentale obligatoire pour le corps de peuple, pas même le contrat social." [1]

主权者不但不受旁的根本大法的限制，连那根本大法的社会契约的限制都不受。这是何等的极端，何等的澈底！布笛米在他驳叶理乃克的文章里说卢梭的主权者虽然不受旁人的限制，但是可以自己限制自己。[2] 他说这话的时候似乎是把我们上面所引卢梭自己的几句话忘记了。

卢梭所言个人不能保留权利，国家不受限制两点，读了上面所引数条后，应当再无疑义发生的可能了。不过这里有一问题发生，就是：不受任何限制的国家岂不是容易流于专制吗？岂不要妨害人民的安宁和幸福吗？卢梭当然说不会。因为卢梭的国家是人民大家自己的国家，人民自己就是主权者，就是国家；国家不能伤害人民，同个人不能伤害自己是一样的道理。看他说：

"Or, le souverain, n'étant formé que des particuliers qui le composent, n'a ni ne peut avoir d'intérêt contraire au leur; par conséquent la puissance souveraine n'a nul besoin de garant envers les sujets, parce qu'il est impossible que le corps veuille nuire á tous ses membres; et nous verrons ci-après qu'il ne peut nuire à aucun en particulier. Le souverain, par cela seul qu'il est, esr toujours tout ce qu'il doit être." [3]

卢梭的主权者，自定义言之，不能作非，这是《社会契约论》的根本柱脚。因为不能作非，所以用不着限制，所以不必要 de garant envers les sujets，所以是 par cela seul qu'il est, est toujours tout ce qu'il doit être。

明瞭透澈如此，似乎再无异议发生余地，然而不然。布笛米引卢梭《社会契约论》中原语一段，以为足以证明卢梭的个人并不放弃一切权利，卢梭的国家并非不受限制，《社会契约论》的思想并不与人权宣言的办法冲突。[4] 布氏所引卢梭之言如下：

"Renoncer à sa liberté, c'est renoncer à sa qualité d'homme, aux droits de l'humanité, même à ses devoirs. Il n'y a nul dédommagement possible pour quiconque renonce à tout. Une telle renonciation est incompatible avec la nature de l'homme; et c'est ôter toute moralité à ses actions que d'ôter toute liberté à sa volonté. Enfin, c'est une convention

---

[1] Contrat Social, Liv, I, Chap. 7.
[2] Annales des Sciences Politiques, 1902, p. 418.
[3] Contrat Social, Liv, I, Chap. 7.
[4] 见 Annales des Sciences Politiques, 1902, pp. 418~419.

vaine et contradictoire de stipuler, d'une part, une autorité absolue et, de l'autre, une obéissance sans bornes. N'est-il pas clair qu'on n'est engagé à rien envers celiu dont on a droit de tout exiger?" [1]

我们若断章取义的单就这一段看，当然不能不相信卢梭是反对放弃一切权利的。不过《社会契约论》这本书最怕人家断章取义的去读。要了解这本书的主旨，非通观全体不可。因为这本书开头几章的议论还是《人类不平等论》及《教育篇》等篇中个人主义的余波。迨至第一篇第六章以后，以至全书终尾，个人主义者的卢梭乃完全变为团体主义者（Collectiviste）或国家主义者（étatiste），[2] 甚至，照有些人的意见，也可说是专制主义者（absolutiste）。[3]《社会契约论》，除掉开首四五章外，完全是讲 Collectivisme 或 étatisme。这恐怕就是布笛米也不能否认。布氏所引上面一段系由第一篇第四章中讲奴隶制度的地方摘出来的。这里所说的"放弃"（renonciation）并不是放弃给社会全体（toute la communauté），乃是放弃给一个主人或征服者。这里所说的契约（convention），并不是像后来自由平等之人建设国家时共同订立的社会契约，乃是弱者贫者被征服者对于强者富者征服者的卖身契约。卢梭因为反对这种卖身契约，所以说它是 incompatible avec la nature de l'homme，所以说它是 Vaine et contradictoire。简单的说，此段所说与社会契约毫不相干，所以不能认为是赞成人权宣言的证据。

团体主义者的卢梭因为恐怕个人于进入政治社会时，若让其保留任何权利，则所造成之政治社会不能健全，所以主张个人将一切权利完全放弃，然后所造成之团体才能完美无缺（l'aliénation se faisant sans réserve, l'union est aussi parfaite qu'elle peut l'être）。[4] 这是《社会契约论》的最要关键。倘若忽视此点，则无从了解这本书的真谛。为证明此点起见，我们可再引《社会契约论》中一段如下：

"Il faut, en un mot, qu'il ôte à l'homme ses forces propres pour lui en donner qui lui soient étrangères, et dont il ne puisse faire usage sans le secours d'autrui. Plus ces forces naturelles sont mortes et anéanties, plus les acquises sont grandes et durables, plus aussi l'institution est solide et parfait: en sorte que si chaque citoyen n'est rien. ne peut rien que par tous les autres, et que la force acquise par le tout soit égale ou supérieure à la somme des

---

[1] Contrat Social, Liv. 1, Chap. 4.
[2] 阅 Vaughan, The Political Writings of Jean Jacques Rousseau, Vol. I, pp. 1~6, 111~117。
[3] 阅 Duguit, The Law and the State, in Harvard Law Review, Vol. XXXI, No. 1, p. 27 及 Duguit, Traité de Droit Constitutionnel, 3e édition, Vol. III, pp. 615~616。
[4] 阅 Contrat Social, Liv. 1, Chap. 6。

forces de tous les individus, on peut dire que la législation est au plus haut point de perfection qu'elle puisse atteindre." [1]

照这段看，个人的自然权力越是消灭得净尽无余，他在社会上所获得的权力才越广大越耐久，同时社会制度也才越坚固，越完满。若能使个人在社会上的地位等于零，立法大业才能算是达到最高点的圆满，才能算是得到最大限度的成功。这是何等的明显透澈！这还有人权宣言发生的余地吗？

三

用人权宣言去限制国家权力的办法，既然不是由卢梭来的，那么，究竟是由那里来的呢？在没有有充分理由的反对证据以前，我们可以假定它是由美国《独立宣言》和美国各邦宪法中的《权利宣言》[2]来的，尤其是各邦的权利宣言。我们这个假定有数种极强的根据如下。

第一，美国独立的事实和它所代表的理想早已引起法国人的热烈欢迎和赞助。著名思想家和政治家，如马布理（Mably），龚道赛（Condorcet），米拉堡（Mirabeau），狄尔沟（Turgot）等，均争先恐后的著书立说，颂扬美国独立宣言，权利宣言及新宪法之神圣，之为人类救星。[3]

第二，此种宣言及宪法于一七七八年已经译成法文，在瑞士出版。[4] 一七八三年佛兰克林（Franklin）又设法刊行多本，分散法国全国。[5] 米拉堡于一七八八年且亲为荷兰拟人权宣言一篇。[6]

第三，法国一七八九年国民会议（L'Assemblée Nationale）时，会员中第一提出人权宣言草案者为拉发埃提（Lafayette）。拉氏的草案，[7] 据他自己后来所述，系以美国

---

[1] Contrat Social, Liv. II, Chap. 7.
[2] 各邦权利宣言以维紧尼亚（Virginia）的为最要，系一七七六年六月十二日通过。其他各邦权利宣言成立先后如下：Pennsylvania, 28 Sept. 1776; Maryland, 11 Nov. 1776; North Carolina, 18 Dec. 1776; Vermont, 8 July, 1777; Massachusetts, 2 March, 1780; New Hampshire, 31 Oct. 1783。
[3] 参阅 Scherger, Evolution of Modern Liberty, pp. 207~221; Aulard, Histoire Politique de la Révolution Française, pp. 19~23。
[4] 书名 Recueil des lois constitutives des colonies anglaises, Confédérées sous la dénomination d'Etats-Unis de l'Amérique-Septentrionale. Dédié à M. le docteur Franklin. En Suisse, chez les libraires associés。
[5] 参阅 Jellinek, Erklärung der Menschen-und Bürgerrechte, dritte Auflage, S. 12; Scherger, Evolution of Modern Liberty, p. 208。
[6] 参阅 Jellinek, Erklärung der Menschen-und Bürgerrechte, S. 12~13; Scherger, Evolution of Modern Liberty, p. 215。
[7] 原文见 Archives Parlementaires, tome VIII, pp. 221~222。

之权利宣言为模范。[1]

第四，一七八九年七月至八月宪法会议时会员中曾有许多人提及美国的前例。[2] 虽其所言并非完全赞成美国的办法，但亦可以证明此种办法在当时已为人所注意。[3]

以上所举数端似乎可以证明一七八九年法国人权宣言的基本观念（即用人权宣言方法去限制国家权力的观念）系由美国来的。至少，在没有有充分理由的反对证据以前，我们可以作这样一个假定。因此，我们可以说，关于这一点，我们与叶理乃克完全同意。

四

不过我们与叶氏同意的地方止于此处。因为叶氏不但说法国人权宣言的基本观念系由美国来的，他并且说连那个宣言的内容，甚至连那个宣言的形式，都是由美国各邦权利宣言模仿或抄袭来的。[4] 我们有数种事实可以证明此种"抄袭"之说不能成立。

第一，由一七八九年二月至五月法国全国各乡村城市以虔诚的精神，郑重的手续，制成许多"人民疾苦备忘录"（les Cahiers de Doléances），交给他们的代表，预备提出于"各级会议"（les États Généraux），作为政治改革的基础。[5] 此种"备忘录"，当初级制定时，总数在五万以上，最后按照全国选举区域合并为四百五十五。[6] 这四百五十五个备忘录之内容极为复杂，有关于政治的，有关于法律的，有关于经济的，有关于宗教的。但其中最重要的部分是关于宪法的，而关于宪法问题尤为重要的一点便是人权宣言问题。[7] 关于人权宣言问题，大多数只说宪法中应该有一人权宣言及人权宣言应

---

[1] 阅 Jellinek, Erklärung, S. 11~12。
[2] 特别是 Champion de Cicé，他在七月二十七日代表宪法起草委员会向大会报告时说 "Cette noble idée, Conçue dans un autre hémisphère, devait de préférence se transplanter d'abord parmi nous. Nous avons Concouru aux événements qui ont rendu à l'Amérique septentrionale sa liberté: elle nous montre sur quels principes nous devons appuyer la conservation de la nôtre; et c'est le Nouveau-Monde, où nous n'avions autrefois apporté que des fers, qui nous apprend aujourd'hui à nous garantir du malheur d'en porter nous-mêmes." 见 Archives Parlementaires, t. VIII, p. 281. Archives Parlementaires 以下简称 A. P.。
[3] Malouet (A. P. VIII, p. 322) 及 Rabaud Saint-Etienne (A. P. VIII, p. 452) 都反对抄写美国的办法。
[4] "Immerhin: die französische Erklärung der Rechte ist im grossen und ganzen den amerikanischen bills of rights oder declarations of rights nachgebildet worden." 见 Jellinek, Erklärung, S. 16. 又 "Die Franzozen haben nicht nur die amerikanischen Ideen, sondern auch die Form rezipiert, die sie jeuseits des Ozeans empfangen haben." 见同上 S. 29。
[5] 关于此种备忘录的制定手续及经过，阅 Vialay, Les Cahiers de Doléances du Tiers-État aux États généraux de 1789, p. 22~31; Champion, La France d'après les Cahiers de 1789, pp. 21~28。
[6] 关于备忘录的数目参阅 Vialay, p. 30~31; Champion, p. 21. 这四百五十五个备忘录大多数都载于 A. P.。
[7] 参阅 Champion, pp. 29~44; Vialay, pp. 60~72。

具之大概性质。但亦有少数（例如 Nemours 及 Paris）简直就将此种人权宣言草案代为拟就，希望由大会通过。[1] 后来革命后宪法会议时许多代表所提出的人权宣言草案大概都是根据这些备忘录而拟就的。[2] 若谓全国各乡村城市用四阅月的工夫，经过无数次的辩论和整理，所制就的数万人民疾苦备忘录是抄袭另一半球上另一国家的现成文章，恐怕与历史事实太不相符，恐怕根本上犯了否认当时法国人民有真实疾苦的毛病。

五

第二，比"人民疾苦备忘录"更足以证明抄袭或模仿之说不能成立的一件重要事实，便是当时宪法会议制定那篇人权宣言的实在事实经过。我们若不看看这篇宣言当时产生的情形，或者也可以盲目的说它是抄袭的，是模仿的。但是我们若仔细把它当时"难产"的情形研究一下，我们便知这种抄袭或模仿之说是丝毫没有根据，是完全与事实不符。现在让我们看看这篇人权宣言在当时是怎样产生的。

（甲）起草人权宣言的预备工作

一七八九年七月六日宪法会议组织一宪法委员会（Comité de Constitution），会员三十人，[3] 着手整理关于宪法的材料。七月九日这个宪法委员会推举莫漪（Mounier）向大会提出报告。[4] 这个报告中关于人权宣言几个要点是：（一）人权宣言应置于宪法之前，作为宪法的导言及基础；（二）人权宣言之条文应俟全部宪法告成后再行最后决定，以免彼此有冲突的地方；[5]（三）人权宣言及宪法应具之要点。这个报告当时并非完全受人欢迎，因为米拉堡批评它，说它这种空洞的议论恰像一个哲学团体的主张，不像一个国民会议的方案。[6]

七月十一日拉发埃提（Lafayette）正式提出一人权宣言草案。[7] 他在提出这个草案时说所以要有人权宣言的道理有二。一是要使人民知道他们有这些天赋人权。人民对于他们的天赋人权，能知才能爱，能爱才能有。二是要给政府，尤其是立法机关，一个指南针，免得它走入歧途，违反人民的福利。拉氏这个草案共分十条，在各草案中

---

[1] Nemours 的备忘录中的人权宣言见 A. P. t. IV, p. 161~173; Paris 的见 A. P. t. V, p. 281~282。
[2] 阅 Clermont-Tonnerre 关于这些备忘录的总报告，见 A. P. t. VIII, p. 283~285。
[3] 三十人名单见 A. P., VIII, p. 200。
[4] 报告全文见 A. P., VIII, p. 214~217。
[5] 阅 A. P., VIII, p. 216 第一格第三段。
[6] 米拉堡的原文见 XIXe lettre de Mirabeau á ses commettants. Walch 在他的 La déclaration des droits de l'homme et dn citoyen et l'Assemblée Constituante, p. 46, 称引此段。
[7] 拉氏草案全文及演说见 A. P., VIII, pp. 221~222。

篇幅为最短，但在当时的影响却为最大。不过欢迎的人多，反对的人也不少。拉理涛浪达尔（Lally-Tollendal）于拉氏演说完毕之后，立刻给它以种种批评。[1] 他的中心意思是要将所谓人权宣言从长讨论，等到全部宪法制成后再行决定；对于拉氏的草案，他提议交各组郑重审查。结果，大多数赞成他的意思，将拉氏的草案交付各组审查。

七月九日产生的宪法委员会的职权仅在分配关于宪法的材料；分配完竣，即告结果。七月十四日，即巴士底狱陷落的那日，裴醒（Pétion de Villeneuve）提议重新组织一委员八人[2] 之宪法委员会，着手准备宪法。宪法与人权宣言是有密切关系的；谈到宪法便不能不谈到人权宣言；所以七月十四这一天对于人权宣言已经有狠长的辩论。有的主张人权宣言应该放在宪法之前，作为宪法的基础；有的主张应该放在宪法之后，作为宪法的结论；有的说它的内容应该这样；有的说它的形式应该那样；当然还有许多人根本不赞成要有任何人权宣言。议论纷纷，无从决定。结果，仅议决宪法中应该有一人权宣言而已。[3] 这是七月十四日那天国民会议对于宪法问题讨论的结果。

自七月十四日至二十七日，中间十二天工夫，国民会议因其他政治问题逼得狠紧没有空间去讨论宪法问题。到了二十七那天，空气稍见和缓，宪法委员会才推举两个代表向大会提出关于宪法的两种重要报告。这两个报告者都是狠知名的人物：一个是声望卓著的向平德西色大主教（Champion de Cicé, archevêque de Bordeaux），一个是大名鼎鼎的克来猛陶乃尔伯爵（le Comte de Clermont-Tonnerre）。向氏报告[4] 的要点是说关于人权宣言问题，除拉发埃提的草案外，新近又得到两个狠重要的草案。这两个草案的提出者一个是在国民会议中代表卢梭学说的席埃斯（l'abbé Sieyès），一个是七月九日初次向大会报告宪法问题，我们已经认识的莫漪（Mounier）。人权宣言草案虽甚多，但其中最重要的是拉发埃提，席埃斯，莫漪那三个。席埃斯的草案[5] 的体材与其他各家的不同。其他各家的草案均采取条文式（en articles），席埃斯的则采取论述式（raisonné）。就理论说，席埃斯的草案要算最完备最精细；同时，就篇幅说，也要算是最长。这个政论家的谨严逻辑当然是无人能出其右。不过向平德西色向大会报告时已经给它加一狠公允的批评。他说席埃斯的草案的惟一缺点恐怕就在它那完美无

---

[1] 阅 A. P., VIII, pp. 222~223。
[2] 这八个委员中，四人代表第三阶级，二人代表僧侣，二人代表贵族。代表第三阶级者为 Mounier, L'abbé Sieyès, le Chapelier, Bergasse; 代表僧侣者为 Talleyrand (Évêque d'Autun), Champion de Cicé (archevêque de Bordeaux); 代表贵族者为 le Comte de Clermont- Tonnerre, le Comte de Lally-Tollendal。
[3] 阅 A. P., VIII pp. 230~231。
[4] 向氏报告原文见 A. P., VIII, pp. 280~283。
[5] 原文见 A. P., VIII, pp. 256~261。

缺的地方——因为理论上越是完美无缺，一般人反而越是不能懂了。[1]莫漪的草案[2]系取条文式，比较简单，容易了解，而且是参照其他许多草案制成的，当然也有它的优点。向氏在他的报告中说大家或者可以将这两个草案斟酌调和而产生一新的形式，使人人能够了解。

这都是关于向氏的报告。至于克氏的报告，[3]它完全是给上文所说的"人民疾苦备忘录"一个关于宪法问题的分析报告。这些"人民疾苦备忘录"有的主张和平，只希望政府能扫除积弊，将原有的旧宪法恢复；有的主张激烈，认为社会过于腐败，非根本破坏，从新另创新宪法不可。主张另创新宪法的都主张宪法中应有一人权宣言，所以克氏说人权宣言就是这两派主张不同的焦点。[4]

以上所说还都是关于人权宣言问题的引子。至于正式的辩论，激烈的冲突，还须等到八月一日才能开始。

（乙）关于几个先决问题的热烈辩论

自八月一日至八月四日热烈辩论的题目有四：第一，宪法中是否应该有一所谓人权宣言？第二，若要人权宣言（即权利宣言）是否还应要一义务宣言？第三，人权宣言究竟应该放在宪法之前，还是放在宪法之后？第四，人权宣言应取某种形式，条文式还是论述式？现在让我们看看这每一问题的赞否两方的理由如何。

（一）宪法中是否应该有一人权宣言？八月一日关于人权宣言的议案为"宪法之前是否应有一人民权利宣言？"（"Mettra-t-on ou ne mettra-t-on pas une déclaration des droits de l'homme et du citoyen à la tête de la constitution?"）[5]此议案含有正负三点。第一，宪法中是否应该有一人民权利宣言？第二，如要有一人民权利宣言，这个宣言应该放在宪法之前，作为它的导言，还是应该放在宪法之后，作为它的结论？第三，此议案中只言权利宣言，未提及义务宣言。当日对此议案正式登记，要求发表意见者，共有五十六人。[6]我们因为篇幅所限，不能将当日所有之重要演说一一引述于此。为简略起见，仅将赞成及反对两方之重要理由约举如下。

---

[1] 向氏说："Peut-être, en y découvrant l'empreinte d'une sagacité aussi profonde que rare; trouverez-vous que son inconvénient est dans sa perfection même, et que le génie particulier. qui l'a dictée en supposerait beaucoup plus qu'il n'est permis d'en attendre de l'universalité de ceux qui doivent la lire et l'entendre; et tous doivent la lire et l'entendre."
[2] 原文见 A. P., VIII, pp. 289~290。
[3] 原文见 A. P., VIII, pp. 283~285。
[4] 阅 A. P., VIII, p. 283。
[5] 阅 A. P., VIII, p. 317。
[6] 见同上。

反对人权宣言者有三种最要理由：第一说它是"无用"，第二说它是"危险"，第三说它是"非时"。反对派的健将，在八月一日那天，有格郎旦（Grandin），勒维斯公爵（le duc de Lévis），吕赛恩主教（La Luzerne, evéque de Langres），马鲁爱（Malouet），德郎底尼（Delandine）等。这数人中尤以吕赛恩主教，马鲁爱，德郎底尼三人所言最为动听而有影响。

甚么叫作"无用"呢？无用的意思有二。（一）人权宣言中所载各种真理原来存在于人人之心中，原来是人人知道的，用不着画蛇添足的再去宣告一回。（二）人权宣言中所言都是一种空洞的，玄想的，抽象的理论而非具体的法律，实际上毫无用处。吕赛恩主教说，"一个国家的宪法用不着什么人权宣言"。又说，"宪法是法律，凡非法律之物均与宪法无干"。[1] 又说，"原理（指人权宣言所载各条）的作用在诉之于人之理性而折服之；法律的作用则在命令其意志而屈服之。世上有许多人根本不能了解此等原理。我的意思并非要使人民永远保持他们的愚蠢，不过我觉得教育人民之道应用书籍，不应用法律或宪法"。[2] 我们不应将无用的东西放在宪法中；我们应避免乱法的危险；我们只应建设良好的法律，他非所问。因此，我提议我们宪法中不要任何人权宣言。马鲁爱以为人权宣言中所载诸种自然权利在事实上及法律上均受种种限制，毫无用处。我们若一方面在人权宣言里告诉人民他们有种种绝对权利，另一方面又在普通法律上将这些权利加以种种限制，那岂非和人民开玩笑，那岂非天下最滑稽的事情！所以他说，"我们为甚么先把他领到高山上指点给他看他那无限的江山，然后又令他下山后处处都受限制，步步不能自由？"[3] "我们告诉他他有处置其身体之自由权，而实际上，就是他不情愿，他也非服役于陆军或海军不可；我们告诉他他有处置其财产之自由权，而事实上种种限制财产的习惯和法律，就是他不赞成，也是无法废止；我们告诉他他当穷困之时有求助于他人之权，而同时路人对他毫无同情心使他失望，同时我们的法律对于穷而无告者并没有任何保障。"[4] 马鲁爱这

---

[1] La constitution est un code et un corps de lois; tout ce qui n'est pas loi est étranger à la constitution. 见 A. P., VIII, p. 322.
[2] Mon opinion n'est pas qu'on dcive tenir le peuple dans l'ignorance; mais je veux qu' on l'eclaire qar des livres, et non par la loi ni la constitution. 见同上。
[3] Pourquo donc commencer par le transporter sur une haute montagne, et lui montrer son empire sans limites, lorsqu'il doit en descendre pour trouver des bornes à chaque pas? 见 A. P. VIII, p. 323.
[4] Lui direz-Vous qu'il a la libre disposition de sa personne, avant qu'il soit à jamais dispensé de servir malgré lui dans l'armée de terre ou de mer? Qu'il a la libre disposition de son bien, avant que les coutumes et les lois locales qui en disposent contre son gré ne soient abrogées? Lui direz-vous que, dans l'indigence, il a droit au secours de tous, tandis qu'il invoque peut-être on vain la pitié des passants, tandis, qu' à la honte de nos lois et de nos moeurs aucune précaution législative n'attache á la société les infortunés que la misère en sépare? 见同上。

些话只是说人权宣言中所载诸种自然权利过于空洞,过于笼统,与实在法律冲突太多,实际上毫无用处。至于德郎底尼所言,则更进一步教人家索性搁开这些玄想的理论,从事具体的立法计划。他说,"我们所应注意的,并不是那些与生俱来的天赋人权,而是属于法国人的民法。"[1] 我们用不着上溯社会之来源,我们只应当改良我们现有的社会;我们应当掉开所谓自然人而从事研究现在的文明人……[2] 许多人权宣言的作者说人是生来自由,说他现在还应当继续的自由运用其思想,自由处置其财产,自由支配其工作;我对于这些原则完全承认,但是我们应当将这些有制造法律力量的原则留给我们自己参考,我们应当赶速将由这些原则得来的结论,即法律本身,献给他人。洛克,康伯兰,休谟,卢梭及其他数人给这些原则一个狠大的发展;他们的著作对于我们影响极深;若是我们要创立一种政治理论,我们当然应该模仿这些出名的作家;不过我们现在的问题并非关于理论,乃是关于实行;并非关于一般的政府,乃是关于我们的政府。"[3]

甚么叫作"危险"呢?它的意思是说人权宣言中所载诸种权利,因为它们的性质空洞,笼统,抽象,容易发生极端的解释和危险的行为。所谓"自由,自由,天下多少罪恶假汝之名以行"的不良现象,这些人此时似乎早已梦见了。拉理涛浪达尔在七月十一日批评拉发埃提的人权宣言草案时已经说"假设有人思想错误误解我们的道理,假设有人性情反常有意误解我们的道理,以致行动出轨,发生扰乱,那将怎样办哩?这些出轨的行动我们看见比现在反对我们的人还要害怕,但是人家还是要责备我们,而且我们自己更加要责备我们哩"。[4] 与拉氏作同样想的人当然不在少数。格郎旦说"一篇人权宣言同一篇道德论一样,不能人人皆懂,而且容易被人滥用(abuser)"。[5] 吕赛恩也主张不要人权宣言以免滥用的危险。[6] 德郎底尼所言更为透澈。他说一个人权宣言中所载诸种权利或者不受限制,或者受限制。若不受限制,自事实方面言是危险。若受限制,自哲理方面言是不通。为甚么危险哩?"因为每人照他自己的意见去

---

[1] Ce n'est pas des droits naturels fixés au berceau des peuplades naissantes qu'il faut s'occuper; c'est des droits civils,... 见 A. P., VIII, p. 324.

[2] Loin de remonter donc à l'origine de l'ordre social, améliorons celui où nous sommes placés; abandonnons l'homme naturel pour nous occuper du sort de l'homme civilisé;... 见 A. P., VIII, p. 324。

[3] Locke, Cumberland, Hume, Rousseau et plusieurs autres ont développé les mêmes principes; leurs ouvrages les ont fait germer parmi nous; si nous avions à crér unc théorie potitiqne, sans doute nous devrions travailler à l'imitation de ces écrivains fameux; mais il ne s'agit pas de la théorie, mais de la pratique; de l'universalité des gouvernements, mais du nôtre;... 见 A. P., VIII, p. 324。

[4] 见 A. P., VIII, p. 222.

[5] 见 A. P., VIII, p. 321.

[6] 见 A. P., VIII, p. 322.

解释，结果将给它一极可怕的意义。"[1] 所以他主张应有限制。所以他说，"我们不要使此数百年传下来的防堤一旦溃决而无躲避之所；此种横流泛滥之广，破坏之巨，怨怖之大，恐非我们此时想象所能及。"[2]

甚么叫作"非时"呢？它的意思是说当革命紧急的时候，一刻千金，稍纵即逝，实在问题既多，且要用全副精神及全部时间去应付，还嫌不够，那里还有时候去糟踏在空洞的，抽象的，玄想的，与实在事实和具体法律两无关系的人权宣言上去哩！换句话说，就是现在没有工夫去讨论这些理论问题，就是一刻千金的宝贵光阴不应该耗费在四面不着边际而且永远讲不清楚的玄想问题上面去。关于此点，马鲁爱所言最为透澈。他说，"诸君，我此刻要说话的道理完全是因为我看见我们的时间虚度及社会扰乱增加不已，使我心中非常着急，非常不安。现在这个时候所要求于我们的是作为与思量，不是演说。全国的人民正在那里等候我们，要求我们给他们一个秩序，和平及有保护力量的法律。"[3]"你们现在所讨论的问题在赞成反对两方均有同样数量的理由和反驳。这本来是一切玄学讨论不方便的地方。"[4] 他在那日的演说将完的时候又说，"玄学的辩论是没有终止的。若是我们一旦开始此种辩论，则宪法完成的期限将愈远，种种实际的危险将愈多。姑举几样事实为例：政府变得没有力量，没有凭藉，权威薄弱，法院无为，这时惟一的动作就是人民的动作。同时支出增加，收入减少，一切负担似乎都不公道。在这种情形之下，一个鼓吹绝对自由平等的人权宣言恐怕将使社会瓦解。"[5]

以上所引数家都是反对人权宣言的。他们的理由大概不外说人权宣言是无用，是危险，或者是非时。对于这些反对的理由，那些赞成人权宣言者当然有热烈的反驳。现在让我们看看这些赞成者的议论如何。

八月一日那天拥护人权宣言最力而且有左右事实能力的当以马兰（Durand de Maillane），孟麦朗西伯爵（le comte de Montmorency），达阶（Target），卡斯太兰伯爵（le comte de Castellane）及巴那夫（Barnave）数人为要。

---

[1] ...elle sera dangereuse, parce que chacun l'interprétant à sa Volonté Pourra lui donner une extension effrayante;... 见 A. P., VIII, p. 324.

[2] Gardons-nous de rompre sur-le-champ une digue conservés par les siècle, sans nous mettre à l'abri du torrent, dont les flots peuvent s'étendre plus loin que nous ne l'aurions prévu, répandre la consternation et ravager les héritages. 见同上。

[3] Messieurs c'est avec l'inquiécude et le regret du temps qui s'écoule, des désordres qui s'accumulent, que je prends la parole. Le moment où nous sommes exige plus d'action et de réflexion que de discours. La nation nous attend; elle nous demande l'ordre, la paix et des lois protectrices:... 见 A. P., VII, p. 322.

[4] 见同上。

[5] 见 A. P., VIII, p. 323.

马兰系当日辩论开始后第一演说者。他的演说在赞成者各家的演说中虽为最短,但颇中肯要,可当作这个问题正式辩论的一个导言看。他说他主张"要有一人权宣言作为宪法之基础及国民会议一切工作之标准"。他并且说,"这个宣言应张贴于各城市,各法庭,甚至各教堂,使人人了解,作为升入宪法堂奥之第一门径。"他的理由是:"凡属已经丧失而现在又欲恢复其权利之人应了解此等权利之基本原则,并将其公布之。"因为"这些基本原则是建设宪法绝对必要之最高真理,且为一切人为法之源泉"。末了他又说,"有人对于此等原则之公布发生恐惧;其实这些人应知黑暗为真理之最大仇敌。人民对于法律,若知其来源及基础,将愈加尊敬而服从之。"[1]

孟麦朗西恐怕是当日拥护人权宣言最有势力,最有影响者。[2]他说,"要造房屋,应置基础,没有原则,那来结论;未上路前,应知目的地。未制宪法,应先宣告人权,因为宪法不过是人权的结论,不过是人权的终极。"[3]孟氏所谈虽极透辟而有影响,但他的演说都是讲何以应有人权宣言及人权宣言应具何等性质,换句话说,都是主张要有人权宣言的正面文章。至于对于反对人权宣言者各种理由的反驳,还须让给达阶,卡斯太兰,巴那夫数人。

有许多人以为讨论人权宣言是糟踏时间,是与选民渴望他们的代表从速制定宪法的意旨相左。达阶对于此种意见回答道:"我的意见与此完全相反;我以为制定人权宣言就是满足我们的选举人的愿望,就是尽他们给我们的责任之一半。同时也就是服从他们的意旨,也就是遵守他们的命令。"[4]对于说人权宣言里所载各种道理原来是人人知道的,用不着无的放矢的再去宣告的人,达阶说这不过是反对人权宣言者一种别有作用的藉口。其实这些真理何尝是人人知道。他问:"亚洲各民族是否知道此等道理?傲岸自豪,压迫人民,为害全世界的专制魔王是否知道此等道理?向来受暴政摧残,环绕法国的其他欧洲人民是否知道此等道理?被奴隶习惯毁灭,几不自知其为人的人民是否知道此等道理?"[5]对于持"危险"说的人,他说人们只应害怕黑暗,不应害怕光明。"真理并不危险,它告诉人甚么是他的权利,同时它也告诉人甚么是他的义务。一个人知道甚么是他自己的权利之后,才能尊重旁人的权利,才能知道要享受自己的

---

[1] 演说全文见 A. P., VIII, p. 317.
[2] 参阅 Aulard, Histoire Politique de la Révolution Française, p. 40.
[3] Pour élever un élifice, il faut poser des fondements; on ne tire pas de conséquences sans avoir posé de primcipes, et avant de se choisir des moyens et de s'ouvrir une route, il faut s'assurer du but. Il est important de délarer les droits de l'homme avant la constitution parce que la constitution n'est que la suite, n'est que lá fin de cettc declaration. 演说全文见 A. P., VIII, p. 320.
[4] 阅 A. P., VIII, p. 320.
[5] 同上。

权利全在不侵犯旁人的权利,才能知道要保障自己的权利全在尊重旁人的权利。"[1]

卡斯太兰对于"无用"及"危险"两说的驳论与达阶所言差不多是一样的。不同的地方就是卡氏比达氏说得更为透澈,更为动听一点。对于"无用"说,他驳道:"假使诸君能睁眼向地球上一望,看看能够保存权利的国家那样之少及其所能保存之量之小,诸君将与我同样的不寒而栗。我们都用不着去讲全部亚洲,也用不着去说那些运在荒岛与人为奴的非洲人,简单言之,我们用不着跑到欧洲以外去找榜样,我们已经可以看见许多民族自信它是少数权贵的财产,我们已经可以看见人人承认他们应该服从毫不守法的暴君为他们所立下的法律。就是在那以保存自由神圣出名的英国,岂不是还有许多不合理的事实存在吗?"[2] 对于"危险"之说,他说:"但是防止乱法(licence)的真实方法惟有将自由的基础诏告人们:人们越是认识他们的权利,将越尊护他们的法律,将越爱护他们的国家,将越恐怖危害社会的扰乱;此时若还有不安分之徒扰乱社会,则全体人民为保护其自身利益计将群起而抵抗之。"[3]

巴那夫说人权宣言有两种实际用处:第一是决定立法的精神,使将来不能变更;第二是可以作为补救正式法律所不及的附属法律的指南针。他说有人说人权宣言是无用,因为它是存于人人心中用不着宣告;有人说他是危险,因为人民知道他们有这些权利之后将要滥用其权利。但是经验和历史对于这两种看法都给一极强的反证。[4]

上面所说,还只是八月一日至四日正式辩论期间所讨论的第一问题,就是,宪法中究竟是否应该有一人权宣言?这个问题在八月一日终日的热烈辩论之后,虽未正式

---

[1] Ce ne sont point les lumières que l'on doit craindre. La véité ne peut être dangereuse; elle apprend á l'homme quels sont ses droits, quels sont ses titres; elle lui apprend aussi quels sont ses devoirs. En apprenant á l'homme quels sont ses droits, il respectera ceux des autres; il sentira qu'il ne peut jouir des siens qu'en n'attaquant pas ceux des autres, et il sentira enfin que la force de son droit est dans le respect qu'il aura pour celui des autres. 见同上。

[2] Cependant, Messieurs, si vous daignez jeter les yeux sur la surface du globe terrestre, vous frémirez avec mois, sans doute, en considèrant le petit nombre des nations qui ont conservé, je ne dis pas la totalité de leurs droits, mais quelques idées, quelques restes de leur liberté; et sans être obligé de citer l' Asie entière, ni les malheureux Africains qui trouvent dans les îles un esclavage plus dur encore que celui qu'il éprouvaient dans leur patrie; sans, dis-je, sortir de l'Europe, ne voyons-nous pas des peuples entiers qui se croient la propriété de quelques seigneurs; ne les voyons-nous pas presque tous s'imaginer qu'ils doivent obéissance à des lois faites par des despotes, qui ne s'y soumettent pas? En Angleterre même, dans cette île fameuse qui semble avoir conservé le feu sacré de la liberté n'existe-t-il pas des abus qui disparaîtraient si les droits des hommes étaient mieux connus? 见 A. P., VIII, p. 321.

[3] Mais, Messieurs, je suis certain que la majorité de ceux qui m'écoutent pensera, comme moi, que le vrai moyen d'arrêter la licence est de poser les fondements de la liberté; plus les hommes connaîtront leurs droits, plus ils chériront leur patrie, plus ils craindront le trouble; et si des vagabonds compromettent encore la sûreteé pnblique, tons les citoyens qus ont quelqne chose à perdre se réuniront contre eux. 见同上。

[4] On a dit qu'elle était inutile, paree qu'elle est écrite dans tous les coeurs; dangereuse, parce que le peuple abusera de ses droits dès qu'il les connaîtra. Mais l'expérience et l'histoire répondent et réfutent victorieusement ces deux observations. 见 A. P., VIII, p. 322.

决定，但在事实上差不多已经决定了。八月二日系礼拜日休息未开会。八月三日虽继续辩论，但无甚生气，因为赞否两方的理由在八月一日那天差不多已经说完了，没有甚么新道理可以再说了。不过因为这个问题尚未正式决定，所以还有说话的机会，而且八月一日登记要演说的人有五十六人而那日闭会时主席宣告还有四十七人未曾发言。[1] 休息一天之后，自然有人要表现他们的辩才。这日赞成要有人权宣言者为德莫倚（Desmeuniers），唐梯来格伯爵（le comte d'Antraigues），屈斯丁伯爵（le comte de Custine），维锐野伯爵（le comte de Vsrieu）及莫漪；反对者有毕欧札（Biauzat），马鲁爱及阿底（Hardi）。此日各演说中要以唐梯来格伯爵的演说比较的最为有趣。[2]

八月四日是法国革命狠重要的一天，因为它是封建特权废止的一日；同时它也是人权宣言史上狠重要的一天，因为它是决定关于人权宣言几个重要问题的一日。是日讨论最要紧的问题便是关于人权宣言的第二问题。所谓第二问题非他，就是，这个人权宣言的性质应当如何？换句话说，就是问：人权宣言中除所谓权利宣言外是否还应有一义务宣言？

（二）宪法中除权利宣言外是否还应有一义务宣言？主张要有义务宣言的人大概有两种动机：一个是觉得若仅有权利宣言而无义务宣言，结果恐怕人人只知有权利而不知有义务，于社会有莫大的害处；一个是拿要求义务宣言作为反对权利宣言的一种策略。前者是诚意的主张，后者是捣乱的手段。[3]

义务宣言喧嚷得最厉害的一日当然是八月四日。不过在八月四日以前，这个问题已经有人提及，而且也有人反对了。莫漪在他七月二十七日向大会宣读的人权宣言草案中已经讲到这个问题，不过他未将它叫作宣言罢了。莫漪的草案自第五条至第十条都是讲义务问题。他的大意是说：人与人之间有权利义务两重关系；一个人的权利以不侵犯他人的权利为界限；一个人的义务在尊重他人的权利；政府的职务在保护此种权利及强迫履行此种义务；保护及强迫之道均须以明显确切之法律为根据。[4] 达阶在他八月一日的演说中对于"危险"之说给以解释时已经将权利与义务的关系及不必有义务宣言的道理说明。他的意思已见上文，现在不妨再引证一次，他说："真理并不危险，它告诉人甚么是他的权利，同时它也告诉人甚么是他的义务。一个人知道甚么是他自己的权利之后，才能尊重旁人的权利；才能知道要享受自己的权利全在不侵犯旁人的

---

[1] 阅 A. P., VIII, p. 325.
[2] 各家演说见 A. P., VIII, pp. 324~325.
[3] 参阅 Walch, La déclaration des droits de l'homme et du citoyen et l'Assemblée Constituante, p. 109~110.
[4] 原文见 A. P., VIII, p. 285.

权利；才能知道要保障自己的权利全在尊重旁人的权利。"达阶的意思是说权利就包括义务在内，用不着另外再将义务特别提出。

八月四日主张要有义务宣言的有杜朋（Dupont），席来瑞（le marquis de Sillery），谷雷寡尔（l'abbé Grégoire），卡密斯（Camus），吕伯札（de Lubersac, évêque de Chartres）等。这数人中以谷雷寡尔，卡密斯及吕伯札为最有势力。反对者大概因为事实上已操胜券，不欲作无谓之辩论，故此日发言者甚少，只高叫"投票""投票"而已。不过克来猛卢岱夫（Clermont-Lodève）曾代表反对派作一狠有意义的反驳。现在让我们看看这两派的议论如何。

谷雷寡尔所言最为透辟。他说，"权利与义务是相辅的，是平行的，讲到权利，同时也就牵涉到义务；因二者不能单独存在，可知二者有共同的来源。权利与义务是同一道理的正负两面。因此，一个权利宣言是不能离开义务宣言的。一个义务宣言的重要用处就在将人们限制在他们的权利范围之内。人们对于权利是永远要饱享，永远想扩充，而对于义务则不注意，则忽略则忘却。权利与义务应该保持一种平衡，勿偏勿倚；人们应该知道这两者中间有一种相联的关系，应该知道他们的行为有一种不可逾越的界限。虽然有许多人的意见与我相反，虽然有许多人因义务出于权利以为义务宣言是不必要的，但是我不能与他们同意，我以为权利宣言是不能离开义务宣言的"。[1]

克来猛卢岱夫反对义务宣言。他说他承认权利与义务是相辅而行的，而且也承认义务生于权利，但是他终觉得权利可以包括义务，权利宣言外用不着另外再有一义务宣言。他说至多只能在权利宣言中加上几条关于义务的条文，而绝不能单独有一义务宣言。他并且说这个宣言的名称应叫作"国民权利宣言"（une déclaration des droits du citoyen），而不应叫作义务宣言（non des devoirs）。他的理由有二。一因"国民"（citoyen）这个名词已经包括一个国民与其他国民间的相互关系，由这个相互关系生出许多义务；照逻辑说，国民二字已经包括义务在内，用不着再去特别提出讲义务。二因义务是无限的，是不能列举的；今若列举，恐人们将发生除义务宣言中所载数种义务外别无所谓义务的误会。[2]

克来猛卢岱夫演说完毕后还有许多人争着要发表意见。不过此时那些反对义务宣言者早不耐烦只喊叫"投票"！"投票"！会场秩序于是大乱，要说话的人也无

---

[1] 阅 A. P., VIII, pp. 340~341.
[2] 阅 A. P., VIII, p. 341.

人听见。

此时赞成义务宣言派的领袖卡密斯在人声喧嚷中起立发言。幸而移时秩序恢复，他得开口。他说他提议将八月一日的原案修正，在权利二字之后加义务二字。他的修正案如下："是否应有一人民权利义务宣言？"（"Fera-t-on ou ne fera-t-on pas une déclaration des droits et des devoirs de l'homme et du citoyen?"）[1]

此修正案提出后，会场中僧侣部分大为鼓掌赞成。而且峡堤的主教吕伯札在紊乱的秩序中站起演说。他的意思大概是说大家若决定要一人民权利宣言，那当然也应该有一义务宣言。因为权利二字是一个谄媚人的名词，它在人心理上唤起的感想是自私和骄傲。这种自私和骄傲的心理只有义务观念可以纠正。因此，他赞成方才提出的修正案。[2] 他说完后，还有许多人对于修正案发表赞成和反对的意见。此时大家更不耐烦，只嚷道"投票！投票！"于是议长将卡密斯的修正案付表决。结果，这个修正案以五七〇票对四三三票遭否决。[3] 这个否决包含数种意思，随后再说。

（三）人权宣言应放在宪法之前，还是应放在宪法之后？这个问题，在实际上似乎没有多大关系，但在理论上区别却甚大。主张放在宪法之前的认为它是宪法的基础，是宪法的来源，是宪法的总原则；主张放在宪法之后的以为它是由宪法得来的推论，是宪法的结果。前者以为人未到政治社会以前已经有这些权利，名曰自然权利；政治社会的作用就在担保这些自然权利；换句话说，凡是人就有这些权利。后者以为人至政治社会以后才有这些权利；这些权利是由政治社会创造的，换句话说，凡守法的国民才能享受这些权利。照第一派的意见，权利是原因，国家是结果。照第二派的看法，国家是原因，权利是结果。一个注重个人的自由；一个注重社会的安宁。

在八月一日以前早已有人提及这个前后问题。我们知道，莫漪在七月九日代表宪法委员会第一次向大会报告时已经说委员会的意见以为宪法之前应该有一人权宣言。我们也知道，七月十四日第二宪法委员会成立时已经有许多人对于这个前后问题有长时间的讨论。七月二十七日向平德西色代表宪法委员会向大会报告时也说照大家的意思宪法之前应有一人民权利宣言。[4] 这是八月一日正式辩论以前许多人对于这个问题的意见。

---

[1] 阅 A. P., VIII, p. 341。
[2] 见同上。
[3] 见同上。
[4] 阅 A. P., VIII, p. 281.

八月一日那天主张将人权宣言放在宪法前面的有孟麦朗西，马兰，达阶，卡斯太兰数人，就中以孟麦朗西所说最为清晰。主张放在后面的有勒维斯等。

孟麦朗西的名论已见上文，兹再引述于下。他说，"要造房屋，应先置基础；没有原则，那来结论；未上路前，应知目的地。未制宪法，应先宣告人权，因为宪法不过是人权的结论，不过是人权的终极。"马兰称人权宣言为"升入宪法堂奥之第一门径"。达阶亦主张人权宣言应该放在宪法之前。[1] 卡斯太兰在他演说将完的时候说"我相信我们应该在我们的宪法之首放一人权宣言"，作为一切法律的源泉。[2] 但是勒维斯则谓人权宣言同一篇道德论一样，应该放在宪法之后。[3]

（四）人权宣言应取条文式或论述式？多数宣言草案都取条文式，惟席埃斯的则取论述式。多数人大概都赞成条文式，但亦有少数人赞成论述式。八月一日赞成席埃斯的论述式的有大名鼎鼎的孟麦朗西。他是赞成论述式的一个狠重要的人。他说，"为简单起见，用不着每人都去草拟一分人权宣言。我的意思，我们可以用席埃斯的草案作为根据，逐条讨论。还有一个重要问题，就是人权宣言是否应取论述式？有人反对论述式，但是我要问这个体材究竟有甚么不方便的地方？"[4]

八月一日至四日所辩论的四个问题我们现在已经知道它们的性质和意义。第一个问题是人权宣言的存在问题；第二个是人权宣言的性质问题；第三个是人权宣言的位置问题；第四个是人权宣言的形式问题。这四个问题中，前三个在八月四日已经解决，第四个到了八月十九日才算最后决定。前三个问题在八月四日怎样解决的呢？我们记得八月四日卡密斯修正案以五七〇票对四三三票被否决的情形。所谓前三个问题之解决就解决于这个修正案之否决。因为这个否决的意义，一方面是不要义务宣言，将所谓性质问题解决；这是这个否决的正面意义。它的反面意义是表示对于原案所言与一间接的肯定（原案为"宪法之前是否应有一人民权利宣言？"）。原案既然肯定的接受，那个存在问题及位置问题当然也就解决了。

（丙）究应采取某种草案作为讨论根据的难题

八月四日所解决的几个问题还只是关于人权宣言的几个先决问题，还未讲到宣言本身。自八月四日至十二日几天中间，又因许多紧急性的政治问题急待解决，没有工夫去讨论宣言问题。这个问题到了十二日才能重行提起。此时宣言草案已经狠

---

[1] 阅 A. P., VIII, p. 320.
[2] 阅 A., P., VIII, p. 321.
[3] 阅 A. P., VIII, p. 322.
[4] 见 A. P., VIII, p. 320.

多;[1] 有人主张选择其中一个作为讨论根据;但因大家对于究竟选择那一个的意见不能一致,故无结果。因此,德莫倚在八月十二日提议组织一个六人委员会,由这个委员会参考所有草案,另外拟一新草案,作为大会讨论的根据。这个提案,由旁人修正将人数改为五人后,正式成立。这五人委员会(le Comité des cinq)的会员为德莫倚,吕赛恩,杜龙雪(Tronchet),米拉堡及雷登(Redon)。它的职务在参照各种草案另外拟一新草案。

八月十七日米拉堡代表五人委员会向大会作一报告。[2] 他的报告分作两部分。第一部分是演说;第二部分是草案本身。米氏在他的演说中备言起草这个宣言的种种困难情形。第一,一个人权宣言只能讲到一些普遍原则,但同时又须应用到一个狠老狠腐烂的国家的各处不同的特殊情形上。普遍性与特殊性不易调和,已够困难。第二,这个人权宣言的用处在作一部宪法的导言,但是这个宪法的性质现在还不知道,那怎样去给他作导言哩?第三,起草这个宣言的期限只有三天,同时并须拿二十个彼此不同的草案作根据;因此,不但时间有限,斟酌取舍亦颇不易。第四,不但讲普通原则须顾到特殊情形,并且,一方面要充分的叙述各种自由,一方面又不能过于详细而使变为烦琐;一方面要宣告人权,一方面又不能过于攻击虐政而使它变作一篇讨伐暴君的檄文。

我们以前看了八月一日至四日关于人权宣言几个先决问题的热烈辩论,已经知道叶理乃克的"模仿"之说不能成立。现在读了米拉堡的演说,更觉得叶氏此种议

---

[1] 宣言草案的总数究为若干,狠难确定。Jellinek 说是二十一个(见其 Erklärung, S. 17),Walch 说是十五个(见其 Dèclaration, p. 95),但 Mirabeau 在他八月十七日的演说中说是二十个(见 A. P., VIII, p. 438),而在十八日讨论时又说是三十个(见 A. P., VIII, p. 454——此处三十或是二十之误)。作者自己根据 A. P. 所载又仅得十四个。兹将此十四个草案列举如下:
Lafayette, Une déclaration des droits(A. P., VIII, p. 222);
Sieyès, Reconnaissance et exposition raisonnée des droits de l'homme et du citoyen (A. P., VIII, p. 256-261);
Mounier, Déclaration des droits de l'homme et du citoyen(A. P., VIII, pp. 285~286);
Target, Projet de déclaration des droits de l'homme en société(A. P., VIII, pp. 288~290);
Servan, Projet de déclaration des droits de l'homme et du citoyen(A. P., VIII, pp. 306~307);
Thouret, Analyse des idées principales sur le reconnaissance des droits de l'homme en société, et sur les bases de la constitution (reconnaissance des droits 部分见 A. P., VIII, pp. 325~326);
Crenière, Projet de déclaration des droits (A. P., VIII, p. 319);
Charles-François Bouche, Charte contenant la constitution française dans ses objets fondamentaux (A. P., VIII. pp 400~403);
Raband Saint-Etienne, Idées sur les bases de toute constitution (A. P., VIII, pp. 403~406);
Sieyès, Déclaration des droits de l'homme en société(A. P., VIII, pp. 422~424);
Gouges-Carton, Projet de déclaration des droits (A. P., VIII, pp. 428~431);
Sixième Bureau, Projet de déclaration des droits de l'homme et du citoyen (A. P., VIII, pp. 431~432);
Comité des Cinq, Projet de déclaration des droits de l'homme en soc été (A. P., VIII, pp. 438~439);
Boislandry, Articles proposés pour entrer dans la déclaration des droits (A. P., VIII, pp. 468~470).

[2] 报告全文见 A. P., VIII, pp. 438~440.

论是毫无根据。但是我们若看了八月十八日至十九日国民会议对于五人委员会的草案的激烈攻击及八月二十日至二十六日人权宣言各条文实际通过的曲折情形，则叶氏"模仿"之说更将不攻自破，更将见其完全是无稽之谈。现在先让我们看看八月十八日至十九日国民会议对于五人委员会的草案怎样反对，怎样攻击。但是我们在未看这种反对和攻击以前，应先知道五人委员会的草案本来不大佳，因为它的形式和内容都难令人满意。[1]

八月十八日大会讨论五人委员会的草案时，差不多没有一个人不反对它。第一向它大施攻击的便是卢梭的信徒克若业尔（Crenière）。五人委员会的草案说人权宣言所言是一种最高原则。克氏反对这个"原则"之说。他的理由是："原则是真理之表示，法律是契约之结果。前者是思想和辩论的题目，后者是行为和动作的准绳。"[2] 他的意思是说人权宣言应认作是一种具体的法律，不应认作是一种空洞的原则，因为原则没有强制的力量，只是空谈，无益实用。

次克若业尔而发言者为杜保（Duport）。杜氏对于五人委员会更不客气。他说五人委员会的草案完全要不得，因为它并不能代表大会的意思。因此，他主张另外组织一委员会重新起草。[3] 这简直是打五人委员会的脸！

谷雷寡尔嫌这个草案中没有声明上帝是这些人权的给与者。他说人不是空中掉下来的。他若有权利，我们应该知道这些权利是谁给与的；他若有义务，我们应该知道这些义务是谁设立的。[4]

就是米拉堡的兄弟（le vicomte de Mirabeau）也说他老兄的草案不大高明。他说人权是永久不能放弃的，永久不能消灭的。因此，他说五人委员会的草案中只应该说"记忆"（rappeler）这些人权，不应该说"恢复"（rétablir）这些人权，因为本未丧失，何用恢复。此外，他又主张将此草案的第十九条完全取消。[5]

以上数家的批评，除杜保的外，还只是些枝节问题，并不十分中肯。最透辟而动听，同时对于五人委员会的草案打击最大的，当然要算鲍乃（le marquis de Bonnay）的演说。鲍乃说："在数日之前，我们已经有许多草案。因为不能决定采取那一个，

---

[1] 关于此点参阅 Walch 的批评，见其 Déclaration, p. 127, 和草案原文，见 A. P., VIII, pp. 438~439.
[2] 见 A. P., VIII, p. 451.
[3] 他说 "il s'agit, ajoutait-il, d'en déterminer aujourd'hui le plan et la rédaction; le projet proposé ne remplit pas les vues de l'Assemblée, il faut nommer un autre comité pour faire une rédaction nouvelle." 见 Walch, Déclaration, p. 129.
[4] 阅 A. P., VIII, p. 452.
[5] 阅同上。

我们才组织了一个委员会,教他参照所有各种草案,斟酌损益,另拟一新草案。现在这个委员会已经将他所拟的草案交给我们。但是我们觉得这个草案狠不完备,我们觉得它并不能满足我们的希望,甚至我可直截了当地说,它并不是我们所要的东西。因此,我们现在还在我们初组织五人委员会时候的同一情况之下。有这种踌躇不定的时候,我们要记得我们已经允许给法兰西一个人权宣言;而且我们已经有许多草案,不过都不适用罢了。但是我们无论如何总须采取一个。从前宪法委员会给我们两个很足称赞的草案,席埃斯的也有同样价值,还有五人委员会所拟的也不应该忘记。所以我提议我们在这几个草案中选择一个,将他逐条讨论。若能如此办理,则我们讨论时已经有一个方式,已经有一个纲领;我们只要将它改良就行了。"[1]

次鲍乃而批评五人委员会的草案者为大名鼎鼎的拉保山德田(Rabaud Saint-Etienne)。拉氏首先说一个人权宣言的形式和内容应该怎样怎样,最后又说他觉得所有一切草案中以席埃斯的为最佳,所以他提议将席埃斯草案中的重要原则和条文加入五人委员会的草案里边。[2]

罗努(Regnauld)此时早已听得不耐烦,所以他说他用最简单的话提议一个最简单的办法,就是大家应先选择一个方案,然后再讨论细节。[3]

人家对于五人委员会的草案这样攻击,这样鄙视,那五人委员会的委员,尤其是米拉堡听了自然很不好过。所以罗努说完后,米拉堡就站起来拥护五人委员会的工作。他说批评一个人权宣言比草拟一个人权宣言容易得多;他说他相信五人委员会的草案兼有各家草案之长,而且只有十九条,简而易懂;他说他也知道席埃斯的草案比较更为完备,但席氏草案中所言许多真理现时尚未为一般人所周知,不便采用;他说一个委员会中各委员的意见颇难一致,实属非常困难,即再组织一委员会另行起草,这种困难情形仍属难免,所以还不如采取五人委员会的草案较为方便。最后他很郑重的声明道,那日的议事日程是讨论五人委员会的草案,不是讨论别的草案;大会对于五人委员会的草案,尽可修改,更动,删减,增加,或者否决,但在未正式表决之前,绝不能将它撇开去讨论别的草案。[4] 他最后这两句话当然是为那些提议另行起草或另选

---

[1] Vous aviez sous les yeux bien des projets. Le choix voux a paru difficile, et pour terminer vous avez nommé un comité qui résoudrait toutes ces déclarations en une seule. Ce comité vient de vous offrir son ouvrage; mais il n'est pas parfait, il ne remplit pas notre attente; je dirai même que ce n'est pas ce que nous avons demandé. Nous voila donc au point où nous en étions lorsque nous avons nommé le comité des cinq. 见 A. P., VIII, p. 452。

[2] 阅 A. P., VIII, p. 453.

[3] 同上。

[4] 阅 A. P., VIII, pp. 453~454.

其他草案的人说的。米拉堡演说完毕后，五人委员会的另一委员德莫倚，也起而反驳许多人对于五人委员会的草案的攻击，不过所言不大关重要。[1]

德莫倚演说完毕后，又有许多人相继发表意见。有的主张适用席埃斯的草案，有的主张采取鲍乃的办法，还有的主张将所有一切草案一一提名表决，以得票最多者提交大会，逐条讨论。此时大家已经早不耐烦，许多人赞成将最后一种办法投票表决。

当大家正欲投票之际，米拉堡忽又起立作一惊人的提议。他这个提议分两段，第一段说大会应重新决定人权宣言是与宪法分不开的一部分，并且应该作为宪法的第一章。第二段说人权宣言应延期至宪法的其他各部分完全决定后再行起草。[2] 简单地说，米拉堡这个提议的意思是要将这个人权宣言问题暂时搁置，等到宪法成立后再说。可是他未料到他这个提议竟然引起了全会激烈的反对和攻击。

裴醒说这个提议是毫无道理。杜保说它是要大会将它从前关于起草人权宣言的决议取消。卡波理（Chapelier）亦有同样的感想。格莱岑（Gleizen）说米拉堡的延期办法是要使大会走入岐途。雷登（Rhédon）与格拉（Garat）比较的赞成米拉堡。但是卢拜尔（Rewbell）和其他数人非常反对米拉堡的办法，他们说米氏的天才是要将大会领到一条错路上去。[3]

米拉堡听见这些话当然很不高兴。他很生气地说人家对他个人的攻击是毫无道理；他说他不料竟有人对于他的用意加以种种恶意的猜疑；他说他虽然也有许多短处，但他敢告诉大家没有一个著作家，没有一个作政治生涯的人，能像他那样勇敢，能像他那样宗旨坚决，百折不回；他说人家所谓他那领导大会走上错路的天才只是一种毫无意义的侮蔑，只是一种下流的攻击，这种侮蔑和攻击自有他那三十卷著作替他作辩护，不值得他自己来答复。[4] 末了，他说他为自爱计，为尊重他个人的人格计，对于这种猜疑和侮蔑均不能忍受，均不能默而不言；他希望大家能容纳他这种简单的解释。[5]

---

[1] 阅 A. P., VIII, p. 454.

[2] 他说：Je propose encore, et le long embarras de l'Assemblée me prouve que j'ai raison de le proposer, de renvoyér la rédaction définitive de la déclaration des droits au temps où les autres parties de la Constitution seront elles-mêmes entièrement convenues et fixées. 见 A. P., VIII, p. 454。

[3] 此数家的意见俱见 A. P., VIII., p. 454.

[4] ...mais j'ose vous en attester tous: nut écrivain, nul homme public n'a plus que moi le droit de s'honorer de séntiment courageux, de vues désintéressées, d'une fiere indépendance, d'une uniformitc de principes inflexibles. Ma prétendue supériorité dans l'art de vous guider vers des buts contraires est done une injure vide de sens, un trait lancé du bas en haut que trente volumes repoussent assez pour que je dédaigne de m'eu occuper. 见 A. P., VIII, p. 455.

[5] Entendre soupçonner ou persifler ses intentions dans une Assemblée politique où l'on a fait ses preuves, est une tolérance qu'un homme qui a le sentiment de sa dignité personnelle ne connaît pas; et j'espère que vous approuverez cette courte explication. 见 A. P., VIII, p. 455。

卡波理继米拉堡登台演说。他说他对鲍乃[1]另选其他草案的办法和米拉堡延期的办法均不赞成，因为照议事规则五人委员会的草案未经正式审查，不能弃而不理。结果，大家投票决定将五人委员会的草案交付那日晚间开会的委员会去审查，俟次日再交大会讨论。这是八月十八日大会对于五人委员会的草案，讨论终日，没有结果的结果。

八月十九日的讨论没有先一天那样热闹。开会后发言者虽多，但多离题太远，例如彭纳发（l'abbé Bonnefoy）提议拿拉发埃提的草案作讨论根据，白列兰（Pellerin）主张要有义务宣言，米拉堡子爵（米拉堡之弟）说可以不要人权宣言，只拿"为各人及全体的福利制成下列宪法"数字代替之已足。大家越讲离题越远。结果不能不由议长唤起大家注意是日讨论的本题。

最后议长将"是否要拿五人委员会的草案作为讨论根据"议案付表决。结果，差不多全体一致的拒绝接受这个草案。[2] 于是这辩论数日的问题才告解决。

但是五人委员会的草案虽被拒绝，同时大会还须要有一个人权宣言草案作为讨论根据。现在的问题就是究竟应该采取那一个草案作为讨论的根据？有主张采取席埃斯的，有主张采取拉发埃提的，还有主张将数家的合并一起的（拉理涛浪达尔主张将莫淌，拉发埃提，米拉堡，及皮宗（Pison de Galand）数人的草案各取所长合并一起）。同时还有一连带问题，就是应用甚么方法决定取舍呢？有的主张由大会决定，有的主张由各组决定。主张由各组决定的占少数，不成问题。主张由大会决定的复分起立和投票两派。讨论许久，最后决定用投票方法。

投票结果如下：第六组的草案（le projet du Sixième Bureau）得六二〇票当选，席埃斯的得二四〇票，拉发埃提的得四五票，其他二百余票分散于其他各草案。[3]

此处一个很有趣味的问题便是席埃斯和拉发埃提的草案何以竟然落选而向未闻人道及的第六组的草案[4]何以竟被采用？这本来是一个不易回答的问题，不过瓦尔希（E. Walch）的解释或近情理。瓦氏以为第六组的草案所以能当选的道理或者就正在它那不出名的地方；因为席埃斯，拉发埃提及莫淌各家出名的草案均有许多无从调和的党徒，这些党徒既然彼此不肯让步，而同时自己赞成的草案又没有当选的可能，结果自不能不对一个无名的第三者让步而使之当选。[5] 这当然是议会中常有的情形，此次

---

[1] 此处 A. P. 作 de Maulette, Walch 根据 Le Journal des Etats Generaux 作 de Bonnay; A. P. 恐有误。
[2] 阅 A. P., VIII, pp. 457~458.
[3] 阅 Walch, Déclaration, p. 139. 此书以下减称 Walch.
[4] 第六组草案原文见 A. P., VIII, pp. 431~432.
[5] 阅 Walch, pp. 139~140.

第六组的草案当选或者亦正坐此理。

总之，八月十九日那天的最大成绩便是将第六组的草案选为大会讨论的根据。这在当时，总算是解决了一个很大的问题。同时，那八月一日至四日讨论未决的第四问题——即人权宣言的形式问题——也连带的解决，因为大会在采取第六组的草案而摈弃席埃斯的草案时已间接的采取了条文式，否决了论述式（第六组的系条文式，席埃斯的系论述式）。这在当时，当然也要算是解决了一个很重要的问题。

（丁）最后逐条通过的详细情形

一七八九年法国人权宣言制定史上共有三个难关。第一是八月一日至四日讨论几个先决问题时的激烈辩论；第二是八月十八日至十九日讨论采取某种草案作为讨论根据时的紧张形势；第三即是由八月二十日至二十六日人权宣言最后逐条通过时的曲折和困难情形。第一、第二两关怎样经过，我们已经知道。现在让我们看那第三个难关里都有些甚么埋伏和冲突。

第六组的草案已经被采取为讨论的根据。但是这向未闻人道及的无名草案究竟是否适用，究竟是否配作讨论的根据，那当然是另一问题。这个问题八月二十日开会时自然有人首先提及。安生（Anson）说它是一个粗简的纲要，须大家补充，才能有用，须大加修正，才像一个东西。达阶说它没有生气，没有精神，须大加更改修正，或者才能成为一个有用的东西。[1]

这个没有生气的粗简纲要须大加修正才能有用，已经成为一种公认的事实。我们现在看看大会对它怎样修正。

我们知道八月二十六日通过的正式人权宣言共分导言一段及条文十七条。第六组的草案亦有导言一段，惟条文则为二十四条。八月二十日正式讨论开始后第一问题当然就是导言问题。第六组草案的导言大家既然认为不满意，按照议事规则，承应将它加以修正。不过当日大家对于原案，或因无法修正，或因不愿修正，竟将它置之不理，而由许多人另行提出许多导言草案。这个会议中有的是政治哲学家，他们对于这样重要的导言自然皆欲一试其手笔。此种临时提出的导言草案，有的以玄理为基础而立论，有的以事实为根据而发言，就中以拉保德（de Laborde），维锐野（de Virieu），浮尔内（de Volney）及米拉堡子爵数人的为最要。拉保德及维锐野在他们的导言草案里都提及上帝（他们称他为 l'Etre Suprême 或 le Suprême Législateur de l'univers）的存在问

---

[1] 安生和达阶的演说见 A. P., VIII, pp. 461~462.

题，于是大家就对此问题作一狠长的讨论。[1] 结果，大多数都赞成在导言中明白承认上帝的存在。此中有数理由：首先，当时会议中大多数会员都是唯神派；其次，全国大多数人民，用不着说，亦有坚固的宗教信仰；最后，会议中宗教阶级的代表狠多，在议会策略上为联络此派人计，亦不能不承认此点。

上帝存在问题讨论许久之后，议长（le Comte de Clermont-Tonnerre）向大会宣读第六组，拉保德，维锐野，浮尔内及富瑞崖尔（Ferrières）五种导言草案，令大家从中选择一个。但天下事常有出人意料外者，因后来当选者并不是这五个中任何一个，而为前两日（八月十八日）大会正式否决的一个——五人委员会那个。盖当大家正欲投票之际，忽有数人说以上五种导言均不见佳，还都不如五人委员会那个。于是便有人将五人委员会的导言宣读一遍，鼓掌者甚多。又有人要求将五人委员会的导言同时表决，并且要求将它首先付表决。结果，五人委员会的导言竟然以大多数当选！这自一方面看，固然是一种意外，但实际上也因五人委员会的导言的确比旁的要算好些。[2]

不过五人委员会的导言并非毫无修正的当选。它的重要修正共有三点。[3] 一是在原文第二段中加入"en présence et sous les auspices de l'Etre Suprême"数字及改"les articles suivants"为"les droits suivant de l'homme et du citoyen"。[4] 加入"l'Etre Suprême"一点最为重要，它的意义上文已经说过。二是将原文第一段中"rétablir"一字改为"exposer"。这在理论上自然有极大的区别，因为 rétablir 含有"丧失"及"恢复"两重意义，exposer 则一方面既然不承认有丧失的可能，一方面自然也没有恢复的必要，只须将这种自然权利平铺直叙的宣告或声明已足。三是将原文中"imprescriptible"一字取消。米拉堡对于此字之取消有狠悲观的感想。[5]

八月二十日除通过"导言"外，还通过第一、第二、第三各条。这几条的通过比较的容易些。当导言通过之后，大会即宣读第六组草案的前十条。宣读之后，党德锐（d'André）起谓原案第一条是讲欲望；他相信大会的责任是制定权利宣言，不是制定欲望宣言。第二条他说他不能懂，他相信他的选举区的人民也不能懂。第三，

---

[1] 当时有一报纸（Le Point du Jour）对此讨论批评说："Ainsi, la discussion passait rapidement des profondeurs de la morale aux obscurités de la métaphysique pour s'élever ensuite anx idées abstraites de la théologie." 见 Walch, p. 144.
[2] 关于五人委员会的导言被采取的经过，阅 Walch, p. 144-145.
[3] 关于这个修正，参阅五人委员会的草案，最后通过的人权宣言，及 Walch, pp. 145-147.
[4] 导言第二段未修正前原文，为"En conséquence, l'Assemblée nationale reconnaît et déclare les articles suivants:"修正后为"En conséquence, l'Assemblée nationale reconnaît et déclare, en présence et sous les auspices de l'Etre Suprême, les droits suivants de l'homme et du citoyen:"。
[5] A. P. (VIII, pp. 438-439) 所载五人委员会原文中并无 imprescriptible 一字，不过参阅 Walch 所引米拉堡自己语，见 Walch, p. 145.

第四，第五数条可合并为一条而以他所提出之一条代替之。达阶说原案前十条无一条要得，他提议以他自己提出的五条代替之。吕赛恩主教亦提出一条，主张拿它代替原案第一第二两条。此时忽有人起来作一极干燥无味的演说。他甚至于说社会的起源是母亲与儿子。这时连旁听席的人都听得不耐烦，起来走了。幸而毛提马（de Mortemart）似恢谐地说道，此时开会恐不合法，因为依法大会讨论须公开而此时旁听席的人都走光了。沉闷极了的空气里得此狠婉转的警告，始渐有生气。于是莫漪就乘此机会提出三条。[1] 提出之后，虽然仍有许多讨论，反对和修正，但终于一字未改的通过。大会决议以这三条代替第六组的前六条。这就是后来正式人权宣言的第一条，第二条和第三条。[2]

我们现在可以看见，第六组的草案虽经十九日议决被采取为讨论的根据，但到现时止，除人权宣言的标题外，[3] 还是一字未被采用。其实，这个平淡无奇的草案，除作讨论根据外，也无别的用处，也狠难令人采用它的条文。

以上所述导言及第一条至第三条的通过是八月二十日的成绩。第四条至第六条的通过则在八月二十一日。

八月二十一日开会后，议长以第六组草案的第七条付讨论。但拉买提（de Lameth）也照例不顾议事规则的将第六组草案的第七、第八、第九、第十数条并为一起，主张以他所提两条[4]代替之。他这两条稍经修正即通过，成为正式人权宣言的第四条及第五条。拉氏所提两条中，第一条完全照原文通过，无修正；第二条修正处有两点。（一）第二条前半段原文为"La loi ne peut défendre que les actions évidemment nuisibles à la société."许多人主张将"évidemment"一字删去，因为究竟何时是 évidemment，何时不是 évidemment，颇不易定；若不删去，是将使个人为法律的裁判者而自行决定其行为是否有害于社会；如此则政府反无判罪及执法之权，为祸将不堪设想。稍经讨论，大家赞成将"évidemment"一字删去。（二）马提努（Martineau）提议将"La loi ne peut défendre……"，改为"La loi n'a le droit de défendre……"，亦通过。此外还有吕赛恩主教提议将第一条中"la liberté"改为"la liberté civile"，经雷登反对未通过。党德锐拟将拉买提所提两条改为一条，以他自己所提出者代替之，亦未

---

[1] 原文见 A. P., VIII, p. 463.
[2] 关于第一条至第三条的通过情形，参阅 A. P., VIII, p. 463 及 Walch, pp. 147~149.
[3] 人权宣言的正式标题为 La déclaration des droits de l'homme et du citoyen，是采取第六组的。其他各家的标题虽意思大致相同，但文字颇有出入。
[4] 拉氏两条原文见 A. P., VIII, p. 464, Walch 所引拉氏原文第一条无 évidemment 字，比 A. P.，似可靠。

通过。如此，拉买提所提两条经上述两点修正后，即成为正式人权宣言的第四条及第五条。[1]

第四条及第五条的通过虽然容易，但第六条的通过则颇感困难。[2] 当第四、第五两条通过后，议长即照议事规则将第六组草案的第十一条（其第七条至第十条已被拉买提两条所代替）付讨论。但布阿乃（de Beauharnais）主张将第六组草案的第十一条至第十五条合并讨论而以他所提出之一条代替之。马提努提议另以五条代替之。卡密斯提议另以四条代替之。达阶提议另以三条代替之。[3] 这四人所提各条中有一点为当时讨论的焦点，就是：人民对于政治上的利益，地位，服务，还是应该一律平等，毫无区别（sans distinction）呢？还是应该按照各人的资格而定（selon leur capacité）呢？各派对此，见解不同。讨论许久，不易决定。最后由达勒兰主教（Talleyrand, évêque d'Autun）提出一条作为调和各派并代替第六组原案之用。他这条原文如下：

"La loi étant l'expression de la volonté générale, tous les citoyens doivent concourir personnellement ou par représentation à sa formation; elle doit être la même pour tous, soit qu'elle protège, soit qu'elle punisse. Tous les citoyens étant égaux à ses yeux, sont susceptibles de toutes les places, de tous les emplois publics, selon leur capcité;".[4]

不过达勒兰主教这个提议并未立被采用，因为提出修正案的人很多。莫漪提议将"selon leur capacité"删去，有人提议将"susceptibles"改为"admissibles"，有人提议加入"sans distinction"，又有人提议加入"de naissance"，还有人提议将"étant"改为"est"。[5] 这些修正案的讨论激起许多感情冲动。议长无力维持，秩序几至大乱。[6] 虽得拉理涛浪达尔（Lally-Tollendal）作一极动听的演说，亦无多大镇压效力。后来幸亏由拉氏提议将"sans distinction de naissance"修正为"sans autre distinction que celles de leurs talents et de leurs vertus"[7] 秩序始得恢复。拉氏这个修正案和达勒兰主教的原案，经修正后，差不多都是全体一致的通过。此案通过，第六组的第十一、十二、十三、十五数条即被代替。此条即成为正式人权宣言的第六条。兹为明瞭起见，特将第六条原文录如下：

Art. VI.— "La loi est l'expression de la volonté générale. Tous les citoyens ont droit de

---

[1] 关于第四第五两条的通过情形，参阅 A. P., VIII, p. 464; Walch, p. 149-152.
[2] 关于第六条的通过情形，参阅 Walch, pp. 152~157.
[3] 布，马，卡，达四人的原文俱见 A. P., VIII, p. 465.
[4] 见 A. P., VIII, p. 465; Walch, p. 154.
[5] 阅 A. P., VIII, p.466; Walch, p. 155.
[6] 阅 Walch, p. 155.
[7] 见 Walch, p. 156; A. P., VIII, p. 466.

concourir personnellement ou par leurs représentants à sa formation. Elle doit être la même pour tous, soit qu'elle protège, soit qu'elle punisse. Tous les citoyens étant égaux á ses yeux sont également admissibles à toutes dignités, places et emplois publics, selon leur capacité, et sans autre distinction que celle de leurs vertus et de leurs talents."

第四条至第六条的通过系八月二十一日的事情，第七条至第九条的通过则须俟至八月二十二日。第四条的内容系讲自由的性质和界限，第五条的内容系讲法律的限制，第六条的内容系讲法律的性质及平等的限制。第七、第八、第九各条所讲则为刑法的最高原则，在切实保障人民的身体自由上关系更属重要。

八月二十二日开会后，议长以第六组草案的第十四条付讨论。因此条系讲人民的身体，自由，财产不受法律以外之干涉或侵犯，因它所讲系当时虐政下人民所最感觉痛苦的一个切肤问题，所以此日发言的人特别多。盖若人民的身体，自由，财产没有严密的保障，则全部宣言所载各种权利均将成为具文。

因此，达阶提出下列二条：

1. "Aucun citoyen ne peut être accusé, arrêté, détenu, puni qu'au nom de la loi et qu'avec les formes prescrites et suivant les dispositions précises de la loi."

2. "Tout ordre arbitraire contre la liberté doit être puni. Ceux pui l'ont sollicité, expédié, exécuté et fait exécuter doivent être punis." [1]

鲍乃最注意法律不能追究既往一点，并且想将第六组草案中第十四、第十六、第十八、第十九数条合并一起，而以他所提出之三条代替之。他所提三条如下：

1. "Nulle loi ne peut avoir d'effet rétroactif; mais dès l'instant qu'elle est promulguée, elle devient obligatoire pour tous les citoyens, et c'est daus cette soumission à la loi commune, égale pour tous, que consiste l'égalité civile."

2. "Nul ne peut être accusé, arrêté, détenu que par la loi, et suivant les formes prescrites par elle."

3. "Nul ne peut être inquiété pour ses opinions religieuses, tant qu'il ne trouble pas le culte établi; nul ne peut être gêné pour ses pensées, lorsqu'elles ne nuisent pas à autrui par leur publicité." [2]

杜保注意刑法之改良。他以为刑法若不改良，则人权终无保障。他提出两条如下：

---

[1] A. P., VIII, pp. 470-471; Walch, p. 159.
[2] A. P., VIII, p. 471; Walch, p. 159.

1. "La loi ne peut établir de peines que celles qui sont strictement et evidemment nécessaires; et le coupable ne peut être puni qu'en vertu d'une loi antérieurement établie et légalement appliquée.

2. "Tout homme étant innocent jusqu'à ce qu'il soit condamné, s'il est jugé indispensable de l'arrêter, toute rigueur qui ne serait pas nécessaire pour s'assurer de sa personne doit être sévèrement réprimée." [1]

拉理涛浪达尔非常赞成杜保所提两条。他并且说为人道计，死刑应该废止。[2]

就大体说，以上三种提案都不坏，尤其是达阶和杜保的。因为三种都不坏，大会反而无法选择。最后，大会要求达阶与杜保将他二人的提案并为一个提案。达杜与鲍乃商量之后，共同拟出人权宣言的第七、第八、第九三条的草案如下：

第七条草案 "Nul homme ne peut être accusé, arrêté, ni détenu que dans les cas déterminés par la loi et selon les formes qu'elle a prescrites. Ceux qui sollicitent, expédient, exécutent ou font exécuter des actes arbitraires doivent être punis."

第八条草案 "La loi ne doit établir que des peines strictement et évidemment nécessaires. Nul ne peut être puni qu'en vertu d'une loi établie et promulguée antérieurement au délit et légalement appliquée."

第九条草案 "Tout homme devant être innocent jusqu'à ce qu'il ait été déclaré coupable, s'il est jugé indispensable de l'arrêter, toute rigueur qui ne serait pas nécessaire pour s'assurer de sa personne doit être sévèrement réprimée par la loi." [3]

不过这三条中，除第八条外，其他二条并非无修正的通过。我们读了第七条草案，很容易明白它的用意是在取消当时虐政下所盛行的那种侵犯人民身体自由的"特别拘捕证"（lettres de cachet）制度。因为要取消这种非法的"特别拘捕证"，所以才说"不依法律规定"，"不遵法定手续"，不能"控告"，"逮捕"或"拘留"任何人；所以才说凡"请求"（sollicitent），"给与"（expédient）及"执行"（exécutent ou font exécuter）非法命令者均应予以处罚。不过讲到处罚"请求"，"给与"及"执行"非法命令者的问题，就引起两个疑问。一是有许多人主张只应处罚"给与"非法命令的上级官吏，不应处罚"执行"此种命令的下级官吏，因为下级官吏没有拒绝执行的自

---

[1] A. P., VIII, p. 471; Walch, p. 160.
[2] 阅 A. P., VIII, p. 471.
[3] Walch, pp. 161-163.

由权。一是此种详细规定应放在宪法中讲非法命令处,不应放在讲普遍原则的人权宣言里。马提努主张此说最力,勾达洗(de Gouy d'Arcy)赞成马氏的意思。但是米拉堡坚决反对马勾两家之说。米氏以为这完全是一个责任问题;讲到责任,则上自发命令的人,下至执行命令的人,均应课以责任;不然,则人民权利将无保障。[1] 讨论结果,马提努那个"将非法命令问题移入宪法本身中"的修正案未得通过。马氏对于第七条还有一个修正案(即将第七条内"accusé"一字取消)亦遭否决。[2] 不过马提努两个提案虽然均遭否决,但马鲁爱根据席埃斯草案第十九条所提出的一个修正案却被通过。马鲁爱的修正是要在第七条原文下加入下列一句:

"Tout citoyen appelé ou saisi au nom de la loi doit obéir à l'instant; il se rend coupable par la résistance." [3]

大家对于马鲁爱这个修正案大体均表赞成。不过有人说这个修正案中"au nom de la loi"数字容易发生流弊,提议将它修正为"en vertu de la loi"。[4] 这个修正案的修正案及原修正案均经大会接受,于是第七条正式通过成立。第七条原文如下:

Art. VII.— "Nul homme ne peut être accusé, arrêté ni détenu que dans les cas déterminés par la loi et selon les formes qu'elle a prescrites. Ceux qui sollicitent, expédient, exécutent ou font exécuter des ordres arbitraires doivent être punis: mais tout citoyen appelé ou saisi en vertu de la loi doit obéir à l'instant, il se rend coupable par la résistance."

上文已经说过,第八条照原案通过,无修正。第九条的修正只有二字。毛幹(Mougins de Roquefort)嫌原案开头"Tout homme devant être innocent"内"devant être"二字包含疑义,提议将它修正为"étant présumé"。[5] 这个修正案通过,于是第九条亦成立。

以上九条,尤其是第六第七两条的通过都遇见许多曲折和困难,不过这些曲折和困难若与第十条通过时所遇见的崎岖险阻相比,则可谓之为平坦大道,没有甚么了不得。第十条所经过的难关不但比以前九条所经过的大得多,比以后七条所经过的也大的多。这当然完全是因为第十条所讲系宗教问题。法兰西革命时宗教问题还是一个很重要,很不好解决的社会问题,而且与人人有密切的关系,所以争论特别多,解决特别难。现在我们看看这个最大的难关是怎样通过的。

---

[1] 马提努,勾达洗,米拉堡三家的演说见 A. P., VIII, pp. 471~472.
[2] 马提努两个修正案及其否决见同上。
[3] 见 A. P., VIII, p. 472.
[4] 阅同上。
[5] 阅 Walch, p. 161.

八月二十二日第七至第九条通过后，大会即开始讨论第六组草案的第十六，十七，十八数条。这数条都系讲宗教问题。兹为容易了解下文起见，先将这数条的原文抄录如下：

Art. 16.——"La loi ne pouvant atteindre les délits secret, c'est à la religion et à la morale de la suppléer. Il est donc essentiel pour le bon ordre même de la société que l'une et l'autre soient respectées."

Art. 17.——"Le maintien de la religion exige un culte public. Le respect pour le culte public est donc indispensable."

Art. 18.——"Tou citoyen qui ne trouble pas le culte établi, ne doit point être inquiété."[1]

这三条的内容，简单言之，一方面是要人尊敬宗教，尊敬道德，尊敬国教（culte établi）；另一方面是承认凡不违反国教者不应加以干涉。不过仔细说来，这其中包含许多困难问题，例如，所谓宗教系何宗教，所谓国教是否应有，所谓不加干涉有无限制及是否可能诸问题，在事实上均属不易解决。换句话说，这三条中包括两个彼此不相容的重要问题：即宗教信仰自由问题及国教问题。此外还有一个问题，就是，许多人以为第六组草案的第十六及第十七条所讲系一种义务，不是权利，应该放在宪法本身中，仅以第十八条放在人权宣言里面。这个问题，因为各人的观点不同，当然也有赞否两方，不过没有信仰自由及国教问题那样重要罢了。

八月二十二日大会讨论第六组草案的第十六至第十八条时，大家对于它们当然是照例的不能采纳，照例的要另提他条代替。这些临时提出的草案中以卡斯太兰的为最要，它的原文如下：

"Nul homme ne doit être inquiété pour ses opinions religieuses, ni troublé dans l'exercice de sa religion."[2]

卡斯太兰是反对国教的，是反对第六组草案的第十八条的。他觉得第六组草案的第十八条中"pui ne trouble pas le culte établi"一语容易发生极危险的解释。例如，有人尽可说凡非旧教徒均属违反国教，那岂不使法国人又要发生宗教战争。因此，卡斯太兰以为人权宣言中不应提及国教问题；因此，他提出上列草案去代替第六组的数条。

是日主张信仰自由者甚多，就中以拉保德及米拉堡所言为最要。拉保德主张宗教

---

[1] 见 A. P., VIII, p. 432.
[2] 见 Walch, p. 167.

容忍政策（la tolérance）。他说不容忍政策之结果，徒使欧洲到处流血而宗教派别更见增多。[1] 他说国家对于宗教只应采取中立态度，不应作任何干涉。[2] 他最后更极畅快的说，"宗教自由系人人所有之神圣权利，国家不能将它取消。"[3]

米拉堡所言比拉保德更为透澈，更为极端。他说他主张绝对的宗教自由。因为主张绝对的宗教自由，所以觉得"容忍"二字太不澈底而且含有压迫的气味，因为政治上的威权对于宗教既可容忍，既可不容忍。[4] 米拉堡此日并且阐明宗教何以必须自由之真理。他说社会上宗教之所以多，之所以复杂，全因关于宗教的思想多而且复杂。此种复杂思想之所以发生，又因人性本身本系复杂。吾人对于此种复杂，既不能阻止，自不应攻击。[5] 结果，他说宗教自由系人人应有的权利，吾人应尊敬此种权利，应尊敬此种自由。[6]

米拉堡说完后，戴马（l'abbé d'Eymar）起而驳之。不过愿听者少，所以秩序大乱。最后他主张将第六组草案的第十八条与第十六第十七两条分开，单独讨论，不过此时秩序更乱，无法讨论。结果，大会议决延会，将这个重要问题待至次日再行讨论。惟米拉堡恐延会系反对派的策略，极力反对，但终无效。[7]

二十三日开会后，裴醒首先提议将第六组草案的第十八条与第十六条第十七两条分开，现在仅讨论第十八条；至于第十六条及第十七条，等到以后制定宪法时再行讨论。他的理由是因现在所讨论的是权利宣言而第十六及第十七两条之性质则系

---

[1] 拉氏说"La tolérance est le sentiment qui doit nous animer tous en ce moment; s'il pouvait se faire que l'on voulût commander aux opinions religieuses, ce serait porter dans le coeur de tous les citoyens le despotisme le plus cruel. Je ne rappellerait pas ici le sang que l'intolérance a fait couler, les ravages qu'elle a faits parmi les nations. L'Europe présente encore un spectacle bien étrange dans la diversité de ses religions et dans le despotisme que quelques-uns de ses gouvermements emploient pour les maintenir; mais en quoi cette rigidité a-t-elle servi? A rendre nécessaire la persécution, et la persécution à étendre, à encourager les sectes." 见 A. P., VIII. p. 472.

[2] La neutralité est sans doute le parti le plus sage; les chefs n'ont d'autre occupation que de maintenir la paix, et la seule manière de ne pas la troubler, c'est de respecter les cultes. 见同上。

[3] La liberté de la religion est un bien sacré qui appartient à tout citoyen. On ne peut employer l'autorité pour l'enlever, puisque Jésus-Christ et les apôtres ont recommandé la douceur. Respectons les cultes étrangers, pour que l'on respecte le nôtre. Nous ne pouvons pas professer d'autres sentiments; notre culte ne doit porter aucun empêchement à l'exercice des religions. 见 A. P., VIII, p. 473.

[4] Je ne viens pas prêcher la tolerance. La liberté la plus illimitée de religion est à mes yeux un droit si sacré, que le mot tolérance, qui essaye de l'exprimer, me parait en quelque sorte tyrannique lui-même, puisque l'existence de l'autorité qui a le pouvoir de tolérer attente à la liberté de penser, par cela même qu'elle tolère, et qu'ainsi elle pourrait ne pas tolérer. 见同上。

[5] En effet, il y a toujours eu diverses religions. Pourquoi? Parce qu'il y a toujours eu diverses opinions religieuses. Mais la diversité des opinions résulte nécessairement de la diversité des esprits, et l'on ne peut empêcher cette diversité. Donc, cette diversité ne peut être attaquée. 见同上。

[6] Mais alors le libre exercice d'un culte quelconque est un droit de chacun; donc on doit respecter son droit; donc on doit respecter son culte. 见同上。

[7] 阅同上。

义务而非权利。[1]

马右（Maillot）反对此说。他说宗教是各种法律之最尊严最神圣者。因此，他主张将它放在人权宣言中，反对放在宪法中。他并且提出草案一条如下：

"La religion étant le plus solide de tous les biens politiques, nul homme ne peut être inquiété dans ses opinions religieuses."[2]

布熙（Bouche）反对马右而赞成裴醒，主张现时只讨论第十八条。不过他嫌原案不佳，将它修正如下：

"Comme aucune société ne peut exister sans religion, tout homme a le droit de vivre libre dans sa croyance et ses opinions religieuses, parcc qu'elles tiennent à la pensée, que la Divinité seule peut juger."[3]

戴马说国教此时尽可不提，但他主张将第十六条修正为：

"La loi ne pouvant atteindre les délits secrets, c'est à la religion seule à la suppléer. Il est donc essentiel et indispensable, pour le bon ordre de la société, que la religion soit maintenue, conservée et respectée."[4]

米拉堡当然极力反对这个顽固的提案，他甚至说它是违反议事日程，不能讨论。不过议长不能同意米氏此说，到底还将戴马的提案付讨论。[5]

米拉堡公爵的兄弟，米拉堡子爵，不赞成信仰自由，他恐怕信仰自由之后，宗教将失掉它的强固基础而以各人之感情为选择之标准。[6]

克来猛卢岱夫反对将讲宗教根本问题之第十六、十七两条待至制定宪法时再讨论。他的理由有二。一，法律只能处分已成事实而且能证明之犯罪，不能防止犯罪之发生；能防止犯罪之发生者惟有宗教而已。二，宗教为各种法律之保障；无此保障，则法律失其效力而罪恶犹将发生，人权终属具文。[7]

达勒兰主教反驳克氏最为透辟。他说第十六、十七两条简单不通。第十六条说

---

[1] 阅 A. P., VIII, p. 475.
[2] 见同上。
[3] 见同上。
[4] 见同上。
[5] 阅 A. P., VIII, p. 476.
[6] 他说："Voudriez-vous donc, en permettant les cultes, faire une religion de circonstance? Chacun choisira une religion analogue à ses passions. La religion turque deviendra celle des jeunes gens; la religion juive, celle des usuriers; la religion de Brahma, peut-être celle des femmes." 见同上。
[7] La religion, voil à la vraie garautie des lois; sans elle Je ne serai jamais assez garanti contre la perfidie. Qui garantira ma vie contre les embûches, mon honneur contre la calomnie? Sans la religion, tous les rapports de la société sont separés; sans elle, à peine suis-je le maitre de ma personne.……En un mot, sans religion, il est inutile de faire des lois, des règlements, il ne reste plus qu'à vivre au hasard." 见同上。

宗教与道德能补救法律之不及。但所谓宗教系何种宗教？若谓一切宗教皆有此力量，则在事实上不见得正确，第十六条又说宗教与道德均应尊敬，但尊敬系结果，尊敬之前，应先教导，而原案并未提及教导。第十七条说维持宗教须有一种公共宗教仪式（un culte public）。但仪式系一种外表的崇拜（un hommage extérieur），此等外表的崇拜与第十六条所定之内心的过失（les délits secrets）没有任何关系，并不能防止此等内心的过失之发生。[1] 他的结论也是要将第十六十七两条所言俟至将来讨论宪法时再说。

辩论许久后，大会议决现时只讨论第十八条；第十六十七两条俟将来制定宪法时再行讨论。经过前一日及此日很长的辩论，才得到这样一个结果，已经算是狠不容易。不过较大的难关还在后面。

大会决定只讨论第十八条后，卡斯太兰将他昨日的草案重新提出，请大家讨论。兹为明瞭起见，再将这个草案原文录下：

"Nul homme ne doit être inquiété pour ses opinions religieuses, ni troublé dans l'exercice de sa religion."

此案重新提出后，首先发言者为米拉堡。他的演说的焦点当然还是主张绝对的宗教自由，他最反对优势的宗教（un culte dominant）说。他向所谓"优势的"（dominant）作何意义，希望有人能为他下一解释。若谓优势的宗教系压迫的宗教，则压迫一名词在革命后已经废弃；革命人民所争之权利并非求人压迫。若谓优势的宗教系君主的宗教，则君主并无支配人民良心及干涉人民思想之权。若谓优势的宗教系大多数人的宗教，则须知宗教信仰不过是一种意见；一种意见之形成，并非由大多数投票决定而来；一个人的意见是一个人自己的，是独立的，特别的是不受旁人胁制的。[2] 最后，他又说，一个意见，即就是大多数人的，也无权"占优势"（dominer）。"占优势"是一个专制名词，在立法上我们应该将它取消，因为若是一处可以占优势，处处皆可以占优势；若有一个优势的宗教，也可有一个优势的哲学（une philosophie dominante）或其他优势的系统（des systèmes dominants）。其实，除过正义（justice）以外，没有任何东西应该占优势，

---

[1] 见同上。

[2] On vous parle sans cesse d'un culte dominant: dominant! Messieurs, je n'entends pas ce mot, et j'ai besoin qu'on me le définisse. Est-ee un culte oppresseur que l'on veut dire? Mais vous avez banni ce mot; et des hommes qni ont assuré le droit de liberté ne revendiquent pas celui d'oppression. Est-ce le culte du prince que l'on veut dire? Mais le prince n'a pas le droit de dominer sur les consciences, ni de régler les opinions. Est-ce le culte du plus grand nombre? Mais le culte est une opinion; tel ou tel culte est le résultat de telle ou telle opinion. Or, les opinions ne se forment pas par le résultat des suffrages: votre pensée est à vous; elle est indépendante, vous pouvez l'engager. 见 A. P., VIII, p. 477.

个人的权利可以占优势，其他皆须服从。[1]

卡斯太兰看见大家对于他的提案的第一部分大都赞成而对于第二部分又多反对，于是他就向大家解释第二部分的意义。不过无甚效力。后又因有人提议将第二部分删去，他不得已乃自行提议将第二部分撤回。撤回之后，大家对于他的提案表示赞成。此时，大会乃将第六组的第十八条原案全体一致的否决。否决之后，卡斯太兰的提案遂成为大会正式讨论的根据，它的原文如下：

"Nul homme ne doit être inquiété pour ses opinions religieuses."

大会中有的是理论家，这些理论家对于卡斯太兰这个提案当然有无数的修正案，而且每一修正案都是经过极长的辩论而不能决。当日参加辩论者有白烈兰，党德锐，格鲁旦（Guillotin），布熙，杜克那（Duquesnoy），罗拜斯比尔（Robespierre），布休笛（Bouchotte），拉解斯（Lachèse），吕赛恩主教，格拉，米拉堡，皮宗，维锐野，拉保山德田，鲍那尔主教（de Bonnal, évêque de Clermont），狄融（l'abbé Dillon），高科尔主教（Gobel, évêque de Lydda），夏赛（Chasset）及其他多人。这些人对于原案及各修正案的每一字都有极长和极热烈的辩论。而且因为修正案太多，原案几乎完全失掉它的本来面目。所以卡斯太兰说，"大会给我的提案许多修正，可是这些修正案竟将我的原案弄得与我原来的意思和原则完全相反。"[2]

因为修正案非常多，辩论又非常激烈，所以会场秩序之乱为从来所未有。议长气得没法，只有一再辞职。当日会场感情用事，理智无能之纷乱情形，我们看了下录雷奥德（le Hodey）的一段记载，当可窥见其一斑。雷氏谓：

"Il est impossible de suivre exactement les opérations d'une séance où le désordre le plus marqué dominait, où la partialité commandait, où le cri de la nature, la voix de la raison, les droits de l'homme ont été méprisés, où le président ne pouvant plus résister davantage aux cris de sa conscience, a demandé deux fois sa démission. Désespéré sans doute d'être l'homme de la loi dans cette circonstance, il a fait humainement tout ce qu'il pouvait faire pour ramener l'Assemblée à la raison, pour l'empêcher d'être inconséquente. Ses remontrances, sa douleur profonde, rien n'a fait impression à l'Assemblée nationale. La motion de M. de Castellane a

---

[1] Enfin, une opinion qui serait celle du plus grand nombre n'a pas le droit de domineer. C'est un mot tyrannique qui doit être banni de notre législation; car sivous l'y mettez dans un cas, vous pouvez l'y mettre dans tous: vons aurez donc un culte dominant, une philosophie dominante, des systèmes dominants. Rien ne doit dominer que la justice, il n'y a de dominant que le droit de chacun, tout le reste y est soumis. 见同上。

[2] 阅 Malch, p. 173.

été amendée, sous- amendée, divisée, alambiquée, entortillée de cent manières. On entendait de tous côtés: Je propose un amendement, je demande la parole…………" [1]

提修正案者有人主张在卡斯太兰的原案下加"ni troublé dans l'exercice privé de sa religion"一句。党德锐反对这个提议。有人提议在原案下加"pourvu qu'il ne trouble point l'ordre public"一句，又有人提议在这个修正案下再加"établi par la loi"数字，作为这个修正案的修正案。狄融与维锐野赞成这个修正案的修正案，当然也有人反对。

在秩序极乱，感情趋于极端的空气中，拉保山德田登台演说。天下事有时竟属出人意外，拉氏一登台，秩序竟然恢复；说者谓拉氏的雄辩竟有停止感情冲动之力！我们不能将他那充满高尚理想而且委婉动听的演说详述于此，我们只能摘引其中最要数段。他的大意是反对国教，是反对容忍政策，是主张绝对的信仰自由。他说，"我根据诸君的原则，请求在一条中规定下列数点，即一切人民在思想上均属自由，一切人民均有自由表示其信仰之权，一切人民在宗教上均不受任何扰害。"[2] 这是他的请求的要旨。他对于这个请求解释道，"诸君的原则是：自由乃一公共利益，一切人民对于此种利益均有平等享受之权。因此，自由应平等的，同样的，属于一切法国人。法国人对于此种自由或是人人有分，或是人人无分，绝不容有不平等的区别。凡属不平等的分配自由者可谓不知自由为何物；凡属侵犯他人之自由者乃是侵犯其自己之自由；此等人既不知自由之可贵，无怪转瞬又丧失其自己之自由。诸君的原则是：思想与意见之自由乃一不能丧失不能剥夺之权利。此种自由乃各种自由之最神圣者……减缩此种自由是一种侵害，攻击此种自由是一种犯罪。"[3] 拉氏所要求的是一种绝对的自由，不是不澈底的容忍政策。他最反对所谓容忍政策。他说，"我所要求的并非容忍，我所要求的乃是自由。容忍！维持！赦宥！宽恕！都是一些对于宗教信仰不同的人极端侮辱的名词，因为宗教信仰与意见的不同并非一种犯罪。容忍！我要求将这个名词永

---

[1] 见同上。

[2] C'est sur vos principes que je me fonde, Messieurs, pour vous demander de déclarer dans un article, que tout citoyen est libre dans ses opinions, qu'il a le droit de professer librement son oulte, ot qu'il ne doit point être inquiété pour sa religion. 见 A. P., VIII, p. 478.

[3] Vos primcipes sont que la liberté est un bien commun, et que tous les citoyens y ont un droit égal. La liberté doit donc appartenir à tous les Français également et de la même mauière. Tous y ont droit, ou nul ne l'a: celui qui la distribue inégalement ne la connaît pas; celui qui attaque, en quoi que ce soit, la liberté des autres, attaque la sienne propre, et mérite de la perdre à son tour, indigne d'un présent dont il ne connaît pas tont le prix.
Vos principes sont que la liberté de la pensée et des opinions est un droit inaliénable et imprescriptible. Cette liberté, Messieurs, est la plus sacrée de toutes; elle échappe à l'empire des hommes, elle se réfugie au fond de la conscience comme dans un sanctuaire inviolable où nul mortel n'a le droit de pénétrer: elle est la seule que les hommes n'aient pas soumise aux lois de l'association commune: la contraindre est une injustice, l'attaquer est un sacril è ge. 见同上。

远禁止；而且我相信这个不公道的名词也真将永远被禁止，因为自这个名词的涵义推想起来，我们只是些值得受人怜悯的国民，只是些应该被人赦宥的犯人……"[1] 根据这些道理，他要求凡属法国人在宗教上均应一律平等。他说，"因此，我为法国的新教徒和其他一切非旧教徒的要求你们为你们自己所要求的权利：即自由，与权利之平等。……我为一切非旧教徒要求你们为你们自己所要求的同样权利：即权利之平等，与自由；我为他们要求信仰之自由，仪式之自由，崇拜之自由，与你们同样的不因宗教而受人骚扰，与你们同样的，并不多于或少于你们的，而且用同一方式的，受同一法律之绝对的保护。"[2] 若是有人以为宗教自由别国均无行之者我们亦不可行，你应知道"你生来是为别人作榜样的，不是接受别人的榜样的"。[3] 总之，拉氏在他这篇有名的演说中，有时是想诉之于人之理智，有时是想打动大家的同情心，有时是想利用大家的虚荣心。委曲婉转，激昂慷慨，都是要达到他的信仰自由的大目的。最后，他也提出一个议案，作为他的演说的结论。这个提案原文如下：

　　Tout home est libre dans ses opinions; tout citoyen a le droit de professer librement son culte, et nul ne peut etre inquiete a cause de sa religion.[4]

　　拉保山德田的演说虽然非常动听，虽然为之鼓掌者不少，但是他的提案并未被人欢迎。因此，大家复开始提议修正案。吕赛恩主教提议将卡斯太兰的原案中"religieuses"一字取消。高科尔主教提议在原案下加"pourvu que leur manifestation ne trouble point l'ordre public"。末了，又有人提议将原案末尾数字改为"dans ses opinions même religieuses"。最后，大会宣告修正案截止，议长将各修正案付表决。最后提出的一个修正案，即"dans ses opinions même religieuses"，首付表决，经大多数通过。不过这样一来，发生一种很大的纷乱，因为许多修正案彼此都有连带关系；若是各个独立的

---

[1] Ce n'est pas même la tolérance que je reclame; c'est la liberté. La tolérance! le support! le pardon! la clémence! idées souverainement injustes envers les dissidents, tant qu'il sera vrai que la différence de religion, que la différence d'opinion n'est pas un crime. La tolérance! Je demande qu'il soit proscrit à son tour; et il le sera, ce mot injuste, qui ne nous présente que comme des citoyens dignes de pitié, comme des coupables auxquels on pardonne,…… 见 A. P., VIII, p. 479.

[2] Je demande donc, Messieurs, pour les protestants français, pour tous les non-catholiques du royaume, ce que vous demandez pour vous: la liberté, l'égalité de droits. Je le demande pour ce peuple arraché de l'Asie, toujours errant, toujours proscrit, toujours persécuté depuis près de dix-huit siècles, qui prendrait nos moeurs et nos usages, si, par nos lois il était incorporé avec nous, et auquel nous ne devons point reprocher sa morale, parce qu'elle est le fruit de notre barbarie et de l'humiliation à laqelle nous l'avons injustement condamné……
Je demande pour tous les non-catholiques ce que vous demandez pour vous: l'égalité de droits, la liberté; la liberté de leur religion, la liberté de leur culte, la liberté de le célébrer dans des maisons consacrées à cet objet, la certitude de n'être pas plus troublés dans leur religion que vous ne l'êtes dans la vôtre, et l'assurance parfaite d'être protégés comme vous, autant que vous, et de la même manière que vous, par la commune loi. 同上。

[3] Vous n'êtes pas faits pour recevoir l'exemple, mais pour le donner. 同上。

[4] 见 A. P., VIII, p. 480.

通过或否决，则其他许多修正案都将变为无意义。米拉堡因此提议将所有的修正案与一逻辑的次序，以免此种流弊，但大家拒绝接受他这个意见。若是与一逻辑的次序，则几个主要修正案将占下列先后：

Pourvu qu'il ne trouble pas l'ordre public;

Qu'elles ne troublent pas l'ordre public;

Pourvu que leur manifestation ne trouble pas l'ordre public établi par la loi.

浮尔内反对末了一个修正案。他的理由是因 "établi par la loi" 数字过于专制，所以他说 "Mais la loi en Espagne autorise l'inquisition!"[1] 他这一句话引起了极热烈的反驳和极可怕的争执。会场秩序又大乱，议长又宣告要辞职。此时主张信仰绝对自由者见势不佳，恐遭失败，拟将此案展至次日再议，但守旧派坚执须立时付表决。因此，在讨论两日之后，于秩序极紊乱，感情非常冲突的会议将终的时候，大会以多数通过人权宣言的第十条。原文如下：

Art. X.— "Nul ne doit être inquiété pour ses opinions, même religieuses, pourvu que leur manifestation ne trouble pas l'ordre public établi par la loi."

第十条的通过，自一方面看起来，可说是激进派的失败，因为他们所要求的是宗教信仰绝对自由，而第十条并未给他们以绝对自由。反之，守旧派亦未完全胜利，因为他们所要求的是国教，而第十条亦未给他们以国教。第十条是调和两派之结果，是将事实上的容忍变作法律上的容忍。

不过激进派在当时的失望当然是很大。主张宗教信仰绝对自由的米拉堡在他的报纸（Le Courrier de Provence）上批评第十条，说它是强者之法律，虐政之法典，说他是不通，不道德，愚民政策，反社会的，及对上帝的大不敬。[2] 我们从米拉堡的愤慨

---

[1] 见 Walch. p. 176.
[2] Nous ne pouvons dissimuler notre douleur que l'Assemblée nationale au lieu d'étouffer le germe de l'intolérance, l'ait placé comme en réserve dans une déclaration des droits de l'homme. Une loi restrictive en matière de religion n'est que la loi du plus fort: elle n'appartient qu'au code de la tyrannie.
De telles lois sont absurdes en elles-mêmes, car elles ordonnent à des hommes qui ont des mesures si différentes d'intelligence et de raison de voir l'évidence dans les mêmes dogmes, et la vérité dans les mêmes doctrines.
Ces lois sont immorales, puisqu'elles ne changent rien à l'intérieur et ne font que des hommes vils qui trafiquent de leurs croyances et masquent leurs sentiments.
Ces lois sont propres à retenir les hommes dans la stupidité puisqu'elles rendent la pensée même esclave et la bagnette d'un prêtre peut tracer un cercle que l'entendement humain ne peut plus franchir.
Ces lois sont anti-sociales: elles sont partout le levain du fanatisme et contre le but de toute société donnent plus d'importance aux dogmes qui nous divisent qu'à ceux qui nous réunissent.
Ces lois sont impies: quelle impiété plus signalée que de s'interposer entre l'homme et la divinité pour dire à l'homme: nous te défendons de servir Dieu de cette manière, et pour dire à Dieu: nous vous défendons de recevoir les hommages qui vous sont offerts sous une forme qui n'est pas la nôtre. 见 Walch, p. 178.

语中可以看见当时许多人对于第十条不满之一斑。

八月二十三日第十条通过后，人权宣言史上的最大难关总算渡过。其余七条的通过比较的容易些。二十四日共计通过第十一，十二，十三三条。这三条中，第十一条的通过比较的要算难些，十二，十三两条则颇容易。开会后书记宣读第六组草案的第十九条。它的原文如下：

Art. 19.— "La libre communication des pensées étant un droit du citoyen, elle ne doit être restreinte qu'autant qu'elle nuit aux droits d'autrui."

人类宣言第十条所讲系思想自由；第十一条所讲系言论，著作，及出版自由。后者乃前者逻辑上不可逃免之结论。在实际上第十一条比第十条更为重要。然第六组草案的第十九条是否能表现此旨，当然不问可知。第一，它所言太笼统，太空洞不切实际；第二，它所用"限制"（restreinte）一字太危险，易生极大流弊；第三，全条对于"自由交换思想"乃一种重要"权利"一点未能充分发挥。因有这种种缺点，当然不能被采用。大家对它有许多批评和代替的提案。

罗希浮寇公爵（le duc de la Rochefoucauld）说第六组草案的第十九条所言并非一种权利，乃是一种权利之限制，而且这种宽泛的，无限的限制结果竟将那种权利取消。他提一草案如下：

"La libre communication des pensées et des opinions est un des droits les plus précieux à l'homme; tout citoyen peut donc parler, écrire, imprimer librement, sanf à répondre des abus de cette liberté dans les cas prévus par la loi." [1]

拉保山德田，达阶，巴来尔（Barère），罗拜斯比尔都赞成罗氏的草案，而拉，巴，罗三人所言尤为警醒。拉氏最不满意第六组的草案。他说此时最要之务及"人民疾苦备忘录"所急切希望于各代表者为出版自由及通信自由，而第六组草案的第十九条对此两点均未指出，可谓疏漏已极。其次，还有一点，拉氏更不满意，即第十九条与它所讲之权利加以极大的限制；此种限制，在拉氏看来，实属过于危险。他以为人权宣言中所应特别注重者为各种权利本身，而非此等权利之限制。他说，"吾人制定法律时，注意于权利本身之处应较注意于其流弊之处更多。"[2] 又说，"若将出版自由之种种限制与出版自由放在一起，其结果所制定者并非权利宣言，乃是义务宣言。从来没有

---

[1] 见 A. P., VIII, p. 482.
[2] En faisant des lois, aurons-nous plutôt égord au droit en lui-même qu'à l'abus que l'on en peut faire. 见同上。

这样要紧的一个条文。若是一字不小心，它将以许多眼泪，许多感叹为它的代价，而我们应负此责。"[1] 巴来尔将制定人权宣言的原则说得更为透澈。他说，"一篇人权宣言应保持它的精神与纯洁；此种精神与纯洁应为我们开始立法之特色。我们不可将这种根本大法与以种种破坏的限制，与以种种次要的意思，与以种种减少权利效力的卑怯防范，与以种种存名去实的细微禁止"。[2] 罗拜斯比尔说，"诸君于明白宣告出版自由之事不可有任何犹豫。自由人宣告他们的权利时不应有任何含糊态度；一切限制应放在宪法中。惟有虐政才能加以种种限制。加以种种限制，这原来是一个暴君减少权利效力的最妙方法。世界上没有一个暴君不乐于赞成现在人家给我们的条文（指第六组的第十九条）。诸君须知出版自由乃是思想交换自由的分不开的一部分。"[3] 达阶也是赞成罗希浮寇公爵的提案，不过他也提一草案如下：

"Tout homme a le droit de manifister ses opinions par la pensée, la parole et l'impression; celui qui, en usant de ce droit, blesse le droit d'autrui, doit en répondre suivant les formes prescrites par la loi." [4]

以上数家都是大胆的主张言论自由，著作自由，出版自由的。当然也有人反对。亚绵的主教马休（De Machault, evêque d'Amiens）说，"我为安慰我的良心及服从人民的命令计不能不说：无限制的出版自由将给宗教及善良风俗以极大的危险。宗教受不良著作之攻击岂是些许！社会安宁被其危害岂止小处！子弟受恶劣书籍之影响而令其父兄惊心堕泪者岂在少数！我提议一修正案，希望能保持风俗的善良及信仰的完整。"不过狄墉的主教德蒙地（Desmontiers de Mérinville évêque de Dijon）似乎与马休的意见不合，他提有下列草案：

"Toute communication libre des pensées et des opinions est un des droits du citoyen; elle ne doit être restreinte que dans le cas où elle nuirait au droit d'autrui." [5]

---

[1] 见同上。

[2] Conservez-donc, Messieurs, à la déclaration des droits l'énergie et la pureté qui doivent caractériser ce premier acte de la législation; ne la surchargez pas de ces modifications destructives, de ces idées secondaires qui absorbent le sujet, de ces précautions serviles qui atténuent les droits, de ces prohibitions subtiles qui ne laissent plus de la liberté que le nom. 见 A. P. VIII, pp. 482-483.

[3] Vous ne devez pas balancer de déclarer franchement la liberté de la presse. Il n'est jamais permis à des hommes libres de prononcer leurs droits d'une manière ambiguë; toute modification doit être renvoyée dans la Constitution. Le despotis me seul à imaginer des restrictions: c'est ainsi qu'il est parvenu à atténuer tous les droits……Il n'y a pas de tyran sur la terre qui ne signât un article aussi modifié que celui qu'on vous propose. La liberté de la presse est une partie inséparable de celle de communiquer ses pensées. 见 A. P., VIII, p. 483.

[4] 见 A. P., VIII, p. 483.

[5] 见 A. P., VIII, p. 483.

讨论终了，大会将第六组的第十九条付表决；用不着说，它被拒绝。[1]

其次，大多数要求将罗希浮寇公爵的草案付表决。但在未表决前，罗拜斯比尔提议将罗希浮寇的草案的末尾"dans les cas prévus par la loi"数字修正为"dans les formes diterminées par la loi"。大会调和原案及修正案，改为"dans les cas déterminés par la loi"。[2] 此外还有许多修正案均被否决。最后，第十一条差不多全体一致的通过。它的全文如下：

Art. XI.——"La libre communication des pensées et des opinions est un des droits les plus précieux de l'homme. Tout citoyen peut donc parler, écrire, imprimer librement, sauf à répondre de l'abus de cette liberté, dans les cas déterminés par la loi."

第十一条通过后，大会即进行讨论第六组草案的第二十条。第六组草案共有二十四条。至现在止还无一条被采用。这也算是一种特殊现象。不过第二十条却是一个例外：它竟一字未改的变作人权宣言的第十二条。它的原文如下：

Art. 20.——"La garantie des droits de l'homme et du citoyen nécessite une force publique: cette force est donc instituée pour l'avantage de tous et non pour l'utilité particulière de ceux auxquels elle est confiée."

但在未通过前当然也经过许多波折。书记将原文宣读甫毕，勾达洗即批评它，说它是"涣散"、"冗长"、"不可了解"，并提下列一条代替：

"De la nécessité d'une contribution suffisante à l'entretien d'une force publique, capable de garantir les droits des citoyens, dérive le droit de consentir l'impôt, de constater sa nécessité, d'en déterminer la quotité, d'en fixer l'assiette et la durée, enfin de demander compte de cet emploi à tous les agents de l'administration." [3]

马格锐梯（le baron de Marguerites）亦提一条如下：

"Tout subside nécessaire pour les dépenses publiques étant une portion retranchée dé la propriété, chaque citoyen a le droit de consentir l'impôt, d'en fixer la durée, la nécessité et l'emploi" [4]

白饶格里（le prince de Broglie）所提一条原文为：

"La garantie des droits particuliers nécessite une force publique; son but étant la sûreté

---

[1] 见同上。
[2] 阅 Walch, p. 184.
[3] 见 A. P., VIII, p. 483.
[4] 同上。

des propriétés, chacun doit contribuer à l'établissement de l'impôt, à la fixation de sa durée, et de sa quotité, et à la responsabilité des agents de l'administration." [1]

拉保德所提之条文为：

"Tout citoyen a le droit de constater par lui où ses représentants la nécessité des contributions destinées à la chose publique, d'en déterminer la quotité, l'assiette, la durée, et d'en vérifier l'emploi." [2]

此外马鲁爱，罗拜斯比尔，达阶，雷登，布熙，维锐野，维尔尼（Vernier），毕欧札，皮宗，莫漪，杜保等差不多人人都有一草案。还有许多人主张采用席埃斯的人权宣言草案中数条去代替第六组的第二十条。[3]

照这样看，第六组的第二十条恐将与以前十九条同样不幸而遭拒绝。然而不然。当大家正在埋头于各种草案，无从决定取舍时，马第（Madier）及拉理涛浪达尔忽谓"第二十条的惟一缺点全在它为第六组所起草"。[4] 这句讽刺居然得到它所希望的结果，大会全体一致的将第二十条一字未改的通过！这是人权宣言第十二条通过时的滑稽情形。

第十三条的通过更为容易。它是根据第六组的第二十一条而略为修正的。第二十一条原文为：

Art. 21.——"Pour l'entretien de la force publique et les autres frais du gouvernement, une contribution commune est indispensable, et sa répartition doit être rigoureusement proportionnée entre tous les citoyens."

大会对于此条的修正案当然也不少。惟因时已午后三时余，没有时间多讨论，故修正如下而通过。[5]

Art. XIII.——"Pour l'entretien de la force publique, et pour les depenses d'administration, une contribution commune est indispensable; elle doit être également repartie entre tous les citoyens, en raison de leurs facultés."

这是八月二十四日的成绩。二十五日无会。二十六日，即人权宣言制定的最末一日，通过第十四、十五、十六、十七数条。此日开会后不久，议长即宣告大会应讨论

---

[1] 同上。
[2] 见 A. P., VIII, p. 484.
[3] 阅同上。
[4] "...le seul défaut de l'article 20 était d'avoir été rédigé par le sixième bureau." 见同上。
[5] 阅 Walch, p. 186.

第六组草案的第二十二条；此条原文如下：

Art. 22.——"La contribution publique étant une portion retranchée de la propriété de chaque citoyen, il a le droit d'en constater la nécessité, de la consentir librement, d'en suivre l'emploi et d'en déterminer la quotité, l'assiette, le recouvrement et la durée."

在八月二十四日大会采用第六组的第二十条以前，没有人以为第六组的条文有采用的价值。但在第二十条及第二十一条被采用后，这种心理当然变更。人权宣言的第十四条便系根据第六组的第二十二条制定的。不过在未制定前，当然也经过许多讨论和修正。

讨论开始时，杜保即提出两种修正。（一）在原文"il a le droit"后加"par lui-même ou par ses représentants"数字。这个修正比较简单，大会立刻将它全体一致的通过。（二）将原文开首一段，"la contribution publique étant une portion retranchée de la propriété de chaque citoyen"，完全取消。这个修正，性质比较重要，付讨论。[1]

裴瑞斯（Périsse du Luc）根本不赞成说赋税是"由每人财产中减削之一部分"（une portion retranchée de la propriété de chaque citoyen）。他说这种说法不但错误，并且危险，因为赋税是人民对于国家维持公共安宁之一种债务。若说清偿债务是减削人民财产，则人将设法逃避此种减削而其结果将于国家发生极大的不利。[2] 他提下列一条代替第六组的第二十二条：

"Les impôts pour subvenir aux dépenses communes sont une dette de chaque citoyen, tous ont le droit par eux-memes ou par leurs représentants de le consentir, le déterminer et le fixer." [3]

罗科斯比尔也反对那种含有危险性的"减削论"，他说国家有积极的权利去制定并征收赋税。他提一条如下：

"Toute contribution publique étant une portion des biens des citoyens mis en commun pour subvenir aux dépenses de la sûreté publique, la nation seule a le droit d'établir l'impôt, d'en regler la nature, la quotité, l'emploi et la durée." [4]

---

[1] 阅 A. P., VIII, p. 487.
[2] Cette phrase présente des idées fausses et dangereuses aux citoyens sur la définition de la nature de l'impôt. La portion du revenu ou des productions donnée pour la súreté publique est une dette, un remboursement, ou un échange de services. Or, payer ce qu'on doit n'est pas un retranchement de sa propriété, et c'est faire un larcin à la république de ne pas acquitter cette dette. Il n'y a que trop de ces citoyens qui déguisent leur revenu pour échapper à une juste contribution. 见同上。
[3] 见 Walch, p. 188.
[4] 见 A. P., VIII, p. 487.

有一牧师提议下列一条：

"Tout subside, par voie d'emprunt ou d'impôt, doit être consenti par la nation; elle peut seule en fixer l'assiette, en faire faire le recouvrement, et en fixer la durée." [1]

此日会场中多半都反对"减削论"，所以最后接受杜保的第二修正案，并将文字略为修正而人权宣言的第十四条遂告成立。第十四条原文如下：

Art. XIV.——"Tous les citoyens ont le droit de constater par eux-mêmes ou par leurs représentants la nécessité de la contribution publique, de la consentir librement, d'en suivre l'emploi et d'en déterminer la quotité, l'assiette, le recouvrement et la durée."

第六组的第二十三条与第二十条有同样的幸运。第二十条无一字的修正被采用为人权宣言的第十二条、第二十三条亦无一字的修正被采用为人权宣言的第十五条。当然，这并不是说第二十三条的被采用是未经过极长的讨论或许多敌对草案的威胁。人权宣言第十四条通过后，大会即讨论第二十三条，它的原文为：

Art. 23.——"La société a le droit de demander compte à tout agent public de son administration."

裴瑞斯以为第二十三条所言不大充分，提议以下列一条代替：

"La société a le droit de faire contraindre tout citoyen au payemet de sa contribution et de demander à tout agent public compte de son administration." [2]

第二十三条所言本系政府责任问题，第二十四条所言则为政府分权问题。但讨论责任问题时，忽牵涉到分权问题。因此，拉买提提议将第二十三四两条合并为一，而以他所提下列一条代替之：

"La liberté publique exige que les différents pouvoirs publics soient distincts et séparés et que tous les agents du pouvoir exécutif soient responsables de leur conduite et comptables de leur administration." [3]

杜保亦提一条如下：

"Tout agent du pouvoir exécutif est responsable de son administration, et la nation a le droit de lui en demander compte." [4]

讨论至此，忽有人提议以已经通过的第十四条结束人权宣言，将第二十三及第

---

[1] 见同上。
[2] 见同上。
[3] 见 Walch, p. 190; A. P. (VIII, 488) 所载此条，意思虽同，文字则颇有逊色。
[4] 见 A. P., VIII, p. 488.

二十四两条放入宪法中。孟麦朗西大不以此种办法为然。他说宣言的范围并非仅限于"人权"（droits de l'homme），而且亦包括"民权"（droits du citoyen）在内。可是至现时止大家所已经通过的均属人权，并无一条涉及民权。第二十三条所言乃为民权，当然应放在宣言内，不应放在宪法中。他并且说第二十三、四两条所言乃系人民权利宣言最合适的结尾；由宪法第一条起只是此种民权之发挥和组织。[1]

达阶赞成分权。他说"权分则自由存在，权合则人民呻吟于虐政之下"。他提一草案如下：

"Les droits de l'homme ne sont assurés qu'autant que les pouvoirs publics sont distincts et sagement distribués." [2]

雷登亦赞成分权的原则，他提一条如下：

"C'est la distribution sagement combinée des divers pouvoirs qui assure les droits des citoyens; et tel est l'objet de la Constitution." [3]

他并且提议将此条作为由人权宣言过渡到宪法的一条。此条一经通过，大家即可起首讨论宪法。他这个意思鼓掌赞成者虽甚多，但终究亦未通过。

艾格斯的大主教布瓦依兰（de Boisgelin, archevêque d'Aix）说："人权宣言不过是宪法的原则。因此，我们应该区别此种原则本身和实行这些原则的方法。前者属于人权宣言；后者属于宪法。"关于政府责任问题，他本上述理由说："责任若视作原则应放入宣言中，因为责任为出纳租税者之一种权利。责任若视作方法应放入宪法中，因为惟有宪法才能决定至何种程度及用何种方式政府应负责任。"关于分权问题，他说："无疑的我们不应将立法权置于操行政权者之手，因为如此则我们将受治于虐政。……统治权应分，乃人民之一种权利，此种权利应载于人权宣言中，但其实际区分之形式则应载于宪法中。"[4]

罗拜尔提一草案如下：

"Les droits de l'homme en société ne seront assurés qu'autant que les pouvoirs seront divisés, et les agents publics responsables de leur administration." [5]

莫漪亦提一草案：

---

[1] 阅 A. P., VIII, p, 488; Walch, p. 190.
[2] 见 A. P., VIII, p, 488.
[3] 见同上。
[4] 参阅 Walch, pp. 190~191 及 A. P., VIII, p. 488.
[5] 见 A. P., VIII, p. 488.

"La liberté publique exige que la séparation des pouvoirs soit déterminée, et que les agents du pouvoir exécutif soient responsables de leur administration." [1]

此外还有许多草案。党德锐听得不耐烦，提议大家应立刻开始制定宪法。但是克来猛卢岱夫和莫漪不顾党氏之意见继续的讨论那责任和分权问题。最后，大家讨论得无可讨论，提议得无可提议，乃拒绝一切提案而全体一致的通过第六组的原案。它的原文如下：

Art. XV.— "La société a le droit de demander compte à tout agent public de son administration."

第十五条的通过情形既然如此，大家对于第十六条的草案，则第六组的第二十四条，便有不欲多所讨论的倾向。拉理涛浪达尔带讥讽的说大家对于第六组的第二十四条，与其讨论许久而最后仍是毫无修正的通过，那就不如现时省却此种无谓之讨论，立刻将它采用。而且他说第二十四条本是非常完善，毫无修正的必要。第二十四条原文如下：

Art. 24.— "Toute société dans laquelle la garantie des droits n'est pas assurée et la séparation des pouvoirs déterminée, n'a pas une véritable constitution."

不过卡波理以为这修的文字体材不佳，他提以下列一条代替：

"La liberté des citoyens exige que les différents pouvoirs soient déterminés." [2]

罗带的主教赛尼垒（Colbert de Seignelay, évêque Rhodez）亦提一条如下：

"Les droits des citoyens ne peuvent être garantis que par une sage distribution des pouvoirs." [3]

谷雷寡尔，达阶，罗拜斯比尔都有种种意见发表。布熙提议将原案中"véritable"一字改为"bonne"。但拉理涛浪达尔以为为文字有力起见，还是任何形容词都不要为佳。[4] 大会采纳拉氏这个意见，将原案中"véritable"一字取消，并将文字稍加修正而人权宣言的第十六条遂告成立。第十六条如下：

Art. XVI.— "Toute société dans laquelle la garantie des droits n'est pas assurée, ni la séparation des pouvoirs déterminée, n'a point de constitution."

上文说过，第六组的草案共有二十四条。第二十四条通过后，第六组的草案即告

---

[1] 见 A. P., VIII, p. 488.
[2] 见 A. P., VIII, p. 489.
[3] 见同上。
[4] 阅 Walch, p. 192.

结束。现在有一问题,即有许多人主张人权宣言从此终止,又有许多人主张还要再加几条。孟麦朗西提议再加人民有修改宪法之权利一条。他说无论怎样的好宪法,历时过久,都有修改的必要;这种修改权应载入人权宣言中。他提下列一条:

"Comme l'introduction des abus et l'intérêt des générations qui se succèdent nécessitent la révision de tout établissement humain, un peuple a toujours le droit de revoir et de réformer sa Constitution. Il est bon d'indiquer des moyens paisibles et constitutionnels pour l'exercice de ce droit." [1]

这个提案虽有许多人赞成,但最后大家决定现在不讨论此问题。

杜保主张加保障私有财产一条如下:

"La propriété étant un droit inviolable et sacré, nul ne peut en être privé, si ce n'est lorsque la nécessité publique, légalement constatée, l'exige évidemment, et sous la condition d'une juste et préalable indemnité." [2]

大家对于杜氏这个提案当然照例的有许多修正案,但原案终于无修正的通过而变为人权宣言的第十七及最末一条。

第十七条之所以为人权宣言的最末一条并不是因为大会正式决定它是最末一条,乃因在事实上它后来竟变为最末一条。八月二十七日的议事日程本系讨论人权宣言的其他各草案,但此日大家的心理已经改变,均欲开始制定宪法。布熙乘此机会提议"这些草案俟宪法完成后再行讨论"。布氏此种意见此时竟变为大会一致的意见;结果,大会决定人权宣言其他各草案延至宪法完成后再行讨论。[3]

其次,布氏复提出一议案如下:

"L'Assemblée nationle reconnaît que la déclaration des daoits de l'homme et du citoyen n'est pas finie, qu'elle va s'occuper sans relâche de la Constitution, Si dans le cours de sa discussion il se présente quelque article qui mérite d'être inséré dans la déclaration, il sera soumis à la délibération, lorsque la Constitution sera terminée. En consequence de son arrêtè de ce jour, elle décrète comme articles de la déclaration des droits ceux qui ont été consentis." [4]

这个议案当然亦通过。由这个议案看来,可见大会正式承认制定人权宣言的任务尚未终了;以后讨论宪法如发现有应载入人权宣言的条文时,当将此等条文留待宪法

---

[1] 见 A. P., VIII, p. 489.
[2] 见同上。
[3] 见 A. P., VIII, p. 492.
[4] 见上同。

完成后决定加入。

Le Courrier de Provence 记载此点最详。它说：

"L'Assemblée nationale n'a point perdu de vue la Déclaration des droits; elle n'y a point renoncé, mais elle n'a pas mis la dernière main à cet ouvrage. Divers articles que plusieurs membres réclament avec la plus grande ferveur, et qui sont en effet d'une grande importance, sont demeurés en suspens et renvoyés après la Constitution. L'Assemblée n'a pas même fait une lecture générale de tous les articles arrêtés; ce sont des pierres d'attente posées là, jusqu'à ce que des circonstances moins urgentes permettent de recommencer ce travail, et de le porter à sa perfection." [1]

不过后来再未遇见补充人权宣言的适当机会，或者遇见而大家不愿重提这个繁难问题，所以结果第十七条便成为人权宣言的最末一条。

这是一七八九年宪法会议制定那篇人权宣言的详细经过情形。我们若看了它那种种"难产"的情形，那是说，我们若看了（1）它的预备工作那样的慎重；（2）先决问题的辩论那样的热烈；（3）作为讨论基础的草案的决定那样的不易，和（4）最后逐条通过时那种种波折和困难，我们若看了这种种情形，我们还能说它是抄袭的吗，还能说它是模仿的吗，天下安有这样蠢笨的抄袭，安有这样繁难的模仿。

六

人权宣言的内容既然不是由美国抄袭或模仿来的，那么，它是由那里来的呢？作者的意见是：自事实方面看，它是由当时法国人民的真实疾苦来的；自理论方面看，它是由全体十八世纪的政治哲学来的，美国的影响虽有而不大。换句话说，人权宣言的内容有两种来源，一是事实的来源；一是理论的来源。事实的来源是当时人民的真实疾苦，理论的来源是全体十八世纪的政治哲学。若是没有当时人民的真实疾苦，那样惊天动地的革命根本就不会发生。反而言之，若是没有十八世纪的政治哲学，革命即成功，恐怕也不会有人权宣言那样有系统的理论出现。事实的来源，道理至显，本篇不必赘述。[2] 我们现在所要研究的乃是理论的来源。

---

[1] 阅 Walch, p. 197.
[2] 关于事实的来源，Edme Champion 说得最为透辟，阅其 La France d'après les Cahiers de 1789, pp. 39-42，及 J. J. Rousseau et la Revolution Française, pp. 126-129.

十八世纪的政治哲学所包虽甚广博，但在革命时最有势力的则为"自然法"，"自然境"及"社会契约"等说，而此等学说之深旨分析之则有二，即（一）凡人生来自由，平等，独立；（二）主权在民。这两点是自然法派在十八世纪中对于政治问题的基本信条。由此基本信条而推广之应用之，则一切所谓天赋人权及民主宪法均属一种不可避免的结论。

　　此种民权学说有极悠久的历史。由希腊罗马经过中世纪及宗教改革时代二千余年之演进，本已根深叶茂；再过十七十八两世纪英，美，法三国的特别政治环境，滋长更为迅速；迨到十八世纪的下半期遂一发不可收拾。美国革命在理论方面系受此历史大潮流之影响，法国革命也是受此同一潮流之影响。所以与其说法国人权宣言的内容系由美国独立宣言及各邦的权利宣言来的，不如说二者都是由十八世纪的政治哲学来的。[1] 换言之，美国的权利宣言和法国的人权宣言只有姊妹的关系，而无母女的统属。最足证明此点的便是一七八九年宪法会议时所有关于人权宣言的草案及演说虽亦有极少数偶尔提及美国的榜样，但大多数——差不多可说是全体——都是以十八世纪的政治玄学为根据而立言。其规模之大，义理之深，绝非读了几篇美国的短篇政治或法律宣言所能作出。此种草案差不多可说每篇都是十八世纪政治玄学的法典。其一字一句，一说一义，都反映着十八世纪政治玄学的一部分。其中最要的要算是席埃斯，莫漪，拉发埃提，达阶，布希，拉堡山德田，克若业尔，勾基卡斗（Gouges-Cartou）的数种。这些草案和演说，一个比一个奥妙，一个比一个精深，无怪乎米拉堡批评它们说它们很像一个哲学团体的议论，而不像一个国民会议的方案，无怪乎德郎底尼要警告大家，叫大家搁起这些玄学的讨论，从事具体的立法。德郎底尼的话我们上文已经引证过，这里不妨再引一次，以见这些玄学的讨论在当时会场中所引起的反响之一斑。他说，"我们所应注意的，并不是那些与生俱来的天赋人权，而是属于法国人的民法。我们用不着上溯社会之来源，我们只应当改良我们现有的社会；我们应当丢开所谓自然人而从事研究现在的文明人；……许多人权宣言的作者说人是生来自由，说他现在还应当继续的自由运用其思想，自由处置其财产，自由支配其工作；我对于这些原则完全承认；但是我们应当将这些有制造法律力量的原则留给我们自己参考，我们应当赶速将由这些原则得来的结论，即法律本身，献给他人。洛克，康伯兰，休谟，卢梭及他人给这

---

[1] Duguit 完全与我们同意，他说 "Quoi qu'il en soit, il est incontestable que les conceptions individualistes qui forment le contenu essentiel de la déclaration des droits ne sont pas nées en Amérique. Les Américains les avait prises dans les ouvrages des publieistes curopéens; les constituants français de 1789 les ont empruntées aux mêmes sources", 见其 Traité de Droit Constitutionnel, 3 édition vol. III, p. 619.

些原则一个很大的发展；他们的著作对于我们影响极深；若是我们要创立一种政治理论，我们当然应该模仿这些出名的作家；不过我们现在的问题并非关于理论，乃是关于实行；并非关于一般的政府，乃是关于我们的政府。"

十八世纪的政治哲学家中当然要以洛克，[1] 孟德斯鸠，卢梭三人为最要。其他如浮尔泰（Voltaire），狄德罗（Diderot），达朗拜尔（d'Alembert），道尔巴克（d'Holbach），马布里（Mably），毛来里（Morally），龚道塞，凯内（Quesnay），杜朋（Dupont de Nemours），麦尔洗（Mercier de la Rivière），休谟，布拉克斯登（Blackstone），以及其他许多文人哲士虽然在特殊方面都有很大的势力和影响，但在有系统的政治哲学方面均不如洛，孟，卢三家之纲举目张，规模宏大。洛，孟，卢三人中当然又以卢梭对于法国革命之影响为最大，因卢梭实集希腊以来民权学说之大成，而又文字动人，鼓动力特别大。休谟于一七六五年由巴黎写信至英国说："It is impossible to express or imagine the enthusiasm of this nation in his favour;……no person ever so much engaged their attention as Rousseau. Voltaire and everybody else are quite eclipsed by him." 马来杜邦（Mallet du Pan）说，"Rousseau had a hundred times more readers than Voltaire among the middle and lower classes of society...It is he alone who has inoculated the French with the doctrine of the sovereignty of the people and its most extreme consequences." 卜克（Burke）说他是"国民会议中之疯癫的苏格拉底"（the insane Socrates of the National Assembly）。龚道塞称他为"雅各宾派的教皇"（the grand Pontiff of the Jacobins）。罗拜斯比尔尊他为"自由平等的宣护者"（the apostle of liberty and equality）。[2] 米拉堡于一七九〇年五月十二日复卢梭夫人的信中有下录一段动人的文字：

"C'est avee un saint respect, madame, que j'ai vu au bas de votre lettre le nom du grand homme qui a le plus éclairé la France sur les saines notions de la liberté dont elle s'honore aujourd'hui...Je vénère trop la mémoire de l'homme dont vous portez le nom pour me charger de l'hommage que vous doit la nation. Les représentants du peuple français ont seuls le droit de traiter d'une manière convenable la veuve de l'homme immortel qu'ils regrettent sans cesse de ne pas voir parmi eux." [3]

一七九〇年十二月二十一日国民会议以虔诚之貌全体一致的通过下列一条议案：

---

[1] 洛克虽生于十七世纪，但其学说之性质及影响则均属于十八世纪。
[2] 此处所引数家的意见俱见 Tozer 所译英文卢梭社会契约论的序文第八六页至第九五页。
[3] 见 Champion, J. J. Rousseau et la Révolution Française, p. 108.

"L'assemblée nationale, voulant rendre un hommage solennel à la mémoire de J. J. Rousseau, et lui donner, dans la personne de sa veuve, un témoignage de la reconnaissance que lui doit la Nation Françoise, a décrété et décrète:

Art. I. Il sera élevé, à l'auteur d'Emile et du Coutrat Social, une statue portant cette inscription:

La Nation Françoise Libre

A Jean-Jacques Rousseau.

Et sur le piedestal sera gravée la devise:

Vitam impeudere vero.

Art. II. Marie-Thérèse Le Vasseur, veuve de J. J. Rousseau, sera nourrie aux dépens de l'Ètat; à cet effet, il lui sera payé annuellement, des fonds du trésor public, une somme de douze cents livres." [1]

吾人读此等崇德报功之文，可以想见卢梭当时影响之大了。

作者在本文开始时曾说人权宣言的基本观念不是由卢梭的《社会契约论》里来的而且与《社会契约论》的精神完全相反，现在又说卢梭对于法国革命的影响最大，岂非前后矛盾？当然不然。因为作者在本文第一段中已经将人权宣言的来源问题由一个分为两个，一为人权宣方的目的或方法问题，一为人权宣言的内容问题。用人权宣言去限制国家权力的方法虽然不是由卢梭的《社会契约论》里来的，虽然与《社会契约论》的精神完全相反，但是人权宣言的条文中许多基本思想和理论却完全是卢梭的政治哲学的回响或结论。此中道理可略言之。

卢梭的《社会契约论》及其全部政治哲学的最要纲领有三，即（一）自由；（二）平等；（三）人民主权。法兰西革命的最大成绩及代表这个革命的精神的人权宣言的最大目标也是自由，平等，人民主权。自小处或人权宣言的特殊条文看，尽可有许多地方是与卢梭的学说不合或冲突，但自大处及人权宣言的整个精神看，则二者完全一致。所以武安（C. E. Vaughan）说卢梭对于法国革命的影响在大不在小，在纲领不在节目，在自由平等之宣传不在宪法条文之提倡。[2] 这当然是不易之论。不过就是

---

[1] 见 J. J. Rousseau raconté par les gazettes de son temps (arttcles recueillis et annotés par Pièrre-Paul Plan.), p. 308. 十二月二十一日在 Buchez et Roux, Histoire Parlementaire de la Révolution Française, Vol., VIII, p. 179 作十二月二十三日。

[2] 他说："...the greatness of Rousseau lay rather in gross than in detail: in the vast impulse he had given to the cause of freedom and frotherhood, rather than in the guidance he might offer through the labyrinth of constitutional riddles..." 见 Vaughan, The Political Writings of J. J. Rousseau, vol. II, p. 13.

就条文说，人权宣言中许多条文也明白都是卢梭学说的回响或应用。此点下文当具体言之。

洛克因所生时代较远，且系外国人，而所言又不如卢梭之澈底之惊人，故对于法国革命的影响不如卢梭之大。但在十八世纪的政治哲学家中，除卢梭外，恐怕就要以洛克的影响为最大。[1] 因为不但卢梭的重要民权学说多半是由洛克来的，就是孟德斯鸠也受他的影响不小。[2] 洛克是鼓吹自由及人民主权的。他是鼓吹天赋人权的。他并且提纲挈领的将这些所谓人权分为生命，自由，财产三大种。自逻辑方面说，美法革命时代所争之人权大概总不出这三种的范围。美国独立宣言开首就说，"凡人生来皆平等而享有造物者所授数种不可让弃之权利；此种权利中之最要者为生命，自由，及幸福之获取。"法国人权宣言第二条曰："政治社会之目的为自然的及不可剥夺的人权之保存。此种为人权自由，财产，安全及压迫之抵抗"。所谓"幸福之获取"当然与财产有密切的关系，所谓"安全及压迫之抵抗"又皆为《政府论》中数种重要信条。

孟德斯鸠在革命时颇受一般人的崇拜。[3] 他对于自由之发展有很大的贡献。不过他的贡献不在阐明抽象的原理而在提倡具体的保障方法。此种方法有二。一是分权，一是改良刑法。这两种方法在人权宣言的条文中俱有充分的表现和应用。此点下文再说。

用不着说，浮尔泰对于法国革命及人权宣言也有很大的贡献和影响。拉阿朴（La Harpe）说法国革命是他的功劳。陶克维（Tocqucville）以为在政治及宗教两方面浮尔泰都是法国革命领袖中第一人。余沟（Victor Hugo）谓浮尔泰即不是法国革命的惟一制造者，至少也应负大部分的责任。[4] 一七九一年七月革命政府公葬浮氏于 Panthéon 时，在其棺上特书"Il réclama les Droits de l'homme"数字，以志不忘。近人向平（Edme Champion）甚至谓人权宣言来自浮尔泰的成分比来自卢梭的成分还要多。[5]

---

[1] 关于洛克对于法国革命及人权宣言的影响，阅 Grondin, Les doctrines politiques de Locke et l'origine de la déclaration des droits, p. 83-89.

[2] 关于孟德斯鸠受洛克影响处，阅 Dedieu, Montesquieu et la tradition politique anglaise en France, pp. 167-191.

[3] Sorel 说 "Tout Français éceairé, á la fin du dernier siècle, avait dans sa bibliothèque un Montesqnien, un Voltaire un Rousseau et un Buffon. La convocation des États généraux invitant chaque Français à donner ses idées sur la réformer de l'État, chacun recourut à ses livres et demanda à ses auteurs favoris de lui fournil des idées ou des arguments pour soutenir les principes qu'il voulait faire prévaloir Rousseau et Montesquieu furent les plus consultés, Rousseau suscita puls de disciples, mais Montesquieu procura plus de ci ations: Rousseau ne développait qu'uu système, le sien; Montesquieu exposait tous ceux que l'histoire avaia recueillis. L'Esprit des lois devintcomme une sorte de Digeste; tous les partis en tirèrent des maximes et des précédents à l'appui de leurs voeux ou de leurs prétentions." 见 Sorel, Moutesquieu, p. 149.

[4] 此数家的意见俱见 Champion, Voltaire, pp. 260~261.

[5] 阅 Champion, Rousseau et la Révolution Française, pp. 129~133.

本段至此所言只欲证明两点。一是人权宣言的内容是由全体十八世纪的政治哲学来的，美国的影响虽有而不大；二是十八世纪的政治哲学家中以洛克，孟德斯鸠，卢梭三人的影响为最大，而卢梭尤甚。不过这只是笼统的说法，以下当具体的逐条说明某条系受，或系特别受，某人之影响。但是笼统的说法在大体上或属无可訾议，而具体的逐条说明在形式上则不免有几分武断的嫌疑。作者亦颇承认此点。他的答辩是：所谓某条系受某人之影响者不过系指大概而言，其意仅谓在各家中以某家之影响比较的为特多，并不是说它绝对未受他家之影响。这自然是个相对问题，不是绝对问题。

一七八九年的人权宣言在结构上很有系统。开首三条以宽泛的名词总括全体人权宣言；以下十四条或系此三条之详细解释，或系由此三条推演出来。例如第四，第五，第六各条系与第一、第二、第三各条以具体精确之定义；第七、第八、第九、第十、第十一各条系根据以上所述之权利，与法律以根本原则及限制。自第十二条以至终尾，所言本已包括于以上各条内，不过因当时法国许多特殊情形不能不郑重的列举以声明之。[1]

现在让我们逐条看某条系受，或系特别受，某人之影响。

第一条的第一句便说 "Les hommes naissent et demeurent libres et égaux en droits"，这当然是全体十八世纪政治哲学的共同信条，不是那一家的特殊议论。不过十八世纪中鼓吹自由平等最透澈最动听，影响最大的当然要算卢梭。人权宣言第一条第一句差不多可说就是《社会契约论》第一章第一句的回响。卢梭这句放胆文章在十八世纪中不知造成了多少革命家！不但此也，关于自由卢梭还有更警辟的议论。他说：

"Renoncer à sa liberté, c'est renoncer à sa qualité d'homme, aux droits de l'humanité, même à ses devoirs. It n'y a nul dédommagement possible pour quiconque renonce à tout. Une telle renonciation est incompatible avec la nature de l'homme; et c'est ôter toute moralité à ses actions que d'ôter toute liberté à sa volonté." [2]

又说：

"...tout homme étant né libre et maître de lui-même, nul ne peut, sous quelque prétexte que ce puisse être, l'assujettir sans son aveu. Décider que le fils d'un esclave naît esclave, c'est décider qu'il ne naît pas homme." [3]

---

[1] 参阅 Thomas Paine, Rights of Man (Everyman's Library), pp. 97~98.
[2] Contrat Social, Liv. I, chap. 4.
[3] Contrat Social, Liv. IV, chap. 2.

人权宣言第一条所说之平等，并非能力或才智上之平等，乃是权利或法律上之平等（égaux en droits）。关于权利及法律上的平等，卢梭说得最为透澈，在十八世纪中实无人能出其右：

"Je terminerai ce chapitre et ce livre par une remarque qui doit servir de base à tout le système social: c'est qu'au lieu de détruire l'égalité naturelle, le pacte fondamantal substitue au contraire une égalité morale et légitime à ce que la nature avait pu mettre d'inégalité physique entre les hommes, et que, pouvant être inègaux en force ou en génie, ils deviennent tous égaux par convention et de droit." [1]

"Par puelque côtè pu'on remonte au principe, on arrive toujours à la mème conclusion: savoir, que le pacte social ètablit entre les citoyens une telle ègalitè, qu'ils s'engagent tous sous les mêmes conditions et doivent jouir tous des mêmes droits. Ainsi, par la nature du pacte, tout acte de souveraineté, c'est-á-dire tout acte authentique de la volonté générale, oblige ou favorise également tous les citoyens; en sorte que le souverain connaît seulemen le corps de la nation, et ne distingue aucun de ceux qui la composent." [2]

至于自由与平等之关系，卢梭更有下边摘录的一段千古不易之论：

"Si l'on recherche en quoi consiste précisément le plus grand bien de tous, qui doit être la fin de tout système de législation, on trouvera qu'il ie réduit à deux objets principaux: la liberté et l'égalité; la liberté, parce que toute dépendance particuliere est autant de force ôtée au corps de l'Etat; l'égalite, parce que la liberté ne peut subsister sans elle." [3]

人权宣言第二条云："Le but de toute association politiqun est la conservation des droits naturelle et imprescriptibles de l'homme. Ces droits sont la liberté, la propriété la sûreté et la résistance à l'oppression." 这是十八世纪个人主义政治哲学理论方面的总归结，也可说是实行方面的大前提。政治社会之设在保护人民之自然权利，此种自然权利，简称之，或曰自由，或曰财产；繁言之，或曰生命，自由，财产，或曰自由，平等，财产，或曰生命，自由及幸福之获取，或曰自由，财产，安全及压迫之抵抗。这

---

[1] Contrat Social, Liv. I, chap. 9.
[2] Contrat Social, Liv. II, chap. 4. 一七八九年在国民会议中代表卢梭学说的席埃斯关于权利上的平等亦有极透辟的议论，他说："Si les homme en sont pas égaux en moyens, cést à dire en richesses, en esprit, en force, etc., il ne suit pas qu' ils ne soient pas tous è gaux en droits. Devant la loi, tout omme en vaut un autre; elle les protège tous saus distinction. Nul homme n'est plus libre qu'un autre. Nul n'a plus de droit à sa propriété qu'un autre n'en peut avoir à la sienne. Tous doivent jouir de la meme garantie et de la même sécurite." 见其 Exposition Raisonnée des droits de l'homme et du citoyen, art. 16-17.
[3] Contrat Social, Liv. II, chap. II.

虽是十八世纪个人主义政治哲学的共同论调，但提倡此种学说最透澈最有势力的则为洛克。洛克实为十八世纪个人主义的政治哲学之教主。不用说旁人，就是卢梭的民权学说，大部分也都是由他那里来的。洛克提倡自然权利及政府系为保护自然权利而设的议论，我们这里不妨略引数段：

关于自然权利的种类，他说：

"...being all equal and independent, no one ought to harm another in his life, health liberty or possessions；..."[1]

又，

"Man...hath by nature a power...to preserve his property——that is, his life, liberty and estates..."[2]

关于人类舍弃自然境而生存于政治社会的目的，他说：

"...he seeks out and is willing to join in society with others...for the mutual preservation of their lives, leberties and estates, which I call by the general name——property."[3]

又，

"The great and chief end, therefore, of men uniting into commonwealths, and putting themselves under government, is the preservation of their property..."[4]

关于反抗专制，即人权宣言第二条所谓"压迫之抵抗"，他有一种极痛快的革命论，不过他因避免激烈名词，不把它叫作"革命"，而叫作"诉之于天"（Appeal to Heaven）。看他说：

"...should either the executive or the legislative...design or go about to enslave or destroy them, the people have no other remedy...but to appeal to Heaven..."[5]

又，

"And where the body of the people, or any single man, are deprived of their right, or are under the exercise of a power without right, having no appeal on earth they have a liberty, to appeal to Heaven whenever they judge the cause of sufficient moment."[6]

人权宣言第二条所举之四种自然权利，洛克所言至少已包括其三，即自由，财产

---

[1] Civil Government, II, Sec. 6.
[2] Civil Government, II, Sec. 87.
[3] Civil Government, II, Sec. 123.
[4] Civil Government, II, Sec. 124.
[5] Civil Government, II, Sec. 168.
[6] Civil Government, II, Sec. 168.

及压迫之抵抗。至于"安全"（sûreté），在洛克固已包括于生命，自由，财产三者之中，[1] 但特举"安全"之名而作有系统的讨论者则为孟德斯鸠。孟氏固非提倡自然权利者，但其所谓"安全"却与人权宣言第二条所列举之自然权利有极大关系。孟氏谓：

"La liberté politique, dans un citoyen, est cette tranquillite d'esqrit qui provient de l'opinion que chacun a de sa sûreté, et, pour qu'on ait cette liberté, il faut que le gouvernment soit tel qu'un citoyen ne puisse pas craindre un autre citoyen." [2]

又谓，

"La liberté politique consiste dans la sûreté; ou du moins dans l'opinion que l'on a de sa liberté. Cette sûreté n'est jamais plus attaquée que dans les accusations publiques ou privies. C'est donc de la bonté des lois criminelles que dépend principalement la liberté du citoyen."[3]

人权宣言第三条说：Le principe de toute souveraineté réside essentiellement dans la nation; nul corps, nul individu ne peut exercer d'autorité qui n'en émane expressément. 关于人民主权问题，洛克与卢梭均说得非常透澈，不过卢梭所言更为澈底，故在法国革命时势力特别大。兹请先言洛克。洛氏谓：

"...the legislative being only a fiduciary power to act for certain ends, there remains still in the people a supreme power to remove or alter the legislative, when they find the legislative act contrary to the trust reposed in them. For all power given with trust for the attaining an end being limited by that end, whenever that end is manifestly neglected or opposed, the trust must necessarily be forfeited, and the power devolve into the hands of those that gave it, who may place it anew where they shall think best for their safety and security. And thus the community perpetually retains a supreme power of saving themselves from the attempts and designs of anybody, even of their legislators, whenever they shall be so foolish or so wicked as to lay and carry on designs against the liberties and properties of the subject." [4]

主权根本在民，洛克此处说得极为透澈。不过洛氏的主权原分现代所谓法律的主权及政治的主权二种。法律的主权在立法机关，为政府最高政令之所由出；政治的主权在人民全体，须遇特别时期，即政府解散时，始见活动。卢梭比洛克澈底处就在这里。

---

[1] 安全并非一种特别权利，不过就是上述自由与财产二种权利之保障。关于此点，参阅 Duguit, Traité de droit constitutionnel, 3 édition, pp. 624~625.
[2] L'Esprit des Lois, Liv. XI, chap. 6.
[3] L'Eshrit des Lois, Liv. XII, chap. 2
[4] Civil Government, III, Sec. 149.

卢梭的主权只有一种，无论何时均在人民，政府不过代主权者传达号令之机关，其权力完全得之于主权者而且为主权者所支配所限制。换句话说，政府不过是主权者之佣工，无论何时均须服从主人之命令。且看他说：

"Ainsi ceux qui prétendent que l'acte par lequel un peuple se soumet à des chefs n'est point un contrat, ont grande raison. Ce n'est absolument qu'une commission, un emploi, dans lequel, simples officiers du souverain, ils exercent en son nom le pouvoir dont il les a fait dépositaires, et qu'il peut limiter, modifier et reprendre quand il lui plait, l'aliénation d'un tel droit étant incompatible avec la nature du corps social, et contraire au but de l'association." [1]

如此清晰明瞭，卢梭似乎还嫌讲得不够透澈，所以又说：

"De ces éclaircissements il résulte...que l'acte qui institue le gouvernement n'est point un contrat, mais une loi; que les dépositaires de la puissance exécutive ne sont point les maitres du peuple, mais ses officiers; qu'il peut les établir et les destituer quand il lui palit; qu'il n'est point question pour eux de contracter, mais d'obéir; et qu'en se chargeant des fonctions que l'état leur impose, ile ne font que remplir leur devoir de citoyens, sans avoir en aucune sorte le droit de disputer sur les conditions." [2]

卢梭的主权者就是人民，人民就是主权者；因此，主权者的权限虽大，却与人民的自由毫无妨害；其实，不但无妨害，而且主权者的权限越大，人民的自由才越发展。关于人民就是主权者，他说：

"...cet acte d'association produit un corps moral et collectif, composé d'autant de membres que l'assemblée a de voix..." [3]

又，

"Or, le souverain, n'étant formé que des particuliers qui le composent, n'a ni ne peut avoir d'intérêt contraire au leur; ..." [4]

这样的主权者卢梭将他恭维得无微不至，说他简直不能作非，说他的现实就是他的理想，不能坏，亦不能更好。从来鼓吹民权者，对于人民之神圣，未有能出卢梭此处所言之右者。看他说：

---

[1] Contrat Social, Liv. III, chap. 1.
[2] Contrat Social, Liv. III, chap. 18.
[3] Contrat Social, Liv. I. chap. 6.
[4] Contrat Social, Liv. I, chap. 7.

"Le souverain, par cela seul qu'il est, est toujours tout ce qu'il doit être." [1]

又，

"...la volonté générale est toujours droite et tend toujours à l'utilité publique; ..." [2]

因为不能作非，所以权力亦无限：

"Comme la nature donne à chaque homme un pouvoir absolu sur tous ses membres, le pacte social donne au corps politique un pouvoir absolu sur tous les sien..." [3]

主权者的职务在立法，卢梭于此将人民主权的精义及运用更说得详审无遗。他说：

"Les lois ne sont proprement que les conditions de l'association civile. Le peuple, soumis aux lois, en doit être l'auteur; il n'appartient qu'a ceux qui s'associent de régler les conditions de la société." [4]

上文说过，人权宣言的开首三条为全体宣言之总括，以下十四条皆系此三条之解释或应用。因有此意义，所以我们对于这三条的来源引证得特别详细。以下各条将简略言之。

人权宣言第四条给自由下一定义，它说："La liberté consiste à pouvoir faire tout ce qui ne nuit pas a autrui: ..." 这个以不侵犯他人权利为界限的自由定义系直接得之于卢梭，间接得之于达阳生（d'Argenson）者。《社会契约论》的末篇中有下列一段：

"'Dans la république, dit le marquis d'Argenson, chacun est parfaitement libre en ce qui ne nuit pas aux autres. Voilà la borne invariable; on ne peut la poser plus exactement. Je n'ai pu me refuser au plaisir de citer quelquefois ce maniscrit, quoique non connu du public, pour rendre honneur à la mémoire d'un homme illustre et respectable, qui avati conservé jusque dans le ministère le coeur d'un vrai citoyen, et des vues droites et saines sur le gouvernement de son pays." [5]

人权宣言第五条系由第四条末句而来，其意在一面与法律加以限制，一面为自由立一保障。其全文云："La loi n'a le droit de défendre que les actions nuisibles à la société. Tout ce qui n'est pas défendu par la loi ne peut être empêché, et nul ne peut être contraint à faire ce qu'elle n'ordonne pas." 此条似受孟德斯鸠的影响特别多。孟氏说：

---

[1] Contrat Social, Liv. I, chap. 7.
[2] Contrat Social, Liv. II, chap. 3.
[3] Contrat Social, Liv. II, chap. 4.
[4] Contrat Social, Liv. II, chap. 6.
[5] Contrat Social, Liv. IV, chap. 8. 卢梭原注。

"Dans un Etat, c'est-à-dire dans une société où il y a des lois, la liberté ne peut consister qu'à pouvoir faire ce que l'on doit vouloir, et à n'être point contraint de faire ce que l'on ne doit pas vouloir. ...La liberté est le droit de faire tout ce que les lois permettent; ..." [1]

第六条第一句与法律以定义，谓："La loi est l'expression de la volonté générale." 这个定义无疑的是由卢梭来的。吾人读此句，简直如聆《社会契约论》的神响。不但布笛米说它是由《社会契约论》中抄录出来的，就是叶理乃克也不能不承认人权宣言第四条至第六条含有法国成分及卢梭的影响甚多，不过叶氏因为偏见所蔽谓此数条所言无关轻重罢了。[2] 卢梭在全部人权宣言中的影响要以第六条第一句为最明显，最不含糊，最不容争讼。因此，我们也就不必再为引证。

第七条至第九条讲刑法的基本原则，其意在与人权宣言第二条所谓"安全"以实施，亦即孟德斯鸠所谓刑法之改良及自由之保障。在实际上，这数条当然是非常重要，因为若是这些具体的改革不能实现，则以上数条所言均成具文，均成空论。第七条谓凡人不依法律规定及不遵法定手续不受控告，逮捕或拘留。凡请求，给与及执行非法命令者，均应予以处分。第八条谓法律只应规定绝对必要之处罚；处罚只应按照犯罪未发生前已经制定及公布之法律，而此等法律之应用且须遵守法定手续。第九条谓凡人在未证明有罪前既为无罪，若认为必须逮捕时，凡关于获得其身体不必要之严厉对待应为法律所绝对禁止。此数条当然有极明显的事实根据，如"特别拘捕证"（lettres de cachet），特别法庭及酷刑等。在思想方面，它们受三种很重要的影响：一为孟德斯鸠鼓吹刑法改良之学说；二为英国民权发展史上几种重要文件如《大宪章》，《权利请愿书》，《权利章》等；三为美国革命时各邦的宪法。英美民族奋斗的成绩和榜样对于这些讲实际问题的条文自然影响很大，不过风行一时的孟德斯鸠的学说关系或更重大。[3]

第十条讲宗教自由；第十一条讲思想，言论，著作，出版等自由。这两条在实际方面当然有革命前种种的不自由为背景；在思想方面要以十六世纪的宗教改革，十七十八两世纪英国的政治革新及民权学说，及十八世纪法国的自由运动为最有势力。在各家中似以米尔敦，洛克，巴夷尔（Bayle），浮尔泰，孟德斯鸠数家的影响为最大。自人权宣言的系统上看，这两条不过是第二条所言"自由"之引申及"安全"之应用。

---

[1] L'Esprit des Lois, Liv. XI, chap. 3.
[2] 叶氏谓："Am meisten haben spezifisch französische Zutaten Art. 4-6 der Deklaration in den überflüssigen und nichtssagenden Definitionen der Freiheit und des Gesetzes.……In diesen Formulierungen der Franzosen wird man den Einfluss des contrat social zu erkennen haben; aber auch er hat nichts wesentlich Neues, den, amerikanischen Sätzen Unbekanntes hervorgebracht." 见其 Erklärung, S. 29-30.
[3] 参阅 L'Esprit des Lois, Liv. XII.

第十二条讲国家的武力及此种武力之用途。这自然是保障人权应有的推论。第十三条言维持此种公共武力及政府其他各部分所必需之经费须由一种公共负担而出；此种公共负担必须按照各人能力平均分配。第十四条言决定此种公共负担及监督其用途之方法。第十五条言政府官吏应对社会负责。这四条所讲都系实际问题，而且彼此有连带关系，在全体宣言中形成一小段落。此数条所受影响有二：一为十八世纪的普遍政治思想；一为英美两国的前例。关于租税及责任政府两点，英美两国的前例的影响似乎尤为显著。

第十六条讲分权。用不着说，这条系完全由《法意》来的。此点恐怕谁也不能否认。

第十七条，即人权宣言最末一条，讲财产之神圣不可侵犯。这自然是十八世纪个人主义政治哲学的共同信条；洛克及英国的榜样影响或者特别大。

总之，人权宣言的内容是整个十八世纪的政治哲学的产物，而十八世纪的政治哲学家中以洛克，孟德斯鸠，卢梭三人的影响为最大。英国的民权发展在法国是一个由来很久，印象甚深，令人极端羡慕的事实，自然也有极大的影响。美国革命在事实方面虽亦有很大的鼓动力，但在思想方面其势力则远在英国之下，因为英国的民权发展不但在法国影响甚大，在美国影响更大。换句话说，英国的宪政发展所代表的民权思想实为美法两个革命的共同之母。所以自这一方面看也可说美法革命只有姊妹的关系而无母女的统属。

书评：公法界之大革命[*]

狄格著，"Les Transformations du Droit Public", Paf Leon Duguit, Paris, 1913.

　　革命之说，吾人习闻久矣。有宗教革命焉，有政治革命焉，有工商革命焉，有经济革命焉，有道德革命焉，有法律革命焉。举凡天下之事事物物，有其存在，即无不有其革命。此非狂妄轻躁之徒，好为惊人清梦之谈，乃事实如此，物理如此，不能讳言而亦不必讳言者也。今人动言国家，动言主权，动言宪法，及叩以国家之内容，主权之性质，宪法之目的，非茫然不知所答。即撷拾一七八九年以来之革命成说，傲然自豪，以为政治真理，俱在于是。不知巴士底狱攻陷之后，至今已百三十年，其间经过事实，已经不少，社会情状，早易旧观。昔日治世之术，今则每成乱世之媒。不察今情，但泥旧说，即属博学硕士，亦思想界之旧古董而已矣。狄格者今日法学界之革命领袖也，对于社会现象，悉以独立的科学眼光观察之，凡所论著，均以实在事实为根据，不高谈玄理，引人入空虚无著之境。将来影响所至，大则为政治思想界辟一新世纪元，小亦纠正旧说缺点不少。《公法界之大革命》一书，包含狄氏重要论点不少。凡潜心政治学者，不可不读也。

　　国家之为物，向所信为有神圣尊严之独立存在者也。狄格视之，不过治者与受治者之社会而已。治者之政权，向以为根于权利者也，狄格则谓其为事实之结果，毫无权利之可言。主权向所信为立国不可缺乏之要素也，狄格仅目之为专制君主时代之遗传物，与今日之政治事实，刺谬不合。他若宪政法，凤昔认为政府组织之根据，人民权利之保障，今则不过为决定社会公利事业之举行及其继续之担保。法律者，奥思定

---

[*] 原载《政治学报》（政治学报社）第一卷第一期，1919年12月；署名奚若。原文无标点，只有断句符号，整理时添加标点符号。

谓为主权者之命令也，《公法界之大革命》之作者仅称之为管理社会公利事业之事务章程，毫无命令性质。总之旧说注重国家之权利，狄氏注重国家之义务。一为民族国家发达之原动力，一为社会政治实施之必要品。今日社会主义，风行全球，国家义务说，盖亦应时势之要求而不可缺者也。

书评：政权性质论[*]

拉斯克著，"Authority in the Modern State", By Harold J. Laski, Yale University Press, 1919.

数稔以来，国家权力，日张一日。个人小己之生存，尽为国家总体所吸收，群众习焉不察，率视个人为国家之份子。个人对于国家之关系，多为义务的服从而无权利的抗争。昔日君主专制，今则变为国家专制。君主专制，固为社会之蠹；国家专制，又岂人民之福。拉斯克之《政权性质论》于国家之内容，政权之性质，人民之权利，分析详尽，抨击国家专制几无完肤。诚数十年来英文政论界中不可多得之要作也。

国家绝对无限之说，大抵起于混国家与社会为一物之谬误见解。拉斯克谓国家不过为社会中各种组织之一，与他种组织如教会工党商团等目的虽殊，位置则一。工党之党员，同时又为国家之国民。工党之利益与国家之利益遇有冲突时，何舍何从，悉以个人良心上之好恶为判，国家无权强其服从，以服从根本为同意而同意又视权利之有无以为准者也。

国家存在之目的，为人民之乐利。然画饼不能充饥，空言难当实利。人民对于国家服从与否，须视实在政策上此目的能达与否以为断，不能仅以目的之正当，不问事实之合否，而遂强人以服从也。空泛目的与实在事实之分，为拉氏书中一大要点。

旧式的国家论，注重国家，忽视个人。拉氏之国家论，抬高个人，抑低国家。诚以国家存在之目的，为人民之福利，而个人福利之判断者，为个人自己而非国家。质言之，国家之起源为个人，国家之终局又为个人，今日社会组织，处处只见有国家而不见有个人，神圣尊严之个人人格，竟乃消灭于无形之中，物极必反。拉氏此论，殆亦一种天然反动力乎。

---

[*] 原载《政治学报》（政治学报社）第一卷第一期，1919年12月；署名奚若。原文无标点，只有断句符号，整理时添加标点符号。

书评：希腊政论——柏拉图与其前辈*

巴克著，Greek Political theory: Plato and His Predecessors,

By Ernest Barker, London: Methuen & Co. 1918, Pp. xiii, 403.

巴氏此书，观其命题，似为其一九〇六所出之 The Political thought of Plato and Aristotle 一部分之扩大，实则内容迥不相同。巴氏于其序中自谓一九〇六年之书久已绝版，本欲将原书略为订正，重行付梓，但以十余年来研究所得，觉原书见解不当之处太多，殊非订正所可为功，故决计另作一书，以代前者。即蒙"以今日之我与昨日之我挑战"之诮，而在今日百事"改造"之际，亦所不辞也。新书分二卷。第一卷论"柏拉图与其前人"，第二卷论"亚里士多德及其来者"（Aristotle and His Successors）。第一卷去年始出版，想今欧战已终，"国事"自可脱身，第二卷之出世，其亦不远乎。

论柏拉图政治哲学之书，在英文界中，（至少在英文界中）当以巴氏此书为最佳。巴氏书中特为翘出与一般学者所见不同之点，可略志于下。（一）通常研究柏拉图之政治哲学者，多注重其《共和论》（The Republic），而忽视其《法论》（The Laws），以为《法论》为柏拉图不关紧要之作。巴氏谓《共和论》诚为柏拉图生平要作，但《法论》之价值，亦不在《共和论》之下。以国家之组织，分为二面：一政治的，二法律的。《共和论》为政治组织之纲领，《法论》为法律组织之条目，二者缺一不可，故论政者亦须兼谈法律。此在今日学术发达时代，或非一人之力所能及，但在柏拉图之时，政治与法律不分，固无此轻彼重之别，不必勉为轩轾于其间也。（二九六页）巴氏又谓《法论》之缺点，仅为文体的而非理想的。以《共和论》成于柏拉图年约四十之时，年富

---

* 原载《政治学报》（政治学报社）第一卷第二期，1920 年 8 月。原文无标点，只有断句符号，整理时添加标点符号。

力强，文字动人；而《法论》则为八十老翁临死之作。(《法论》为柏拉图死后门人某代印)其词诚衰而其理固未见损也。非惟未损,且与年俱增,所言远过《共和论》之上。（二九三页小注）（二）通常学者以为亚里士多德之《政论》（The Politics），学问见解,俱高出于其师柏拉图之上,巴氏以为此特不详读柏拉图《法论》之咎。以亚里士多德《政论》中之重要论点,无不可得于柏拉图《法论》中也。巴氏曰,"亚里士多德之《政论》犹之英国之大宪章（Magna Carta），绝少特别新奇之处。以二者之用意,固在集以前之大成,不在特开生面也。"（三八六页）（三）此外如希腊之社会并非筑于奴隶制度之上及代议政体并非果真未存于希腊诸说,亦均与常说相反而有特别研究之价值。

欲知柏拉图之学说,自非细读其原作不可。但今日各种学问均趋专门,巴氏以平生精力研究希腊政治哲学,今以其所得贡献于世,自不能以"第二手智识"目之。中国学者向好高谈柏拉图,未知尚能一读巴氏之书,稍补其剽窃之陋乎。至于好学之士,巴氏之书,自有指导鼓励之功而为不可缺之良友也。

书评：国家社会*

施达勒布拉著，A Society of States, By W. T. S. Stallybrass,

New York: E. P. Dutton & Co. 1919, Pp. xvii, 243.

今日人类最大之组织曰国家，国家之所恃以为国家者，法学家谓在有三要性。何为三要性，曰主权，曰独立，曰平等，此所谓三要性者。"改革"（Reformation）之后，已见萌芽。"革命"（Revolution）以还，更成具体。迨至今日，则成祸胎乱源。此次世界大战，即此无数独立平等之主权者互争上风之战也。大战未起以前，有识者早已知大祸在即。及至一九一四年，其所深惧者，不幸果验。转战四年有余，死伤耗费无算。一般人士，由经验中得一教训，对于近世国家之组织，乃根本怀疑。仁人贤者，思有以救之。于是有国际大同盟之主张，为将来消灾弥患之计。今虽组织尚未完成，然其道德上心理上之基础，固已确立不拔矣。虽然人类惰性甚大，国际大同盟虽为今日强权破产世界之救神，而迷于旧说以主权独立为立国要素之人，对此减削国家主权妨碍国家独立之国际大同盟，小之自不能不怀疑，大之且不能不反对。（今日美国上议院反对国际同盟宪法之理由，是一佳例）施达勒布拉之《国家社会》一书，即对此等执迷不悟之法学家，或迷信国家主权溺爱国家独立之一，进一解说也。

施氏书中最要之点，在谓主权独立平等诸说，虽为理论家所视为神圣不可侵犯之物，而按之事实，则并未有如是之简单，如是之纯粹，如是之合论理，如是之尊严不可侵犯。今人以捍卫国家主权独立为反对国际同盟之口实者，特暴其仅读教科书不察实在事实之丑耳。施氏谓吾人若欲知今日之国家，因入国际同盟，所失之主权与独立

---

* 原载《政治学报》（政治学报社）第一卷第二期，1920年8月。原文无标点，只有断句符号，整理时添加标点符号。

为若干，须先知其于不入之时，所有之主权与独立为若干，盖不知吾所有之多寡，自无从知吾所失之大小也。施氏次乃详举主权独立平等等名词在论理上之意义及其在事实上之调和。主权在论理上绝对无限者也，在事实上则并非绝对无限。各国京城中之外国使馆不在驻在国法权统治之下，及一部国际私法，皆其例证。独立在理论上为神圣不可侵犯之事，在事实上并非神圣不可侵犯。条约之服从，及国际法上一国有时以种种理由有干涉他国之权，均足破绝对独立之说。平等在理论上包含一切平等，在事实上除礼节虚文之外，毫无平等可言。施氏于此诸点，均详举深足折服人心之例证，以实其说。读其书者，自可知也。

此书不曰国际同盟，而曰国家社会，亦有深意存于其中。盖（一）同盟二字多含武装的态度，而"社会"则仅为平和的联络。（二）同盟制之下，与盟者各个国家之势力太大，盟之威权太弱。"社会"制之下，凡各社员对于要事，均须听社中之判断，将来国家社会之对于入社各国，犹之今日国家之对于其人民，有权以统束之。且（三）同盟制下，与盟者为各国之政府，人民不与，而"社会"制下，入社者则为国家全体，人民亦在其中，不仅政府已也。

施氏此书，并非有独立新理想存于其中，不过总合各家之说，而以清醒明瞭之笔出之，颇有助于初学者。而在今日书籍饥馑之中国，更属有用。评者对于此书稍不满意之处，即以为作者既知绝对主权为事实上所不可有，似应再进一步，尽破其理论上存在之根据，不应半舍半留，蹈为善不终之嫌也。

书评：共产主义的批评*

Communism，共二五六页，Harold J. Laski 著，
一九二七年伦敦 Williams of Norgate 出版，价二先令

共产党人的可怕，自前数月湘鄂扰乱及最近广州大焚杀后，是人人都明白的了。不过共产主义的内容恐怕至今知道的人还是不多。所以然的道理，一方面固然是因为主义是不是容易了解的东西；一方面也是因为叙述共产主义的书籍，除过有作用的宣传品外，实在太少。老实说，根据学理的有统系的叙述或批评不但在中文里面是没有，就是在欧洲文字里面也是很少，英法文中更少。拉斯克这本书颇能补此缺陷。拉斯克是现在英政治学界中的知名学者，所以他这本书于今年四月出版后不到两三月即已售罄，七月间又再版了。需要之切，价值之高，可见一斑。

拉斯克既不是共产党人，又不是资本主义的同情者，他这本书完全是用历史的眼光，哲学的根据和政治的特识，平心静气的去叙述及批评的。他那中立者的资格和学者的态度先把共产主义的好处尽量的叙述出来，然后再就他所认为不妥当及怀疑的地方一一加以批评。他对于共产主义的好处固然是毫不隐藏的满口称赞，就是对于共产主义的坏处也是以极友善的同情的态度指出，毫无武断攻击的毛病。他在这本书的叙文中说，"就是共产党人恐怕也能承认我的叙述的公允"。说句笑话，拉氏幸亏是个英国人；倘若是个中国人，恐怕就不免要犯几分共产或准共产的嫌疑。

此书分五章及结论一篇。第一章叙述共产主义的历史。自柏拉图起至列宁止，凡属欧洲政治思想史上的重要共产主义者及其学说无不一一论列。不过侧重处当然是马

---

* 原载《现代评论》第七卷第一六○期，1927年12月。

克思的共产主义，因为现在所谓共产主义只是马克思的共产主义而不是别人的共产主义。马克思的共产主义与马克思以前各家的共产主义的不同处全在以前各家的共产主义只是一种空洞的理想，既无哲学的基础，又无实行的方法。马克思的贡献就在给共产主义以哲学的基础和实行的方法。以前各家的共产主义是死的，是不能实行的。马克思的共产主义是活的，是能实行的。拉斯克说，"他们（指以前各家）缺乏一种历史哲学，做作方法的标准及社会变动的解释。马克思的成绩就在供给这样一个历史哲学。共产主义的历史，自得马克思的贡献后，完全改变了他的性质"（第二一页）。又说，"最要紧的事实便是马克思遇见共产主义的时候，共产主义只是一团无条理的纷纠；马克思离别共产主义的时候，共产主义变成了一种社会运动。共产主义由马克思得来一个哲学及方法"（第二二页）。这个哲学是甚么？唯物史观。这个方法是甚么？阶级斗争，无产阶级专政。

第二章讨论唯物史观。此章差不多是全书中最有精彩的一章。唯物史观的意义，简单言之，不过是说物质或经济情况，自大体言之，支配人类的思想及社会的变动。拉斯克在大体上承认这个理论是对的，不过他觉得共产党有时把这个原则适用得太广，反生许多流弊。一个时代的经济情况的中心问题乃是那个时代的社会生产组织。这一点当然是马克思对于唯物史观的大贡献，同时也就是他的共产主义的神髓。他自谓他的贡献有三。（一）生产组织造成有产无产两个阶级；（二）阶级斗争的结果是无产阶级专政；（三）无产阶级专政的结果是废除一切阶级，使人类一律平等。拉斯克对于第一点是比较相信的，对于第二点是很怀疑，对于第三点简直完全不信（第八三页至第八七页）。至于他的理由。我们下面再说。

第三章讲共产主义的经济学。自评者看起来，此章要算是全书中最弱的一章。马克思的价值论及赢余价值论固然是不对，不过此章中把他不对的地方似乎并未说得充分。而且尤不幸的便是作者的英文体裁似乎只宜用之于政治及哲学一类的题目，用之于经济学。尤其是马克思的经济学，成绩实在不佳。但是拉斯克是一个头脑并常清晰的人。他不因为马克思的经济论不对，就说他的其他学说也不对。"我们尽可否认他的经济系统之正确，同时我们还可承认他的社会学说大体不错。"（第二六页）。"经济论是全部学说中很有趣味的一部分，但并不是离了不可的一部分。"（第二九页）。"他的经济论的错误切不可使我们对于他由这个理论所推得的结论也变成盲目。"（第一〇九页）。

第四章批评共产主义的国家论。拉斯克本然是一个著名的政论家，所以本章所言特有精彩。简单的说，他对于共产党以暴力夺取政权及无产阶级专政后将废除一切阶级使世界大同，人类平等等议论，一概不赞成，一概不相信。他的理由很多（第一六六至第一八二页），择其要者，约有以下数端。第一，俄国革命之所以能成功是因遇有特别机会；这种历史上的特别机会不见得还能再见，至少在英美是绝对不可能的。第二，使用暴力攫取政权，就是暂时成功，在西欧各国，不见得就能长久维持下去，不见得就能得到废除一切阶级，进入真正共产社会的机会。法西斯底式的反动派尽可到处同你比比威风。第三，专政期间，人民没有自由，政府倚靠监杀。倘若时期太长，不是人民养成一味服从的奴隶性，就是怨毒太深，酿成暴乱。二者若有一样，共产社会便难实现。第四，就令真能进入共产社会，但是那时久居专政地位的共产党如何能退作普通人民。权势能毒人心，习惯能移人性，共产党人不见得能打破这个通例。第五，共产社会上的经济分配原则是"各尽所能，各取所需"。但这个原则过于宽泛，无益实行，因为所谓"能"，所谓"需"，均无一定的解释，不能实行。若勉强武断的实行，则其结果还是要起纠纷，没有真公道，便无真太平。

第五章叙述共产党的组织及战略。此章颇饶兴趣。所有第三国际的组织，各国共产党的组织和指挥，宣传的方法，作战的策略，以及党纪问题，农民问题，利用和欺骗盟友等等均加以极透辟的讨论。一个极有见地的批评就是说共产党人戴上有色眼镜把社会上一切问题都要硬认作经济问题；在各国宣传，完全抹杀人家的民族问题，以致常常失败。

这是这本书的内容的大概。拉氏自己的立足点是：一方面厌恶资本主义不满于平民主义，同时希望他们改良，又恐怕他们不能改良。一方面赞成共产主义的理想，但是不赞成他的方法，并且相信就是用他的方法，也是不能实现他的理想。彼此两有不可，于是结果他就不免有点悲观。不过悲观之余，他还是希望资本主义能够大让步，平民主义能够大改良，以平和的方法去实行他的急进的社会主义。至于他这个态度对不对，他这个希望能实现不能实现，那完全是将来社会进化的一个事实问题，不是书本上的理想问题，这里不能批评，也不必批评。

书评：A History of Political Thought in the Sixteenth Century[*]

By J. W. Allen, London: Methuen and Co. 1928, Pp. XX, II, 525.

十六世纪在政治思想史上是一个很重要的世纪，因为它所讨论的几个问题都是与近代平民政治有密切关系的。它所讨论的第一重要问题便是宗教容忍问题。我们知道，在欧洲政治史上，宗教自由是政治自由之母，所以这个宗教容忍问题，自研究政治自由一方看来，是含有极重大的意义的。固然，宗教容忍问题闹得最激烈的时期是十七世纪，但是在十六世纪中这个问题已经变得狠严重，闹得够热闹，尤其是在德国。十六世纪所讨论的第二重要问题是君权神授问题。这个问题在十六世纪所以闹得狠严激烈的道理是因当时各国社会最大的毛病是无秩序、不统一。无秩序不统一的原因，一是由于贵族跋扈，二是由于宗教扰攘。削平贵和解决宗教纠纷的惟一办法便是提高君权，由君主压倒一切。但是君权过于提高之后，专制自然发生，所以十六世纪所讨论的第三重要问题便是政府契约问题。政府契约说的作用也不过是想拿民意去限制专制魔王的神授威权而已。这三问题中，第一问题可说是十六世纪式的自由问题，第二第三两个问题是十六世纪式的主权问题。

Allen 教授这本书便是讨论这些问题最好，最完备，最有精彩的一本书。它的内容共分四篇二十八章。第一篇题曰路德主义与卡尔文主义（Lutheranism and Calvinism）；第二篇讲英国；第三篇讲法国；第四篇讲意大利。凡属对于西洋政治思想史稍经问津的人自然知道第一篇中的路德与卡尔文；第二篇中的 Thomas More 与

---

[*] 原载《政治学报》（清华政治学会）第一卷第一期，1931年1月。

Richard Hooker，第三篇中的 Bodin 与 Buchanan 及第四篇中的 Machiavelli 诸人在政治思想史上所占地位之重要。对于本题研究较为深切的人当然亦能赞赏。The Anabaptists 之理想主义与 les Politiques 之实用政策。至于 Jan Bockelson 之胆大敢为（第四五页），Raoul Spifame 之疯得有趣（第二九六页至第三〇一页），the Heptaplomeres 之对于任何宗教无成见（第四〇〇页至第四〇一页），Ricordi Politici e Civili 作者之比 Machiavelli 更尚权术（第四九五页至第五〇一页），尤足处处引人入胜。

总之，本书取材丰富，穷理深奥，是一本狠好的参考书。这是它的长处。当然一本书有它的长处也有它的短处。这本书的短处虽然很少，当然也不能说是没有。我所认为是它的短处的地方，就是：Allen 教授有时讨论一个问题的态度似乎过于 dogmatic。例如关于路德之太得矛盾（第一五页至第一六页），卡尔文之绝不矛盾（第五六至六〇页），马卡维尼之并非非道德（第四七一页至第四七九页），诸点皆使读者发生作者未免怀有偏见的感想。然而这本书在全体上既然有那样许多特点，即有些少不妥当处亦属不关紧要，不能因此减少它的价值。

书评：French Liberal Thought in the Eighteenth Century[*]

By Kingsley Martin, Boston: Little, Brown, and Company, Pp. XVIII, 313.

十八世纪在一切思想上是一个惊人的，神奇的，荣耀的世纪。The Age of Reason! The Age of Enlightenment! The Age of Revolutions! 我们只要看看人家送给十八世纪的这些徽号，已经可以知道它在思想史上的伟大和重要。不过这个伟大的世纪有它的中心，这个光荣的时代有它的领袖。它的中心是法国，它的领袖是 Les philosophes。这些 Philosophes 有他们特别侧重的问题，有他们惊天动地的影响。他们特别侧重的问题是社会与政治问题，他们惊天动地的影响便是法国大革命。Martin 这本书就是讲十八世纪中法国这些 Philosophes 的社会与政治思想和他们对于大革命的影响的一本专书。这本书有三大特点：第一，它是英文中讲此问题的惟一专书；第二，它的作者站在二十世纪的立场，拿超然的态度去批评一切，推翻以前英国人（如 John Morley 等）对此问题的偏见和误解；第三，它的体材是将所谓"个人的"，"逻辑的"，"时代的"三个方法合而为一，同时并用，结果颇觉灵活有生气，不像一般叙述思想的书籍这样板滞与干枯。

本书内容共分四篇十一章。开宗明义第一章题曰"法国革命之宗教性"（The Religion of the French Revolution）。这个革命的三大目的是自由，平等，博爱。这个宗教的四大教条是自由，财产，安全，及压迫之反抗（Liberty, Property, Security and Resistance to Oppression）。这是全书的导言。全书本身共分四篇。第一篇题曰"革命

---

[*] 原载《政治学报》（清华政治学会）第一卷第一期，1931年1月。

主义之产生"（The Emergence of the Revolutionary Creed），叙述路易十四的虐政的反响和维新主义的发展。维新家分为数派。提倡科学进化的有 Fontenelle，鼓吹宗教容忍的有 Bayle，主张民主政治的有 Fenelon，计划经济改革的有 Boulainvillierys，Vauban，Boisguillebert，梦想国际和平的有 Saint Pierre。总之，凡后来革命时的重要社会及政治思想在十七世纪将终的时候都已一一成为有条理的议论。第二篇题曰"革命主义与其环境"（The Creed and its Environment），描写（1）路易十五及十六时代国家经济破产及社会阶级冲突怎样辅助维新思想的膨涨及（2）一般 philosophes 宣传此种思想的工具和方法。本篇中当然以讨论宣传方法一章为最饶兴趣。第三篇题曰"革命主义之发展"（The Creed Develops），叙述各种革命思想之理论的发展，为全书中最重要的部分。本篇包括六章——自全书第五章至第十章。第五章论述福录特尔如何攻击宗教专制，如何鼓吹政治自由。第六章讨论孟德斯鸠怎样提倡模仿英国人的法治与分权，为实现及保障自由的基础。第七章叙述 Diderot，Holbach，Helvetius 等如何鼓吹他们的功利主义，唯物主义，平民主义。革命教主卢梭的平民主权及其他革命学说是第八章的主题。Mably，Morelly，Linguet，Babeuf 诸人的经济平等及共产思想是第九章的要旨。Saint Pierre，Rousseau，Kant 数家的国际和平计划是第十章的结论。这数章中所讨论的重要题目，简单说来，是自由，平等，博爱，财产，平民政治，国际和平，也就是革命宗教的几个重要教条。末了一篇，即第四篇，题曰："革命主义之完成"（The Completion of the Revolutionary Creed），只有一章，叫作进化。此章主旨是在说明以前各章中所言之革命思想尚须有一宗教信仰，然后才能由死变活，才能努力奋斗，才能所向无敌。这个宗教信仰就是所谓进化。主张此说最有力的是 Condorcet，法国革命学说中的进化观念与马克思主义中所谓 the Dialectic 有同样的魔力，有同样的功效。

Martin 这本书是英文中关于十八世纪时期全部法国政治思想的最好的一本参考书。它有两个长处：一是内容完备；二是见解新颖。同时它似乎也有一个短处，那就是它的文章，因为体材的关系，有时不免有些晦涩，于初学者或不方便。除此点外，它是一本狠好的书。我希望研究欧洲政治思想历史及政治史的人都去读读。

书评：Theories and Forms of Political Organization*

By G. D. H. Cole, London: Victor Gollancz, 1932, 160 pp.

这本书的最末一页虽然标明是一六○页，但除卷首的书名和目录，卷尾的参考书目，及卷中每章之前的专页标题和每章之后的长幅空白不计外，连一百页都不到。而且书的尺寸很小，边沿又宽，所以每页上并无多少字。评者将它约略估计一下，全书至多不过两万五千字。字数虽只这样多，范围却甚广。全书共分十九章。上自希腊，罗马，中经中古，复兴，改革，革命，下迄共产，多元，法西斯主义，以及未来的预测，凡唐林，格泰尔诸书中所有的大问题它大概都有，而它所有的许多问题反为唐林，格泰尔各书所无！以如此少的字数讲如此多的问题，读者在开卷未读以前，一定以为是不可能的事。而且稍微翻阅一下，但见希腊一章虽占六页，罗马中古两章每章只有二页，大名鼎鼎的霍而斯分得三页，自由之神的卢梭只值两页半！若是仅以篇幅长短而下推论，这本书恐怕一定不会高明。

不过读者若肯将它细读一下，便知这个推论是完全错误，便知这本书乃是关于本问题的各种著作中的一种奇迹。它每章的篇幅虽短，字数虽少，却真是取精华而舍糟粕，却真是段段扼要，句句中肯。读者不待终篇早感觉到短书既能如此精彩的讲明要旨，世上人为什么还要写长书？难道完全是要壮观瞻或卖字数或为印刷工人解决失业问题？长书固然有长书的用处，不过若是一个人写了一本数十万言或数百万言或数千万言的长书，而其内容除去在平面上罗列许多肤浅的问题外，并不能有立体的深入，

* 原载《清华周刊》第四十卷第十一、十二期，1934年1月。

那岂不是糟蹋纸张？格泰尔的政治思想史一书就是这样的一个例。不过拿格泰尔来比柯耳，未免对柯耳有点不敬。

若是举例是必须的话，评者可以提出以下数点证明这本书的特长。"导言"一章中所述政治理论，政治事实，与人性观诸问题的相互关系固然是老生常谈，但是很难为作者在三页半的篇幅中将它讲得那样透彻，令人感觉到不但所应说的话都全说了，而且说得非常漂亮，非常生动有趣。"希腊城市国家"章中不但将柏拉图的政治哲学，心理学，和功用说的密切关系讲得格外透彻，而且还有工夫告诉我们雅典的民治实际上如何运用，为许多较大之书所不谈（例如一八页部分时间说）。"古罗马"章中对于罗马法在罗马政治思想史之地位及其与近代日耳曼法关于团体人格说不同之点指点甚明，亦为许多较大之书所不言。对于马克维尼，一方原谅，一方批评；批评的话虽然只有两个半句（页三六），却已够了。至于霍布斯之如何影响洛克（页五三至五四），卢梭之如何得益于霍洛两家（页五九至六〇），马克思之如何利用赫格尔哲学（页八三），及此数人在历史上之各别的影响，当然更是讲得扼要中肯。作者是个社会主义者，又是个多元主义者，所以对于现代的社会主义，共产主义，多元主义，法西斯主义均有深切的见解和精辟的议论。在此数章中最有兴趣的似乎是"法西斯主义"一章，而此章中最有精彩的又似乎是在讲法西斯主义中的多元主义一点。当然法西斯的多元主义与英国的多元主义是大有区别的。作者又谓法西斯主义是赫格尔的国家论，多元主义的社会组织说及苏维埃一党专政哲学之混合体。它的前途自然是不大光明。议会政治和资本主义都是要失败的；取而代之者一定是社会主义和类似苏维埃主义的东西（页一五四至一五五）。不过作者在这里郑重的声明他并不是说暴力革命是不可避的手段或苏俄式的共产主义是唯一的工具（页一五五）。社会情况不同的国家须经过不同的路径。这些路径是甚么，除过马克思的偏狭信徒外，没有人敢预言。

作者在卷末附载的参考书目中说唐林的《政治学说史》是 Competent but uninspired。我们可以说他自己这本书在它的特殊范围内是 Competent and inspired。

不过这本书，和其它许多好书一样，多少也有它的缺点，虽然这些缺点并不紧要。第一是一个事实问题。作者在第一六页至第一七页上说亚里士多德的势力是经过罗马时代，黑暗时代，中古时代以至近代一贯不衰的，而柏拉图在罗马衰亡至文艺复兴却是被人忘记的。这恐怕与事实有些不符。第二是校对不好，全书中竟有好几个错字。不过这当然都是无关宏旨的。

书评：The Rise of European Liberalism

By Harold J. Laski, London: George Allen and Unwin, 1936. Pp. 287.

拉斯基教授的著作，和他的讲演一样，永远是动听的，永远是有极大的鼓动力量的。拉斯基教授是一个反抗现状者，是一个提倡合理的社会生活者。他爱自由，他爱正义。因为爱自由，所以他是最近二十年来世界上一个著名的，或者也可说，最著名的，多元主义者。因为爱正义——爱经济的正义——所以他最近三四年来变成了一个马克思主义者。他现在这本《欧洲自由主义之兴起》一书，并非一种叙述体或批评体的著作，乃是对于自由主义一种富于极端挑战性的唯物史观式的解释。

因为这本书是对于欧洲四百年来的自由主义加以唯物史观的解释，所以要批评这本书便不能不提到唯物史观本身，然而一个书评又不是讨论这样复杂的一个学说的地方。简单的说，唯物史观告诉人一个时代的社会组织及意识形态是受那个时代的经济状况——生产方式——支配的。这个学说自然有很大成分的真理。但是它的毛病即在它以为，至少它的极端派的信仰者以为，它有绝对或全部的真理。平心而论，经济状况诚然影响意识形态，但是意识形态也影响经济状况。肚皮不见得永远或到处能支配脑筋和情感。中古时代轻视经济问题的基督教的精神和现代许多新兴国家里的窄狭的民族主义的情绪都证明经济问题在历史上许多时代或社会中并没有"定命"的力量。

拿全书的精神看，拉斯基教授似乎是同意于极端派的见解的。大概因为同意于此种见解，所以才把自十六世纪以来，各时代，各地方，各党派（英国十七世纪的清教徒似乎是惟一的例外），各思想家的理论和行为都一一使之与此种见解相符，都

---

* 原载《社会科学》第二卷第三期，1937年4月；署名张熙若。

——使之成为证明经济定命说及阶级斗争论的好资料。以时代论,十六十七世纪如此,十八十九世纪亦如此;以地域论,法国德国如此,英国美国亦如此;在党派方面,新教徒旧教徒如此,维新党守旧党更如此;在个人方面,培根,洛克,亚当斯密,卜克如此,服尔泰,狄德娄,艾尔维休,霍尔巴克更如此。英国的清教徒虽似例外,但谁能说例外的存在不是为证明常规是更对的呢?

全书中罪名最重的似乎要算洛克及服尔泰二人,而服尔泰尤甚。洛克的错处在他根本不应该提倡财产为天赋人权之一种(116页),更不应该说主权者不得一个人自己之同意不能取用其财产的任何一部分(153,159页)。他的历史使命是为资本家传道。他的唯理主义,他的容忍政策,他的宪政主义,都只是为资本家保护财产的几种手法。简单的说,他的政治哲学只是要为地主,农人,大商,小贾造成一个发财享乐的社会(117页)而已,并没有甚么冠冕堂皇的道理在内。服尔泰更属荒唐。他反对教会是因为教会限制个人发财(170页),防害国家经济发展(216页)。他希望他的代理人,他的裁缝,他的太太都相信上帝是因为此种信仰可以减少他被窃和受骗的机会(213~214页)。他崇拜英国人的各种自由也不过是因为此等自由使人不易破产罢了(170页)。他赞成贫富的区别,因为没有穷人文化不能存在(214,222页)。他不赞成穷人受教育,因为穷人受了教育社会基础便要发生动摇(215页)。这是服尔泰一部分的罪名。至于亚当斯密,他本以替资本家计算财富为职业,他说政府的用处在使有财产者夜间可以安卧无忧(198~199页),自属无足深责了。

批评历史上的人物有两种方法。第一种是设身处地,拿当时的各种标准和事实——如智识标准,道德标准,理想的范围,意识的限制,习惯的拘束等——去批评他们。这是一种相对的方法。用这样方法所得的结论比较的合于客观事实,比较的科学点。第二种是拿现代的标准或观念去衡量古人。合乎此者谓之是,异乎此者谓之非。这是一种绝对的方法。用这样方法所得的结论容易使现代的人称赞,满足,但是常常与当时的实际事实相去太远。用拉斯基教授自己讨论另一问题时的话来说:"Here, as invariably in history, the search for any simple formula is bound to do violence to the facts."(211页)。批评数百年前的人,说他们不应该拥护私有财产,不应该认他们本阶级的特殊利益为全人类的共同利益,不应该没想到马克思后来所看到的事实,似乎是治他们以他们不大了解的罪名。他们有知,一定要叫声"冤呀!"

评者的意思,一个人尽可相信共产主义,不必定要相信马克思主义;尽可接受马克思主义的革命部分,不必定要接受它的唯物史观部分;尽可承认唯物史观的相当部分，不必定要承认它的全部分，更不必拿它的全部分去解释人类的全历史。当然，不如此，不能算是一个澈底的马克思主义者。不过我们不应该忘记，世界上比作澈底的马克思主义者更大的事还多着哩。讲到底，人类的历史毕竟比马克思的脑筋复杂得多。马克思并不见得真算准了人类变化无穷的运命。

　　不过拉斯基教授这本书，不管你赞成或反对，都是值得读的，而且值得细读的。它可以鼓动你的思想，激刺你的情感，或者，假如你的政治信仰和它的作者的一样，满足你的愿望。就是你不赞成，你还得找出你不赞成的正当理由去回答他。这一点，我以为是他这本书的最大价值。

中国政治

- 那里配做"狄克推多"
- 党化教育与东南大学
- 执政府与刘镇华到底有甚么特别关系
- 闲话
- 闲话
- 北京国立八校合并问题
- "五七"学潮的我见
- "东大风潮"的辨正
- 怎样筹款援助上海罢工的工人
- 沪案筹款方法及其支配机关
- 副刊殇
- 双十节
- 中国今日之所谓智识阶级
- 英国派兵来华的目的和影响
- 英国人的头脑与此次出兵
- 南北可以妥协吗
- 南京事件与不平等条约
- 外国人应该知道的几件事
- 宁案与五国通牒
- 英国今日几个最大的问题
- 政治上的目的与手段
- 在第四届毕业典礼上代表教授会致词
- 国立清华大学教授会致国民政府电
- 独裁与国难
- 一切政制之基础
- 论所谓中日亲善
- 《塘沽协定》以来的外交
- 陕西的教育问题
- 国民人格之培养
- 再论国民人格
- 全盘西化与中国本位
- 国难的展望

- 东亚大局未来的推测
- 今日学生运动之意义及影响
- 国事不容再马虎下去了
- 世界大混乱与中国的前途
- 对于两广异动应有的认识
- 国难的下一幕
- 绥东问题的严重性
- 论成都事件
- 外交政策与策略
- 冀察不应以特殊自居
- 国际政治与中国
- 民主政治当真是幼稚的政制吗？
- 我为甚么相信民治
- 中国的出路
- 政治协商会议所应该解决的问题
- 对政协会的意见
- 对东北问题的谈话
- 人民怎样渡过这内战的难关？
- 谈时局
- 纵谈时局
- 新的课题
- 时事杂话
- 忆民国初年的陕西大选
- 论中国的政治前途
- 青年人的理想与勇气
- 不要辜负了时代
- 五四运动的将来
- 司徒雷登的威！
- 国防与青年智识分子
- 批评工作中的"四大偏差"
- 辛亥革命回忆录

那里配做"狄克推多"[*]

要知一个人配做一件事体不配,应先知道那件事体的本身性质若何及做他时所需要于做者的资格是甚么。譬如要做演说家,应先知演说是以语言折服人心的一件事,做此事的资格是要有口才。要做拳师,应先知拳术是以手打人的一件事,做此事的一个要紧资格是要有力气。要做花旦,应先知花旦是戏曲中一个美丽夭艳的女角色,做此角色的几样重要资格是要有容貌,身材,和做工。反之,若是演说家没有口才,拳师没有力气,花旦没有姿色,自在台上糟蹋看客的时候,那么,结果恐怕若不自己拆台,便要招旁人哄场罢。

平常小技细事尚如此,何况做那一国政变之后大权在握举动极关全国人民祸福的"狄克推多"哩。

"狄克推多"是一国当危急之时或大变之后,暂时摄揽一切统治权,不受平常法律限制的一个大权执掌者。其存在理由,全在能转危为安奠定国计。所以人家就是暂时受他一点不方便的地方,也觉得是没有法子,不大紧要。这原来是一种"两害相权取其轻"的消极容忍态度,不能无故利用。

段祺瑞去年上台后,其政府是否应取"狄克推多"式,是另一问题,不是这篇文章所欲谈的。我们现在所欲问的,不是段氏应作"狄克推多"不应,乃是他配作不配。换言之,就是要问他有没有作"狄克推多"的资格。

要晓得他有没有这种资格,应先晓得这种资格是甚么。依政治原理,考历史成例,做"狄克推多"须具以下三项资格。

(一)须有积极一贯的政策。大概"狄克推多"发生的原因,是因国家当大改革

---

[*] 原载《现代评论》第一卷第十五期,1925年3月。

之后，有推行及保护新政策的必要。因这种新政策的譬人很多，所以才用"狄克推多"以笼统的方法，打倒一切譬敌，监行他那积极一贯的新政策。这种新政策的趋向，用不着说，自然是与政变以前的旧政策完全相反。他的特征，是在相反。不但相反，并且要有积极的精神，一贯的方法，和雷厉风行的模样，才能算是"狄克推多"。不然，与平常政府无异，不能假冒招牌也。此类历史例证甚多。如那法国革命时的路拜斯伯，俄国革命时的列宁，都是作"狄克推多"的几个好榜样。甚至等而下之，连那前年意大利政变时的莫索理尼，虽其政策全带反革命性质，但他那积极一贯的精神和雷厉风行的模样，总不能算是有愧"狄克推多"的行党。路拜斯伯当一七九三至一七九四年之间，因要维持那法国革命的"自由，平等，博爱"三个大主义，不惜一年间杀人至二三千之多，以贯彻其革命新政策。列宁当俄国革命后数年中，因要实行他的共产主义，也不惜监禁屠杀一切反对共产主义的对头，以保其已得之劳农政权。就是那反革命的莫索理尼，也是监禁这个，格杀那个，迅雷不及掩耳的扩张他那"法西士"势力。这是往古，近今，和现在的几个好和坏的"狄克推多"。他们每人都有一个积极一贯，旗帜很鲜明的政策。反观我们自命"狄克推多"的段政府，不知大家比较之下感想何如？

段氏上台后所标榜的大政策是办理全国统一。达到这个政策的方法是招集善后会议和国民代表会议。国民代表会议，现在还远得很，将来是否真能招集，此时无人知道。所以暂且不必管他。我们此时先看看他那善后会议是不是真能善后。

自善后会议的组织和权限看来，可以说是发端已谬，决难有好结果。但这是另一事，此刻尽可撇开不说。现在只看看那执政府在善后会议里所提出的几个大提案，以定他是否有积极一贯的政策。

执政府在善后会议里所提出的议案虽多，但除了那性质别属，不能认为普通政策的"国民代表会议条例草案"外，可认为与善后有关系的议案，只有陆军部所提出的收入与军费比较案，内务部所得出的移民计划案，收束及安插军队案，及财政部所提出的军费标准案，中央预算案，各省区预算案等。此等议案，若仅自其名目观之，似乎很是代表执政府的善后精神和政策。谁知一按其内容，则全属空空洞洞的泛论，毫无具体办法。只能认为考试时代的策论文章，不能算作政府提案。这并不是我们有意责备政府，过甚其辞，连那善后会议的会员们也都如此说。他们对于这些议无从议的提案，不是直捷了当立刻退回，就是顾全政府面子，与以"保留"死刑。

照此，可见段政府连一点政策都没有，那里还说得到甚么积极不积极，一贯不一贯。既然没有一点政策，可知连平常政府都不配做，那里还配做甚么"狄克推多"。

（二）须有雷厉风行的手段。"狄克推多"不但要有积极一贯的政策，并且要有雷厉风行的手段去行这种政策，才能算事。俗语说，"做甚么的要像做甚么的"。我们先看看段氏自去年上台后，对于各事的办法，是不是像做"狄克推多"的。

第一，一个军阀包办的善后会议，筹备了几个月才开会读其什么祝词和颂词。肉麻的祝词颂词读过后，休息一两星期才议事，而且每星期中仅议二次。现已议了一个多月，还是一事未议出。此刻开会期限已满，自又不得不延长。将来究竟何时可议完，到底能议出些什么东西，自然是无人知道。像这样麻木不仁的善后法，我实不知他能善何后。

第二，江浙战争，河南战争，执政府对之均毫无办法。连那由善后会议议决的会期内各处停战案，也只敢出以不负责任的通电发表，而不敢出以命令形式。电发不久，胡憨居然打起来，执政府陷于无办法地位。想了许久，才想出一个派员调停法，调停员不能勒令休战，政府又束手无策。若哉执政府，苦哉古今罕见之"狄克推多"。

第三，溥仪既然迁出宫禁，自然应将这个十三年来未解决的糊涂案，一刀两断，办个清清楚楚。不在此处着想，却反在那里埋怨冯玉祥不应该什么无理取闹。这足见执政府对于此事毫无正大主张。弄得不好，溥仪居然逃赴日使馆。逃至日使馆，复又以侦伺不严，居然又让他逃往天津。这足见执政府的警察等于虚设。现在溥仪被日人居为奇货，还要运他到日本，预备将来利用。执政府对之，一言不发，又足见他的外交无能。溥仪这件事，本来与国家大计无关，但颇足形容执政府对于一事无斩钉截铁雷厉风行的可怜样子。

（三）须有充足可靠的武力。"狄克推多"的根据是武力。若无武力，就是有积极一贯的政策，也难雷厉风行的行去。段政府既无武力，以常识论，本应别求一种势力（例如舆论或公理）以为根据。何必要作那自作法律的"狄克推多"呢？这岂不是太不自量其力吗？路拜斯伯若无他的革命军，法国革命自然要中断。列宁若无他的红军，俄国革命也定遭失败。莫索理尼若无他的"法西士"军，自然是早已下台。他们这几位都有一定的政策和可靠的武力，所以不败。今段氏既无行政策之武力，又无用武力之政策。其结果可想而知。

依上所说，段氏既无积极一贯的政策，又无雷厉风行的手段，又无充足可靠的武力，早已不配做"狄克推多"。勉强要做，便不能不弄到今日非驴非马的滑稽状况。何该，何该！

党化教育与东南大学

自前东南大学校长郭秉文免职后,有人创"党化教育"名词以警国人,说国家教育应该独立,不应该受特殊政党的支配。此论一出,一般公正为怀热心教育的人,对于东南大学更换校长一事,不禁陡发一种"党化惧",以为郭秉文或可换,而党化教育却万万不应有。近来东大风潮,愈演愈恶。虽说是郭氏私党把持所致,但其中也有一部分人是因怕东大真遭"党化"之劫,起而反对的。他们对于此事的观察力虽欠透澈,但终算"以公为怀",没有什么私心在内。我这篇文章,完全是就我个人观察所及,为这些公正先生们解惑而作。凡因势利关系为郭氏作党羽的人,既有成见在胸,尽可不必看。

党化教育对不对,不是这篇文章所欲讨论的。我现在要问的,是郭氏免职,究竟是不是含有"党化"作用。

据我看来,郭氏免职与一般人所谓"党化"是毫无关系的。因为这件事是由东南大学内部发动的,不是由外面干涉的。内部发动的重要理由,是因郭氏有推翻评议会,取销工科,擅改校章,和其他种种不正大不规则的行为。并不是一定因他有联合齐燮元的"劣迹"。那联合齐燮元的一番话,只能当作一时政治上的方便"藉口",不能算是倒他的根本原因。至于在北京政府方面帮助那些东大教员们倒郭的几位国民党人,也只能算是临时寻来的几个局外帮手,不能认为这件事体的主动人物。他们的意思,不过是随时随地帮助人做点好事,并不是因有甚么"党化"大计划或野心。(看看继任校长的政治色彩,便可知。)换句话说,就是人家要利用他们,他们因为是件好事,也乐于为人利用罢了。

---

* 原载《现代评论》第一卷第十七期,1925年4月。

熟悉此事经过的人，当承认我这话能代表此事真相。真相既是如此，可知"党化教育"一名词，不过是那些与郭秉文同一鼻孔出气的江苏"教客"们的一种"声东击西"的战略。一种愚惑舆论的手段。欲明此事真相的旁观者，不可上他们的大当。

这是我对于郭氏免职的见解，自信尚属"不爽于事实"。但若有人硬要说此事有"党化"作用，则我对于这些有"党化怯"的先生们，亦不妨迁就其说，另进一解。

党化教育的"党"字，原不必定作政党解。政党外，还可解作教党或朋党。

教党就是对于国家教育政策或教育方针意见不同的教育派别。例如在今日欧美各国，有主张中小学校废弃希腊文及拉丁文的，有不主张的。有主张文艺教育的，有主张职业教育的。在中国前数年中有主张小学校的国文用白话的，有主张用文言的。有注重精神教育的，有注重皮毛或物质教育的等是。朋党乃以利害关系相结合的私党，在今日几成中国人的第二天性，用不着解释。

此次郭秉文免职，一般向恶洋行买办式或外国通师性的教育的人，听见莫不称快。这些人多半是与东大无关，与郭氏无嫌的些局外人。他们反对郭氏，完全由于教育理想不同。郭氏做南高校长时，他们反对。做东大校长时，他们也反对。他们的最大理由，是觉着中国的教育，不是这些品同买办通师，无高尚抱负的人所能办的。他们反对郭氏做大学校长和他们反对顾维钧或陆征祥做国务总理是同一理由。总之，这个原因很深，问题很大，不能以"党化"二字抹杀之。若要勉强说有党派作用，也只能算作教育界的党派，不能算作政治界的党派。

这回倾倒郭氏，因有汪精卫吴稚晖二人从中斡旋，于是一般人遂疑此事有政党作用。而不知汪吴虽系国民党党员，同时又为中国的教育家（不过他们没有在美国教育学校毕过业，不搭教育家招牌，不靠办教育吃饭罢了）。他们赞助倒郭，是拿他们教育家的资格和教育家的理由而赞助之，并不是因有政党关系而赞助之。和我的朋友甲乙丙丁某某等均与国民党和东大两无关系，然均赞成倒郭，可见赞成倒郭与"党化"完全无关。汪精卫吴稚晖此次临时从中斡旋，也只能算是因个人在社会上所处地位不同，与我们造成倒郭的力量有差，不能说是用意不同。

这样说来，郭氏免职案中的"党化"，或可认为"教党化"，而决不能视作"政党化"。但这不过是仅就倒郭者一方面观察。若自郭氏那方面看，恐怕他们连"教党"这个名词都不配。老实不客气，他们的正当称呼，便是上文所说的"朋党"。这并不是我过分骂人，有他们的最近行为作证。

一，由东大行政委员会议决，贿通邮电差，私拆反郭派函电。以国家高等教育机关而有这种卑鄙行为，怎样能令人不说是"斯文扫地"？怎样能令人相信他们是保持教育独立的教育家而不是卑鄙龌龊的小人？

二，新校长胡敦复上任，被几位拥郭派教员雇佣街上流氓，闯入会场，殴打凌辱，无所不至。并强迫其签字以后永不就东大校长职。试问这是不是大学教授应有的举动？试问这是不是无赖"朋党"的行为？

行径如此，还要说甚么国家学府清高，教育独立？还要拿甚么"党化"题目吓国人？即退一步，说真有"党化"作用，我想无论甚么"政党化"，那比现时江苏的"朋党化"好得多。由"朋党化"变为"政党化"，总要算是"党化"史上一个大进步。何况事实上连这个"政党化"也还没有呢？

执政府与刘镇华到底有甚么特别关系

世界上没有一个政府,可以说是完全能满足人望的。但世界上也没有一个政府,可以说是完全不满足人望的。我们中国现时的执政府,对于前者,虽说是没有勉为其难的志向,但是对于后者,却要算是有"开千古未有之奇局"的魄力。而且他们的成绩,也狠可观。

执政府自产生以至今日,简直可以说是没有一件事不是措置失宜。这句话并不是一个无根据的总弹劾。请你们约略翻翻他的政治账本,便知我"言之不诬"。

（一）去年政变的旗帜,是讨伐贿选,但贿选乃两方之事,不能单是拘留行贿的曹锟,而于受贿的议员们仅仅与以"检查证据"的小恐吓,便算了事。

（二）吴佩孚为讨伐贿选的军事大敌。照理,失败后应处以相当之罪。不料执政府对之,不但不捉不拿,而且令其任意逍遥于湘鄂之间,赋诗做寿,简直好像是一位退养的元勋。请问这是甚么政治"逻辑"。

（三）溥仪案自己无法办理。结果,让日本人将那位溥先生运来运去,好像是个政治古董。请问中国政府的面子在那里？

（四）善后会议,开会两月,成绩全无。本应关门拆台,谢罪天下,承认自己没有善后的能力,乃不出此,却在那里敷衍遮盖,巧延会期,希望苟延执政府的性命,这怎样能令人不说他有"患得患失"之心？

（五）金佛郎案,悬搁数载,无人敢犯众怒,违民意,作祸国的举动。今执政府为得一千二百万的延命费计,不惜举曹吴时代,无人敢作的害国大恶,坦然为之而无愧。见小利,忘大害。何以对国家？

（六）江浙战争,豫陕战争,执政府无法制止,令苏豫两省人民,无故惨遭兵劫。

---

* 原载《猛进》第六期,1925年4月。

难道这能算是执政府的具体的军事善后吗？

（七）执政府对于军人，政客，前皇，外使，虽说是没法对付，但他对于北京的几家报纸，如《民国日报》，《世界日报》，《现代评论》等，却大显他的"狄克推多"的威风，不怕人家笑他"胜之不武"。

读者诸君，我真对你们不起。我这篇文章，本然是要研究执政府与刘镇华的特别关系。却因要证实我那"执政府自产生以来，没有一件事不是措置失宜"的一句话，累累赘赘的说了一大堆，几乎成了一篇对于执政府的总弹劾。现在让我折回原题，谈谈那在石家庄做陕西督办的刘镇华。

刘镇华在陕西八年的劣迹太多，且以与现时的执政府无大关系，可以撇开不说。我们现在只从他加入河南胡憨战争说起。

（1）胡憨战争的是非曲直，姑且勿论。我对于这回战争中最难了解的一件事，便是胡憨因河南权限问题，在河南省界内作战，管陕西督军甚么事？刘镇华拥兵出潼关，至洛阳以东亲身督战，政府岂能佯作不知他是擅离职守，扰乱大局？知之，何故不处以应得之罪？

（2）战开后，孙岳奉命调停。胡景翼已遵令休战，憨玉琨也有和平解决的意思，乃刘镇华偏偏不愿停战，继续攻击，致令战祸愈弄愈大。执政府此时何故不加刘以违抗中央休战命令的处分？

（3）这还可以说是战端已开，刘镇华重兵在握，非一道空空命令所能制止。但到后来刘憨完全失败，不复成军。刘镇华只身逃往山西，实力全去。政府何故不将他革职拿办？难道这时候还能说是害怕他的实力吗？这其中必有一个局外人不得而知的特别理由。

（4）执政府对于刘镇华不敢自动的革职，已经是太不顾全自己的威信。谁知他不但不敢自动的革职，甚至等到刘镇华逃到太原，老着脸皮，来电"到答辞职"的时候，执政府还是不好意思准他"辞职"，还要去电"慰留"。试问这样的举动，怎样能令人不作三日呕？然而且慢，政府这样的委曲保刘，其中必有一个"难言之隐"。

（5）慰留不已，又托阎锡山劝驾回陕，迨刘镇华自知回陕绝望，来电请政府不必相强，政府乃改请其来京筹商解决陕局办法，好像陕局非刘莫解者，咳，刘镇华一个败军之将，逃任之官，政府对之，爱惜保护，惟恐不至。焉能令人不疑这里面一定有一个特别原故。焉能令人不疑执政府与刘镇华一定有一种特别关系？

这特别关系，到底是甚么，我们不敢妄猜。有人说《世界日报》或"国民新闻社"或者知道此中真相。我不晓得此话究竟对不对。

闲　话[*]

那个自没有产生即遭人瞧不起的善后会议，竟然于本星期二正式闭会了。查他自二月一日开会至四月二十一日闭会，整整的耗费了八十天工夫。（不过他自己硬要说是五十天。）这八十天的惟一成绩，就是那最后一星期中于三五小时内所议决的《国民代表会议条例》。有一位老实先生说，"早知他只能议决这一件事，当初何不直截了当教他只议这一件事？早知一星期中或三五小时能议完，何必又支支延延的白糟踏了八十天的有用工夫？"我说，"你这话洋气太重，你的脑筋太得逻辑。不但不懂中国政治，连中国人都不懂。"——中国人做事慢，中国政治事事别有作用。

我们现将慢如猪牛的中国人与事事别有作用的中国政治丢开不提，先看看那《国民代表会议条例》到底是件甚么东西。这个条例虽然是有三十九条，但是只要晓得开宗明义第一章第一第二两条的用意，其余三十七条，简直可以置之不问。第一条说国民代表会议只能制定宪法，不能干涉他事。第二条说国民代表会议，只能议决宪法，不能起草宪法。"起草之权，由国宪起草委员会行之。国宪起草委员会由各省军民长官推举及临时执政选聘之人组织之。"这样一来，第二条几乎将第一条完全取消。无怪乎前天有一位脑筋简单的善后会议议员在会场大骂，说"这简直是一个官定宪法，与国民何干？何不直捷了当由法制院起草，由执政以命令公布？何必要弄国民代表会议的圈套，拿国民来开玩笑哩？"我觉得这位善后会议议员的头脑也带有几分逻辑臭味。

名为国民代表会议，事实上却只准他制宪而不准他插嘴其他国家大计，已经不能算作大政变后的国民代表会议。且既然准他制宪，却又剥夺他的宪法起草权，是并宪

---

[*] 原载《现代评论》第一卷第二〇期，1925年4月；署名奚若。

法会议之美名亦不能当。我想对于这个条例的补救方法，只有二途。第一，由各省——至少由与北京政府向不同调的几省——否认这个条例的价值，拒绝选派代表，则宪法无从制出，即制出将来也可藉口非出全国公意，乘机推翻之。第二，由国民代表会议开会后自己否认国宪起草委员会之存在，自行起草。并提议关于国家大计之任何议案，以期国民代表会议名实相符。然对现在的中国政客和人民高谈这种正大办法，我亦自觉迂腐，自觉"洋气"太重，自觉太中"逻辑"毒。

* * * * *

中国人功名心重，遇事好用"大"字，"总"字。如"大人"，"大爷"，"大总统"，"总长"，"总理"，"总经理"等名词，皆足描写此种心理。然此等事从前仅限于官界及俗流，向以清高自命的学界，到没有这种恶习。数年来士风日下，连从前耻笑旁人的事，现在自己都坦然为之而不知怪。我数月前初回国，到上海看见新申两报的广告栏几乎全是上海各"大学"的招生广告。后来到北京，知道北京"大学"之多，并不亚于上海。我尝说今日中国全国事实上没有一个真正大学，名义上几乎无学不大。办学的非大学不办，教书的非大学不教，读书的非大学不读。此种癫痴气象，实是今日学界一大不健康的表现，一种极险的病征。

吴稚晖先生挽胡景翼联云：

孙先生有绝痛之言，"仔细他们来软化你"；

胡督办又颤声而逝，丁宁我辈"切莫丢人"。

挽联之用白话及新式圈点符号者，我所见此为第一。

* * * * *

平安影戏园宣告有一意大利歌剧班，自本月二十八日起，将在该园作短期之唱演。第一周所选的八大剧（II Trovatore, Faust, Cavalleria Rustionan, La Traviata, Madame Butterfly, la Boheme, Carmen, Rigoletto），若仅自其名目观之，自然皆属人所共赏的名作。但不知唱工及音乐二端，届时果能满足听客的希望否？

闲　话[*]

前天早晨起来，看见《晨报》的第一张上有"当局极力制造饭厂"一个大题目。未读之先，顾名思义，以为执政府以金佛郎案解决，手中稍有余资，天良发现，责任心起，将为北京的叫化子们设立许多舍饭厂，以善京畿穷民之后。不料读过后，才知这种舍饭厂并非为在北京街道上极力点缀中国文化的叫化子们而设，乃是为向来高谈"法统"，近来却极力扰乱"法统"的"非常国会议员"们而设。我向来对于马克思的经济史观，有许多地方，很是怀疑。但对于"非常国会"的发生原因，却久认马克思的议论是完全适用。此种新式饭厂，开办伊始，拟暂设二处。一在众议院，名建设讨论会。一在参议院，名制宪研究会。

* * * * *

前此王九龄就任教育总长时，东南大学拥郭派喜形于色，派人来京，运动王免胡敦复职，另任张一庆为校长。（教部任胡为"乱命"，任张便不为"乱命"。此中是非，诚不易辨）闻此事当时几乎成为事实。不料江苏教育总会今年运气太不好，王忽以政治关系去职，执政府令章行严继任。此令一下，数周来包围教育部的拥郭派，忽然变喜为愁，纷纷出京南窜。同时章又以积极手段，请段执政简任胡敦复为东大校长。不知者遂谓此事可以从此下场。谁知困兽犹斗，何况"学匪"。拥郭派通电反对不已，复以武力威吓敌党。孙中山追悼会场的示威游行，影戏园子的搜打反郭派学生，某反郭派学生的卧室发现枪弹，均足见他们苦心孤诣的精神。这种小示威还嫌不足，现又运动卢永祥韩国钧通电拒止胡敦复到任。不知中央对于卢韩这个电报，尚能晓以不能"以力为理"的大义否。

---

[*]　原载《现代评论》第一卷第二一期，1925年5月；署名奚若。

* * * * *

中国报纸近来忽发现一种特别广告费，就是在第一页的"社论"或紧要新闻前插入一大块"恕讣不周"的黑边广告。（各报几乎无日不有）这类广告从前只在背面广告栏登载，近竟侵入正面紧要新闻的地盘内。我不知这是鬼的力量呢，还是钱的力量呢？

因"恕讣不周"数字，忽令我联想到北京的徐"诗哲"前日由柏林来信中有几句趣话。他说："你们不要骂我没有信。我的小儿死了；这真是做老子的罪孽深重，不自殒灭，殃及小儿，还有甚么话说！还有甚么话说！"

北京国立八校合并问题 *

新任教育总长章行严就职不到数日,即有种种革新计画。此等计画,虽有好不好,能行不能行,和应行不应行的等等区别,但以系近年来历任教育总长的纯粹做官头脑所未梦到,或仅仅梦到而无心实行,或仅有实行的心思而无实行的胆量,总要算是促进中国教育进步的一个大机会。也要算章氏十余年来政治生活中一个重要表示。

章氏此种改革计画,现在虽然还没有正式发表,但据这几天来报纸传说,可分以下数端。

一、清理各校积欠

二、合并北京国立八校

三、学生部试

四、设立编译馆

五、教育厅长回避本省

第一条是国立各校数年来求之不得的事,只要两方不存心赖账,当然没有甚么做不到的地方。第四条若是专为印刷久应废除的不通讲义而设,简直可以说是白花冤枉钱。第五条用意不通,没有讨论的价值。这几条不论外,第二条八校合并,为今日在北京建设一真正大学的唯一办法,早应实行。第三条学生由教育部考试,为提高学生程度及改良学风的考试方法,只要办理得法,也不是不可实行的。现在先让我谈谈八校合并。

我是向来赞成八校合并的人。我的理由,也很简单。

老实说,现在中国全国连一个真正大学也没有。一个且没有,还要办八个,八十个,

---
* 原载《现代评论》第一卷第廿二期,1925年5月。

一百个，(现在中国公私各大学的总数，恐怕还不止一百个！) 那岂不是自欺欺人吗？然而中国人办事，只务虚名，不求实际，已经是人所共认的一个通病。所以现在一听见八校合并的消息，便有许多人不假思索，自自然然的起而反对。更有许多人从旁附和，说教育部错了，八校不应合并。这足见这种只务虚名，不求实际的劣根性入人之深。更足见今日中国的教育界非切切实实的大加整顿不可。八校合并，要能实行，或者就是这种切实整顿的起点。所以我觉得凡是对于国家教育前途负道德责任的人，对于教育部合并八校的计画，无论如何，大体上总应赞成。大体既然赞成，自应更进一步，使他由理想变为事实。这是我们对于各种社会改革问题应取的总态度，不单是八校合并一端而已。

方才说过，中国全国今日没有一个真大学。让我约略解释几句，免得人家说我武断。今日中国各大学中，自然要以北京大学的程度为最高。这是大家所承认的事实，用不着我在此处特别证明。然而一按北大的内容，(例如课程的肤浅，设备的简陋等) 凡是知道甚么叫作"大学"的人，凡是在外国大学毕过业的人，都知道就是大名鼎鼎的北大，也不过是一个有名无实的纸老虎。他的本科毕业程度，不但比不上德国的 Gymnasium (中学)，连法国的 Lycee (也是中学) 也还差得远。北大尚是如此，何况那些还不如北大的呢。

中国今日没有真大学的理由，固然很多。但其中最要紧的，是因第一没有大学教授，第二没有大学学生。没有教授，便有学生，也是无书可读。没有学生，便有教授，也是无人可教。这是今日各大学中极少数有大学教授资格和极少数有大学学生资格的人所同感的痛苦。此种痛苦,若从今日起,合全国学术界优秀分子脚踏实地的努力去办，至早二三十年后，或有名实相符的真大学出现。不然，若照今日以作部长部员的心理去作校长教员，拿办理烟草公司或纱厂的目的去办大学，我恐怕不但二三十年后没有真大学出现，就是到了百年之后，能有没有，还是一个大疑问。

中国今日虽然没有一个真大学，但为建设国家高等学府计，却不可不赶快创造一个。我说创造一个，不说创造两个三个或十个八个，乃是因为今日中国的学者有作大学教授的资格的人，真是不多，此时办一个大学，还嫌不够，还嫌太不够，那里还能滥设三个五个，十个八个。如要勉强多设，那结果便如今日的已成现象，连一个也不可得。况且教员以外，还有学生。今日的学生连真正的中学程度也没有，那里配在大学听讲。勉强降格求材，结果便是今日的假大学，便是拿中学冒充大学，〔前几年杜威和罗素来中国讲演时，我在外国听见，就说这种举动除收一种间接的宣传效力外，于学问上简直没有甚么大益。因为凡是杜威罗素的心得，杜威罗素的特长，杜威罗素的高深学问，为杜威罗素能讲演，旁人不能讲演的东西，中国人（不特学生）一定不能懂。凡是中国人能懂的东西，又用不着去请杜威罗素来讲演，只要我们自己的那些博士，硕士，学士，甚至不士们去讲讲，已经是绰绰有余。此话证以杜威罗素在中国讲演的经验，果然是一点不错。］这简直是一个不可逃的铁关，任凭你学客学匪天大本事，短期之内，也是无法打破。

然而这还是指中国全国而言。若说到北京一城，那更是没有建设一个以上的大学的理由了。不但北京没有这个理由，连那学术向来发达的英法德各先进国，也不见得在他们的伦敦，巴黎，柏林建立一个以上的大学。盖凡事只在精不在多。一百个坏的，敌不住一个好的。半个真的，胜似十个假的。中国的兵士再多，不能同外国人打仗。中国的大学再多，不能和外国人讲学。要练好兵，须先裁坏兵。要讲真学，须先除假学。今人于军事改革的起点，既能见到，于学制改革又何过于盲目呢？

这是北京只应该有一个大学的根本理由。若是就事论事，说到八校合并，那更有一个特别理由。这个理由，便是八校中除北大组织稍完，美专性属专门不论外，共余六校名为大学，其实均是大学之一部，并不能成为独立大学。例如农大，医大，工大，法大等，正名定分，只能算作一个大学里边各科，而不能自称大学。这正如人身上的各部分，手只能叫他为手，不能叫他为人，脚只能称他为脚，不能唤他为人。一个大学是总合各科做成的，并不是各科自身。这是凡晓得甚么叫作"大学"的人，都赞成的老实话。既不是我个人的偏见，又不是甚么高深学理。

有这两个理由，（就是第一没有教授，没有学生。第二现在的八校，多半只能算做组成一个大学的各科，不能当作大学本身。此外还有财力问题，但我以为这个问题固然要紧，但还不是完全无法解决）我觉得凡是对于中国教育前途负道德责任的人，原理上都应该赞成八校合并的大计画。至于实行此计画的详细手续，自应斟酌尽善。但无论如何，绝不应因一时有事实上的小困难，遂因噎废食的坐看这么个好计画失败。万一不幸如此，那就又犯"中国人无建设能力"的诟病了。

"五七"学潮的我见 *

我一生最大的毛病,就在不会阿时,不好与人苟同。这大概是生性如此,没法改良的。向来遇事吃亏,也正是为的这个原故。近年来又以中了洋鬼子一点"怀疑","个性","客观","真理"等不通学说的毒,把从前的老毛病,更弄得根深蒂固,不可救药。要在今日"雷同附和"的中国社会生活,实在恐怕有点不易,实在恐怕不久就要遭"不适"之劫呵!

不过一个人的毛病是很难改的。尤其糟糕的,乃是我现在不但没有改掉这个毛病的勇气,连改掉他的决心,连改掉他的意思,也丝毫没有。"执迷不悟",自然是我这篇文章的判语。

"五七"学潮里边的千是万是,都在学生方面;千非万非,都在章行严一人;学生神圣,章行严该死;这似乎是个众口同声,毫无疑义,用不着或不应该再加考察的公案。不过我负性乖僻,觉得这个所谓公案,并不见得十分公。似乎还有再加考察的余地。——我写到这里,虽然还没有说学生们半个不字,恍惚已经听见北京各大学的顾客,学界名流,和《世界晚报》一齐在那里骂我"胡说!""混蛋!""拉下去打!"可惜这种布满北京空际的无形权威,并不能使我因此而辍笔,而不发表我对于此事的意见。虽然,我也可以想见北京方面像我这样"邪说派"的人,因害怕此种权威而竟辍笔或并不敢提笔的人,当然不是少数!

当未述我的"邪说"以前,让我先声明一句:我并不说章行严是完全对的,学生是完全错了。反之,我以为此次学潮的最初是非,自然要怪章氏不应该替朱深去禁止学生放假开会,纪念国耻。这是章氏错了,我们可以说他做得太笨,弄得"不漂亮"。

---

* 原载《猛进》第十三期,1925 年 5 月。

第一，不应该给朱深做傀儡。第二，整顿学风也不应该从"五七"整顿起。这是他应得的罪名，就是我这样好持"邪说"的人，也不能不容纳这么大一点"正论"。但我怪章氏的地方，止于此处。以下均系我的"妖言"。

章氏此种政策上和手段上的错误，是否应处以"毁家"之罪，是否能证明学生打毁他的家宅为正当举动，为天经地义，毫无疑义的唯一对付方法？换句话说，就是章氏固然错了，学生究竟是不是对的？我的答案是学生也错了。我觉得聚众滋事，打毁人家家宅，是无知暴民的举动，不是向以理性发达自豪的堂堂大学学生所应有的行为。我觉得这是近年来学生对付官僚的一种传统手段，一种习惯方法，没有甚么大价值在内。偶一用之，或者可以。常常去试，必生流弊。这回用得不妙，已经生了大弊。这个大弊，就是因为要打人，结果几乎把自己的几个人反被人家打死了。（这几位受伤的学生，起先说是死了，后来却又没有真死。我想北京有几家报馆，对于他们的"复活"，一定是不大欢迎，一定是很失望的。）

说到这里，我想一定有人要问：据你看，欲反抗教育部的"乱命"，除打毁章宅外，还有甚么正当方法？我答：这种正大方法有二。第一，教育部所禁的是不准放假，不准在校外游行，开会，演说。照逻辑说，反抗此种"乱命"的唯一方法，便是反其所禁者而行之。就是你不准我放假，我偏要放假。你不准我在校外游行开会演说，我偏要游行，偏要开会，偏要演说。我以为这是正当办法。第二，如因反抗命令，在校外游行开会演说而被警察干涉，那时，老实说来，若是你们胆子小或不愿闹乱子，那就只有收兵回营，忍一口气算了；如不服气，亦可别图他法。若是你们的胆子大或一定要与武力立时见个高下，那就老实不客气，一脚一拳地同他当场干起来，也未尝不可，也可作你们"打倒强权"，"打倒军阀"的一个小试验，也可洗洗外国人骂中国人"无勇"和"怯懦"的耻辱。不料"五七"那天，北京各校并不一律放假表示反抗。这似乎已经是不大对。等到天安门前开会不成，大家又不敢当场和武力冲突，显显自己的勇气，更现出外强中干的状态。既是外强中干，则一时退让，也还说得下去。不料他们在天安门前畏缩莫敢前，却跑到魏家胡同里大显他们的好身手，把章行严家中的字画，书籍，门窗，器物打得个"落花流水"，不怕世人笑他们胜之不武。

（一）打架的结果，若是打得剧烈，必有一方受伤或毙命。这是打架的应有逻辑，没有开打以前，早应晓得，不必等到伤了毙了以后才知道。（尤其是想象力最发达的大学学生，更应该早知道。）既是预先知道，那便可说受伤毙命等事都是打架者自己愿得的荣幸或愿受的损失。这同赌博一样，赢钱是自己的本事，输钱怪自己饭桶。所以凡是欧美各国的社会党人或共产党人或学生与巡警为难打架时所受的损失，自己都甘心忍受，不怪敌人那方不应该。在中国却不然，打胜了便趾高气扬，夸自己的能力。打败了却叫嚣不已，骂对头无礼，这不但是不懂打架的逻辑，也未免太不 Sporlsman like 了。

说到这里，或者有人要问：此次风潮的扩大，系打架以前原定的计划呢，还是打架后的学生吃了亏才弄到这样大呢？我的答语是：因学生吃了亏，因学生打输了，才弄到这样久这样大。若是学生当日一打便赢或没有受伤等事，恐怕这个"茶壶里的风潮"早已过去了。此点有这几天来的每日报纸可查，并不是我的臆断。

（二）平心而论，此次风潮的罪魁祸首，自然要算是警察总监朱深。因为近来北京禁止这样，禁止那样，都是这位朱先生的政策，都是这位朱先生的文章。这回禁止"五七"开会的公文，也是警察厅送交教育部的。禁止天安门前开会的荷枪人马，和章宅打伤学生的警兵，也是朱先生的部下。教育部的错处，只在不应该向各校转送朱先生那件公文。其余事前事后都应该归罪于朱先生。我以为不打毁人家家宅则已，若要打毁，若只要打毁一个，衡情平理，自然应该打毁朱深的而不应该打毁章行严的。后来要求罢免他们，也应该朱章并重，不应该以全力攻击那无抵抗力的章行严，而于任意剥夺民权的朱深则淡描轻写的轻轻放过。我认这种态度是根本错误。我并不敢骂学生畏强权，我只说他们办事不公道。

其实这个问题不止于此。

有人说：朱深是武人，可不深较。章行严乃学者，援春秋责备贤者之义，他应该独负其责，非免职不可。

"春秋责备贤者"这个学说，本来不错。不过也要看用在甚么地方。有时用了可以维持正谊，宣传真理。有时适足把一件事愈弄愈糟。要求罢免章行严，似乎便是这样一个实例。平心而论，章氏在现在的段政府中，比较上总要算是一个最好的人物。我们如要完全革段政府的命，那就不说。不然，若凭一朝意气，或借题发挥，把一个政府中的最好份子赶了出去，留下一群纯粹混蛋，从改革社会方法上着想，我觉得并不是什么上策，并不能算是什么了不得的得意文章。况且章氏正在那里预备种种改革教育计划，我们为实现此等大规模的改革计划起见，也不应该不分皂白的试验那"春秋责备贤者"主义。何况责备贤者，也并不是那样的责备法呢。

以上所言，已经是十二万分冒昧。现在让我再加几句，当作此篇的尾声。

一个社会上的是非曲直，在群众心目中，常有一种最高权威以为标准。例如中国数千年来的孔子，欧洲中世纪的教皇，欧战以前的德皇俄帝，皆是代表此种权威的人。他们所说的话，绝对不会错。他们所做的事，一定是对的。一般人对于一件事只要知道他们的意见，就用不着再去自加思索。一言以蔽之，他们代表一个社会上的真理，为那个社会上判断是非曲直的最高标准。中国已往的旧标准为孔孟，自不必说，现在的新标准却是谁呢？据我这几个月来的观察，似乎可说是学生。他们是中华民国的特别主人翁，他们代表今日中国社会上的最终是非，不但挑拨是非存心利用的报纸不敢攻击他们，就是主持正论毫无偏私的学者多半（朋友们注意：我说"多半"，我并未说"全体"）也因饭碗问题，只得与他们敷衍迁就，不敢稍持略议。我对此种现象，实在不能不说一声"澜哉，中国今日之学生也！"不道以理性尚未十分发达感情犹为处世南针的青年学生作一个社会上判断是非的最高权威，我虽不敢说是怪现状，却也不能算是什么好景象，虽不能说是第一流社会领袖人物的耻辱，似乎也不能算是他们的光荣。

　　冒昧胡说，该死该死！

十四，五，十八，北京。

"东大风潮"的辨正

记者先生：我的朋友任君叔永新近由南京来了一封信，于我前次所言东大私拆信件一节（见本刊第十七期《党化教育与东南大学》篇），特加辨正。我当时系根据京中报纸所载及私人方面来信所谈立论，不料竟与事实不能全合，实觉抱歉的狠。任君系当时东大行政委员会主任，关于此点所言，自系最后真理。且他的信中除此端外，涉及他点甚多，皆为欲知东大风潮内幕者所想晓得的事。希望先生将他发表，不知能做到否？此问，撰安。

张奚若　六月二日

奚若兄：我读了你同孟和在《现代评论》上所发表的关于东大风潮的文字，对于你们表十二分的同意。"三九"的事，无论其他原因如何，以最高学府而有野蛮举动，应该挨骂，挨了骂后，或者将来不至于再有这种事情发生，就是你们的功德了。

你的文章里面有几句话是我要加以辨正。就是你说的"由东大行政委员会，贿通邮电差，私拆反郭派函电"。私拆函电，即果有其事，也不过是一二人在暗地里偷做的，东大行政委员会绝未与闻其事。奚若试想以任叔永做主任的行政委员会，可能有这样卑污的行为吗？

说到那里，我可以把发表那封私信的经过告诉你一点。大约是"三九"之前一个星期一罢。郭秉文（郭秉文一向在上海，拆信的事同他没有关系，是要代他申明的）忽然来告诉我说上海报馆里近来发见了这样一封信，这封信大约一二日内即可发出。他并且主张开行政会辞退某某几个教授。我当时明白其中的曲折了。于是当天晚上，

---

* 原载《现代评论》第一卷第廿六期，1925年6月。

我约了行政会中的几个要人来我家中商议，我劝他们不要发表那封信。因为发表之后，（一）可以激起反动，（二）并不能成为反郭派的大罪状，（三）自己暴露私拆人信的污点。但是他们容许疑我帮反郭派的忙，竟不听我的话——其实他们要听我的话也是无法，因为那个信的照相早已到了报馆里了。

第二天那封信在《时事新报》上登出了。我立刻向校中行政会辞职，我辞职的唯一理由，是他们做事不使我知道，闹出了乱子我当然不能负责。不过在三月三日至八日一星期内，大家还在图谋内部的调和，所以我的辞职也未发表。到了三月九日敦复忽然来校，他们闹了一个绝大的风潮，我无力阻止，甚为痛心。所以次日到沪，就登报声明"不问校事"。我这种说法，自然是"完全脱离关系"，不过我犹自恨不早耳。

说到这里，你大约要问，既然有这许多不满意，何不早点离开学校，还在这里敷衍甚？这一层也让我来说明几句。我对此次免郭的事体，最初就觉得教育部处理得不当，为教育界留下了一个不好的先例——注意这是和留郭没关系的。我们在南京也会过，而且我有很长的信与杏佛诒孙讨论此件事，历言为教育谈前途及学校大局着想，不能不否认部令的几个理由，并且说，我们若爱敦复，不应拿他来做牺牲品。此信共写两份，由精卫适之两处转交，容许你在适之那里还可以看见。因为这个原故，我们很想求一个圆满的解决。在未解决以前，我很想本"教授治校"的精神，把校内组织好了，使校中的教授团体做一个完全独立的第三者。这种办法，是校内全体一致所赞同的。不意那封信发表了，逼的敦复不得不来——我不说不发表那封信，敦复就可以不来。但是我们很容易明白，敦复即来也无如此之快，又因敦复之来，产出最坏的结果。但在敦复未来之前数日，我尚有一种提议，要郭胡两人都抛弃校长位置，另由教授会推举两人，呈请教育部择一聘任。这种办法，自信可贯彻"教授治校"之精神，也实为解决纠纷之一法。校中同人赞成这个主张者，也有不少的人（农科如秉农山过探先等，教育科如赵叔愚郑晓沧等等，理科如竺藕舫胡刚复等）。不料此事还没有进行，就有"三九"的事。自此之后，教授会也失了他的完全中立资格。现在再要想照我所主张的办法，恐怕已不行了，可叹。至于学校现在的形势，已经成了彼此相持不下的局面。敦复若果再来，恐除了解散的一途外没有办法。敦复能来不能，是另外一个问题，但是东大的破坏，却破坏的无可收拾了，可惜又可叹。以上所说的皆单就最近的经过而言，恐怕你对于我的地位和主张还不十分明白，所以随便说说。至于此事的根本问题，就除开政治关系不讲，专就学校本身力而论，不能不怪郭鸿声办学无计划，——如各科系的设置，自来即无预定的计划和步骤，以至科与科系与系之间，竞争冲突，终年不已。近来因经费困难，闹出乱子，固意中事，即使经费充裕，我恐各科也不能得平均的发达。而做后台老板的校董先生们，又对于大学多半外行，所以不到几年，外面虽轰轰烈烈，内里则已经是千疮百孔了。校董会的有无和利害，原来不是绝对的，不过照东大现在的办法办下去，就是郭鸿声在此，也将近无办法了。（下略）

任鸿隽　五月四日

怎样筹款援助上海罢工的工人[*]

中国人对于此次沪案若要坚持到底，若要求得最后胜利，自然非有相当的财力不可。向来罢工者的弱点，就在财力短缺，对手方的强硬，也全靠他们的支持能力。现在上海英日强权者的战略，自然是要将战期延长，希望我们无产阶级的战斗者肚子饿了，自去投降。我们既然知道他们的战略如此，也就不能不打一个旷日持久的主意。但是持久的钱在哪里，持久的面包和饭在哪里？这是人人搔首难答的一个问题。

向来的传统办法，只靠募捐，但是中国人对于慈善性质的募捐事业，向无踊跃解囊的习惯。这次虽说是义愤填膺，特别慷慨，但以一般人的经济能力有限，所募终必无几。而此次所需之数目却又非常之大（现时罢工人数已达三十万。每人每日以半元计，一天也须十五万左右，十天便是一百五十万）。若单靠募捐一端以为维持，诚恐杯水车薪，无济大事，不到多时，就要气穷力竭，乞和求降哩。我们试闭目去想，那是一件何等可耻的事体！

据我看，此事若要持久，除随时赞助的不定捐外，尚须有一种源源而来的固定捐或强迫捐才行。换句话说，便是须要有一种可靠的经济动员，才能应付这个危机。这个经济动员计画如下：

（一）由京津沪汉广港等财力较富民智较开之各大城埠的商会估量调查，凡在各该市之商店，每日售货或交易所得在五十元或百元之以上者，以其百分之十，充作沪案后援费，名曰沪案后援捐。

（说明）

（1）每一商会均有各行各业之代表或会员。每一商店每日卖钱之多少及其大概数

---

[*] 原载《晨报副刊》沪案特号（一），1925年6月。

目,即由此等代表分行组织委员会估量调查之。

（2）如恐各商不乐捐助,可由学界组织劝捐团担任劝导。

（3）每日收款机关由商会指定。

（4）只要商家认捐,商会和银行自可随时垫汇,以济急需。

（二）由京津沪汉港及其他工厂所在之地之工人以其每日工资百分之五充作沪案后援捐。此事由各该处工会或工厂主持之。

（三）凡娱乐场所如戏园,奢侈场所如□□居场所如□,馆饭店□房,交通工具□□马车□,商办电车等均一律加价百分之十作为战费。[1]

（四）学界商界政界军界人员每月所得薪金在百元以上者,按累进律取其百分之十至百分之五十。

（五）现在已经开始的不定乐意捐,可同时并行。但其意在藉此宣传,鼓励民气,并不一定在得巨款。

（六）以上各捐征收期间,至沪案了结为止。

如此办法,我们有了源源而来的长期大战费,沪案延至一月两月可以,延至一年两年也可以。英日再强硬,也不怕他们不软化,也不怕他们不来求和也。

世上没有做不到的事,以上计画能行不能行,全看我们认真去干不去干。我以为此事应即日由学界接洽商界,或先由北京办起,或电请各处同时并举。大体如经承认,枝节自可临时酌改。不知热心此事的人,以为提议有讨论的价值否？

---

[1] 编者按：原文模糊不清处以□标出,下同。

沪案筹款方法及其支配机关

本题可分三段讨论（一）筹款方法，（二）筹款机关，（三）收款及发款机关。

（一）筹款方法

中国人不但画画是大写意，生活也是大写意。不但普通生活是大写意，政治生活也是大写意。不但现时援助沪案的筹款方法是大写意，就是假设将来果真与英国人开起仗来，他们的打战方法，我此时可以想见，当然也是大写意。用大写意法去画画，虽可说是中国人的特别聪明，用他去打战，去援助此次上海三十万"嗷嗷待哺"的失业工人，似乎不能不说是"聪明反被聪明误"了。

我何以说这次援助沪案的筹款方法是大写意呢？因为他只靠募捐。募捐何以是大写意？因为他只顾募捐者能敷衍过他自己的良心和面子（其实面子或能敷衍过，良心未见得能敷衍过），说他"总去热心募过，并不是冷血的没有管"，而不问所募之数是否能足他的用途，是否能够完全达到募捐的原来目的。换句话说，以募捐作沪案筹款方法，只能说是为募捐者自己了心愿，不能算是帮工人饱肚皮。

募捐因有三种理由，一定要失败。第一，中国人对于慈善事业的募捐，向无踊跃解囊的习惯。第二，一般人的经济能力有限，此次虽说是义愤填膺，特别慷慨，但手里没钱，心有余而力不足，也是无法。第三，沪案不但要钱多，且须持久。募捐开始数日，一般人比较上尚属踊跃，时间一长，所募之数一定是一天少似一天。最后或竟等于零。这都是习惯上，能力上，心理上，一时没法逃免的事实。此路已经不通，自须别求他法。

有甚么他法？

---

* 原载《现代评论》第二卷第廿八期，1925年6月。

据我看，沪案若要坚持到底，简直非有一种大规模的经济动员不可。此种经济动员带有半强迫性，他的大概计划如下：

其一，由京津沪汉广港及其他财力较富的各大城市的总商会每星期或每月担认捐款若干。

（说明）

（1）商会所捐之款，自系由各商店摊派而来。摊派之法，即由一等商店（现在各商均分为等）每星期或每月摊认若干，二等商店摊认若干。余类推。

（2）如各商店不肯认捐，可由学界组织劝捐团担认劝导。

其二，凡学界商界政界军界人员每月薪水在五十元以上者，按累进率取其百分之五至百分之十，由各该发薪机关就地扣除。

（说明）

前条各商店所认之捐，系各商店之店捐或铺捐。本条商界人员所捐之数，乃商人个人之捐，除由商店在其薪水内代为扣除外，与商店无关。

其三，由京津沪汉广港及其他工厂所在之地之工人以其每月工资百分之五充作沪案后援捐，由工厂会同各该地工会于其工资内扣除。

（说明）

本条根本用意在提倡各处工人对于全国工界劳动者发生一种精神上的同情联合。

其四，现在的自由捐，可同时并行。但其意在藉此宣传，鼓励民气，并不一定在得巨款。惟街道上叫化子式的乞讨捐，尽可全行废止。

其五，以上各捐的征收期间，至沪案了结之日为止。

此外如能强迫政府每月或随时拨助若干，自属更佳。政府助款之多少，全视人民强迫力之大小为正比例。他们是绝对不会自告奋勇，常常去出大数目的。

如此办去，我们有了源源而来的长期大战费，沪案延至一月两月可以，延至一年两年也可以。英人再强硬，不怕他不来投降也。

（二）筹款机关

中国人向来没有组织能力。现在学了几十年的欧化，这个地方，却还没有学到。就是那些成百成千的已经回国的美国留学生，对于此点，也似乎没有甚么狠大的影响。此种民族弱点，随时随地，都可看见，而于大规模的社会运动中尤属显然。此次沪案一起，别处我不知道，北京一处，开头便有数十处募捐机关。此在心理上虽可说是一种天然的踊跃气象，在事实上，实在是一种涣散无组织的表示。以智识阶级的中心点的北京尚是如此，何况其他各处哩。

我的意思，每一城中，只应该有一个筹款机关或一个总机关。一切筹款方法，应筹数目，汇出机关，汇出数目等事，均应由此总机关完全负责筹画指挥和应付，不应任各小机关无统系的单独行动。机关简单，权限集中，方法划一之后，有两个好处。（一）责任专，（二）效率大。这是一切组织的根本原理，一般自命智识阶级的份子，不但做文章时应该晓得，作事时似乎也应该应用一点。

一二日来，北京报纸上各处募捐机关的广告似乎渐渐少了。新成立的"北京各界援助被难同胞筹款总会"自其组成份子上看去，似乎是北京一个筹款总机关。但不知事实上，责任上，效率上，究竟怎样？

（三）收款及发款机关

筹款机关散布全国，收款及发款机关则在上海。我们对于沪案不但要极力筹款，供给前线军粮，并且要监督用途，以防"中饱""虚糜"等弊。我的意思，上海发款机关也应统一。最好由商学工各界共组织一总机关，内设收款、发款、查账三要部。一以统一事权，一以分明责任。同时又由全国各大城市筹款较多之地，如京津沪汉广港等处，共同组织一查账机关，以为沪案终了后之总查账机关。上海发款总机关向此查账总机关负责。如将来查有中饱侵吞等情，得由此机关提起诉讼。

以上三段所言，不过此事大纲。详细办法自应临时斟酌尽善。不知我这种建议，尚有被采择的价值否？

本篇本可于此收尾。但又想起中国人办事慢如牛的地方。你看沪案起了十来天以后，他们才在北京开始那大写意式的募捐运动。现在还在那里专画这种大写意画，不知何时才能觉悟这个办法的不适用。觉悟后，又不知何时才讨论别的办法。讨论后，更不知何时才能实行新办法。事事都须由经验中得来，脑筋是绝对无用的。对这些人谈大规模的经济动员，现在未免还太早，未免又犯了"躁进"病，未免又是费话。

副 刊 殃*

徐志摩先生的魔力真算不小，他竟能使我替他的《晨报副刊》写东西。这并不是说我的文章值钱，我意思是现在的副刊其实太恶劣了。应该放火大烧，不应使这种流传，毒害青年。我还记得一月前晨报主笔宴请徐先生时，在座诸人先后发表他们对于《晨报副刊》改良的办法，最后有人问到我的意见，我便老实不客气地说道："这并不是个改良问题，这只是个停办问题。到现在才停办，已经太迟，但若现在还不停办，那简直是有意作恶，无心悔祸了。"

我为甚么这样的讨厌副刊呢！说来也很简单。第一，今日一般学生在学堂里不肯读书，不能读书，单靠这种副刊作他们的校外讲义和百科全书，而副刊里却连年累月除胡说乱写瞎抄外，空无一物。"缘木求鱼"那会有结果。第二，看副刊的是学生，做副刊的也是学生。拿副刊作教科书，固属荒时，藉副刊作出风头的场所，更属堕志，学荒志堕，他们将来的造就可想而知了。第三，报纸原来是为社会上一般人看的，不单是为学生阶级看的。拿投好于学生的废纸，日日去讨厌那非学生的阅者，似乎有点不公道，似乎不是营业家所应取的手段。有这三个理由，所以我主张将今日流行症性的副刊全行废止，如果有报馆记者真愿提倡学问，灌输智识，那么，我倒有一个建议，就是将现在每日的副刊改为每星期一两次的特刊，页数加多，程度提高，每一特刊专讨论一种特别问题，例如经济，文学，外交等。每一特刊不妨延请国内学术界有名人物专力主持。倘若报馆无此财力，那就只有采取"宁缺毋滥"的政策，这是我那晚在晨报馆里所发的人不爱听的议论，当时在座的人——尤其是主笔——多说做不到。可是现在晨报居然改添几种特刊，虽其内容完全不是我所希望的，但总算是向正经路上

---

* 原载《晨报副刊》第一二八四号，1925年10月；署名奚若。

走，只要有徐图改良的决心，未见得长为变相的副刊。

以上只是说我讨厌今日一般副刊的理由。但我现在何故又为这副刊作文章呢？岂是别人办的副刊应该骂，徐志摩办的副刊便应该恭维吗？我以为这完全看志摩怎样办法。他若拿办副刊的办法去办副刊，那结果，用不着问，一定糟，一定和旁的副刊差不多（即好也有限），那就应该骂，应该放火大烧，但他若是因为要看晨报老板的面情，仅留副刊之名，别具一副精神去办出一份"疯子说疯话"的志摩报，那就应该恭维，那也就是我允许给他做文章的本心和希望。此外还有一层。我是个不会说话的人，说上十次话，大概总有八九次要□□几个人，因此久而久之，也就没有说话的地方了。但要住在今日黑白混淆，是非颠倒，狐狸横行，小子狂叫的中国，要不说话，难道还教人白白气死不成！所以结果还是免不掉要常常发泄发泄。恰好志摩约我常去为他助助篇幅，我起先还以向来不为副刊作文章为词，极力拒绝，但是志摩拉拢人的本事，我想凡是认识他的人，都知道一点，被他缠不过，我也就只得随便答应他，横竖他许我以"尽量发泄"的自由权，我又何乐不为？

不好，我才接手副刊，就犯上了一个毛病，而且还不是创作的毛病。孤桐先生在他的《甲寅》里照例在每篇来稿的背后加几句话，这我叫作爱替人家装尾巴的毛病。孤桐还只替人家装短尾巴，我的不了，简直是长得荒谬的大长尾巴，往往因为太长了拖在背后其实不像样，爽性甩了它过来安在前面当幌子用。这其实是不好，盼望以后改得掉。

但是别人文章背后或许可以省装尾巴，奚若先生文章的背后不能不加尾巴，但这回他的本身来得奇短，我真不好意思叫他拖大长尾巴，我答应这次看面情替他来一个比较短的吧。

奚若这位先生，如其一个人可以用一个字来形容，是个"硬"人。他是一块岩石，还是一块满长着苍苔的，像老头儿的下巴，这附生的青绿越显出他的老硬。同时也是他的姿态。他是个老陕：他的身体是硬的，虽则他会跳舞，他的品性是硬的，有一种天然不可侵不可染的威严，他的意志，不用说，更是硬的。他说要做甚么就做甚么，他说不做甚么就不做甚么；他的说话也是硬的，直挺挺的几段，直挺挺的几句，有时这直挺挺中也有一种异样的妩媚，像张飞与牛皋那味道，他的文章，更不用说了，不但硬，有时简直是僵的了！所以至少在写文章里，他的硬性不完全是一种德性了。但他，我一样侧重的说，有他救济老硬的苍苔，他有他的妩媚，要不然他就变了一个天主教一流的"圣人"了。也许可敬,当然可畏,不一定可亲可爱的了。但他是可亲可爱的,同时也是可敬可畏的——在你相当认识他的时候。这一类人是比较不容易认识的,就比如石头是不容易钻洞的。你初几次见他,你上手看他的著作,你的感想是不会怎样愉快的,但你如其有耐心时,迟早有你的报酬,我最初在纽约会著他时,我只把他看作一个死僵的乏味的北方老——同时他看我当然也是百二十分的看不起——一个油滑的"南边人"。

他那时候办《政治学报》,他可能每天花上至少八九个实心的钟点至图书馆里,用至少三个月的实心工夫写成一篇文章——当然是没有一个人要看,并且即使要看也看不下去的,牡蛎壳炒榧子一类的文章!结果他的《政治学报》居然卖掉了十几册全是书!这话许说过分一点,他自己听了许不愿意,但他那支笔的硬,简直是僵,光光的几块石头,这里苍苔都没有长上去,是没有问题的了。但他那文章因此没有价值吗?正是反面,他的才是真正学者的出品,一点也不偷懒,一点也不含糊。我们现在反过来看看现在每天看见印出来的东西。用机器摇也没有那样快!甚么人都动手做文章了,岂止,甚么人都动手做诗了,甚么人都来发表意见露布他们高深的学问了。

张先生看了这情形不能不生气,比他性子软十倍的都要生气。副刊就是造成这现象的一个原因,每天得出,不能不想法材料,一等材料没有时只得将就次等的,次等材料都没有时只得勉强用更次等的——结果是现在的出版界。在今天这"发表热"真变了恶症;副刊真变成了,张先生说的"殃"。我这回来办副刊并不敢妄想来"提高"甚么;我只知道,我前天说的,尽我的责任做去,放胆说我的话。我才着手出了一期,已经感觉材料的困难。一班应得做的偏不做,不应该做的(至少没有到时候)偏要来做。还有一层困难不怎么明显的是即便有名望的人有稿子来时,他们往往是为敷衍副刊或是周旋副刊的记者成心选他们自己不看重多少随便的东西拿来,也不能全怪他们,因为副刊只是副刊,一来没有钱的报酬,二来又是在他们好像与"□等伍",这时候记者的困难是"登还是退",照他良心是该退的,顾着买卖就得迁就,所以我来主稿有张先生这样丝毫不苟且的学者认真(不消说他永远是认真的)来替我写文章,我真是觉着绝大的鼓励,再也不愁孤单的了。我但愿别的作家也能看起我这点子真切的心,起一点劲,结结实实的替今后的副刊撰几篇文章来,我等着。

还有一句话我也得附带声明。张先生主张用火烧所有的副刊;他用很露骨的话来骂所有的副刊。只是你们得听清楚了;副刊办不好是副刊本身的缘故,实在是不容易,简直十分的难办好;我没有做副刊记者以前就十分的同情副刊记者吃力不讨好的困难。

所以假如副刊有办得像样的时候简直可以说是一个奇迹；办不好是应分的。

还有一班发表热的同学们，我也给他们充分的同情，我并不附和张先生的笼统的"骂完了"，这病，如其是病，是长在这时代身上的，不仅是我们各个人的病。但同时我要对你们说，假如你们诚心盼望出版界的提高时，你们就不能抱怨副刊记者，比如说，有时退还你们的稿子，你们要知道，假如你们信得过副刊乃至于别的报的主稿者的诚意，他所求的利益不是他个人的利益，他求的，归根说，也是你们自己的利益，思想界与出版界的利益。志摩附注

双 十 节[*]

（一）

　　双十节这个名词根本上就不通，但因他有十四年的历史和习惯，人家也就见惯不疑，将错就错了。啊！不然，这话恐怕又说错了。我的意见大概只能代表极少数人，因为多数人向来恐怕就很赞成这个名词，甚至就很爱他。哪里说得上甚么将错就错的话。

　　但是多数人尽可牢守他们的意见，我却也要坚持我的见解。我说双十节这个名词不通，自然不是没有理由。第一，双十节是纪念中国历史上一个最大的革命日。革命是件含义至深，影响极广的大事，纪念他也就应该用一种高远雄伟的名字，使人听见他或看见他时，去做那革命未竟的工作。这才是纪念日的用意和他的用处。照这个道理说，一九一一年十月十日那天，本然应该直捷了当叫他做"革命日"。第二，如嫌"革命日"听见太害怕或太宽泛，那就应该仿照美法两国平铺直叙的办法，叫他作"十月十日"或"十月十"，一面既可与美法的"七月四日"和"七月十四"同例，一面可与我们原有的"正月初一"和"八月十五"彼此互映。不料我们革命时代的伟人，学者，名士，不在这个伟大处和简单处着想，却去仿效那昆曲，滩簧的滥调叫他做甚么"双十节"，既非寓意，又不直称，只弄出一种江南靡靡之音，全失了令人起敬令人幽思的庄严气象。民国开幕已经十四年，不曾弄出一个像样的国歌，已经是说不下去，不料连一个革命纪念日的名字也造不出，这是何等的可怜！第三，不但"双十"两个字不行，"节"字更不通。这只是一个简简单单的纪念日，有甚么节不节呢？我问你那

_* 原载《晨报副刊》第一二八七号，1925 年 10 月；署名奚若。

天吃的是年糕，是粽子，还是月饼？

听说双十节这个名词是吴稚晖先生起的。如果属实，那我何能深怪？

（二）

民国十四年中，今年是我第一次在中国过双十。往年在外国的时候，看见人家的社会进步，想到我们国内的混沌现象，不由人常发许多牢骚，泄气不已，那里还有庆贺或娱乐的兴致。今年回到中国，亲眼看见许多在外国时还看不见的恶现象，自然更要发牢骚，那是用不着说的。

但是北京城里这几天因为双十节逼近，政府要粉饰太平，大规模的刷洗各处的红墙和门楼。道自政治影响上看，自然是毫无意义，但自市政清洁方面看，却大有他的卫生价值。因为自五卅案发生后，北京许多爱国志士除在街上呐喊外没有别的方法可以去发泄他们那压不住的爱国热情，于是他们就运用那在乡村店里的墙上写满爱国主张和外交意见，大书特书的一齐写在长安门，南池子，南长街和其他顶向阳的各地方的墙上，尽尽他们的国民天职。（有人说这本来不是爱国广告，这全是营业作用！）这在有市政主权的，本应庄严干涉的，但爱国二字的来头太大了，谁敢说一个不字，因为不仅你批评爱国运动或是爱国主张，单就对爱国二字发生任何疑问时你就犯了人天共弃的大罪，那还了得！因此简单说，巡警们眼看着他们侵污公家的建筑，半句费话都不敢放。现在好容易"双十节"到了，太平是不能粉饰的，泥水匠著了忙，这边爬下，那边又爬上——但这来无论如何，多大的广告连着"泣告"的眼泪一齐叫烂泥盖了起来，不能不说是一件快事！

中国今日之所谓智识阶级[*]

一

智识阶级这个名词的意义本然有点不大明瞭，因为，第一，甚么叫作智识，甚么不叫作智识，有甚么资格的人才能算是智识阶级的人，甚么人不算是智识阶级的人？简单说，智识的标准怎样定法？第二，阶级二字用在资本家或劳动者身上比较的还有一定的意义，但是用在智识二字之下却就太觉含糊，因为资本、劳动两阶级的人比较的都有相同的利益和相同的见解，而智识阶级的人不但没有相同的利益，连相同的见解也是永远不会有的。他们的特质或者也就正在没有相同的见解。不过凡一阶级的构成全靠有相同的利益和相同的见解，若是利益不同，见解各异，则这个阶级就是勉强说有，其内部的团结当然也就不能像其他各阶级那样的巩固了。

这样说来，岂不是世界上并没有智识阶级这个东西了吗？那也不见得。我们所可断言者，只是：像资本阶级和劳动阶级那样有共同物质利益及共同物质人生观的智识阶级是没有的，是不存在的。不过物质利益并不是天下唯一的利益，物质人生观也不是天下唯一的人生观；以物质利益与物质人生观为基础而组织成的阶级当然也不是天下唯一的阶级。智识阶级的共同利益是增长智识，是发展理性，是提高思想，是传播美化。此四者之中，尤以发展理性与提高思想为最要。因为如此，所以这个阶级与其叫做智识阶级，不如叫做思想阶级或理智阶级。智识阶级在欧洲原来叫作 intellectual class 或 intelligentzia，本来是很注意理智（intellect 或 intelligence）而不是专讲智识（knowledge 或 learning）的。因有这个区别，所以凡属理智阶级的人不必一定就有高

---

[*] 原载《现代评论》第二周年纪念增刊，1927年1月。

深或专门的智识；反之，有高深或专门智识的人，例如大学教授等，也不必一定就能算是理智阶级中的人。——据一个美国人估计，美国的大学教授顶多只有百分之二可以算是"理智者"（intellectual）。我以为他这个估计似乎太得恭维美国的大学教授了。

英国人说美国人只会说话（talk），不会谈话（converse）。又说美国人只有受过教导的（instructed），没有受过教育的（not educated）。德国人甚至于说美国只有贩卖智识的商人，没有学者。你想一个人连谈话都不会，连教育都没受过，那里还配得上说什么思想不思想，理智不理智！美国人最崇拜的是金钱，最推尚的是实用，最瞧不起的是理论，最鄙视的是思想。他们把研究理论和具有思想的人叫作"高额颅"或"害不牢"（highbrow）。上自总统，下至刷鞋匠，只要听见说甚么人是个"害不牢"，那他们便没有不嗤之以鼻的，在一般人如此鄙视"害不牢"的空气中，那里还有理智阶级发生的机会？

这是美国的情形。现在让我们看看我们中国是怎样。在这里，或者有人要说，以"现代学术论，美国或者落在欧洲后面，但总要算是在中国前面。美国尚且没有理智阶级，何况中国"。这似乎也是一种有相当理由的结论。不过我去年曾因在一处说过"中国没有真正大学"一句话，惹起许多反对和不利，所以现在不管旁人怎样说法，我自己因为受过实际教训，是打定主意，绝对不再说"中国没有理智阶级"的话了。

但是话虽如此说，毕竟要无条件的承认中国有理智阶级也不是容易事。因为若是承认中国有这个阶级，我们便当问这个阶级在那里，谁算是这个阶级的份子？答语恐怕使许多人不能十分舒服。理智阶级在欧洲范围原来很广，可以说凡属哲学界，文学界，教育界，美术界，科学界的优秀分子都包括在内。（注意，这只是指此诸界中极少数的优秀分子而言，并不是说凡属插足此诸界者即可算是理智阶级的人。理智阶级的人是不会那样廉价的）反观我们，第一，哲学界在那里？文学界在那里？美术界在那里？科学界在那里？我们终年以闹穷为事，捣乱或敷衍为业的教育界是不是人家所谓教育界？第二，就令勉强承认我们有此诸界，他们的优秀分子配称具有理智者（intellectual）更在那里？难道搭起一面"实验主义"的招牌，到处晃来晃去，就能算是哲学家或哲学界的优秀分子？翻上几篇外国小说或做上几首白话诗就能算是文学或文学界的理智份子？编卖"千字课"，瞎谈道尔顿，欢迎杜威，欢送孟禄，乱开大学，垂涎庚款，就能算是教育家或教育界的思想家？蓄起长头发，自称艺术叛徒，就能算是美术家？在学校给孩子们教教物理化学就能算科学家？然而我们若不承认中国有理智阶级则已，如承认，则这些实验主义者，白话大家，道尔顿制者，艺术叛徒，物理化学教员，当然便都是这个阶级的重要份子了。谁还能说不是？

中国的理智阶级固然不以这些人为限，但这些人当然不能说不是中国理智阶级的重要份子。这些人以外，固然还有许多比他们更优秀的份子，但是那些更优秀或最优秀的份子的人数却就非常之少，势力也非常之微，结果几乎可以说是等于没有。

英国有句话，说理智阶级的人是"智慧与美感共和国的人民"（citizens of that ancient Commonwealth of Wisdom and Beauty）。我不知今日中国理智阶级所有智慧之量与美之量究有好多。有人说，美国的理智阶级顶多只配给欧洲的理智阶级作孙子，中国的理智阶级又只配给美国的理智阶级作孙子，所以中国的理智阶级若与欧洲比，顶多只能给他作玄孙。我以为这并不是曾孙玄孙的问题，这完全是子弟争气不争气，长进不长进，有出息没出息的问题。若是有出息，那就辈行小一点，也不要紧。若是没出息，就令辈行大，又有甚么用处？中国今日的理智阶级究竟有没有出息？有人说，即有，也没有好多。而且最近将来的希望，似乎也很难令人怀抱乐观。

二

中国的理智阶级既然如此幼稚，应当如何的奖励扶持，庶几才有发达的希望。不料近数年来，政治日劣，社会经济情形恶化，使他们原来本甚粗简的生活也根本发生问题。结果，有的改业，有的守穷。然无论改业或守穷，其影响于国家的理智生活则一，即理智生活减削与退步是也。欧战后德奥两国经济破产，理智阶级吃苦最大。曾忆柏林大学许多知名教授出门无钱坐电车，写信无钱买信纸和邮票，下课留校午餐只以两块干面包一杯冷水充饥。（连平时人人依为性命的香肠和啤酒都吃不起了！）奥国的大学者也是拿床上的被单补汗衫，穿拖鞋出门拜客。现在中国理智阶级的穷况虽然还没有到这种困苦颠连的地步，但经济恐慌，生活无着，终为一大问题。

此种经济厄运本已足制理智阶级的死命，谁知近来似又发生一种新危机。这个新危机是甚么？就是近来所常听见一部分共产党人在湘粤一带所标榜的"打倒智识阶级"政策。此种消息是否可靠，此种政策是否能行，当然是另一个问题。不过共产党如果当权，这也是他们为无产阶级奋斗中一种应有的文章。这是国际共产党的共同哲学，这并不是中国共产党的特别发明。并且这个哲学苏俄已经实行过。

智识阶级应该打倒不应该打倒是另一问题，能打倒不能打倒又是另一问题。我们现在为讨论便利起见，暂且假定他应该打倒并且可以打倒。但这是指世界上普通的智识阶级说。讲到中国，这话就不能不稍加变通。我以为中国现在的智识阶级，因有以下数种理由，不见得一定就应该打倒。第一，中国现在的智识阶级本然很幼稚，本然还没有成一种东西，不像欧西那样可以说是代表资本阶级的见解和利益，也不像欧西那样真能作共产党的障碍，所以用不着小题大做张皇其辞的去打倒他。凡站得起来的东西才可倒，才能说打倒。原来没有站起来，原来站不起来的东西，你教他怎样倒法？第二，理智，或智识，在无论甚么社会上都是有用的，在共产社会上更是有用的。英国的工党运动比美国的工党运动所以比较的能进步的一个最大理由，就是因为英国的工党不仇视或鄙视智识阶级，不拒绝智识阶级的合作，而美国的则仇视，则鄙视，则拒绝。但这只是就两个资本社会的智识阶级说，当然不能折服那些事事须有苏俄证据始能相信的共产党人。说到苏俄，我们更可以得到一个教训。这个教训就是：苏俄的共产制度，自未实行以前以至实行以后好几年，完全靠有少数智识阶级的领袖，如列宁，杜落兹基等，在那里运用他们的脑筋，思想，智识，才能，去筹画他，施行他，维持他，改良他。不但此也，苏俄起初数年也是非常仇视并且虐待他的智识阶级。但是到了后来，因为共产党自己的脑筋不够用，对于从前仇视的智识阶级又不能不特别宽待，又不能不借重。这固然并不是出于他们的本心，但天下事有几多可以说是出于一个人的本心的？讲到社会建设，惟一的大问题是智识问题，是脑筋问题。没有冷静缜密、深思远虑的脑筋，光靠沸腾腾的热心，不管你有怎样多，总是不大行的。因为如此，——因为大规模的社会建设所需理性、智识、才能之量太大，因为中国现在的知识阶级并没有牢不可破的阶级（指资本劳动阶级）偏见——所以我觉得中国现在那个本甚可怜的智识阶级不必一定要打倒。

但这原是指共产党完全当权时的可能事实言。其实在目下或最近的将来共产党不见得就真能当权（国民党统治中国不见得就能算是共产党当权）。共产党若不当权，大概智识阶级总可高枕无忧。不过智识阶级的真危险并不在人家打倒他不打倒他，而在自己无以为真正的智识阶级，而在自己仅仅做一个似是而非有名无实的智识阶级。若常为有名无实，若常害那种"幼稚病"，那就人家不去打倒他，试问存在着到底有甚么用处？

英国派兵来华的目的和影响

这几天来国际间的重要问题当然要算是英国派兵来华这件事了。此事不但自居于被压迫地位的中国人看起来是很重要，就是那向以侵略弱小民族为职业的英国人看起来也似乎是含有一种重大意味及不可测的影响。中国人对于此事当然是不分南北不论新旧的一齐反对。英国政府既遭工党猛烈的攻击，大概也不能算是全国一致的赞成他的政策罢。至于日美拒绝合作，国际舆论不直英国，那更不待言了。所以英国此次派遣大兵光降中国这件事，除过在世界上到处闯乱子的英国资本家及代表资本家的英国政府和给资本家做走狗的旅华英国商人教士外，可以说是没有一个人赞成，没有一个人不反对。

但是反对自反对，派兵自派兵。那代表帝国主义的英国保守党政府当然是不会因受舆论攻击遂中止派兵的，那是绝对不会的。如会，岂不是英国人便不成其为英国人，保守党亦不成其为保守党，世界上最狡猾最阴险的帝国主义者也不成其为如此的帝国主义者了吗？所以我以为关于此点中国人只应研究对付方法，不必妄想他们中途撤兵。那是绝对做不到的。兵已派出，陆军已出发，海军已开驶，空军已起飞，两三万强的示威大队不到两三星期，便可以长驱直入驶进我们的黄浦江占据我们的上海了。

大英帝国的武力东来，我们虽然是无法阻止，但我们为我们自己的切身利害计，当然应当问问他这一大批人马气势汹汹的到底做甚么来，及他来后对于中英两国关系上将生如何影响。

第一，到底做甚么来？"英国此次派兵来中国到底有甚么目的？"这差不多是这几天来中国人人人自问而不能得一个圆满解答的问题。自表面上说，英国政府本已明

---

* 原载《现代评论》第五卷第一一三期，1927年2月。

白宣布是为保护上海英侨生命财产而来。但不幸政府和外交家的宣言人家向来也只当它做政府或外交家的宣言看。向来打惯折扣，这次又焉能不打。何况这次的折扣成数又似特别大呢。因为，第一，若真是为保护上海英侨生命财产而来，那就必须上海英侨生命财产发生危险，然后才有保护可言。今上海安堵如常，英侨生命财产并未发生何等危险，试问所谓保护，系因何人何物何事而发生此种保护之必要？第二，若说是恐怕国民政府的势力到了上海后，将仿收回汉口租界例，用同一手段收回上海租界，为先事预防计，不能不加派大兵防守上海，那么，英国政府和英国人应当知道收回租界是一事，因收回租界或令英侨生命财产发生危险又是一事。收回租界是中国人全体不分党派不论新旧的一致主张，我们已下此决心，英国人无论如何谅也无法阻止。不过收回租界的方法原分和平与激烈两种。我们富于和平精神的中国人，非至万不得已，当然情愿采取和平方法。但若我们的对方一定不赞成这个方法，一定嫌这个方法没有甚么趣味，那我们为尊重他们的意思起见最后也就只得采取激烈方法。决定此种方法之权，我们很惭愧的说，实在不在我们手里。这只是指收回租界一方说。至于收回租界时是否将令英侨或外侨生命财产发生危险，那当然是不一定的。大概只要英国人或其他的外国人不首先开衅，我们是绝对不会自动的去侵犯他们的。其实岂但不会自动的侵犯他们，有时他们无故的侵犯我们，有时我们的生命已遭极大危险，我们还只是一时的采取不抵抗态度。去年"五卅惨案"的经过及最近汉口事件的起源就是这样的几个好榜样。总之，收回租界是一件不可免的事体，不过收回租界与英侨生命财产却是丝毫无关。这次汉口事件起后，我方始终能尽保护责任，始终未令英侨生命财产发生半分钟的危险，很足以证明我这话不错。至于英侨自动的逃生迁移，那只能怪他们不懂中国人心理，不解中国国家主义运动的性质，庸人自扰，并不是我们强迫他们使之如此。说到这里，有几句话关于外国人对于中国人的心理和见解，使我不能不趁便说说。那就是外国人，尤其是英国人，现在对于中国人的心理和见解还是二十六七年前的心理和见解：他们以为现在的中国人还是庚子年的中国人，他们时时刻刻还把我们当做义和团看。因有这个错误心理，所以每遇中国有内乱的时候，他们就手忙脚乱，调遣军舰，招集义勇队，安设电网，堆积沙包，架设机关枪，尽种种自卫能事。此等庸人自扰的动作，我们看见何等可笑。然而他们方以为如临大敌，事非得已。其实到现在还用那调遣军舰、招集义勇队的方式去应付中国的局面，不但不足以证明我们是现在的义和团，反足以证明他们还是从前的"洋鬼子"，丝毫没有改变头脑。

派遣大批军队系为保护上海英侨生命财产这句话，尤有令我们不能置信的地方，就是：上海那样一个小地方，若是当真只为防卫起见，那又何必要派好几万的陆军，海军，甚至空军呢？那岂不是小题大做么？若说保护区域并不限于上海，那么，这几万人似乎又嫌不够。若说以后犹将继续增兵至够用为止，那么，结果恐怕英国便非直接同中国发生战争不可。为保护上海租界而和中国打战，证以英国近来对华政策和英国国内舆论，似又不近情理，并且恐怕实际上也做不到。以上诸说既均难通，那么英国究竟派遣这样大批军队到中国做甚么来？

英国这次派兵的目的，至现在为止，既是这样莫名其妙，我们局外人暂时只有置之不理，只有进一步的研究这些军队到了中国后事实上将发生何等影响。我在这里应先总说一句，就是：这些军队到中国后无论自那一方面看，都将发生一种极恶劣的影响。因为如此，所以我们非常痛惜英国这次派兵的政策错误，非常可怜那有时很聪明有时很蠢笨的英国人这次不幸又要向全世界暴露他们的蠢笨面目；因为如此，所以我们极端反对这种政策，对于以后所将发生之一切恶结果恶影响不负任何责任而惟英人是问。

此等恶劣影响至少有两种：（一）心理的，（二）事实的。

第一，心理的。中国人数年来对于英国人的感情可说是日坏一日，反英运动因之也就日盛一日。此事就是那向来感觉很迟钝的英国人（或者是因为他们的势力大，用不着感觉）自己现在渐渐也晓得了。不过他们还不晓得的，还不懂的，（至少大部分的旅华英人还不懂）就是为甚么中国人对于他们英国人感情特别坏，为甚么中国人专与他们英国人为难（他们以为是为难）。这其中的原因，自我们中国人看起来，原甚明了，而英国人竟不懂，实足见他们的感觉迟钝或他们对于被侵略民族不情愿用感觉的倾向到了甚么程度。我在这里应简单的向这些没有感觉或不愿用感觉的英国人解释一下，就是：我们对于你们的感情特别坏，因为（一）你们侵略中国的历史特别长，而且你们现在在中国的势力又特别大。我们先急后缓，先大后小，不能不先和你们算账。你们如衡情度理应当不至怪我们失礼。（二）你们一两年来对待中国人的手段特别坏，应付中国事件的方法特别笨。一年前的"五卅"、"沙面"、"汉口"各惨案，最近数月内的万县大屠杀，都是你们英国人向我们发脾气而不是别国人，都是你们英国人向我们挑战而不是别国人。因有这两层道理，所以年来反英运动的潮流也就特别急。这都是你们的特别历史、特别势力、特别政策有以促成之，并不是我们歧视你们，当然更说不上"有意为难"的话。中国人对于你们的感情已经这样坏，如要改善，自然应当由你们迅速改变你们向来对待中国人的手段和政策下手。现在你们不但不改变这种传统的恶劣政策，反要变本加厉，派遣大批军队来威吓（至少是威吓）我们，作庚子以来的创举。你想这能改善中国人对于你们的感情吗？

第二，事实的。不管你们原来派兵的目的如何，总之，这些大批军队到了中国后，与中国人民或军队一接触，总有意外事件会发生。天下许多不幸事往往起于意外，尤其是国际间的武力冲突。譬如，取一最明显的例，你们的大批军队到了上海后，中国人因反对他们惠临或因其他原故而作示威游行，因作示威游行而与大英帝国的武方代表发生冲突，那时小则足以引起更大规模的反英运动，大则可以激起军事冲突。结果均将不详。又如，你们的大批军队到了上海后，因要防守上海，或将藉口战略地点（Strategical Points）等理由，不能不防守上海附近的地方，因要防守上海附近的地方，又将不能不防守附近地方的附近地方。如此扩大范围，将见长江要隘无处不可认为有屯兵或防守的必要。那时你想我们的民众与军队，尤其是在党军治下的民众与军队，能让你们那样任意横行吗？如不能，岂不是又要多添一种发生冲突的机会吗？总之，兵凶战危，你们的大兵这次惠临中国，我们无论如何都想不出他能造出甚么好结果。

然而宗旨暧昧，手段蠢笨，在世界上到处拿他们的武力闯乱子，原是英国人的本色和习惯，那有甚么法想。不过这次我们却要看他们的成败利钝如何了。

此文作于本月二日，即阴历正月初一日，正值北京城里前后七八日没有报纸的时候，对于中英问题的最近发展，如英国新提案及陈友仁拒绝签字宣言等，概属不知，故立论仅以当时的已知事实为根据。至此等新发展的意义和影响当于本刊下期中另为文论之，兹不多赘。

作者，二月六日。

英国人的头脑与此次出兵[*]

英国人的头脑是复杂的，还是简单的；是冷静的，还是暴躁的；是适于实用的，还是宜于理论的？这都是些极蠢极无意识的问题，因为世界上原来没有绝对复杂的、冷静的、适于实用的头脑，也没有绝对简单的，暴躁的，宜于理论或不宜于理论的头脑。英国人是好自由平等的，还是不好自由平等的；是讲公道的，还是不讲公道的；是爱和平的，还是不爱和平的？这又是些极蠢极无意识的问题，因为不管你怎样回答，人家总能给你找出许多反证或例外。幸而我们这篇文章的用意并不是要讨论英国人的"国民性"，也不是要研究不列颠人的社会心理，所以用不着同这些差不多没法解决的问题去打麻烦。我们的意思只是要指出英国人此次出兵中国的心理，或较更确切的一点说，我们只是要晓得那几种心理，或那几种原因，促成英国政府此次出兵的事实。同时我们也将顺便谈到出兵后的新发展及将来的结果。

此等原因当然是很复杂。今请举其重要者数端如下。

第一，数年来一部分报纸的宣传影响。保守党的报纸，如伦敦的《晨报》、《每日邮报》，有时甚至那老成持重的《泰晤士报》（至于在中国出版的《上海字林西报》、《京津泰晤士报》，更用不着说了），近年来对于英国对华政策都是主张采取强硬政策或干涉主义的。他们的论调有时是说英国在中国的利益发生危险，不能不干涉；有时是说英国侨民在中国的生命财产没有保障，不能不干涉；有时是说英国为在华列强中势力之最大者，为给其他各国作领袖，不能不干涉；有时是说中国政府违背条约，或不履行条约，不能不干涉；有时是说为防止中国受俄国赤化计，不能不干涉；有时是说中国军阀扰乱，土匪横行，人民不安于命，为拯救数占全世界人口四分之一的中国人民计，

---

[*] 原载《现代评论》第五卷第一一四期，1927年2月。

不能不干涉。总之，为英国在华利益计，为其他各国计，甚至为中国人自己计，英国都应采取强硬政策，都应干涉。英国政府固然不必一定要听这些报纸的主张，但是好几年的不断宣传，在一般人的心理上，总有许多影响。政府是代表人民的，当然也逃不掉这种影响。保守党政府是代表旧式帝国主义的，当然更逃不掉这种宣传的势力。

第二，政府的责任心。政府的最要责任是保护人民生命财产。此种政治原理近年来的中国政府虽极端表示不赞同，但在英国却还有很大的势力，英国政府对它却还有相当的信仰心。因为有这种信仰心，不，简直可说是因有这种习惯，所以一遇人民生命财产发生危险的时候，他便用他的力量去尽那种保护责任。这差不多是一种机械动作。在本国以内是如此，在本国以外，关于侨民处，尤其是侨民之在弱国者，也是如此。此次英国派兵来中国固然有其他的原因，但在一部分人的心理上这种保护侨民的责任心或者不是没有相当的影响。至于在事实上这种保护是否必要，这种保护方法是否适用，那当然是另一问题。

第三，若仅有以上两种理由而没有其他的原因，我想英国政府大概是不至于实行出兵的，因为英国人，就大体上说，是注重实际，注重方法，注重效验的，而这次出兵，在实际上，方法上，效验上，都只能认为是一种错误，是一种极无意识极可笑的错误。为什么呢？因为除非英国政府是想直接和中国开战，那他这次所派之兵是绝对不能达他原来的想象目的（即保护上海租界）的，换句话说，是与原来的想象目的没有什么关系的。我说他与原来的想象目的没有什么关系，因为，第一，就令租界暂时存在，其实在保护力量最终犹须仰给于中国；保护力量既须仰给于中国，英国派兵岂非白派，岂非无用？第二，若说保护力量将靠英国，区区上海又用不着那样大的兵力。至于英国政府没有和中国开战的意思可由以下数种事实证明：（一）若真与中国开战，若真单独的与中国全国开战，那这两三万兵是绝对不够用的。（二）前月二十八日的英国新提案明明准备将租界交还中国；既然一面准备将租界交还中国，一面又预备和中国开战，那是不近情理的。（三）陈友仁宣言汉案在英国进兵时期内不能签字后，英国政府为调停计竟有将已派之兵调至香港登陆之说。今日（二月九日）天津《大公报》又载上海停止建筑英国兵营说，谓全因陈友仁拒绝汉案签字所致。如此说，英国政府原来派兵的目的绝非想和中国开战，彰彰明甚。

英国政府如果因国民政府抗议之故而将所派之兵调至他处上岸，则可完全证明其此次派兵目的不明（诚如伦敦《泰晤士报》所抨击，见今日北京《晨报》），完全证明其为一种错误，完全证明其为轻举妄动。然而沉着的英国人是不易于轻举妄动的，而今竟亦作此浮嚣之举，究竟有甚么道理？

我们现在又说回到我们的原起，又说回到方才所要说的第三种原因。这第三种原因非他，就是那帝国主义的英国人所常系念的名誉心（sense of honour）或威望心（prestige）。这种名誉心是一种很平常而又很特奇的心理。譬如有人当面侮辱你，你的直接心理反应便是立地报复。若不报复，你便觉得与你的名誉（honour）有关，你便恐怕旁人笑你没有勇气。此事在个人为然，在国家亦然。国际间许多冲突，历史上许多战争，都是因为一国认他国有侵犯他的名誉的行为而起的。至于此种侵犯名誉的事实是实在的，还是想像的，是当真，还是误解，当然是另一问题。大概自历史上看，至少可说有一半是想象和误解。这个名誉问题，拿中国话说，可说完全是一个"面子"问题。威望心是名誉心之一种，是面子问题，是一特殊方面。严格说，威望问题在国际间只是大国对小国、强国对弱国的"架子"问题。大国强国，和有势力及有钱的人一样，是喜欢摆架子的。有时小国弱国的行为他们认为与他的架子有碍时，他们便赫然震怒，马上给你一个下不去，使你以后再不敢冒犯他。此次英国出兵中国，我以为完全是这个面子问题与架子问题在那里作祟。

面子问题及架子问题的心理根据是感情的，而不是理性的，故因这两种问题所发生的动作多半也是感情的而不是理性的。英国此次大举出兵，因为是感情冲动的结果，所以不容易拿理性解释；因为是感情冲动的结果，所以目的不明；因为是感情冲动的结果，所以是轻举妄动而在方法上和效验上故为一种极愚蠢极无意识的大错误。国民政府抗议之后，英国政府如真能中止进兵，是理性未尽灭，尚肯自认其错误；如不能，是纯为感情所趋，情愿一错到底。何去何从，岂仅是我们的利益所关。

至于陈友仁的宣言，那不但是国民政府的外交光荣，那简直是华洋通商以来中国外交史上从来未有的漂亮手段。全国人民应当顶礼，北京的外交家应当愧死！

南北可以妥协吗*

数日前京津报纸盛传南北妥协的消息。一周以来,虽以战事吃紧关系,此说稍歇,但"妥协""调停"等说原为十五六年来中国政客军人的惯用手法,今虽呼声不高,大概一遇政治或军事形势发生变化,总会乘机复活,不见得是永远舍弃不提了。

办事不澈底,没有一贯主张,畏难苟安,侥幸成功:这都是外国人批判中国人的话。平心而论,这些评语不但不是没有根据,简直可说是民国十数年来一切政治扰攘的惟一解释。这十数年中无一年不有内争,无一次内争不趋妥协,无一次妥协不再破裂。推原其故,实因这种妥协,实际上并非真正妥协,仅属战略上一种暂时休战状态。既属休战,所以在此休战期中双方均只补充军实,预备一有机会再决胜负,并非捐弃前嫌诚心合作,老实说,自辛亥以至今日南北两方从来也就没有合作的可能性。因为合作须有一种合作的共同基础,而南北两派十数年来始终就没有这种基础。就大体说,南方所希望者为真共和,北方所容忍者为旧专制;南方要实行平民主义,北方要贯澈武力统一;南方着眼在将来,北方注意在现在;南方为新进少年的活动地,北方为官僚政客的逋逃薮。以这些目的不同、眼光不同、思想不同、性情不同的新进少年与官僚政客去谋妥协,去谈合作,若非与虎谋皮,也是对牛弹琴,当然不会有甚么好结果。

然而这还只是指民国十六年以前每次的南北妥协而言,若说到此次的妥协运动,那当然更有他的极大困难地方。今试先就南北两方的立足点分别言之。

第一,北方。北方现在打的是"讨赤"旗帜。这似乎是说:别的不管甚么主义都可商量都可容纳,惟有共产主义不能商量不能容纳;别的不管甚么化都可通融都可以赞成,惟有赤化(至于甚么叫作"赤化"我们这里可以不必研究)不能通融不能赞成。

* 原载《现代评论》第五卷第一一八期,1927年3月。

这在一方面说起来当然有他的极强理由。你的良心如不承认共产主义有利于中国，你的见解如不承认赤化（什么叫作"赤化"，方才说过，我们这里不必研究）是副良药，你尽可尽力去反对。这完全是一个良心问题与主义问题，谁也不能使你不反对，谁也不能强你赞成。北方当道此次"讨赤"，如真系以国家利益为前提，以社会安宁为动机，那我们就无论赞成他的方法与否，总要向他表示几分相当的敬意。至于南方究竟是不是真要实行共产，是不是真所谓赤化（即共产化），别人或可怀疑，讨他的北方当道当然是丝毫不疑的。北方当道既是真心讨赤，既是真心讨伐共产，那么，我想除非真能削除这个所谓赤化，真能打倒这个所谓共产主义，就政治逻辑说，似乎是不应该半途而废，不应该随便妥协，不应该令外国人又笑我办事不澈底。

第二，南方。说到南方，那就更不应该妥协。你们的旗帜是"打倒军阀"。你们如承认现在北方的当道是军阀，如承认他们现在还没有倒，那就只有继续奋斗至打倒他为止。你们向来以头脑清晰，宗旨坚决，主张一贯自命，现在如忽然妥协，岂不怕人家笑你们自相矛盾，有始无终？况且现在"三分天下有其二"，若中途妥协，岂不是"功亏一篑"，试问就是不管北方的老百姓，又怎样对得起卧在碧云寺的先总理？甚么行党的人卖的什么行党的货。你们向来卖的是"三民主义"、"五权宪法"、"打倒军阀"、"肃清内乱"等货物，现在如中途停止扩充市场，即不亏本，也要折利。何况你们这些货物，又都贴有"奋斗"标帜，暂时营利虽可不计，永久招牌总当顾全。总之，此次北方承认南方是赤化，非讨伐不可；南方承认北方是军阀，非打倒不可。在理，双方各居极端，既无调和余地，又无妥协可能。今若固一时的战略关系而竟妥协，那当然只能认为是上文所说的暂时休战而非真正妥协。在此休战期中，双方又将照例补充军实，预备不久再战。这个办法，在双方的当道原来是没有甚么不可以。不过我们做百姓的人却就因战期延长，国是解决愈远，不免又要多吃苦了。因为，老实说，百姓们的希望是：不能快活，情愿速死。那种活既不可、死又不能的长期罪我们实在是再受不了。

南京事件与不平等条约[*]

甲国的兵船在平时可任意行驶于乙国的内河：这是在西洋各国绝对没有的事，而在中国则为一种极普通的现象！不但可以任意行驶，并且可因些微细故随便轰击乙国的城市，杀伤乙国的人民，这更是西洋各国绝对没有的事，而为欧美各国在中国的特享权利！所以要使外舰不能随便袭击中国城市杀伤中国人民，只有根本不准他们驶进中国内河一个办法。但要不准他们驶进中国内河，那就又非根本废除不平等条约不可。说来说去，又回到这个老题目。

此次南京事件的起源及实在经过情形虽至今不大明了，但据这几天来报纸上所载的片段不完的消息看起来，似乎曾经过以下数种恶化的程序。开头大概是一部分溃兵发生骚动和抢劫。纷乱一起，本地的土匪，如青红帮之类，当然也乘火打劫去加入并继续已经发动的暴乱行为。其中或者有人冒着党军服色，希图混乱，也未可知。抢劫起后，外人中少数个人不免也有被威吓，甚至被掠夺的事实。因此，他们全体便发生极大恐慌，以为义和团复起，于是争先恐后的逃到美孚公司所在的某山上去避难。他们到山上后，因有一部分党军便衣队（是真正是假冒现在尚不可知）去搜寻在那里藏匿的溃兵，他们误会以为是想加害他们，遂有人跑到屋顶上拿旗帜向泊在江中的外舰表示危险求救。英美舰看见此项旗帜后即开炮轰击。起先轰击或只限于山上，后来便向南京全城及下关到处乱轰乱打，并用机关枪扫射了。结果，外国人死了二名，中国人死了好几百或数千。房屋财产被焚的物质损失还不必说。

以上所说，当去实在事实不远。但此事关系重大，党军方面应派得力人员认真调查经过情形，以明责任所在，勿令外国通信机关及当事者任意黑白，淆乱观听，作不

---

[*] 原载《现代评论》第五卷第一二一期，1927年4月。

利于我的宣传。

在未调查明白以前，我们于此次不幸事件的责任问题，尽可缓下断语。但此中却有数点实在是丝毫没有疑义，即（一）在国际公法上外舰没有开炮轰击的权利，在事实上没有开炮的必要；（二）外国通信社事后铺张扬厉，故甚其辞，希图煽动世界舆论，使列国协以对我；（三）美国人此次受英国人愚弄特别叫嚣，不但讨厌，简直是自寻麻烦。

第一，在国际公法上，凡一区域因战争关系（无论为外战或内战）变为军事区域时，住在这个区域内的人民（无论本国人或外国人），为避免危险计，得由任一方的军事长官通告，令其舍弃此地而迁往其他安全地点。不愿迁者，其因战争关系所受生命或财产损失，国家不负责任。此次南京变为军事区域，双方军事长官有无此项通告，我们不得而知。但各国领事确曾屡次通告各该国侨民暂行迁避，不过他们不愿迁避，甘心留彼冒险罢了。既然甘心冒险，则凡因战事关系所受的损失都应自负其责，不应令兵舰开炮轰击作报复的行为。就是退一步，说中国军事当局没有此项通告，外国人在法律手续上没有迁避的义务，但在事实上此次战争完全是内战，并无排外性质，纵令因战事关系稍受几分骚扰或损失，也应静候骚扰过后的正当解决，不应小题大做，拿无情的武力胡乱去对付，把一件已经够坏的事情越弄越坏。况且就是拿武力去对付，也应该等到一种必要程度。这次南京事件没有到这种程度很属明显。日本兵舰始终拒绝开炮便是一个极强证据。不然，难道日本当局保护他们侨民的热心没有英美那样高吗？

总之，此次南京事件，中国溃兵抢劫是土匪行为，外舰开炮轰击是海盗行为。土匪固然应当从严惩办，海盗似也不能令其漏网。

第二，这个不幸事件发生后，在中国的外国通信社故意铺张扬厉过甚其辞，一方面希望激起世界各国对我恶感，一方面想藉此掩饰他们的海盗行为。这里一个电报说："某国领事被杀，某军官遇难！"那里一个新闻说："外国侨民死伤不计其数！"今日一个报告说："南京之变不异于义和团复起！"明日一个消息说："幸亏英美军舰开炮保护！"不过不幸那些屡次传说已经遇难的领事、军官、教士、商人们却又一个个都由死中复活起来，未免给这些通信社及新闻记者面子上太下不去了。据最近报告，外国人仅死二名，还是一个法国人，一个意大利人，与英美丝毫无关。为救这两个人计，不惜用大炮和机关枪打死了五六百或者甚至两千以上（确数今尚不明）的中国人。中外人命的比价也就可想而知了。何况就是那两个外国人之死，又还并不见得不是直接或间接受英美人的大炮轰击与机关枪扫射而死的呢？

第三，阔大少派的美国人向来对于中国事不大了解。他们所以在中国人眼中还不十分遭嫉视的道理完全是由于历史关系，并不是因为他们个人怎样比英国人好。阔大少钱太多，向来不懂事，也不管事。不过这次竟然受了英国人愚弄，也在那里逞强，也在那里发脾气摆架子。不但学人逞强，学人发脾气，并且还要特别叫嚣，特别吵闹，好像不如此，不足以显出他们阔大少爷的架子的样子。例如他们的驻京公使马克慕于南京事件起后之第二日不加考察即宣告党军没有保护外人的能力，令所有在党军管辖区域内美国人一律离开中国。这在他们完全是摆架子。但同时我们也很感谢他们。因为帝国主义的外国人来中国我们原来不大欢迎，不过没有法子叫他们不来，也没有法子使他们离开罢了。现在他们既然自动的回去了，我们只有说一声谢天谢地，念一声阿弥陀佛。不过我们于感谢之余还有稍微不满意的地方就是他们不应该独善其身，他们去时应该把他们那些同文同种而且最近在南京又同患难的英国朋友们一齐都叫上走才好。这在我们看起来，实在有点为善不终之嫌。

美国人这次讨厌的地方，这不过其中之一端。其他如那位驻华海军司令维廉氏今日向这里发表一个电报说南京应当轰击，明日在那里发表一个谈话说中国人排外，说中国人民的政治运动是义和团运动。美国政府昨日电令撤销重庆、长沙两处的领事馆不见得不是受了维廉司令的报告的影响。

总之，美国人今后如尚欲保全中国人向来对于他们的好感，似当眼睛放亮一点，稍安勿躁。如定欲与英国人同归于尽，使中国人不能不以同样手段反对他们，就只有随他们的便了。

国民政府对于此次南京事件的外交手腕似乎很难令人满意。第一，无论此事起源若何，英美舰开炮轰击总算不对，既然不对，则国民政府自应有一种严重抗议，而至今未闻有此种抗议发出，是一大错。第二，此事发生后，外人争向蒋介石要求负责保护。在此种情形之下，蒋氏除一方完全担任保护责任外，同时又应向外国当局要求将南京及其他中国口岸所有之外国军舰一律撤出吴淞口，并声明以后非得中国同意不得无故驶入中国内河。因为蒋氏代表中国政府，中国政府一方固应保护外侨，一方又应保护本国人。为保护外侨计，自应担负种种应尽责任；为保护中国人民计，又不能不使行同海盗之外舰立刻退出。这种光明磊落而又迫于情势的要求就是极蛮横的外国人恐怕也不能置之不理。然而蒋氏个人及国民政府并未闻有此种表示，岂非大憾。

十六，三，三十。

外国人应该知道的几件事 *

"他们甚么也没有学到，甚么也没有忘记。"这句西谚差不多是为今日住在中国的外国人说的。一个人的思想原来许多地方是很难不受成见拘束和习惯支配的。许多人的动作简直可说是永远逃不掉感情驱遣与私利指使的。这在社会承平，循序渐进的时代，或者没有多大害处，——自英国人看起来，或者竟许是毫发不能改变的生存秘诀，——但是遇着社会有大变动或革命的时候，这个老办法就完全不够应付环境，有时竟会造成很危险的情势，激出很暴烈的变动。人的天性中，感情，或"非理性"，固然占一大部分，但理性无论如何总也不能说是完全没有。"人是有理性的动物"一句话固然含有许多语病，但若说"人是没有理性的动物"，那就未免又失于相反的方向。运用理性固然是少数人的特能，但多数人似乎也不应该让这些少数人在那里对于此事专利，尤其是与自己的切身利害有密切关系的时候。今日在中国的外国人，大多数都是瞧不起理性，都是以感情与成见为处世的指南针。他们的根本错误在不知道他们现在处于一个社会有大变动的时代，须以理性为举动的标准，或者是明明知道，而以过为感情与私利所驱使，不能或不愿照所知道的实行。我们并不敢不自谅的教外国人推崇理性，——那是一件很难的事——我们只要告诉他们感情和成见有时是很靠不住并且很危险的朋友。

外国人数十年来在中国社会上所占的地位是极不自然的，极不合理的，极应废除的。目下所有的一切纠纷可说是起于一方面要废除这种不自然不合理的地位，一方面要维持它，继续它。例如租界的存在，外舰的横行，关税的不自主，治外法权的继续都是这种不自然不合理的地位的结晶。这种结晶，自中国人看起来，完全代表侵略与

---

* 原载《现代评论》第五卷第一二二期，1927年4月。

压迫。侵略与压迫的基础是武力，不是道德。天下反抗武力的惟一利器便是武力自身，即同样或较更大的武力。卢梭说得好：

> 譬如只讲武力和由武力得来的效果，我可说：当一个民族被人强迫要他服从，并且当真服从的时候，那算很好；但若他们能解脱这种束缚，并且当真解脱他，那就更好；因为拿原来剥夺他们的自由的同一权利去恢复他们的自由，不是他们的恢复是完全对的，就是原来的剥夺是完全不对。

日来弗的哲学家这几句话说得何等透辟，何等有意义。不过在今日住在中国的外国人的耳朵里不大中听罢了。这些外国人的思想和议论多半纯以条约上所许的权利为根据。他们口口声声说中国人这里违背条约，那里侵犯他们的权利。好像中国人不知道或者忘记有这样条约、这样权利存在似的。其实我们何尝不知道，也何尝忘记。不过我们根本上不承认这等城下之盟的条约有道德的根据，不承认由掠夺行为得来的权利有存在的理由罢了。我们违背，不错；我们侵犯，也不错：这些事我们都完全承认，并且我们觉得很抱愧。为什么抱愧？因为我们，至现在为止只能枝节的违背而不能根本的废除，只能片段的侵犯而不能整个的取消。

说到这里，或者有些外国人要说："我们也承认这些条约应该修改，这些特权应该废止，但是应以外交形式修改之，以和平方法废止之，不应出以激烈的手段。"说这些话的人应该去稍微参考去年"关税会议"和"法权会议"的成绩就明白他这些话的可笑地方在那里。连这两件比较容易的事，外交与和平方法尚无术可施，何况那比较更难的租界退还问题。

数周前伦敦《每日电报》的社论说："我们若不以强硬手段对待中国，以后外国人在中国将仅有通商和居住的权利。"我们听见这话，不由得要问：这还不够吗？你们还要甚么？但是《每日电报》这句话自我们看起来虽然非常可笑，实在颇足代表一般外国人的心理。他们所要的当然不是仅仅通商和居住的权利，这是他们在他们彼此各"文明"国所享的权利；来到"不开化的"中国，若还只享这些旧式权利，那是何等无味！

有一件事似乎到现在还有许多外国人不知道，或者是本然知道而不情愿知道，那就是：外国人在中国社会上所占的地位，在中国人的心理上，早已与从前不同了。这种地位可分前后三个时期看。这三个时期中每一期都可拿一个特别名词形容之，就是：

在第一期中，一般人呼外国人曰"洋鬼子"；在第二期中，许多人称外国人曰"洋大人"；及至第三期即最近及现在这个时期，才正名定分叫他们曰"外国人"。"洋鬼子"含鄙视的意思，"洋大人"带恭维及敬畏的性质。一则失之于太低，一则失之于太高。到了"外国人"，才把这些蓝眼黄发的客人与主人放在一个平等地位。第一期已经成了上古史，可以不说。第二期和第三期很有研究的价值。在第二期中中国人因为慑于外国人的威权，事事都把他们看得了不得。外国人自己以为他们是人类优种，中国人有时也就几乎这样相信。外国人自己说他们是文明人，中国人有时也似乎丝毫不疑。结果，外国人对于中国人差不多要怎么样，便怎么样；中国人因无抵抗力也就只有听其宰割，任其践踏。这固然一半是由于中国人没有抵抗的武力，一半也是由于智识太欠缺而且国家主义不发达。到了最近及现在，武力虽仍是远不够用，但国家主义的思想与其他的智识却算进步的多了。因此，便有现在的冲突。这个冲突的性质，用最浅显的话形容，可说是中国人请外国人仅作平平常常的"外国人"，外国人却偏要做随便能作威作福的"洋大人"。

外国人目光射在已往，不但自己要强作"洋大人"，还要硬叫我们为"义和团"。前几天南京事件发生后，不但伦敦的国会议员说那是义和团复起，就是久驻中国的美国某海军司令也是同样叫嚣。所以然的道理全因外国人向来在中国住在一种特权地位，与中国人的精神生活完全隔阂。中国人无论如何改变或进步，他们总是以与我无关轻重，不屑去理。结果便是中国人现在所说的话，所做的事，他们完全不懂。不懂而不知其不懂，不懂而要强装懂，便不能不拿那些牛头不对马嘴的话去搪塞，便不能不拿炮舰和陆战队去对付。

现在的问题有二：第一，中国现在这个局面是不是应该拿炮舰和陆战队去对付？这是一个公理问题或道德问题，在向来鄙视公理和瞧不起道德议论的外国人看起来，当然是没有研究的价值。第二，炮舰和陆战队，甚至正式陆军，到底对付得了这个局面对付不了？这是一个事实问题，外国人当然以为对付得了。不过我们认识"现在的义和团"比较清楚一点的人对于他们这种结论却有点不能不怀疑。

宁案与五国通牒[*]

宁案我方办理失策，实属彰彰无可讳言。其第一失策处在不迅速调查此案发生真相及经过情形，自动的以负责态度惩办肇事份子并对受损失者（不分中国人外国人）一律担任赔偿。其第二失策处在不向外国当局，对于其开炮轰击及惨杀中国人民事，提出严重抗议并采相当办法。平心而论，宁案的全部责任不能由任何一方单独负之。抢劫和杀伤外人，其罪在我方，我应负其责。开炮轰击和杀戮中国人民，其罪在彼方，彼应负其责。我方不能因彼方后来开炮轰击而不负前段抢劫与杀伤外人之责；彼方亦不能因我方发动抢劫而不负后段开炮轰击之责。此中责任分明，谁也不应狡赖，谁也不能狡赖。然而中国方面对于此次事件办理失策的地方也就全在此处。以不用迅速方法认真办理（虽有"调查委员团"之派遣，但此案起后至今已经二十日，尚无确切报告，不能不令局外人疑其并未认真调查，或已认真调查而不愿照调查所得结果负责办理），致人不能不疑我们或者存心狡赖。以未正式提出严重抗议并当采的办法，遂又给外国人以狡赖的机会。今五国通牒已经送出，虽然不能说完全是我方办理失策之结果，但多少总有点关系。至于此后交涉，形式上置我们于不利的地位，那更不待言了。

"知己知彼，百战百胜"不但是兵法之理，也是外交秘诀。头等外交家的特色就在能审察情势，刚柔并用。应该强硬处强硬，应该柔软处柔软。应该归罪他人处归罪他人，应该自认其错处自认其错。个人不能永远无错，国家也不能永远无错。有错是常人，改错是常事。而且，自对内言，维持社会秩序，保护人民生命财产，为国家第一要务；自对外言，一个国家在国际间享有许多权利，同时也负有许多责任；为尽这种对内的义务和对外的责任起见，宁案都应认真迅速办理。可是在事实上此次我方除

---
[*] 原载《现代评论》第五卷第一二三期，1927年4月。

一面约略声明宁案系反动派勾结土匪所为，一面到处派人踵门道歉外，别无何种举动，好像此事可以如此糊涂了结的样子。若然，那就未免太不懂得对方的心理和习惯了。尤可怪处，就是此案起后全世界的视线集射于中国，而国民政府的外交部长陈友仁氏除一度发表声明书外，对于此事，差不多始终未发一言。数月前人人称赞的外交明星忽然跌落到这种地位，真是可惊。总之，外交方式不外二种：一，革命的；一，普通的。前者激烈而强硬，后者平和而柔纤。中国今日应采何种方式固难断言，但无论如何总应采取其一，或二者并取。今南方对于宁案，既不采取前者，亦不采取后者，又不二者斟酌并用，质直言之，简直毫无外交可谈，只想糊涂混过而已。这完全是满清以来北方的传统外交，以"无为"为本，以敷衍搪塞为法，既无积极精神，又无澈底主张；不图今日南方的少年革命政府，成功尚未及半，已经陷入此种麻木无能状态；这是何等可叹的事实！

宁案一起，本应即速调查，以期在最短期间，查明真相，秉公办理。现在半哀的美敦书式的五国通牒已轻发表，要求"惩罚"、"道歉"、"赔偿"、"保障"四端。此事我们当然不能完全不理，但若理，那就未免又犯了被动及被威胁的嫌疑。不过这种嫌疑现在既然是不能免，也就不必一定求免了。况且此案关系很大，就是没有五国通牒，没有外交关系，我们为我们政府的威信计，为我们军队的纪律计，无论如何，也应澈底调查，认真办理。我以为调查此事应当注意以下数点，即（一）肇事者究竟是否或有无党军军队；（二）外人被抢劫及被杀伤之实数究为若干；（三）外舰在何种情形下开炮轰击及其轰击经过情形；（四）因受外舰轰击而致死伤之中国人民之实数若干，其他财产损失若干；（五）外人之死伤是否或有无为外舰开炮之结果。

以上数点中，第一点最为紧要，因为它不但关系外交，并且关系军纪。外交问题系一时的，总有法解决；军纪问题比较为久远的，千万不可放松。若此次肇事者为溃兵或土匪，并且肇事时间在南军未进南京以前，那末，南军当然不能担负这责任。若肇事者为溃兵或土匪，但肇事时间在南军进城以后，那末，南军就要担负这种责任。再进一步，若是不但肇事时间系在南军进城以后，并且肇事之人就是南军自己的军队，那就情节更为重大，不但外交上要完全负责，内政上军纪上均要发生重大问题。因为牵涉到内政和军纪，所以我们对于这一点，就令没有外交关系，也应十二分的认真办理。第二，外人死伤及抢劫的实数须调查明白，作为赔偿的根据，并防诬赖。第三，外舰在平时对于一个毫无防御的城市及其居民作长时间的轰击，无论如何，总算是违背人道，违犯国际公法，用不着调查而后知。调查此点的理由完全系为证明外人的实在野蛮情形,作为我们抗议的事实基础。第四点为我们抗议的根本事实,自应详细查明。第五点与以上四点均有相互关系,也应确切查明。

五国通牒的声明书中有数语很为重要,应当特别注意。他说:"三月二十四日民军攻入南京,此日自午前至午后均有身着正式军服受有统制之民军军队对于在该地各国领事官及侨民之身体财产加以有组织之暴行。"又说,"五国政府因其本国人民受此显然依预定计划所加之暴行……"这不但说此次南京事件系发动于南军军队,并且说这些军队是有统率的,这个暴行是有组织的,是依预定计划的。这些话我们固然不能完全相信,或者一点也不能相信,但是人家既然这样说,我们除非有极强的反证,当然不能一概抹煞置之不理。因为,方才说过,这在我们完全是一个军纪问题,人家即不疑心,我们自己也应该防备,也应该加意调查。

以上只是说宁案调查问题。现在让我们看看我们应当怎样对付此次的五国通牒。

上面说过,宁案的全部责任不能由任何一方单独负之。抢劫和杀伤外人的责任由我们负之。英美舰开炮轰击与杀戮中国人民的责任由英美两国负之。但是现在的通牒系英美法意日五国的共同通牒,而不是英美两国的通牒,也不是五国的各个单独通牒。这是英美两国外交厉害的地方,我们不可不注意。我们的对付方法应当分英美两国为一起,法意日三国为一起;就是,把开炮轰击我们的国家分为一起,把没有开炮轰击的国家分为另一起。对于没有开炮轰击的国家的交涉很简单,就是干脆立刻承认道歉与赔偿。惩罚一端,为军纪及内政问题,不能牵入外交范围。我们尽管惩罚——尽管枪毙,尽管监禁,——但那完全是内政问题,是自身的行为,不能认为服从外国要求的举动,也不应该作为服从外国要求的举动。这是指对于法意日三国的交涉而言。至对于英美两国,那就没有这样简单。因为法意日交涉中的责任问题是片面的而不是双方的,英美交涉中的责任问题则为双方的而非片面的。对于法意日三国,其错完全在我们,所以由我们单方道歉并赔偿。但对于英美两国,其错则为双方居半,所以若不道歉,不赔偿则已,若要道歉,要赔偿,则应为双方相互道歉,相互赔偿,而不应令我们一方独尸其咎。这个双方负责,双方认错,双方道歉与赔偿的主意,我们无论如何总要认定,总要坚持到底。因为如此,所以我们对于五国通牒中的英美两国只有一种可能的答复,就是:要求他们与我们同时同地举行这个双方相互道歉相互赔偿的仪式,并要求他们担保以后不使同样事件发生。我想英美人向来以富于"公平办理"(fair play)的精神自夸,这次或不至过于不公平也。

英国今日几个最大的问题[*]

要知道一个国家的文化高低，只要看看他的重要问题就行了。若是一个国家的重要问题是军阀专制，土匪横行，那我们便可知道那个国家的人民的自卫能力如何了。若是一个国家的重要问题是法西斯主义与平民主义斗争，那我们也可知道那个国家的人民的政治能力若何了。若是一个国家的重要问题是资本征收或生产工具国有，那我们又可知道那个国家的进化程度若何了。一个社会上的问题就是领导我们认识那个社会的指南针。

英国今日的重要问题都是些甚么呢？这当然人人所见不同。不过大概也应该差不多，因为英国是个以工商立国的国家，他的问题，尤其是在欧战以后，多半是些工商问题，或与工商有密切关系的问题。换句话说，他的问题完全是些经济问题。这类经济问题很多，本篇仅取其中之最要者四种讨论，即（一）国外贸易问题，（二）工人失业问题，（三）煤矿国有问题，（四）人口过剩问题。

一、国外贸易问题

世界上没有一个国家没有国外贸易的，但在多数国家，老实说，除过英国外，这个国外贸易的功用只是辅助本国生活的不足或助长国内经济的发展而已。他的功用只是辅助的而非根本的；有了他固然好得多，没有他却也不见得一定就不行，中国和欧洲大陆上的德法两国就是这样的几个好榜样。比较的说，他们在出产与经济方面都是能够自己供给自己，不必一定有求于他国的。但此事在英国却就完全不然，英国的国

---

[*] 原载《东方杂志》第二十四卷第一、二号，1927年1月。

外贸易对于本国的影响并不仅仅是辅助的而已，他简直是英国人生活的大来源，他简直是英国人的根本命脉。别的国家对于国外贸易或者可说，"有也好，没有也好，发达也好，不发达也好。"英国人却是没有力量说这些大气话的。英国不但仅仅要有国外贸易，并且这个贸易还须十分百分的发达才行。这是为的甚么道理呢？简单说，因为英国的土地太小，人口太多，本国所出绝对不敷本国所需罢了。英国社会能否安稳，完全看他的经济是否平衡。他的经济能否平衡，又完全看他的国外贸易是否茂盛。这是英国社会经济的原理，这也就是英国国外贸易的核心问题。

国外贸易分二项：（一）输入，（二）输出。兹请依次讨论。

甲　输入

方才说过，英国土地太狭，人口太众，本国所出绝对不敷本国所需，结果便不能不倚赖输入以作补救。输入的货物可分三类：（一）食物，（二）原料，（三）制造品。英国的输入品中，食物占大宗，原料次之，制造品更次之。现在让我们看看食物输入在英国的国外贸易及输入项中占甚么地位。

一九一三年（一九一三年代表欧战前承平时代的常态，为欧战后物价失常的各年的比较标准。本篇比较欧战后各年的价值均以一九一三年为标准。以后不再声明。）英国输入品的总值为七六八、七三五、〇〇〇镑，其中食物一项占二九五、一四九、〇〇〇镑。欧战后一九二一年的输入总值为一、〇八五、五〇〇、〇〇〇镑，其中食物占五六七、二四七、〇〇〇镑。一九二二年的输入总值为一、〇〇三、〇九九、〇〇〇镑，其中食物占四七二、〇〇〇、〇〇〇镑。一九二三年的输入总值为一、〇九六、二二六、〇〇〇镑，食物占五一〇、五三三、〇〇〇镑。一九二四年的输入总值为一、二七七、四三九、〇〇〇镑，食物占五七一、一二八、〇〇〇镑。一九二五年即去年的输入总值为一、三二二、八五八、〇〇〇镑，食物占五七一、六一三、〇〇〇镑。一九二六年即今年上半年六个月的输入总值为六〇二、五五六、〇〇〇镑，食物占二六〇、八四一、〇〇〇镑。观此可见英国的食料输入占全输入五分之二有奇，为世界各国所未有。虽然这其中有百分之二十五至百分之三十五来自大不列颠帝国各殖民地，然此点并不十分要紧，因以输入总数计来自外国者犹在三分之二以上也。

食物输入占全输入五分之二有奇，已属可惊。现在让我们再进一步，看看英国每年所需重要食物，其产于本国者在总量中占若干成数。在一九二一至一九二二年，英国所产各种主要食物成数如下：麦，百分之三二，大麦，百分之六八，乔麦，百分之八四；肉类，百分之四〇；牛奶牛奶油，其司三者共计百分之四六；鸡蛋，百分之四〇；禽类，百分之六三；番薯，百分之九四；蔬菜约全体。（注意此中最要两项，麦仅占百分之三二，肉类仅占百分之四十，其他如牛奶类亦仅占百分之四六。）本国所产既太不敷，则不能不仰给于输入。此类输入在一九二二年仅百分之三三来自大不列颠帝国各殖民地，其他百分之六七犹属仰给于外国。各殖民地所供给者麦占总输入百分之四二，面粉占百分之四〇，肉类占百分之二五。依此，可见各殖民地所供给之主要食品在无论那一项均不及其总输入之一半。

食料输入如此其多，原料输入又怎样？换句话说，英国本国所产食料不足本国人口之用，他所产的原料是不是能够本国工业之需？当然也是不够，也是远不够。照同年即一九二一至一九二二年计，英国所产各种原料成数如下：煤，除本国工业需用外尚有极大剩余可供输出；铁类，约百分之五十；羊毛，百分之一二；木料，极少；棉花，丝橡皮，一点没有全靠输入。此类原料输入之来自各殖民地者，在一九一三年仅占总数百分之三二，在一九二二年占总数百分之三八。以全体计，英帝国所产原料仅占三分之一稍强，其余的约三分之二犹须仰给于外国。

英国人的食料及英国工业所需的原料既然有三分之二以上仰给于外国，那就无怪英国为多年以来世界上独一无二的自由贸易国了。虽然近三五年来保守党极力主张保护政策，然在大体上说，总是有点格格不相入的样子。

英国近五年来每年的输入总值均在十万万镑以上。（去年的确数为一、三二二、八五八、一六七镑。）此等大款每年均何从而出？最大部分当然是靠输出相抵。我们在这里遇见英国国外贸易上一个极恶现象，因为英国自欧战后输出非常跌落，不但不能偿销输入，并且结果使国内工厂倒闭，人民失业，令社会上顿起一种莫大危机。今日一百多万的失业工人以及今年五月间的大罢工都是输出跌落的直接或间接的影响。现在让我们看看英国近几年来的输出是甚么情形。

英国今日所有的经济恐慌差不多都可以说是输出减少的结果，因为英国的经济平衡原来是靠输出维持的，现在输出既然异常减少，这个平衡当然就不能维持了。不能维持的结果便是今日的经济恐慌。经济恐慌最明显的表现就是那个无法解决的失业问题。但失业问题当于下节讨论，现在我们先看看那输出跌落的情形。

年份	输出（镑）	再输出（镑）
一九一三年	五二五、二四三、五九五	一〇九、五六六、七三一
一九二〇年	一三三四、四六九、二六九	二二二、七五三、三三一
一九二一年	七〇三、三九九、五四二	一〇六、九一九、三〇六

一九二二年	七二〇、四九六、四二六	一〇三、七七七、八七一
一九二三年	七六七、三二八、六五六	一一八、五七二、六九四
一九二四年	八〇〇、九六六、八三七	一三九、九七〇、一四三
一九二五年	七七三、〇八六、四一〇	一五四、四一〇、九六七
一九二六年	三三八、二一四、〇〇〇	六六、五九九、〇〇〇

"输出"为产于英国本国之物产之输出。

"再输出"为产于外国及殖民地之物产输入英国后而又输出者。

一九二六年的数目仅指上半年六个月而言。

在这里或者应该有几句话解释上表。因为自许多不明白这个问题的人看起来或者要说欧战后每年的输出均比一九一三年的输出价值大得多。其实这完全是因为不明白战后与战前物价高低不同的原故。战后的一镑钱远没有战前的一镑钱价值大。所以要是拿一九一三年的价钱做标准来估计战后各年的价钱，则得下表中的比例：

年份	输出	再输出
一九一三年	一〇〇	一〇〇
一九二〇年	七〇.九	九〇.三
一九二一年	四九.八	七八.六
一九二二年	六八.九	八一.五
一九二三年	七四.六	八〇.七
一九二四年	七六.一	八八.四
一九二五年	七六.〇	八七.三
一九二六年	七一.二	七四.一

观右表可见再输出之跌落比较的尚属不甚大。跌落最大的乃产于英国本国之物产之输出。以本国之输出在总输出中占最大的部分，（约为七与一之比）故此项之额外跌落关系为最大。英国本国输出之跌落以一九二一年为最险恶。若以金镑计，这一年的数目差不多只有前一年即一九二〇年的数目之一半。（一九二〇年为一、三三四、四六九、二六九镑；一九二一年为七〇三、三九九、五四二镑。）一九二二年虽稍佳，然若与一九二零年比较还有百分之四六的减少。与同年计，一九二三年的跌落为百分之四三。一九二四年之数目比较的虽为最高，然其跌落亦还不下百分之四〇。至于去年即一九二五年的跌落程度则又增加，约为百分之四二有强矣。

此等输出减少，以其本身论，已经可惧。同时又有两个新分子使此表面上已经可惧之事，事实上更为可惧。这两个分子，第一就是英国人口十余年来加增约二百万之多，第二是英国工业生产能力之加大。为供给及应付这两个新分子计，英国不但要恢复一九一三年的旧市场，并且还须另觅新市场。然此事在现在不幸只是一种梦想。因为在事实上不但新市场无从觅得，即旧市场也是一万分的很难恢复。若是现在那种输出减少的状况长久继续下去，那结果就不但英国人不能家给人足，并且他们的生活，甚至他们的存在，也就根本上发生危险了。

以上只是说英国的输出减少及减少的结果与危机，却还没有说他为甚么减少，还没有说他减少的原因。此种原因中之最大者约有二种：第一为外国销场之丧失，第二为英国工业出产成本之增高。

外国销场所以丧失的道理，并不一定是因为旁人和他竞争夺了他的市场。最大的原因，乃是因为欧战时各国经济上损失太大，至今不能复原，没有力量购买罢了。此种战时的经济损失，本已够重，但若没有战后的新困难新障碍或者可以徐图恢复。不幸再加这种战后的新障碍，所以那个恢复的希望便又无期的延长不知至何年何月了。此等新困难新障碍约有四种：第一是欧战后许多国家的边界变更，以致从前许多很发达的工业区域现在分属数国而失彼此凭藉彼此辅助之效。第二是许多战败的国家受赔款之压迫无力恢复其战前的经济状况。第三是欧战后国际空气很坏，许多国家专心于国际间的政治问题以为将来报复或反攻之计，无心去从事于经济之恢复。第四是欧战后许多国家的钱币跌价，一般人完全失了买外国货（尤其是英美货）的能力。例如德国的马克平时约二十马克值英金一镑，欧战后有一个时候英金一镑竟然能换二千余兆的马克！俄国的卢布更不消说了。法比的佛郎，意大利的里耳，跌落虽没有这样厉害，但在一般人民购买英货的能力方面看，总算远没有从前那样普遍了。这四种困难外，还有一个特别情形使英国的输出减少，那就是有许多受欧战影响较小的国家（尤其是战时的中立国）近几年来极力扩充本国的工业，结果不是以本国货代替外国货，就是施行一种保护政策限制外货之输入。

就大概论，一个国家的经济发展权多操之于本国人之手。英国却不然。英国工业的销场不在本国而在外国，他的买主不是英国人而是外国人。外国人有钱时，英国人可设法把他拿货物换回来，但是外国人没有钱时没有能力购买时，英国人却就没有法子想了。可怜的英国人，谁也替你着急！

上文说过英国输出减少有两大原因：一是外国销场之丧失，一是本国工业出产成本之增高。因为欧战后英国社会生活程度增高，所以工资及薪水也随之增高。结果使生产成本增高。又因工人不肯减低工资,所以这个问题也就无法解决。本来英国的生活在平时即比欧洲其他各国为高,英国货在其他欧洲各国人的眼中看起来已经算是很贵。现在更加贵了,他们那里还肯再买。尤不幸的,就是这些外国人现在比从前更加穷了,更加没有力量买了。

总之,英国的经济平衡完全靠输出维持;现在输出减少,英国人又没有法子可以使他增多,使他复原。这就是英国今日最大的问题。

二、失业问题

输出减少的直接影响便是工厂倒闭或减少生产。工厂倒闭或减少生产的直接影响在工人方面便是失业。失业问题在近代的英国原来在无论何时都是有的,不过没有近五六年那样厉害罢了。按照工会的统计英国失业者的成数在平时,甚至在最好的年头,至少也不能下全数的百分之二。若遇不好的年头这个成数便增高,便变成英国社会上一个最大的恐慌。在历史上看,一八五八年至一八七九年二十来年中的失业成数为百分之十一;一八八六年的成数为百分之十;后来每遇恐慌,其成数亦不下百分之七八。拿破仑战后一八一六年至一八二〇年的成数,我们虽然没有可靠的统计,但总可说是比以上数次的成数都大得多。然而若拿近五六年来失业问题与从前的失业问题比较,那从前的便觉得有点渺小不足道了。

现在英国的失业问题可说是起于一九二〇年的下半年;一九二一年至一九二二年为最险恶时期;一九二四年至今年的五月失业成数渐渐减少;但自今年五月以后,因有煤矿罢工及全国总罢工的事体发生,遂致这个问题又变险恶。现在先让我们看看这个问题发生后前数年的即一九二〇年六月至一九二三年十二月的详细情形如何:

失业者成数与人数

一九二〇年	六月	一.二%	
	七月	一.四%	
	八月	一.六%	
	九月	二.二%	
	十月	五.三%	
	十一月	三.七%	
	十二月	六%	六九一、〇〇〇失业者

一九二一年	一月	六.九%	
	二月	八.五%	
	三月	一〇%	
	四月	一七.六%	
	五月	二二.二%	
	六月	二三.一%	二、一七一、〇〇〇失业者
	七月	一六.七%	
	八月	一六.三%	
	九月	一四.八%	一、四八五、〇〇〇失业者
	十月	一五.六%	
	十一月	一五.九%	
	十二月	一六.五%	一、九三四、〇〇〇失业者
一九二二年	一月	一六.八%	
	二月	一六.三%	
	三月	一六.三%	一、七六五、〇〇〇失业者
	四月	一七%	
	五月	一六.四%	
	六月	一五.七%	一、五零三、〇〇〇失业者
	七月	一四.六%	
	八月	一四.四%	
	九月	一四.六%	一、四一四、〇〇〇失业者
	十月	一四%	
	十一月	一四.二%	
	十二月	一四%	一、四三二、〇〇〇失业者
一九二三年	一月	一三.七%	
	二月	一三.一%	
	三月	一二.三%	一、二八九、〇〇〇失业者
	四月	一一.三%	

五月	一一.三%	
六月	一一.一%	一、二九五、〇〇〇失业者
七月	一一.一%	
八月	一一.四%	
九月	一一.三%	一、三四五、〇〇〇失业者
十月	一〇.九%	
十一月	一〇.五%	
十二月	九.七%	一、二二七、〇〇〇失业者

观上表可知在此三年中失业问题最险恶时失业者人数曾达约二百二十万之多，最少亦不下一百二三十万，这是何等可怕的事！

上表所示仅为失业者的大概总数而已。现在让我们再进一步看看在同一期间内各种特殊工业所受打击若何，及受打击最厉害者为何种工业。

各种特殊工业中之失业成数

	一九二〇年十二月	一九二一年十二月	一九二二年十二月	一九二三年六月	一九二三年十二月
煤业	〇.三	一一.一	四.六	二.九	二.四
建筑	七	二〇.五	一八.三	一一.五	一三.六
造船	八.八	三六.一	三六.三	三二.一	三四.二
机械	七.九	二六.九	二〇.六	一六.六	一二
钢铁	五.七	四〇.三	二四.三	一四.九	
印刷	三.五	七.九	五.九	六	五.一
棉花	六.九	一七.一	九.一	二二.四	一二
毛织	五.二	一三.四	四	四.一	九.九
衣服		一三.四	九.二	四.五	
鞋业		一一.九	八.二	七.九	九.八
运输		七.一	六.二	六.三	六
失业总数	五.八	一六.二	一二	一〇.七	一〇.七

观上表可知各种工业中受打击最大者为造船业。（当一九二三年五月间造船业所佣工人之总数为三五九、〇〇〇，其中失业者之人数为一一五、〇〇〇）。其次为机械及钢铁业（当同年同月佣工总数为一、四六〇、〇〇〇，失业者为二二〇、〇〇〇）。再其次为棉业（同年八月间佣工总数为六〇〇、〇〇〇，失业者为一二四、〇〇〇）。毛织业之受打击为第四（当一九二三年八月毛织业之佣工总数为二六八、

〇〇〇，其失业者为三〇、〇〇〇）。建筑业为第五（当一九二三年五月建筑业之佣工总数为七六九、〇〇〇，其中失业者为六〇、〇〇〇）。其余衣业鞋业亦为此种不幸工业中之重要分子。

以上所说仅指失业问题前三年的历史及当第一期最险恶时候的情形而言。现在让我们看看这个问题近两年半来及目下的状况如何。原来自一九二四年至今年五月一日英国的失业问题没有多大变更。既未十分变好，也未过于变坏。他的大概情形可于下表得之：

工会统计之失业成数

	一月	六月	十二月
一九二四年	八.九	七.二	九.二
一九二五年	九	一二.三	一一
一九二六年	一〇.六	一四.二	

依上表可见去年即一九二五年之失业成数比较前年即一九二四年略高。今年一月至五月之间此种成数又略减低。但到五月一日以后，因有煤矿罢工及总罢工的原故，成数又陡增高。以人数计，去年六月间约有一、四〇〇、〇〇〇失业者，今年一月间约有一、二〇〇、〇〇〇之谱。迨至五月一日以后，一百十二万煤矿工人全体罢工，他业亦相继响应而成总罢工的局面。五月十二日后，他业虽多半复工，煤矿工人犹继续奋斗拒绝复工。又加许多工业之复工并非全体的，故至六月底为止，就是不算那一百十二万的煤矿工人，其他失业总数，已达一、六三五、〇〇〇人之多！若拿受贫民赈济者之人数计算则更骇然矣。盖当一九二五年一月受赈者之人数仅为一、二〇五、〇〇〇，今年六月则增至二、三三八、〇〇〇。一年半间增加之数竟达一百四十万之多！

据上载各表看，英国的失业人数，在平时有时跌至一百二三十万，有时增至二百一二十万。平均计，通常总在一百五十万左右。这是失业问题的人数问题。此刻让我们看这一百五十万的失业工人怎样维持他们的生活。换句话说，就是这一百五十万人，既不做工，又无他法赚钱，到底怎样过活？怎样糊口？

维持失业工人的生活的法子有三：第一，多数工人皆为工会的会员，一个工人若不幸而遇失业之苦，他的工会便来救济他帮助他。但是一个工会毕竟没有多少钱可以维持失业会员的生活，尤其是长期的维持。大概一个工会救济一个失业会员的力量每星期只有十来个先令，并且又限定不能过几个星期以外。据英国劳工杂志所载，自一九二一年一月至一九二三年八月各工会帮助失业工人之总款为数仅一千五百万镑，这当然是杯水车薪无济于事。第二，政府方面也觉得救济失业工人是政府的责任，所以每星期也拿出许多钱来救济这些不幸的工人。这是根据一九二〇年的失业保险法（The Unemployment Insurance Act）而来的。按照这个法律，男子失业每周可得十五先令，女子每周可得十二先令。若失业者为已婚者，则每周可多得五先令；若有子女，则每一子女每周可得一先令。周周如此，月月如此，数年如此，当然是国家财政上一种大负担。一九二三年九月份的劳工部官报谓截至彼时止，国家此种负担每年在五千万镑以上。但每周十五或二十先令（现在男子每周为十八，女子为十五先令），就是工人，在英国也是不够用不能生活的。他的最低生活费每周也须四十至五十先令。那不足的数目又怎样办呢？第三，英国有历史上传下来的一种法律叫作"贫法"（The Poor Law）。按照这个法律，英国的城市或乡村政府每年均有一种救济贫民的支出。这个法律并不限定每人每周应得的数目。大概富裕的城市或乡村支付的数目大，穷苦的城市或乡村支付的数目小；工党当权的地方贫民得的多，保守党当权的地方贫民得的少。平均计，每一失业工人每周所得两宗合拢起来，普通也在四十先令左右。虽无敷余，也算勉强够了。因为有这几种救济的办法，所以英国五六年来虽每年每月平均均有一百五十万的失业工人，而未见发生甚么意外的事体。这当然是英国社会或国家财政富裕的结果。但是这个状况能够长久维持下去吗？当然不能。

这种状况不能长久维持下去，因为（一）自财政方面说，若为期太长，恐怕就是英国政府，英国社会，也将无法维持。然而这还不要紧，最要紧的是（二）自道德方面看，这些工人饱食终日，无所用心，每日只在街上闲逛，结果不但道德将见堕落，就是身体亦要凋丧。而且（三）自社会方面看，满街无业游民毕竟是一种悲哀气象，是一种病态，是一种危机四伏有触即发的危险物。因有这几个道理，所以英国的失业问题不但无钱时是个大问题，就是有钱也是个大问题。

三、煤矿国有问题

英国的煤矿工人隔不上几年总是要闹一回风潮的，而且他们的风潮又是非常之大，不但摇动英伦三岛，简直惊动全欧，影响全世界。一群又黑又脏的煤矿工人竟然有这样大的力量。这在许多外国人看起来，实在有点莫名其妙。虽然英国人的动作由外国人看起来，实在有点莫名其妙。虽然英国人的动作由外国人看起来大半都是莫名其妙，也可以不必名其妙,但是这个期现症性的煤业风潮却有应该知道的价值和明白的必要,因为他的含义至深关系至大。他将来的结果,小之可能推翻英国人的资本制度,大之可以激起全国政治革命。英国发生政治革命,那是何等难能可贵的现象!主动力为煤矿工人,那又是何等稀闻罕见的事体!

自欧战终了以至现在,英国的煤业争执无时不在交战及休战两种状态之中。休战期间虽然比交战期间为长,但此种休战期间实为下次交战之预备及补充期间,非真和平也。计自欧战收场以至现在,此种煤业战争之实现者有二,其未实现者有一。未实现者为一九二五年七月三十一日英国政府以极大的代价购得之短期和平。实现者一为一九二一年一月之煤矿罢工及三角同盟罢工,一为今年五月之煤矿罢工及全国总罢工。全国总罢工为时虽仅八日(五月四日至十二日)即告终止,而煤矿罢工至现在(十一月二十日)却已将近七个月犹无完结之希望。一九二一年之罢工,终归失败,现时之罢工,其幸运到底恐亦不能特佳。不过放观英国经济大势及煤业情况,将来之最终胜利必属煤矿工人无疑。其惟一问题乃时间问题耳。

要完全了解这个煤业争执问题,非晓得他们大概历史不可。但于没有叙述他们历史经过以前,我们又应先晓得他的根本原因。煤业争执的根本原因可一言以蔽之曰在煤业衰落。因煤业衰落,故赢利甚小。因赢利甚小,故矿主想减低成本以求补救。因想减低成本,故要求工人减低工资增加工作时间。因工人不肯减低工资,不肯增加工作时间,故起纠纷而有时竟诉之于罢工。在这里或者可顺便再加一句,说:(一)因罢工影响太大社会不胜其苦,故政府终久须强迫矿主收煤矿及矿业为国有;或(二)因平和的罢工无效,故工人终久须采革命的手段以达目的。我想将来这个问题的解决总不外此两途。

方才说,煤业争执的根本原因全在煤业衰落。现在让我们看看煤业衰落的实在情形如何。

先说国外的销场。一九一三年英国煤的输出总额为七三、四〇〇、〇〇〇吨,一九二四年跌到六一、六五〇、〇〇〇吨。一九二五年更不如一九二四年。兹将近三年来煤之输出价值列左以见国外销场之减缩:

年份	价值
一九二三年	九九、八四七、〇〇〇镑
一九二四年	七二、〇八〇、〇〇〇
一九二五年	五〇、四七七、〇〇〇

观上表可见最近三年来英国煤之输出差不多减少一半。此种输出减少的原因大概有二：一为欧战后欧洲各国工业不振，用煤的地方减少。二为德法两国煤的产额增加，煤价低落，与英国煤竞争而夺其销场。

再说国内的销场，国内的销场也是减削。为的甚么道理呢？（一）英国各种输出减少的结果使英国国内工业不振。国内工业不振，于是煤的用途当然也就减少了。（二）还有一层，就是近年以来，水力电力以及他种燃料的用途日见推广，结果煤被排挤而缩小其应用范围。

煤的销路减少，其结果在矿主一方面为获利微薄或亏本或竟倒闭，在工人一方面为解工为失业。要补救这个局面当然只有推广销路一个办法。换句话说，就是只有恢复营业。这是人人都同意的。但是营业怎样才能恢复呢？这就矿主与矿工两方所见不同了，这也就是英国煤业争执的焦点了。

据矿主看，这个问题本来很容易解决。他们以为只要减少矿工的工资并增加工作时间，则这个问题自然解决。他们的理由是：英国煤的销路不好，是因为煤价太贵，煤价贵是因为成本太重，成本重是因为英国矿工的工资比大陆各国矿工的工资为高，而英国工人的生产能力则比大陆各国工人的生产能力为低。若能减低工资，则煤的生产费减低；若能增加工作时间，则煤的产额增加。生产费减低，产额加多，则价自廉，价廉则销路自广而无亏折倒闭之虞矣。

这是矿主方面的理由。不幸矿工方面完全不能同意这种见解。矿工方面以为煤业衰落的真正原因，是因为煤业中多数矿主自由竞争的结果。若真要使煤业兴旺，自非根本改良煤业的经济组织不可。煤业改组的具体方案便是煤矿国有及煤业国有。这不但是矿工的见解，也是英国社会上多数经济学家社会学家以及一般关心社会安宁的人们的共同政策。矿工既然认定煤业的根本病源在此而不在彼，故对于矿主要求减低工资及增加时间等提议，绝对不能承认。并且矿工认此完全为阶级利益的冲突，为保护其无产阶级的共同利益起见，也是十二分坚决的不肯让步。

这个阶级利益的冲突，两方面各执己见，本已不好解决，再加两方都有极强的团体组织，更属不好办了。英国煤矿工人的"矿工同盟"（Miners, Federation of Great Britain）是英国各行工人中最进步最坚固的组织，他的财力，人力，战斗力均在其他各行工人组织之上。同时煤矿主人也有他们的共同组织以为抵抗。这个矿主的组织叫作"矿业协会"（Mining Association）。他的阶级斗争性当然也是很强的。

煤业争执的焦点如此。现在让我们看看这个争执的历史如何。

1.《杉克报告》

英国的煤矿营业向来是自由竞争,政府不加干涉的。但是到了一九一二年,国会顺着时势的要求通过一种法律,限制工作时间不能过八小时,并规定工资的最低限度。当欧战时,政府为达最大生产率起见,将煤矿暂时收归国家管理。在这期限中间,出产系由政府指挥,工资系由政府规定,煤价系由政府订定,遇有额外赢利,并由政府课以重税。如此管理着,所以在欧战期内两方都相安无事,没有发生重大的冲突。但是欧战一完,政府准备将煤矿管理权交还矿主,于是矿主与矿工两方的旧争执又应时而复起。此时矿工的要求有二。一为减低法定工作时间,即由八时减至七时。一为将煤矿收归公家管理。这第二项所指,当然就是煤矿国有问题。当时煤矿工人并宣言政府若不容纳这两种意见或矿主对这两个建议表示反抗,则将出以罢工的手段以达目的。

此时的政府,一方面既不愿开罪于矿工,一方面又不敢见忤于矿主,为躲避责任及防止罢工实现计,乃出一种调和的手段,于一九一九年组织一调查委员会;令其调查煤矿及煤业之弊病,并建议改良或改组之方法。这个委员会的代表系由政府、矿主、矿工三方面举出的。因为他的主席名叫杉克(Justice Sankey),故这个委员会通常叫作杉克委员会,他的报告叫作《杉克报告》。这《杉克报告》在英国煤矿史上是很有价值的。此处应有注意的一点,那就是当矿工没有允许加入这个委员会以前,他们曾要求当时的首相路德乔治及财政大臣波那劳将这个委员会调查结果的建议提出于国会立为法令。乔波两氏,对于此点均有明了的允许及担保,矿工才许加入。

杉克委员会的调查结果,不但矿主听见震惊,就是矿工方面也觉得有点出人意料之外,因为此种调查结果的建议完全满足工人之希望。老实说,他有许多地方比工人自己所想的还要激烈,还要彻底。这个报告很长,现在只举其要点如下:(一)地下的矿层用购买方式完全收为国有;(二)煤业管理及营业亦由国家支配,专立一非政治机关以司其事;(三)法定工时减少一小时即由八小时减为七小时;(四)工资率略为增加。此种建议在其本身本已可惊,再加当时委员会通过各条建议的票决情形更为重要。委员会人数为十三名。第一条煤矿国有为十三人全体一致之主张,第二条煤业国营为九对四之通过,第三第四两条减少工时增加工资为十对三之决议!

此种建议,政府当真采纳了吗?当然没有。如已采纳,则决不至有一九二一年及一九二六年两次的煤矿大罢工。为甚么没有采纳呢?因为当时的政府完全受资本家操纵的原故。当杉克报告发表时,国会中保守党及自由党两派议员即联合有三百名之多送给首相路德乔治一个秘密《哀的美敦书》，告诉他若政府承认这个报告则他们将在国会推翻政府。那个滑头政客路德乔治接到这个《哀的美敦书》，当然为所恫吓而不能不食前言。不过为顾全政府身份计，那善于应付的路德乔治又想了一个敷衍办法。这个敷衍办法就是将上面比较不要紧的（三）（四）两条由国会立法实行而将根本问题的（一）（二）两条置之不理。换句话说，就是仅将工作时间及工资率照《杉克报告》实行而于矿山国有及矿业国营两大问题假装不知一字不提。从来英国政府受资本家操纵没有这样可耻的模样！

2. 全国协定制及其缺点

一九二〇年冬天，政府将欧战时取来的暂时煤矿管理权交还各矿主。这样一来，矿工与矿主间的关系完全恢复了欧战前的旧状。结果矿主硬行减低工资，激起一九二一年一月至三月的煤矿大罢工而使全国各业各界受极大的损失与不便。此一役中，虽有三角同盟（即煤矿、铁路、运输）的同情罢工，但因三角同盟旋即破裂，以致煤矿罢工终归失败。一九二一年罢工失败的结果便是"全国协定制"（National Agreement）之发生。

甚么叫作全国协定制，这里应该有几句话解释。简单的说，全国协定的目的是划一全国煤矿工人的工资率。这个工资率之协定是适用于全国大小各矿的，故曰全国协定。划一全国工资率的方法原甚复杂，大致是：每月由矿主及矿工两方所推举之会计员二人（一人代表矿主，一人代表矿工），调查全国各矿的账簿，计算除过工资以外每月每矿所用生产费（working costs other than wages）若干，然后再将此种生产费由每一矿区内各矿集合所得的总收入中减出，所余之数即用一定的比率分给于矿工及矿主。如此，全国各处的矿工与矿主每月所得的工资与赢利均有划一的比例数。这个比例数自一九二一年罢工终了以至一九二四年六月为八三与一七之比。就是每月售出之煤，除过工资外的生产费外，即为劳动价值的总额；在此总额中，矿工得百分之八十三，矿主得百分之十七。到了一九二四年六月，正当工党内阁当权的时候，此种比例数又加一番修正，改为八七与一三之比，即矿工得百分之八十七，矿主得百分之十三。矿工应得之百分之八三或八七，原系依照向来分配工资之惯例定为各级各班各种工人的工资率。照八三与一七比例算，标准工资比较一九一四年即欧战前的工资增加百分之二十。照八七与一三比例算，标准工资比较一九一四年的工资增加百分之三十三有零。一九二四年修正的全国协定订明有效一年，至次年即一九二五年七月三十一日满期。

这个协定的缺点在那里？约有二种：第一，这个协定的适用全靠煤业发达；煤业一有衰落的现象，则这个协定立刻即见破痕。因为煤业兴旺，则赢利多，赢利多，则工资按比例成数加多；但若煤业衰落，则赢利少，赢利少，则工资按比例成数减少。照从前的老办法，矿主向矿工负每月发给一定的工资的责任；照现在这个办法，则谁也不负责任，完全看大家的运气如何了。这已经是很不妥当，谁知这个协定的毛病还不止此一处。他的第二个毛病是照这个办法的结果仅工人吃亏，矿主的赢利差不多还是不受影响。因为矿主于计算"工资外的生产费"时，尽可伸缩上下而任所欲为，不受协定之限制。而且管理得法营业进步的矿主还是依旧的分润，不受协定之干涉。换句话说，就是这个协定的结果只是完全限定工人的工资而不限定矿主的利得，因矿主于决定工资率以前已预先提出一部分利得也。工人吃苦的地方在（一）煤矿好的地方的工人，因煤矿不好的地方的工人的原故，而减低其应得之工资，（二）管理得法营业较良的煤矿的工人，替管理失法营业不良的煤矿肩负损失，而失其应得之工资，（三）受各煤矿自由竞争或无理投机的影响，而不能得其应得之工资。一言以蔽之，全国协定最大的缺点，自工人一方面看起来，完全在使一个特殊煤矿的工资，不以本矿之赢利为决定之标准，而以全区内各矿中营业最坏之矿之赢利为决定之标准。

3. 国家补助金

全国协定不但矿工方面不欢迎，后来就是连矿主方面也都反对他。因为自矿主看起来，一九二四年修正的全国协定所定的工资率太高，不愿意于满期后再行继续。一九二五年七月底新协定满期。事前矿业协会即与矿工同盟磋商至数月之久，以两方意见相差太远，故无结果。到了六月二十三日矿主方面突然发出通知，说全国协定将于七月三十一日实行废止。七月一日，他们又发表他们的新要求，即（一）工资以地方协定为原则，废除最低工资率的保证，（二）废除七小时制，恢复从前的八小时制。这种通告，自矿工方面视之，完全系一种宣战，所以他们也就准备作战的步骤。因为他们认当时实行的工资率，只能维持最低的生活，绝对不能再减。而且最低工资率废除后将使他们的生活失却根本的保障，那当然是更不行的。至于工作时间的增高，他们更认为是侵害劳动者的已得权利，毫无商量余地。

矿主既已宣战，矿工又准备应战，而且矿工这次与他业的联络甚大，国内大工业均准备与以同情罢工的援助，国际煤矿及运输两业亦宣言将与以充分的援助，两方相持不下，大有大难一发，全英被毁之势。政府睹此恶象，为缓和空气计，于七月十三日组织一调查法庭（Court of Enquiry）调查这个问题。不料七月二十八日这个调查报告发表，这些调查委员竟然完全反对减低工资及增加工作时间之提议，并且说煤业应当根本改组。这个报告发表后，争执空气不但不能缓和，并且益形紧张。矿业协会通告说将于三十一日解散全体雇工，矿工同盟声言将承认此种解雇。同时各业均预备同情罢工。在这种各走极端千钧一发的情形之下，那英国政府眼看全国的产业及社会生活将完全停止，别无他法，于是只得由首相鲍尔特温于七月三十一日宣告将由国家担认一种补助金，作过渡期内的解决办法。如此，那一九二五年八月一日将要实现的煤矿罢工及连带的总罢工才得侥幸避免。

鲍尔特温政府当时所提出的调停办法如下：（一）矿主方面撤回废除最低工资率及废除七小时制的提案，（二）工资及工时暂时维持原状，暂由政府支付一种补助金以补足矿主提出的低减工资及当时通行的工资间的差数，（三）此种补助金的有效期间限为九个月，即自一九二五年八月一日起至一九二六年四月三十日止，（四）在此九个月内，由政府组织调查委员会，调查煤业情形，研究增加效率减低生产费的方法，以求煤矿争议的正当解决。

这个补助金的办法，只是临时一种补苴办法，当然有许多不满人意的地方。第一，他的期限只有九个月，到了九个月后，还是依旧要发生问题，依旧要发生纠纷。第二，补助金使国家无谓的增加一种重大的财政负担。单就这九个月计算，补助金就有一千三百多万镑。这当然不是一个小数目，结果影响国家的预算及人民的负担。第三，政府为庇护少数资本家起见，拿由一般人民的赋税所得的国帑，去为他们买一个短期休战状态，在政治一方为愚，在道德一方为私。

4.《萨苗尔报告》

一九二五年七月底的难关过了后，政府即履行当时的调停条件组织一个调查委员会。这个委员会共有四人，均为专家，萨苗尔男爵（Sir Herbert Samuel）为主席。他们于去年九月起即实行调查，至今年三月始发表他们的报告。这个报告的内容大体如下：（一）委员会对于地下的矿产国有认为可行，并且估计由国家收买全国煤矿租权的总价约为一万万镑。以后新发见的矿产当然又应作为国有。（二）对于矿业国有认为无采行的必要。但为增进生产效率计，委员会以为各矿应在可能的范围内合并组织，取一种合作的方式。（三）补助金于国帑耗费太巨，应于本年四月三十日期满废止。（四）全国协定制应照旧维持，但可依照地方情形略加修改。（五）工资率应照一九二四年所定比例率酌量减低，因一九二四年为煤业兴旺期而现在的煤业则衰落不振。（六）工作时间应维持七小时制。

读者若拿《萨苗尔报告》与《杉克报告》比较一下，便知《萨苗尔报告》的建议远没有《杉克报告》那样彻底。《萨苗尔报告》对于矿产国有虽认为可行，但同时又认为难即实现。对于矿业国有则根本认为不可行。对于全国协定制主张维持，对于工资率主张酌减。这个报告对于本题既然带有敷衍性质，其在事实上的惟一影响，差不多可说是主张工资减低。此类报告其不能博得矿工的好感，可想而知。

至于矿主方面，面对这个报告虽不十分反对，也不十分赞成。因为他们第一为赞成矿产国有，第二不赞成维持七小时制，第三也不赞成全国最低工资率。因有这些不能同意的地方，故他们于四月一日向矿工同盟正式提出意见，大致谓："工资问题，当在全国协定的基础上谋相当之解决，但国家补助金废除以后，煤业必须在经济的基础以上有独立经营的可能，因此延长工作时间，实为必要，工资率亦应依照各矿区的总收入，各别规定最低工资率。全国协定的最低工资率，则由全国工资局定之。至煤矿国营则为绝对不可能。"

四月九日全国矿工同盟代表会议，全场一致的拒绝矿主方面的提案。双方形势愈逼愈紧，政府为防事体恶化起见，迭与双方代表协商。不过矿主方面强硬到底，坚不让步，始终主张工资应由地方自由协定，全国最低工资率应比一九二四年的减低，而且工作时间又必须由七小时改为八小时。总计其所提出工资与工时两点，完全与一九二五年七月所提出的条件一色一样，不曾有半点让步。同时矿工方面因得全国工会代表会议的声援，态度亦非常坚决，力持"不减一便士工资，不加一分钟工作"的主张。

到了四月三十日那天早晨，各种会议都破裂，各种调停都无效，矿主方面遂通告全国矿工一律解雇，矿工方面同时亦宣告全国总罢工。于是英国历史上的空前大工潮一发而不可收拾矣。

5. 一九二六年的总罢工及以后

总罢工的事实经过，这里不必多说。但他的范围和影响，却不可忽漏而不谈。

第一，范围　五月一日全国煤矿罢工后，全国工会代表大会即于同日开会，议决如政府不能于三日内解决煤业争议，则全国各业将于五月四日起同情罢工以为煤矿工人之援助。当时代表大会所代表的三百七十万工人中，赞成同情罢工者有三百六十五万人，反对者不满五万人。于是破天荒之总罢工案差不多竟以全体一致的模样而通过！

其实不到五月四日全国总罢工已慢慢开始。印刷业，铁道业，运输业首先发难，机械，建筑，钢铁，造船各业继起响应。到了五月四日，英国历史上未有的大罢工居然实现。计加入总罢工的三百七十万工人所属工会如下：（一）煤矿工大同盟，一百十二万人；（二）铁路工会，四十七万人；（三）运输业工会，四十一万人；（四）机械业工会，四十三万人；（五）建筑业工会，三十五万人；（六）钢铁业工会，十五万人；（七）印刷业工会，十七万人；（八）造船业工会，十五万人；（九）其他，二十万人。

以上各业的工人仅属于总罢工战中的第一道防线。如在必要时，则属于第二道防线的工人，如煤气业，电灯业，亦将一律罢工。

第二，影响　因罢工的范围这样广，罢工的工人又那样多，所以在五月四日以后的一星期中，全英陷于最恐惶的局势。交通机关如铁路，电车，公共汽车等完全停止。食物运输困难，各处陷于混乱状态。人心恐慌，更甚于一九一四年欧战爆发之时。其中最困难最不便的，就是印刷工人的罢工。因为印刷罢工，全国大小报纸一律停刊，于是谣言繁兴，人心恐慌，群相走问，一若大规模的暴烈社会革命已临头者。

可是总罢工历时仅八日之久即已终止（五月十二）。煤矿工人虽以利害切肤，组织坚强，现时（十一月二十二日）犹在继续罢工，但迟早总是要复工（实则现在有一部分已经陆续复工），而且复工的条件也是不会怎样满足的，无论如何，总是不能根本的解决英国煤业问题的。煤业问题不能根本解决，则不久复工后，也不过是仅使矿主矿工两方复入一种暂时的休战状态而已。休战不久，又要重战。重战不久，又须休战。如此，可以三年五年，十年八年，甚至无期的拖延下去而使这个问题永无解决的希望。老实说，英国的社会若不根本改革，这个问题原来也就没有根本解决的办法，也就没有根本解决的可能。因为资本家的解决方法是减低工资，增加工时；劳动者的解决方法是矿产国有，矿业国营：这两个方法，两个见解之不能彼此调和，正像南北极之不能相遇。政府又属代表资本家，当然不会听劳动者说话。统观全局，似乎只有一个可能，那就是劳动者必须先行取得政权，必须先站在政府的地位，然后再用和平的，或激烈的手段去解决这个问题。不过这就至少也要今日的工党回到政府，并且还须在国会中有自己的一个可靠多数，才行。不然，也是没有用处；他们两年前当权时代的可怜经验可以证明。此外惟一的办法，便是社会革命，便是劳动阶级革命。但是同英国人讲革命，那是何等不中听不中用的事。所以此事在事实上的惟一希望，恐怕还是只有工党当权一端。然而这又是谈何容易。

四、人口过剩问题

这个人口过剩问题与那国外贸易或输出问题原来是一而二、二而一的问题。因为若是国外贸易兴旺,若是输出能与输入勉强相抵,则工业复原,失业减销之后,人口并不发生甚么问题;反之,若是人口比较稀少,仰给于输入者寡,则暂时国外贸易比较跌落,输出比较减少,也不要紧。最可怕的,就是国外贸易衰落而同时人口不但不见减少,反见增加:这才是问题。所以归宗一句话,英国人口问题之所以成为问题,完全由于国外贸易衰落所致。解决人口问题最有效的方法,就是增加或恢复国外贸易。所以然的道理,因为英国人口的大小,并不是拿本国以内土地肥瘠,天产多寡而定,乃是拿英国人在国外的经济发展机会,如工业,商业,银行,航业等而定的。因为如此,所以只要英国在国外的经济能力比例的发展,那就人口比现在的再大些也不要紧,也无过剩问题发生。现在人口过剩问题之所以发生,完全因为国外经济发展局势不好的原故。

现在让我们看看英国的人口情形到底是怎样。

原来英国的人口即在欧战以前也是有过剩的,因为自一九一〇至一九一四年中间,虽然每年有差不多二十五万英国人向外移殖,失业问题总是永远有的。百年以来,英伦三岛的人口增加超过三倍以上:即至一八二一年为一四、〇九二、〇〇〇;一九〇一年为三七、五一八、〇〇〇;一九一一年为四〇、八三二、〇〇〇;一九二一年为四二、七六八、〇〇〇。(一九二一年的人口统计是最近一次的。一九二五年的临时估计为四三、七八三、〇〇〇)。据此,可知在最近二十五年中英国人口至少每十年增加二百万或每五年增加一百万!我们若再单拿英格兰与威尔士两处计,则将见其增加速率还不止此。一八二一年这两个区域的人口为一二、〇〇〇、〇〇〇;一九二一年则为三七、八八七、〇〇〇。这一百年中人口所以增加如此其速的原故完全是因为这个期间为英国变为工业国的期间。又因工业建设多近城市,故城市人口之增加尤为繁速。英格兰与威尔士城市人口的增加率如下:一八九一年,百分之七二;一九一一年,百分之七八点一;一九二一年百分之七九点三。这种蒸蒸日上的气象,自法国人看起来,是何等可羡可慕的事,但是英国人看见,却未免就要有点愁眉。(中国既不管国家的经济状况,又不问社会的生产能力,只要儿子多,便是福气大,真算世界上最难得的乐天派。)

人口过剩,失业增加,有甚么法子可以治呢?大概有三种办法:第一是节制生育,第二是移民，第三是增加生产。这三个法子，现在英国人可说是无一不用了。

第一，节制生育　节制生育这件事，在现在的任何国家里，可说是一件极重要的事体。不过在许多国家里的普通社会上这个办法总还不能算是十分通行。欧洲今日许多国家的顽固教堂还极端反对这个"逆天而行"的办法。可是在英国这就完全不成问题。英国无论甚么阶级的人也不至于那样不开通的去反对他。自一个特别观点看，简直可说节制生育在英国是一种爱国运动。

四五十年以来，英国的生育率大减。英格兰与苏格兰在一八八一至一八八五年间之生育率为每千人中有三三点五；一八九一至一八九五年间每千人中有三○点五。一九一三年每千人中有二四点二。但是同时死亡率亦减低（一八七一至一八七五年每千人中有二二死亡，一九一三年有一三点八，一九二三年有一一点八），所以生死相抵后，生育率还是不低。总之，生育节制，在最短的期间中总是难收大效。若要单靠这个法子解决英国的人口过剩问题，那就失于太迂缓而不能救现在和最近未来的困难了。

第二，移民　移民当然是比节制生育可靠得多了，因为他收效速而且容易办理。我们若拿稍长的期间看，将见向外移民在英国是有极好的影响的。即以最近数十年论，向外移民的数目确是不小。自一九○一至一九○五年，英国每年的向外移民，平均均在一○七、○○○人左右。自一九○五年至一九一○年，每年则加至一六三、○○○。厥后数年，则更增加。例如，一九一一年的数目为二四一、○○○；一九一二年为二四二、○○○；一九一三年为二四○、○○○。若能照一九一一年以后的数目继续的向外移殖，则外移人数每四五年便可达百万以上，与英国人口在同一期间内的增长适相抵销，那岂不是极可庆幸的事吗？

不料事不凑巧，欧战一发，这个移民之事差不多就完全停止了。欧战后虽慢慢恢复，但与战前比较，还是差得远。一九一九年，英人之外移者仅二七、○○○人；一九二○年稍好一点为一七二、○○○；但到一九二一年则又降至一一九、○○○；一九二二年更落而为一○○、○○○。一九二三年虽增至一九○、○○○，但到了一九二四及一九二五两年，则每年仅有八八、○○○之谱，去战前远矣。

在欧战以前，英国政府对于移民毫不赞助，所有外去之人均出于个人自动，政府未加任何干涉也。但到欧战以后，局势就大变了。第一，新由战场回来的兵士在数百万以上，无法安插。第二，战后工业尚未复原，不能卒然收回旧日佣工。有这两种情形，故政府不能不设法位置这些无业的人民。位置之法，移民确为简而易行者，所以才有"海外殖民委员会"（The Oversea Settlement Committee）之组织及"帝国殖民法"（The Empire Settlement Act）之通过。（一九二二年五月三十一日）。

"帝国殖民法"实行后的成绩如何？并不见佳。此法生效后，虽全国努力于帝国内的移民，但截至第二年即一九二三年的年终止，英人之移居各殖民地者为数仅四万。所以然者，因为各殖民地口头上虽说欢迎祖国移民，实际上也是疑心多而信心少，不肯大规模的接收。为甚么不肯大规模的接收呢？有二原因：第一，各殖民地工人势力很大；这些工人为保持他们的工资标准起见，不愿接受过多移民，以外来移民过多，工资将跌落也。第二，殖民地所欢迎之人大都为农夫，而祖国送来者则多为工人；所供非所需，自不欢迎。

总之，移民若为数不甚大，则收效微缓。收效微缓，则与节制生育同坐一病而不能救目前之急。

第三，增加生产　节制生育及向外移民既均属缓不济急，则所留惟一办法，为增加生产。不过增加生产在英国并非难事。英国今日的问题并不是生产增加问题，乃是生产没有销路的问题。制造货物原是英国人的拿手好戏，不过为这些货物找寻市场在现在却就是他的难题了。

兹将本文总结起来，可说：英国今日最大的问题，分析言之，虽有国外贸易、工人失业、煤矿国有、人口过剩等等，实则归纳起来，只有国外贸易一个问题而已。若是这个问题能解决，则其他各问题不解决自解决。若是这个问题不能解决，则其他各问题也是无法解决。此事最难的地方就是解决国际贸易问题之权，并不在英国人自己手里，也不在任何人的手里，他全以世界各国的经济能力为转移。各国富裕，则英国也富裕。各国贫穷，则英国亦将贫穷。因此，所以英国近几年来，无论那一党当权，总是主张国际和平，希望和平能给他以安心做生意的机会。这似乎也是没有办法中的惟一办法。

十五年十一月二十二日脱稿

政治上的目的与手段[*]

人是一个极不容易了解的动物。有人说他性善，有人说他性恶；有人说他富于理性，有人说他根本上受本能、感情、偏见，及私利所支配，理性的力量即有也甚微。他有时好像非常的慈悲，有时又好像非常的残忍；有时当真能为拥护真理而死，有时又完全为私利作奴隶。有的人颇能顾虑到将来，有的人又只能看见目前；有的人做事完全以社会的安宁人群的幸福为前提，有的人却永远以自己的权位个人的利益为动机为归宿。

政治是一个极不容易懂得的东西。表面上，自盘古到现在，从来没有一个政府或政治家或政客以害国殃民相号召；他们都说他们的政策是为福国利民的。但是在事实上结果往往与所标榜者相反。亚里士多德说国家的存在是为发展一个人群的最高尚的生活；卢梭说政府的作为是为谋全民的平等利益。这两位哲学家在人类政治史上的势力和影响当然不能算小。但是到了数十年前，头脑古怪的马克思偏在那里大吹大擂的嚷着讲什么唯物史观、阶级斗争、赢余价值一套的新理论。追至一二十年来，又有许多自称实在派的法学家在那里鼓吹国家就是政府，政府就是官吏；除过官吏，无所谓政府，除过政府，无所谓国家一类的新学说。从前玄想派的笼统观念被这些实在派的革命家分析得一文不值。但是这些革命家的新学说新理论，虽然大体上许多地方是很对的，不幸又不含有绝对真理。政治这样东西，在理论和事实上，竟然这样不容易明了。

人既是一个极不容易了解的动物，政治又是一件极不容易懂得的事体，以不容易了解的人作不容易懂得的事，无怪乎结果，在一般人看起来，是十九莫明其妙。此种现象在一般政治教育较高的社会上已经是不易改变，在今日一切教育很低的中国差不多等于无可救药。然而天下没有绝对没有办法的事，也不应有绝对没有办法的事。我

---

[*] 原载《现代评论》第六卷第一五二期，1927 年 11 月。

们处在今日社会扰攘、政象纠纷的中国，无论为救国救党救已，无论为在朝在野，无论为治人人治，都应有一种判断政治善恶的方法。以下所言，便是此种方法的最要数点。

（一）目的　一个人，除非是白痴，做事总有他的目的，或者应有他的目的。一个政府，除非是昏暴，做事也有他的目的，至少应该有他的目的。宽泛点说，政府的功用是为谋人民的幸福和国家的安宁。不过这个定义下得太宽泛，在实际上几乎毫无价值。比较具体点说，一个政府的职务是维持社会的秩序，抵御外来的侵犯，保护人民的自由，促进经济的平等或废除贫富的阶级。若更进一步，说到我们现在的国民政府，他的责任，用一二年来人人所习闻习见的成语来说，是内而打倒军阀，外而打倒帝国主义。取缔资本家，改良劳工待遇，增进社会生产。更是具体而又具体的主张。至于三民主义，五权宪法，那更不待言了。不过不幸这些主义，这些主张，一言以蔽之，这些目的，是不会自己实现的。他们须靠政府、官吏、人民去实现他们。政府，官吏，人民，怎样实现他们的主义，达到他们的目的？当然有待于方法。因为如此，所以一个政府不但要有正大的目的，还要有适当的方法，才能引起人民的信赖。单有抽象的目的而无具体的方法，便等于无目的。

（二）方法　要达某种目的的方法或者不止一种，或者只有一种。"为目的不择方法"一句话在哲学上可争讼的余地很多，在政治上流弊也不少。但是这个大问题我们在这里不欲讨论。我们在实际政治上最小限度的要求是：在可能范围之内，一种方法总要没有流弊，或流弊极小，并且还要有能达到他的目的的把握。有目的而无方法固然是不对，有方法而非好方法，而不能达到目的，而含有极大的流弊，也不对。方法的好不好，第一要看他能否达到目的，第二要看他有无流弊，或流弊的大小。

（三）效果　目的是出发点，方法是过程，效果乃其终极，乃其归宿，目的譬若根株，方法犹如枝叶，效果乃是果实。我们最后所要的是果实，不是根株或枝叶。目的的正确，在未实现之前，只是假定的；实现之后，始为实在的。假定的对不对完全看他的实在效果如何。最后的效果若不良，开头的假定有什么用处？

归结一句话，我们判断一个政府的好坏，批评一个政策的良否，第一要看他的目的正不正，第二要看他的方法适不适，第三还要看他的效果好不好。一个政府对于人民有要求服从和拥护的权利，但是这个权利是相对的，不是绝对的，是有条件的，不是无条件的。这个条件就是：一个政策须很有实在的好效果。单靠空洞的、假设的、无实效的目的和用意绝对不够的。出于本心的服从和积极的拥护须用具体的成绩和实在的效果继续换来，不是仅仅发表几条大政方针或宣言所可长久取得的。

在第四届毕业典礼上代表教授会致词[*]

现在的青年学生最喜欢的是新奇的学说,最不喜欢的是陈腐的理论。本人自愧没有什么新奇的学说,只有很少的陈腐理论。今天教授会教本人代表向诸位说几句临别赠言,我想所谓临别赠言,不过是在人家临上路之前,告诉他一点旅途上的经验,并劝他们保重一类的话言而已。现在诸位要踏上社会的途程了,我就本着临别赠言的意思,向诸位说几句过来人的经验之谈吧!

我今天要说的共有三点:一二两点是对普通一般的大学毕业生说的,第三点是特别对清华同学说的。第一点是奋斗,社会是混浊的、黑暗的、复杂的,诸位在学校里所得书本上的知识,是不足以应付裕如的。将来势必会遇到许多压迫和阻碍的。可是我们不能因此就屈服牵就,虽然在小节上也不妨姑予从权,可是我们的宗旨正义所在的地方,都万不能牵就,不能屈服。我们必须要奋斗抵抗。否则那就有负我们在校时的修养了!

第二点是续学,学问无止境,我们在校时,尽管成绩很好,但是一到了社会上运用起来,立时就会感觉到自己学问的不足。而且学术是与时俱进的,我们若不继续求学,即使从前所学的,没有抛荒,也要落伍的。

第三点是耐劳。这一点是特别对本校同学说的。我们常听到校外人对清华的批评,都说清华的同学,成绩的确比别的学校好些。但是缺点在不能吃苦,不肯吃苦。这种批评,恐怕也不是完全无因。我希望诸位出校之后,抱定为社会服务的宗旨,把个人的享受看轻些。

---

* 原载《国立清华大学校刊》第四二二号,1932年6月24日。

国立清华大学教授会致国民政府电[*]

南京国民政府钧鉴：热河失守，薄海震惊，考其致败之由，尤为痛心。昔沈阳之失，尚可诿为猝不及防；锦州之退，或可藉口大计未决。今热河必守，早为定计，行政院宋代院长军事委员会北平分会张代委员长，且曾躬往誓师，以全省天险俱未设防，前敌指挥并不统一，后方运输一无筹划，统兵长官弃城先遁，以致敌兵长驱，境若无人。外交有利之局，不复可用。前敌忠勇之士，空作牺牲。人民输将之物，委以资敌。今前热河省政府主席汤玉麟虽已明令查办，军事委员会北平分会张代委员长虽已由监察院弹劾，但此次失败关系重大，中央地方均应负责，决非惩办一二人员即可敷衍了事。查军事委员会蒋委员长负全国军事之责，如此大事疏忽至此；行政院宋代院长亲往视察，不及早补救，似均应予以严重警戒，以整纪纲，而明责任。钧府诸公，总揽全局，亦应深自引咎，亟图挽回，否则人心一去，前途有更不堪设想者。书生愚直，罔识忌讳，心所谓危，不敢不言。伏乞鉴察。国立清华大学教授会叩青。

---

[*] 一九三三年三月九日下午四时，教授会就"热河失守"召集临时会议，推举张奚若、冯友兰、燕树棠、萧叔玉、浦薛凤为电文起草委员会，起草电文致电国民政府。《国立清华大学校刊》第四八九号，1933年3月13日。

独裁与国难 *

近来有些人对于中国应采某种政制的问题忽然发生极大的兴趣。这里一个提议说应该专制，那里一个抗议说应该自由。有的觉得非独裁无以救中国，有的觉得非民治无以为国家。旗鼓严整，议论热烈，吵闹得真是"像煞有介事"。不过观战的人看了许久，不由得要问近来何以发生这个问题？是否因为实际政治舞台上近来有人要积极独裁或真民治，学者们的政治情绪触动了，不能不表示拥护或反对呢？还是因为他们向好空谈，近来不过是借此题目过过瘾罢了呢？这真不容易说。

大概系因近年来国内实验主义的影响甚大和疑古学说的深入人心罢，有些人对于历史上的明白教训完全置之不理，事事均须由我试验，才能断定是非，由我证明，才能估定价值。因此，欧美近代民权发展史的结论和专制政治的教训均无一顾之价值。惟有专制才能统一，惟有独裁才能渡过国难：这是何等胆大而自负的议论！不错，伟大的民族固应有此种独立不羁的精神，思想解放又安能让陈死人（何况是外国的陈死人）束缚我们的行为！不过若是充分的应用此种逻辑，恐怕我们还得从酋长制度，君主政体，一一试验起罢！

近来鼓吹专制提倡独裁的人都是鄙弃理论、重视事实的人，所以我们也不能和他们谈理论讲原则，而且讲起来也太长，不是这篇短文所能说得透澈的。

在事实上，专制果真能统一国家也还罢了，无奈它绝不能达到这个想象的目的。最大的原因就是因为有自由、平等、个人解放、唯理主义，以及其他许多新时代的思想在那里作梗。我们可以咒骂这些思想岂有此理，不过它们不能因我们咒骂便消灭。若是我们动了气用专制手段去对付它们，至多也只能成功于一时而绝不能成功于久远。

---

* 原载《大公报》第一万一千三百四十号，1935年1月13日；署名张熙若。

英国的亨利第七和法国的亨利第四的专制所以能成功,一个狠重要的理由,就是因为那时这些民权思想还不十分发达,还未十分成熟。假如把这些圣明天子(或专制魔王)挪后一百几十年也就不行了。不然,查理士第一和路易第十六也何尝没想专制,结果怎样?

独裁果真能渡过国难也何妨试试。不过自我看来,今日的国难,若要在短期内渡过,绝非中国自己的力量所能胜任。不客气的说,这个国难若要渡过,除过国际情势有大变动,使所谓国难者自行消灭或由旁人代我们消灭,没有别的法子。靠我们自己的力量去解决,在短期内是绝对无望的。民治固然不行,独裁又何尝能行,因为这是个整个社会组织问题和民族力量问题,不是区区政制问题。若全从客观的事实看,可以说民主政制和独裁政制与解决国难都无关系。若说中国在国际情势大变动时也须尽一分责任,或国际情势不起变动中国也须自谋解决,那么,就非想尽方法唤起人人同仇敌忾的情绪,使人人都能自动的、热烈的、为国尽力,为国牺牲不可。独裁政制下只有向来借独裁者驱遣的少数人能被动的去尽力去牺牲,被压迫的多数人那时已经失掉过问国事的习惯和能力,就是你急来抱佛脚,临时又想利用他,他已成了废物无法利用了。而况有些反对独裁的人此时或者还要利用机会图谋颠覆独裁者,使你不能专力去应付国难。德国的帝制和俄国的皇室是怎样倒的,似乎也值得我们考虑。更进一步说,万一国难更扩大,外患更深入,独裁者退处一隅不能指挥被占领区域内的人民抵抗侵略者,那时这些久被压迫、无自动能力、失掉过问国事的习惯的人民,恐怕连作义勇军的情绪和能力都没有了。所以自我看,独裁政治的结果在平时是为自己制造奴隶,在外患深入时是代敌人制造顺民。难道今日中国作奴隶的人还不够,作顺民的人还太少,还须特别制造吗?

鼓吹专制提倡独裁的人们的最大错误就是他们的全副议论完全建筑在一个很大的"假定"的基础上。这个假定以为专制者或独裁者一定是一个具备现代智识而且始终以国家利益为利益的人,并且在未成功以前绝对不许他死,若死也须找个具备同样资格的继任人来完成他的未竟之志!这个基础巩固不巩固,我们一望便知,用不着讨论。若是基础不巩固,那些非凡的议论岂非都变成空中楼阁吗?

其实,这些浅显的道理我们能见到,鼓吹专制提倡独裁的人何尝见不到。既然见到,何以还提倡?用心理学来解释,或者系因他们被一种希望全知全德的独裁者出世的"愿望"占据了他们的意识,使他们觉得这种空中楼阁总不全像是空中楼阁,这种假定总不全像是假定。说得平凡点,这是一种自由催眠术;说得玄妙点,这是一种宗教信仰。

用不着说，中国今日急需统一，那些小军阀都应一齐打倒，并应处以极刑，不应让他们安然下野作富翁或拿上考察名义出洋给国家丢丑。用不着说，中国今日非设法渡过国难，国家本身就将无法生存，那里还谈得到甚么民治不民治，自由不自由。这当然都不错。不过打倒小军阀，削除内乱，统一国家，本是任何政府的职责，不单是专制政府才有这种特权。民治国家的内乱并不一定比专制国家多，民治国家的土匪和军阀并没有甚么宪法或法律上的特别保障。而且，老实说，削除内乱，打倒小军阀完全是一个实力问题。政府若有实力，用不着我们赞成，它自然会去削除它打倒它。反之，若是没有实力，就是我们天天提倡，时时鼓吹，也是枉然。前数年几个军阀之倒，难道是预先经过我们总投票的结果？今日许多内乱不能平，岂是因为少数书生在反对？

国家当内忧外患生死存亡的关头，为应付紧急事件起见，本来可将一切政治军事权暂时集中于一处，并缩短其运用程序。独裁政制下有此办法，民治政制下何尝无此办法？欧战时英法美三国何尝未将它们的政府权力集中于一处而缩短其运用程序？当时美总统威尔逊的权力有人说比德皇威廉第二的权力还要大。然美国人并未感觉有将威氏变为迭克推多的必要，英法两国的人民也未将路易乔治和普恩嘉赉举为独裁者。盖因一时权力集中是一事，正式的永久的独裁政制又是一事。中国现在或将来，因为要渡过国难，将军政权暂时集中，当然是可以的，或者也是必需的。不过这都不能与建设一个正式的独裁制度混为一谈。

诚然，民主政制有它的不方便处，不过也有它的方便处；独裁政制有它的方便处，也有它的不方便处。比较起来，民主政制的优点远超过它的弱点，而且这些弱点都有相当的补救方法；独裁政制的坏处则远超过它的好处，而且这些坏处都是无法补救的。我希望关心国事的人不要忘记历史上的正大教训，不要为世界上一时的变态政象所眩惑，拿国运民命作儿戏。

归结一句话，统一不须专制，专制或于统一有碍；独裁救不了国难，国难或因独裁加重。我们替国家打算，应熟权利害，不应见利忘害；应策划久远，不应图便一时。不然，就要弄成所谓利未见而害先随之了。

一切政制之基础[*]

民国以来的中国政治史上有一特殊现象,就是:无论外国的甚么良法美制,一到中国,便都不行,便都弊窦丛生,有害无利。共和啦,君主啦,总统制啦,内阁制啦,中央集权啦,地方分权啦,多党分政啦,一党专政啦,首领制啦,委员会啦,举凡西洋各国近代史上所有之政治制度,我们在这二十多年中,谢谢我们的好胃口,无不一一尝而试之,而其结果则一,曰失败,曰不消化。当然有许多人根本不承认以上所述各种政治制度在中国曾经真正失败过,因为他们根本不承认这些制度在中国曾经诚心试验过。这种看法当然也有极强的理由。不过,进一步说,假使这些制度曾经的真试验过,我恐怕结果差不多还是一样,还是逃不了失败。所以总结失败的原因,解释至为不一。有的说是民族历史不同,有的说是社会环境迥异。

有的说是地方太大,有的说是人口过多,有的说是人民程度太低,有的说是政客良心太坏,还有的说是中国宗教情绪太薄弱,对于任何制度都无热烈信仰,更有的说是帝国主义压迫过甚,任何制度都少成功希望。这些诊断,这些分析,都有一部分的理由,但都不是全部的理由。即使上述种种缺陷一一改善,至多也只能治标而不能治本,任何西洋政治制度还是不能真正成功。怎样才能治本,如何始能真成功?我以为非具备两个主要条件不可。两个主要条件为何?一曰智识,二曰道德。中国往古的政论家多半偏重道德问题,今日的政论家多半又偏重智识问题。其实,这两个条件是相辅而行的,是缺一不可的。没有智识固然不行,没有道德也是不行。傻子固然偾事,骗子何尝不坏事。

西洋政治哲学的鼻祖柏拉图在两千三百多年以前就看清了这个道理。他告诉人一

---

[*] 原载《国闻周报》第十二卷第六期,1935年2月;署名张熙若。

个国家昏乱的重要原因有二,一是愚,二是私。愚就是今日所谓智识问题,私就是道德问题。他治愚的方法是教育,治私的方法是共产,虽然他所谓教育不是我们所谓教育,他所谓共产不是我们所谓共产。他的治疗方法虽嫌陈义过高,难期实现,但是他的诊断,没有问题,是透澈到底的,是任何人不能赞一辞的。他在政治哲学史上伟大的地方就在这里,他给千秋万世政治动物的教训也就在这里。柏氏是两千三百多年以前,以希腊的城市国家为背景,得到这样一个结论。不过他这个结论的适用当然不限于两千三百多年以前的社会,也不限于希腊的城市国家。它是有永久性,有普遍性的。古代的希腊如此,近代的欧美也如此。西洋如此,中国也如此。奇怪的地方是他这个结论在今日的中国似乎尤为适用。

所谓智识当然是指现代智识,因为许多旧智识,许多中古式的陈腐智识,已被时间淘汰,在现在是无用的了。我在另一处曾经说过"今日国家事事弄到破产的情形……也是因为必需的现代智识太缺乏。因为没有必需的现代智识,所以,许多人老是,而且也只能,在那里胡说,乱叫,瞎嚷嚷,永远抓不住问题的核心。他们自己或者以为是救国救民的良策妙法,其实不是痴人说梦,便是隔靴搔痒,再不然,就是鲁莽灭裂,胆大妄为,与真正救国工作都是毫无关系或有害无利的"。这并不是有意骂人,这实在是近年来许多自命为医世良方的真正价值。

所谓现代智识大部分是指理工一类的技术智识,因为没有这些技术智识,一个现代国家的物质建设是无从谈起的。没有这些直接或间接由科学得来的技术智识,我们无从建设及发展我们的工商农矿交通各业。工商农矿交通各业不发达,在平时就不能解决我们的衣食住行各问题,在战时更不能解决我们的军械军需军运各问题。平时无法生活,战时无法攻守,这样一个国家还有存在的可能吗?

理工一类的技术智识虽然是现代智识中很重要的一部分,但它绝不是现代智识中的全部分。技术智识外,还有许多与所谓社会科学有关的智识,如政治智识、经济智识、法律智识之类,都是缺一不可的。技术智识只能为我们建设或改善一个物质环境而不能替我们支配,调剂,这个物质环境,说得具体点,它只能替我们生产许多物品,至于谁应享受这些物品及各人享受的差别如何,那就非求教于所谓社会科学一类的智识不可了。这还是肤浅的看法,看得稍微深刻点,文学哲学艺术一类的智识都有它们相当的用处,都是离了不可的。换句话说,就是技术智识虽极重要,它的用处虽至大至广,但是在大体上它只能替我们解决我们生活的方法问题,而不能解决我们生活的目的问题。目的问题还须请教社会科学及文学哲学一类的智识。因此,我以为近年来上自许多党国要人，下至一部分的教育家，过分的提倡理工取缔文法的政策是错误的，是在不久的将来会发生不良的影响的。中国今日的理工人材固然大感缺乏，但是社会科学智识充分的人又有几个？假使今日中国的统制者的政治经济法律各种智识稍微高明一点，国家也何止弄到现在这个地步！

关于智识条件，有一点值得有些人注意，那就是智识的数量与政制的关系。一个政府所需的智识的数量是完全看那个政府所要办的事业范围大小而定，与那个政府的体制是无丝毫关系的。假如一个政府的职责只限于普通所谓政治问题而不包括经济问题，或者是只管极少的经济事业而留大部分的经济事业于社会私人之手，那么，不管它的体制是君主，是共和，是民治，是独裁，它所需要的智识的数量一定比较小一点。反之，若是它的职责是于政治问题之外兼管经济问题，而且这样国营，那样官办，管理很多很大的经济事业，那么无论它是君主，是共和，是民治，是独裁，它所需要的智识的数量一定比较的大一点。从前的政府比现代的政府需要智识少，完全是因为那时社会没有工业化，经济问题比较简单，政府采取放任政策的原故。现在需要智识多，完全是因为工业发达，经济关系复杂，政府不能不采取干涉主义或国营政策的道理。这与政制问题没有丝毫关系。君主国家如此，共和国家亦如此，民治国家如此，独裁国家亦如此。譬如你要修一条铁路，开一个工厂，设一个医院，办一个学校，假设其他条件相同，不管你的政制是那一种，你所需要的智识数量都是一样的。冷硬的事实，无知的物质，是不讲人情，不看面子的。这本来是一个极浅显的道理，凡稍明白近代历史及现代政治的人都知道。不过因为近来有些在社会上负盛名的人物偏在那里争论政制优劣与智量多寡问题，有的说民主国家需要现代智识少而易治，独裁国家需要现代智识多而难理，有的，与此恰相反，说民主政制需现代智识多而难行，独裁政制需要现代智识少而易办，诚恐有人震于名而惑于实，所以乘便解释一下，其实离我们的本题远了。

道德条件之重要性自然不在智识条件以下。中国今日许多事业办不成，一方面固然是因为必需的现工智识太缺乏，一方面也是因为道德程度太差池。年来招商局舞弊的案子，邮政汇理局舞弊的案子，江苏司法界（郑毓秀等）植党营私的案子，故宫盗宝的案子，以及许多只许社会上私相传说不许公言的重大案子，都与智识无关，都是完全道德问题。两千多年悬为国家纲维的几个基本道德信条久已被人唾弃，而其中廉耻两端更是丧失得几至消灭。今忽有人提倡打救，真是谈何容易！

营私舞弊是道德问题中最严重的一种，不过它并非全部的道德问题，虚伪，怯懦，不认真，不负责，都是道德问题。舞弊还有法律制裁，虚伪，怯懦，不认真，不负责便非法律所易为力。平心而论，今日国家许多事业的失败，由于种种直接营私肥己者固多，由于虚伪，怯懦，不认真，不负责，视个人利害比国家利害为要者更多。推诿，偷巧，徇私，敷衍，都是今日中国人处世的秘诀，作官的指南。至于逢迎，揣摩，勾结，捭阖，那就更不必说了。这些毛病不改，这些道德缺点不除，就是智识再高，就是不直接舞弊，所有政府及社会事业也是不会有高效率好成绩的。

总之，假使我们有优越的智识和高尚的道德，不管甚么事业我们都能办成，不管甚么政制我们都能运用。反之，若是我们只是愚闇和贪私，那就无论甚么事业都难有成，无论甚么政制都难适用。青年们为自己立身计，为国家根本计，都应该时时刻刻特别注意这两个立国的基本条件，不必萦心于无谓的枝节问题。

论所谓中日亲善

天下事真是无奇不有：无端端的侵占了人家四省的地方，用飞机重炮轰毁了人家许多城市和人民，扰乱了人家许多地区，而且日日计划如何吞并，如何宰割，简单的说，就是处处要置人家于死地，人家无力抵抗，也就罢了，却还要进一步的强他和你讲亲善，讲提携，这未免太难了！天下事更奇怪的乃是：土地被人占了狠多，人民被人杀了狠多，劫余的性命还是朝不保夕，在此种岌岌可危的情势下，有些人竟然一闻人诱以亲善之词，谎以提携之说，便似乎欣然色喜，以为好了，有办法了，"今日演说惟恐不亲，明日访问惟恐不善"，这未免更难了！人于侵略之后来讲亲善，自然是于"伤害之上加以侮辱"，我于被侵略之后甘心和人去讲亲善，岂非表明不但无力抵抗，并且情愿受侮？若是这种甘受之侮是"含垢忍辱"之类，有重大作用或特殊苦心在内，那还可说，不过在今日彼此悬殊情势下，任何作用，假如有的话，都不能发生效力，任何苦心都不能达到目的；惟一的结果只是上当，受骗，使国难愈加严重，国运愈难挽回。

近来哄传全世界的"中日亲善"问题，人人知道，是由日本提议而我们接受的。兹就日我两方剖白言之。

关于日本方面，我们中国人应该首先明白，澈底觉悟的就是日本人向来所讲的"大陆政策"，"大亚细亚主义"一套，骤听之颇似梦呓的话，在现时并非少数人的理想，而是整个日本国家传统的"国策"。政府可换，权臣可易，政党可朝三暮四，军阀可老少相倾，而此传统的"国策"和所谓民族的"使命"，在其人民心理上，国家政策上，是无论如何百折不回，颠扑不破的，伊藤也罢，大隈也罢，田中也罢，犬养也罢，内田也罢，广田也罢，他们的政策虽有缓急之分，他们的手段虽有软硬之别，但是他们

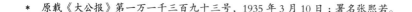

* 原载《大公报》第一万一千三百九十三号，1935 年 3 月 10 日；署名张熙若。

的目标是始终一致，彼此相同的，他们的政策是千变万化，不离其宗的。我们试翻阅甲午以来的中日外交史，便知我这话是一点不错。"二十一条"和东北占据自然是最雄辩的事实，但是发生于广田任内的"天羽声明"何尝不是一步加紧一步的表示。"天羽声明"如此，广田亲善何尝不如此，不同者，就是"天羽声明"是以强硬的语调向列强恐吓，广田亲善乃是以表面柔和手段向中国诱骗，使之软化，使之屈服。中国若能完全软化，绝对屈服，那在实施日本"国策"的立场看来，岂不是更上算，更经济，岂不是表明外交家的手腕比军人的枪炮还要来得敏捷些，容易些。所谓刚柔并济，软硬交施，这里谁也看得明白。而且等到中国软化屈服之后，再去拿"已成事实"的理由去对付列强，希望列强不得已而默认。不过所谓列强者，尤其是其中利害关系比较密切的英美两国，把此中的圈套，把戏，早已看得明明白白，为其本身利益计，不能不调整步调，共商阻挠日本独霸中国的政策。日来国际对华借款的计划便是此种阻止日本独霸政策的具体化的一部分。利害关系较远的英美尚思有所挽回，而俎上鱼肉的我们自己，竟然"愿以满腔热忱"跳入这个圈套，能不令人咋舌！

我要藉此机会向运用日本"国策"的人们和日本的爱国志士说两句关于东亚大局的话。虽然我也知道他们绝不会听，不愿听，但至少也可使他们知道一般关心国事的中国人对于中日问题的真实见解如何，不要以为我们全是傻子。

第一，你们日夜所梦想的那"大陆政策"和"大亚细亚主义"一类的疯狂计划，我可预言的告诉你们，是绝对不会实现的。不会实现的理由也甚简单。第一是因为那些在世界上有强大势力，而且在东亚有特殊利益的西洋各国，如英，如美，如俄，是绝对不会让你们安然或永久吞下这样大的一块地方的。这是你们目下和将来最大的困难和顾虑。若是没有这些国家在那里作梗，恐怕你们早已把中国征服了，那里还用得着现在在那里讲那些"亲善"、"提携"、"同文同种"、"共存共荣"一套的废话。你们想拿所谓第二次世界大战去解决这个问题，我们若完全从第三者的立场看，当然很佩服你们的勇气。不过战争的结果如何，恐怕除过你们一部分的少壮军人外，无人能操必胜之券。我个人完全拿旁观者的眼光和客观的事实看，觉得你们是没有幸胜的理由。假如你们败了，那当然一时你们顾不了大陆不大陆，也管不着亚细亚不亚细亚了。这是你们不能成功的第一理由。第二理由便是因为中国本身也有一种抵抗能力。那就是现代民族意识，爱国思想。你们尽可用种种方法来压制这种意识，这种思想，不过我敢断言你们绝对不能永远成功。听说你们常说中国可亡于蒙古人，可亡于满洲人，何以不可亡于日本人。此中最要的分别就是那时我们的民族意识没有现时这样普遍，没有现时这样深刻化。换句话说，就是你们不幸的狠，在世界征服史上未免来的稍微晚了些。要把这页历史倒移前去若干年，毕竟恐怕不容易罢。

第二，我们在原则上当然并不反对你们所标榜"共存共荣"的道理。我们岂但不反对和你们这个"同文同种"的近邻共存共荣，并且希望同世界上任何国家都能共存共荣，因为在这个狭小的世界里谁与谁都有一种相互的关系，局部的繁荣是不容易办到的。搁开这个空泛的道理不谈，单讲我们这两个国家的实际关系，我可以极坦白的告诉你们，我们赞成的共存共荣是真正的共存共荣，是名实相符的共存共荣，不是你们所标榜的骗人的口号式的共存共荣。换句话说，我们所要的是真的"共"存，"共"荣，你们所要的只是"独"存，"独"荣，不过拿那个不幸的"共"字来骗骗中国的傻小子罢了。你们一日不洗心革面，改变这个欺人伎俩，中日关系是永远不会好的，任何政府的一时屈服，任何政客的无聊亲善，都是无关宏旨，都不能改变这个客观事实的。你们骂中国人不来站在你们的"大亚细亚主义"旗帜之下，为黄种人争气，中国人心里反觉得：不讲"大亚细亚主义"则已，若讲，中国至少应与日本站在平等地位，不然，那算甚么"大亚细亚主义"，那简直是"大日本主义"罢了，那简直是叫中国做日本的附庸而已。你们平心想想，有伟大历史的中华民族是能甘心给日本做附庸的吗？中日两国如果不幸不能共"存"共"荣"，而竟然弄到共"衰"共"亡"的时候，在后世的历史家看来，你们日本人是要负大部分的责任。

第三，这些历史大问题暂时不讲，单看你们现时所提倡的"中日亲善"问题。中国人诚蠢，诚无志气，诚没出息，不过你们也未免把他们看得太蠢，太无志气，太没出息了。你们以为东三省和热河就这样白白拿去，中国人已经忘情了或者可以忘情吗？世上那有强占了人家一大块领土，不但不思归还，要想人家和你真心"亲善"的道理？中国人再不争气，再无耻，也不至人人永久都屈服于你们一手造成的"已成事实"。世间还有比事实更神圣的东西！假如你们无论如何须乘全世界经济不景气的机会完成你们的"大陆政策"，那就不说，那就只有看你们的运气。假如你们是因为要布置第二次世界大战时的棋子，觉得对于中国不能不暂时缓和一下，那么，现在讲亲善，至少应该把东三省和热河问题解决了，才勉强有"亲善"可言，有"提携"可讲。照现时你们所扮演的威胁利诱的双簧，是不会有真正成功的希望的。"满洲国"式的"亲善"，趁早别妄想罢。

总而言之，你们的"大陆政策"是根本不通，而且也永远不会实现；你们的"共存共荣"的东洋景，是不揭自穿，无人肯上此当；你们的"中日亲善"的把戏，除过激刺中国人的爱国心以外，再无其他永久的影响。

这都是对于日本一方的话。至于我们自己哩？我希望我们的政府不要完全失掉革命立场。第一要有胆量，不要人家一加压力，便即屈服。若然，将何以自异于"二十一条"时的袁世凯政府，将何以图谋恢复失地，将何以保全此残破的国家？第二，我们最小限度的立场，那就是说，不归还东三省及热河，任何亲善政策都谈不上，应该向对方讲得响响亮亮的，明明白白的，不要有丝毫含糊的地方。而且这个最小限度的立场是应该牢守不变，无论他人如何利诱威胁都不能放松一步。第三，"亲善"政策失败以后可能的冲突是不能不防备的，不要临时又手足失措，一误再误。

国民党的总理孙中山先生诚然说过中日两国应该互相提携的话，不过他这话当然有它的先决条件。这个先决条件便是：中日两国须完全站在平等地位。我们今日应该特别注意这个条件之是否存在，不然，便是断章取义，曲解遗教，便将置国家民族于重重束缚，万劫难复之地位。

《塘沽协定》以来的外交[*]

假如我们采取所谓"日本通"一流人的态度，《塘沽协定》以来的外交当然是尽美尽善，无可非议。岂但无可非议，它简直可以说是代表理智的战胜，情感的退让。倘若中日关系能长由斯道以改进，国难必将由和缓而渐趋于消灭。自这些人的眼光看起来，现在甚嚣尘上的"中日亲善"自然是此种政策最后应有的，而且久在期望的胜利。"苍天不负苦心人"，自然值得弹冠相庆！

不过一个人若非"得天独厚"，是不会，也不敢，有这种看法的。因为照这种趋势做下去，结果真将不堪设想。照逻辑讲，亲善是没有止境的。越亲越要亲，既善还要善，不弄到如胶似漆不可分离的境界不止。青年人讲恋爱，有时想把两个人变作一个人；弱国与强国讲亲善，若不格外小心，是会弄到"天无二日，民无二王"的地步的。何况"皇道"的旗帜上本来写着"大同"，"大一统"，种种招降的口号咧！中国维新数十年均以学步英美为方针。近年来忽然有人发现英美太高无从学起，不是想改学意大利，德意志，就是效法土耳其。现在看起来，意德固然是不必说，土耳其似乎也是无从效法；若真死心塌地的照现时"亲善""提携"这样办法做下去，恐怕到头只配给箕子的封国做徒弟。历史上的丑事本已够多，何苦再添一个！

外交本来不是容易办的。积数十年之经验，我们已经发现，至少在理论上，仅仅会说洋话（不管它是西洋话东洋话），会讲交际，是不成的。但是我们似乎还未发现光拿应付内政上各种问题的手腕，那就是说，没有一定政策，全靠临时对付，只顾目前，不管将来的办法，也是不成的。办外交，尤其是办今日中国的外交，应有以下数种资格：第一，应明了世界大势，应明了人我强弱虚实之点，应明了在现时及将来的

---

[*] 原载《独立评论》第一四四号，1935年3月；署名张熙若。

国际情势下国家最有希望的生路在那里。这些道理，若仅抽象的讲，自然似乎都是些老生常谈，浅近常识，没有什么新奇的道理和难懂的奥秘。但若具体的说起来我们立刻就会发现《塘沽协定》以来的外交根本就犯了没有这些浅近常识的毛病。第二，应具有处大难临大节的胆量。没有识见固然不行，光有识见没有胆量，也是不行。识见只能辅助我们决定一种政策，要执行这种政策，还须有坚强的毅力和无畏的精神。愚人固然不能有所成就，懦夫也难托以重任。第三，让步应有限度，过此限度，就须有牺牲的决心。天下很少无代价的东西。一个东西越宝贵，它的代价也就越高。救国是何等大事，岂能偷巧，岂能避免牺牲。越想避免，结果恐怕牺牲越大。救国不比做交易，很难空中取利的。

我们若拿以上三种条件来评衡《塘沽协定》以来的外交，我们自然会发现它的失败的原因在那里。当然，"日本通"一流的人根本不承认它是失败，他们以为它是最大的成功！幸而怀抱此种特别见解的人在今日的中国，除过一部分的外交界外，是并不十分多；不然，国事恐更要不堪想象了。

提起两年以来的外交，真是令人对于国家前途无时不感觉一种极度的不安。不客气的说，《塘沽协定》以来的外交是全盘皆错，无一是处。若是有人嫌这话过于笼统，也不妨藉此机会分析的说说。

（一）《塘沽协定》的本身就是愚昧和怯懦的结晶。我并不是说《塘沽协定》根本不必有，那是另一问题，此处不必讨论。就是我们承认这个协定是无法避免，它的内容还是大有批评的余地的。这个内容的荒谬绝不能以"城下之盟"四字去作辩护，因为前年五月二十二日急于要停战的是敌人，不是我们。我们既然窥破此点，就应该力争协定的条文，至少滦东和所谓战区内的匪军是应该由我们于签字后名正言顺的行使主权立刻消灭的。日人何爱于匪军，我若提出力争，一定不难办到。当时计不及此，遂令流毒至今，无法收拾。这不能不算是《塘沽协定》中一种不必有的屈辱和后患。至于保护日本飞机光临我们上空的规定更是毫无需要的灭自己的志气，长他人的威风。而且一般国际协定多半订明它的有效期限；《塘沽协定》无此规定，是否预备永受束缚？这个协定的签订经过和它的内容很足以证明我上文所说的没有知己知彼的识见和处大难临大节的胆量不能办外交的话。倘若知道日本因顾忌国际视听不敢直占北平，那我们对于协定条文自可提出对抗的要求而力争之，何至弄到条条俱非完全接受不可的地步。

（二）去年所吵闹的通车通邮问题更是无识见无胆量的特殊表现。我至今不懂，恐怕千秋万世后也无人能懂，我们为甚么非承认日本通车的要求不可。通车于我们究竟有甚么好处？不通车究竟又有甚么了不得的害处？当时有一种传说，说通车是《塘沽协定》时我方曾经承认的一点。若然，那就更是荒谬绝伦了。不过我想这个传说大概不确，因为我们的行政院长汪先生当时曾对国民有一负责的声明说除过已经公布的条文之外并无所谓秘密条文。若说通车是大连会议时我方代表承认的，那么，上级长官尽有驳斥之权，何竟非一错到底不可？后来通车时还要求承认日本在关内段的随车警察，这更是怯懦的非常表现。难道不承认随车警察，日本就要立刻占据北平或炮轰南京吗？中国人乘北宁通车而受此等随车警察之侮辱者，只就我知，已不在少。为国受辱，有时或者是不得已，不过通车和日本的随车警察，难道也能算是不得已一类的事吗？

（三）年来日货倾销真是骇人听闻，而不闻政府筹有效抵制之法，如此下去，尚有何国货之可言，尚有何工业之可言？更改新税则还嫌不够，现在还要保护奸商贩卖日货的自由——世间自由诚多，这种却属创见，照此趋势演进下去，恐怕终有强迫人民完全使用日货的一天！不然，岂不要得亲善无诚意、提携不澈底的罪名！

（四）在九一八以前讲亲善，讲提携，或者还勉强可说。在九一八以后，在一·二八以后，在长城抗战以后，在天羽声明以后，在日货大量倾销，国货行将扫地以尽的时候，忽然大讲亲善，高谈提携，此中妙用，不但阿斗莫测高深，恐怕就是请葛亮也不敢认为是神机妙算罢？所谓亲善，所谓提携，顾名思义，均应以互利为目的。我不知今日的亲善与提携于我们究竟有甚么利益？办外交不比玩内政，应该时时认定目标，站稳脚跟；不然，立刻就有陨越上当的危险，而上当之后又是不容易挽回的。

总之，《塘沽协定》以来的外交的最大病根，一方面是怕牺牲，一方面是希望人家不为已甚。因为怕牺牲，所以只得希望人家不为已甚。又因人家施行传统的"国策"不能不为已甚，所以牺牲终极还是免不了，不同的就是人家窥破了你不愿牺牲不敢抵抗的畏缩的心理，要求越来越多，压力越来越大，使你应接不暇，疲于奔命，结果把原来用小牺牲可以解决的问题弄得经过大牺牲还是无法解决。今日"亲善"的论调和"提携"的呼声自然并非一朝一夕之故而是年来亲日政策应有的发展。不过回顾已往这是一种政策的自然归宿，瞻念将来这又是另一幕悲剧的发端。这个悲剧的劫运是否有法挽回，那就要看我们扮演此剧的角色有无回头是岸的觉悟。若不改弦更张，在奋斗牺牲中找出路，国难只有日深一日，不至灭顶不止。

陕西的教育问题[*]

陕西虽然是中国文化发皇之地及所谓九州上腴，既庶且富之区，但这都是些历史往迹，与现在陕西的文化程度和物质状况是没有丝毫关系的。作者久居外省，常遇人问"古时关中的文化何以那样发达，今日陕西的文化何以这样落后"？另一相似的问题便是"关中古称膏腴之地，沃野千里，何以近代以来老是灾旱频仍，不能自给"？姑无论这两个问题的答案如何——自然也甚复杂——但这两个问题所包含的事实是无人不承认的。换句话说，就是近代及现在的陕西是文化落后，经济艰难。若按因果律来说，自然经济艰难是原因，文化落后是结果。在大体上说及为永久计，提高文化只有发展经济一条路，此外任何方法都只能治标而不能治本。

近来泾惠渠已渐次竣工，洛惠渠及渭惠渠亦可于两年内先后完成。这是陕西农民的福音和一般人的真实利益，这也是近代陕西经济史上一大革命，比数十年来任何政治革命，任何思想革命，影响都要大。同时陇海铁路展至陕西，各种工业，至少小工业，自将逐渐兴举；这也是陕西人二三十年来所时时渴望而今果然或将要成为事实的两件大事；其影响之巨，自不待言。经济基础既立，倘能运用得法，且无意外纷扰，一二十年后陕西的教育及文化状况将大改观；虽不能与沿江沿海先进各省争长比美，其迈进程度自非今日所易想象。苏俄在一个五年计划内可将她的重要工业一一建设起来，我们在两个或三个五年计划内自然也可将我们的教育程度和文化水准提高很多。天下事在人为；若能认真干，十年工夫可以造出许多奇迹来。

不过这都是对于将来的希望。说到现在，自然有许多地方不能令人满意。作者近年来每遇北平各大学暑期招生的时候，因为关心桑梓人才之养成，当注意陕籍学生的

---

[*] 原载《秦风周报》第一卷第一期，1935年3月；署名张熙若。

录取数目。十年以来，用不着说，每年总是令我失望。较好一点的国立各校，如清华，北大，是没有他们的分的，就是次一等的国立各校与他们也无多大缘分。结果，大部分，有时甚至全体，只有去入私立大学，而且大多数还只能走入次等的私立大学！偶尔，在数年中，有一两个陕籍学生能考入清华，北大，那差不多用不着问都是在外省受了中学教育或向来没有到过陕西的。北平如此，他处也是一样。连好一点的大学教育都受不到，还谈得到甚么高深学问与技术？没有高深学问与技术，不但建设新中国没有他们的分，就是建设一个过得去的陕西恐怕与他们也无多大关系。这里使我最难过的是我认为陕西一般学生的资质都很好，若能与一机会，都大堪造就，而且造就之后大概又都能脚踏实地，吃苦耐劳，以极坚忍卓绝的精神为国家尽职服务的。货弃于地，尚觉可惜，人废于无教，能不忧惧？

中学如此，小学怎样？我两三个月前曾经在陕西住过一两个月，我在朝邑乡下所看见的听见的情形使我非常吃惊。第一，学生不必每天都去上学。我看见几个亲戚和同村的孩子常常无事在家里待着。我问他们不照常上课，到考时不及格将怎样办？听他们的回答，似乎根本就不发生及格与不及格问题，因为实际上不是不考，就是考也不认真。有一天我在朝邑县里听说县长先一天到乡下去查学，不但有的学校没有学生，并且有许多学校连先生都不来。在农忙的时候，这还可解释，秋收冬藏时有此现象有真是无法原谅了。照常上课是学校中极简单而同时又极重要的一点。连这一点都办不到，还谈得到其他的问题吗？我很希望朝邑是个例外，不过我又没有充分的理由可以使我相信他的真是个例外。小学是中学的基础；小学办不好，中学办好的希望也就少了。

这是我对于陕西现时教育的一点印象和感想。我在去年十月以前有十五年工夫没有到过陕西，短期内所得到的印象自然不见得正确，由此印象所引起的感想或者是也是杞忧。实际上我十分希望我的印象是不正确，我的感想是杞忧。不过见闻所及又使我觉得实际情形大致与此也差不多。此种现象当然与陕西二十多年以来的政治，经济，社会，各种历史有深切的关系，不是一时所易完全改进的。不过否极泰来，最近数年来陕省当局对于教育的努力是有极显著的进步的，尤其是那全省惟一的高级中学。我现在将我对于改进陕西教育的一点意见写在下面，不知尚有供教育当局采择的价值否？

（一）充实小学　小学是养成一般国民的最要方法和少数升学儿童的最要基础。小学不良，一般国民的智识必甚简陋而中学亦必不易办好。充实陕西现时小学的计划，第一先要使先生认真教学，学生认真上课，因为若是不认真，则其他一切都将无从谈起，其次，小学师资须大加改良淘汰。庸师误人，各处皆然，而陕西似乎独甚，自然非大加淘汰改良不可。这当然又牵连到养成优良师资的问题。

（二）改良中学　陕西现在的中等学校可分三类，一为普通初中，二为师范学校，三为所谓初级（或中等？）职业学校，初中和师范，与小学相仿，均应改良师资，提高程度；师范学校为小学师资养成之所，关系至大，尤须特别整理；惟初级职业学校向来在全国是有名无实，其所造就之学生，既无职业技能，又无普通中学程度，糜费误人，了无意义，为中国数十年来各种学校中成绩最坏之一种，除极少数和有特殊性质或需要者外，应一律裁撤或改为普通中学。别种学校均可设法改良，初级职业学校则在原则上及事实上极少改良可能。最明显的道理就是因为天下没有那样简单的"职业"。所谓职业，就是实业。所谓实业，就是工商农矿各业。现代的工商农矿各业均非有比较高深的科学智识及需钱甚多的机械设备不可。在师资及经费两方就先无法办，而且学生也非高小毕业生所能充数。若谓初级职业学校的目的只在为具备高深科学智识的专家造成助手或为工厂造成学徒，那么，没有专家，将与谁作助手？没有工厂往那里去作学徒？而且即有专家和工厂，也绝对用不着这样多的助手和学徒。中国二十多年以来的教育部及教育专家对此问题始终没有明确的认识和彻底的觉悟。结果除糜费误人外，毫无成绩可言，毫无意义可言，不过这与现行学制有关，或非陕西教育当局所能自由处理。我极望陕西教育当局能与教育部恳切商洽，至少在可能范围内应有极勇敢的改革。

（三）添设高级中学　西安的高级中学近来办得颇有起色。我很希望他能继续改良，务使在不久的将来他的毕业生多数能考入外边最好的国立大学如清华，交通，北大等，和第一流的私立大学，如南开，金陵，燕京等。不过全省只有一个高级中学，听起来差不多是笑话。我希望在不远的时间，同州，凤翔，汉中，榆林等处都能有一个名实相符的高中出现。高中的一个重要目的是升入大学。陕西现时没有大学，获得高等教育的唯一办法就是制造高中毕业生去入省外的大学或专门学校，而这些高中毕业生自然是愈多愈好。

（四）大学及专门学校　陕西现时没有大学，而且在我个人看，在最近的将来，陕西也不必办大学。理由甚为简单。第一，一个名实相符的大学是需要大宗经费的。若是每年没有百万元左右，此事便可不谈。陕西省政府每年无此百万，自不必说；即有，我也劝他拿这笔大款去充实并推广小学及中学，不必用在有别的方法可以代替的大学。第二，就是有钱，没有师资，也是不行。现在中国大多数的大学办不好的一个主要原因便是师资缺乏。我常说，拿中国现在所有的人才至多办上两个大学，还虑不够，安能随便多设，多设的结果，至然是程度降低，有名无实。外省如此，陕西可知。第三，就是有钱，没有学生，还是不行。去年陕西高中毕业生的总数只有二十四名，能考上大学及专门学校的至多不及半数，为十来个，甚至百十来个，学生，办一大学，未免太不经济，有此三种情形，勉强要办，结果大概也与从前的西北大学和中山学院一类的学校差不多。

代替大学的方法有二。一是津贴学生去入平津京沪各处的大学，一是在本省酌设专门学校。津贴学生去入省外的大学的办法近年来已实行，用不着多说，不过以后应大增数额罢了。专门学校，应按本省特殊需要及事实可能，斟酌的设置。农林中央已代办，希望将来成绩不错。毛织及制革两种，本省有大量原料，似可各设专校，以储人才而期应用。此外除非有特殊需要，又为财力所许，不可轻试。

（五）派遣留学生　无论我们如何努力，在二三十年以内，中国的大学及专科学校，关于许多学科，是无法赶上外国的。因此，派遣留学生是避免不掉，离了不可的一种办法。全国如此，陕西尤甚，因为陕西具备高等技术的领袖人才缺乏，派遣留学生自然比他省更为急切。现在陕西在欧美有若干名津贴生，这自然甚好。不过陕西省过于穷苦，能先自费出洋，然后再补为津贴生的人一定甚少。我的意思，陕西应仿山东河南例每年考送若干名（四五名或二三名都可）欧美留学生，其资格及门类不妨限制极严，但每年总须考送一次，除非无及格者。

（六）组织学术讲演团　陕西学术空气太稀薄。为刺激及鼓励青年学子好学心起见，应由教育厅或省政府延聘平津京沪各处专门学者组织一学术讲演团，于每年暑假或寒假中来陕作学术讲演。此事在从前交通不便时或不易办，现时火车已通，华山又为全国名胜，如能由教育厅或省政府代出来往路费，似乎不难办到。

（七）广设图书馆　增长智识的一个最快方法是多看书。但看书须要有书。因此，图书馆及图书流通一类的设备便成为现今教育当务之急了。图书馆可分二类。一是公共图书馆，一是学校图书馆。以陕西目前情形论，各县的公共图书馆虽应大增经费，尽量扩充，但其需要或不如学校图书馆之切。一个学校如能使学生每日于课外及运动时间外消耗他们一部分的光阴于图书馆中，那这个学校的成绩一定很可观。学问不一定都是由讲堂上得来的，更不应该过于倚赖教员。死读教科书，熟背讲义，是最幼稚的教育方法。图书馆不但可以增长智识，并且可以鼓舞兴趣，扩大心胸，使学生略窥较高的学术和较大的事业。中学应该有图书馆，小学也应该有图书馆。这在从前或者不易办到，但近年来新出的丛书甚多，如四部丛刊，四部备要，万有文库，小学生文库之类，价亦不昂，在可能范围内，应尽量采置。

以上是一个久居他乡的人对于本省教育的一点意见。所言或有不当，但如能因此引起更切实的教育方案，使陕西教育得到一大进步，那就是本篇作者的特别荣幸了。

  张先生这篇文章，对于我们素感贫乏，少人过问的陕西教育问题，作了一个整个系统的研究，列出种种方案，希望负责当局，以及从事教育的各级人士，采纳实行。非特是空谷足音，令人得到无限的安慰，即其身在江湖，心念乡间的纯挚热情，也不知不觉的流漏于字里行间，尤其值得我们的感佩，听说近来的陕西高中，因为主持者，不甚得人，内容渐渐涣散，尤其对于张先生文里所说的"改良师资，提高程度"一个条件，根本上未能顾到，所以优良教师，渐渐散去，实在教人对这几百高中学生，扼腕叹息，我们希望教育负责当局——尤其现在高中的主持者！读了张先生这文，内心的返躬自问，是否觉得自己所负历史使命的伟大？怎样尽自己的职责？怎样方不至误了未来复兴民族国家的可爱青年？至于不要辜负远在数千里以外的张先生的期许，那更不待多说了。——编者附记。

国民人格之培养 *

凡稍有现代政治常识的人大概都听见过下面一句似浅近而实深刻的话，就是：要有健全的国家须先有健全的人民。若是把这句平凡的话说得稍微玄妙点，我们可以说：国家就是人民的返照。有怎样的人民便有怎样的国家，有怎样的人民便只能有怎样的国家。举一个极显明的例子，有今日英美德法之人民才能有今日英美德法之国家，有今日中国之人民也只能有今日中国之国家。这似乎是"民为邦本"的另一解释。庄子说："水之积也不厚，则其负大舟也无力。"民犹水也，国犹舟也，欲行大舟，先蓄厚水，这是物理之自然，这也是政理之自然。

中国已往的人民，和欧洲十八世纪以前的人民一样，在政治上是被动的，是没有地位的。圣君贤相所要求于他们的是服从，哲人大师所教诲于他们的也是一个"忠"字。国家本是帝王的私产，人民不过是他们的子民。宗法社会的国家组织和政治理论本来不限于东西都是这样的。不同的地方就是中国把"君父"、"臣子"、"忠孝"一套的理论弄得特别系统化而又深入人心罢了。这样的一个论理观念在从前的旧社会上似乎也颇够用，不然恐怕就不会有那样长久的历史。不过数十年来，自欧美的宪政民治种种学说随着它们的坚甲利兵传播到东方以来，这些旧式的政治组织和政治理论就根本发生动摇。辛亥革命就是自由、平等、独立、自治种种新学说战胜了君臣、父子、夫妇、兄弟诸种旧理论的纪念碑。

不过辛亥革命只是近代中国政治维新及一切社会改革的起点。因为只是一个起点，所以当时的领袖人物大多数只略知欧美民治的形式而不了解其精神，其所抄袭模仿的自然也只是些皮毛而非神髓。到了"五四"运动以后，大家才渐渐捉摸到欧美民治的

---

* 原载《独立评论》第一五〇号，1935年5月；署名张熙若。

根本。这个根本是甚么？毫无疑义的，是个人解放。欧洲自文艺复兴和宗教改革以后，不等到十八世纪的政治革命，社会组织的单位和基础早已由团体（如教会，家庭，行会等）而变为个人了。初则个人与团体冲突，终则团体为个人所征服而以给个人服务为它存在的唯一理由。因为个人的生活是多方面的，所以他的解放也是多方面的。不过其中最要紧的一种，提纲挈领的说，当然是所谓思想解放。思想是行为之母，思想解放了，行为也就不能再受从前的旧束缚了。自旧社会旧道德的立场去看，这些新思想自然都是洪水猛兽，但自新世界新理想看来，这些新思想却又是创造的灵魂和发明的推动力。思想解放之后，昔日受压制，作刍狗，只为他人做工具，没有独立存在价值的个人，一旦忽变为宇宙的中心，生命的主宰。这是人类历史上一大进步！说得客气点，这至少也是人类历史上一大变动。没有个人解放，是不会有现代的科学的，是不会有现代的一切文化的。区区民治政治不过是个人解放的诸种自然影响之一，虽然它的关系也是很大。这个个人解放的历史大潮流具有一种不可抵抗的征服力和很难避免的传染性。它所经过的地方，除非文化过于幼稚不了解甚么叫作"人的尊严"，或社会发展完全畸形，个人丝毫没有自我的存在，是没有不受它的震动的。中华民国六七年的"五四"运动及民国十五六年的国民革命都是由这个震动所发出的光辉。

由个人解放所发生的政治理论自然是所谓个人主义。十八世纪中美法两国的革命都是这个人主义所放的异彩。它的成就，它的影响，是人所共知的。固然，个人主义在理论上是有极大的缺陷的，在事实上也有很大的流弊，尤其在经济方面。欧洲十九世纪后半期所发生的社会主义及集团主义就是为矫正个人主义的流弊的。这都是历史事实和教训，于我们是有借鉴之益的。

不过一个东西有它的好处，往往也有它的坏处；一切思想，一切主义，都可作如此观。个人主义的政治理论自然也不能是例外。但是我们不可因为看见一个东西弱点便将它的优点一概抹煞，完全忘记。天下本无完美的东西，生活原是选择，若必尽美尽善而后用之，生命将变为不可能。取长舍短是一切选择的标准。

个人主义的政治哲学的优点是在承认：（一）一切社会组织的目的都是为人的，而不是为越出于人以上的任何对象，如上帝、帝王或其他的东西的；（二）一切社会组织的权力都是由构成这些组织的人们来的，而且永远属于这些人们；（三）一切社会组织都应该而且也必须直接或间接由构成它们的人们自行管理。这些学说的中心思想是大致不错的。可是这样一来，个人便变成一切社会组织的来源，基础和归宿，他便变成他的生命的主人翁，他便变成宇宙的中心。

这还只是个人主义的政治哲学的大致轮廓。若是更进一步说，我们立刻会发现个人主义的政治哲学的神髓，至少在它的故乡英国，全在承认政治上一切是非的最终判断者是个人而非国家或政府，全在承认个人有批评政府之权，说得更具体点，全在承认思想自由和言论自由。因为个人是最终的判断者，所以举世皆以为是而我尽可以为非，或者举世皆以为非而我尽可以为是；因有言论自由，所以我可将我所认为是的贡献于他人和国家之前，希望他人和国家能比较优劣而为妥善的采择。我所以服从国家的道理完全是因为在我的良心上它是对的，并不是因为它的命令强迫我服从；反之，若是在我的良心上它是错的，那我为尽我作人的责任只有批评或反对。国家并不是真理的垄断者。它所认为是的须与个人所为是的在个人的良心上作一理智的竞争。光凭威权的压制是不能折服人心的，是无理性可言的政治。

一个人若有发泄他的良心所认为不对的机会，若有表示他的理智所反对的自由，那时他才能觉得他与国家的密切关系，他才能感觉他做人的尊严和价值，他才能真爱护他的国家。试问这样一个人格是何等可敬，这样一个国民是何等可贵！一个国家有以上这样一个国民比有成千成万的工具性的群众有利的多。现代民治的成败全视此等国民的人数多寡而定，而民治在大体上又是今日政治上的康庄大道，其他炫耀一时的政象都是旁门左道，不久还归消灭，不足以为法。在理论上，除过民治只有共产，而广义的讲共产也只是民治的推广，而非其推翻。

上面说过，个人主义在理论上及事实上都有许多缺陷和流弊，但以个人的良心为判断政治上是非之最终标准却毫无疑义是它的最大优点，是它的最高价值。个人的良心固然不见得一定是对的，但是经验告诉我们比它更对更可靠的标准是没有的。讲到底，政治是为人的，为人的事还是拿人作标准比较可靠些。至少，它还有养成忠诚勇敢的人格的用处。此种人格在任何政制下（除过与此种人格根本冲突的政制），都是有无上价值的，都应该大量的培养的。

今日中国的政治领袖是应该特别注意为国家培养这种人格的，因为中国数千年来专制政治下的人民都是被动的，都是对于国事漠不关心的，都是没有国民人格的。今日若能多多培养此种人才，国事不怕没有人担负。救国是一种伟大的事业，伟大的事业惟有有伟大人格者才能胜任。

本来"五四"运动和民国十五六年的国民革命运动是走向这个方向的。不过后来不幸因为发生清党的需要，使政府当局于清党之后走入矫枉过正的途径，对于稍有批评精神反抗勇气的青年都与以极严厉的处置。同时又提倡统一思想，铲除反动种种运动，结果思想固然无从统一，真正的反动也不见得能够铲除，徒然的又丧失了许多有志气有能力的好国民真人格。此事说来真可痛心。我认为这都是不必要的牺牲，这是极错误的办法。今后若不改弦更张，国家是没有生路的。修明政治是唯一的生路，而培养国民对于政府措施敢批评反抗（自然非指武力暴动）的智勇精神与人格尤为当务之急。

（转载五月五日《大公报》星期论文）

再论国民人格*

我在《国民人格之培养》（五月五日《大公报》星期论文）一文里曾说：（一）个人解放是现代一切文化的基础；（二）个人主义的优点在能养成忠诚勇敢的人格，而此种人格任何政制下都有无上的价值，都应该大量的培养；（三）中国今日急需培养此种人格，以立国本而救国难。惟因篇幅关系，未能尽所欲言。兹作此篇，聊为补充。

胡适之先生在他的《个人自由与社会进步》（《独立评论》第一五〇号）一文中说："这年头是'五四运动'最不时髦的年头。"我觉得在这个年头谈"人格"，尤其"国民人格"，更有令人目为腐化的可能。所幸我们说话并非要趋时髦，也不怕人家指为任何甚么化。只要将自己良心所认为对的或不对的忠实的说出来，尽尽自己做国民的责任，那就是了，管它时髦不时髦，甚么化不甚么化。人的思想和社会的转变是很奇特的，有时说不时髦的话反变为尽国民责任最迫切的要求。

我所以提倡个人解放和培养国民人格的理由是因为在中国历史进化的现阶段中这个解放是绝对的必要的，这种人格是无论如何离了不可的。这个解放若能比较的澈底一分，社会的新基础也就比较的稳固一分；具有此种人格的人若能多几个，担当国事的人也就多几个。这两者都是建设新中国的必要条件。此种条件若不充分的存在，新国家不是根本建设不起来，就是表面上勉强建设起来，骨子里还是不健全，不能有很大的发展。

中国数千年来的社会中是只有团体，没有个人的。一个人只是家族的一分子而不是一个个人，只是构成社会的一个无关重要的单位而不是一个有独立存在的个人。他的生命，他的思想，他的行为，他的价值，都是拿团体做规矩做标准。离开团体，他

---

* 原载《独立评论》第一五二号，1935年5月；署名张熙若。

就没有意义。离开团体，他就不存在。拿现代眼光看，这样一个人自然是一个不发展的人。不发展的人所造成的社会自然也是不发展的社会。

这种现象本是人类进化史上一种普遍的现象，并不限于中国。不过不幸这种现象在中国比在西洋各国存在的特别长久了三四百年。到了辛亥革命以后才渐渐动摇。到了"五四运动"以后才大大改观。所谓个人解放就是要将数千年来受重重束缚，重重压制，不自由，不独立，没有本身存在价值，没有个人人格，聪明才智受销磨，能力本事受挫折的一个可怜虫解放了，使他为他自己的生命的主宰，使他尽量的发展他的天赋品性中的各种美德而为社会一健全份子，——使他为人。个人解放在西洋所发生的效果是现代文化，现代社会。中国如能离开世界而独立，或者也不一定要有现代文化现代社会。假如不能，那就不能不接受这种文化，不能不建设这种社会。不过，话又说回来，现代文化和现代社会的源泉是个人解放。若是没有个人解放，就不会有现代文化和现代社会，有之亦必是残缺不足观的。

因为已往的中国人太受束缚，太不自由，所以现在解放必须相当的澈底才能矫正已往的倾向和习惯。因为已往的中国人易于受权势的压制，官庭的侵陵，武力的威胁，养成一种不抵抗，甘屈服的第二天性，所以现在应该特别提倡勇敢的精神，保护不畏强暴的人格。孟子所说的"富贵不能淫，贫贱不能移，威武不能屈"的神圣人格在今日是应极力设法实现的增多的。别的古可以不复，这个古不可不复；别的经可以不读，这个经不可不读。西洋人最鄙视的是怯懦。别的西化可以不要，这种西化不可不要。

但是不幸的很，"五四运动"后甫见萌芽的个人解放与人格培养经过这几年的严厉制裁后竟然日见消沉。弄到现在，眼看把一个尚未完全脱离家庭束缚的小孩子，可压服在国家的大帽子底下，使他动弹不得，呼吸不得。又因国家的威权比家庭的大得多，且无自然的情感为之缓冲，所以他的压迫，他的不自由，他的销磨挫折，也就比较的更深刻一层，更厉害数倍。国家同个人一样，幼年时心身发育若不完全，成人后的发展造就一定是很有限的。谁也知道，中国春秋战国时的思想是极其发达，文化是甚高。两千多年以来所饮的文化酒浆都是那时酝酿出来的。但是两千多年以来何以不能继续的再作新酿而必须饮此旧醅呢？谁也知道，最大的原因是因为秦朝的焚书坑儒和汉朝的罢黜百家。有人说中国是一个衰病的老人，我看它只是一个发育不全的小孩子。"五四运动"前后的思想解放运动本有医治这个发育不全的效力和希望。不幸社会上相信西医的人太少，这剂西药经过浅尝之后，又改用中医。稍微念过几天教科书的小孩子都知道，为中国文化计，秦始皇不应该焚书坑儒，汉武帝不应该罢黜百家。但是有几个人的真能感觉我们现在又在重演这种历史悲剧？难道这个发育不全的小孩子要教他终身残废不成？

固然，个人不能离开国家而存在；国家的生存发生危险的时候，个人的自由就要受减缩，个人的生命就应受牺牲。这几年大家所提倡的"有国家的自由，没有个人的自由"的口号不是完全没有理由的。铲除恶化，消灭反动的工作也是能得相当的同情的。大我不存，小我亦将无附丽，这是很明显的道理，这也是一般人所能谅解所能尊重的。

不过一件事情常常是有两方面的道理。个人固然不能离开国家而存在，国家又何尝能离开个人而存在？而且，讲到底，国家还是为个人而存在的，个人并不是为国家而存在的。国家只是一个制度，一个工具。它除过为人谋福利外别无存在的理由。这个制度，这个工具，在人的生活中虽极重要，但毕竟还只是一个为人享受、受人利用的东西。谈政治若不把这个宾主关系分别清楚，不但是不通，并且是很危险的。

近年来中国政治上使人最感不安的就是倒置这种宾主关系的倾向。国家（其实就是政府）高于一切，绝对的服从，无条件的拥护，思想要统一，行为要纪律化，批评是反动，不赞成是叛逆，全国的人最好都变成接受命令的机械，社会才能进步，国家才能得救，运用政治的人才觉得真正成功！外国人想拿机械造人，我们偏要拿人作机械。这种工业化在今日实在没有提倡的必要。

假使国家果真是不能作非，政府是的确万能，那么，绝对的服从，无条件的拥护，至少还有实际上的利益。不过不幸经验告诉我们，世上没有这样的国家和政府。最简单的理由就是因为政府是由人组织的，不是由神组织的。政府中人与我们普通人一样，他们的理智也是半偏不全的，他们的经验也是有限的，他们的操守也是容易受诱惑的。以实际上如此平常如此不可靠的人而假之以理论上无所不包无所不能的权力，结果焉能不危险。外国提倡政权须受限制的人不全是傻子。

权力对于运用它的人们有一种侵蚀的力量，有一种腐化的毒素。这种侵蚀腐化的象征便是滥用权力。坏的统制者固然逃不掉此种侵蚀与腐化，就是再好的统制者，若不受限制，也很难抵抗滥用的引诱。某种限制权力的特殊方法，例如分权，不见得一定有效，但是权力应受限制的原则却是毫无问题的。经验告诉我们，接受批评容纳意见是有效方法中最重要的一种。

而且自另一方面看，一个国民，若是不能讲他的良心所要讲的话，结果他将不讲话；不讲话的结果，他就失掉他做国民的真正意义，他就与国家断绝道德的关系。一个人因不能做忠实的国民而与国家断绝道德的关系是一种很危险的现象。所以英国人早就发现"以改革为保守"的聪明办法。国民的服从应该是由感动得来的,不应该是由强迫得来的。亚里士多得曾说:统制是有优劣的区别的;有上等的统制,有下等的统制;统制奴隶是下等的统制;下等的统制根本就不配称统制。

总之,国家不过是个人的集合体;没有健全的个人,不会有健全的国家。历史的机会不可糟蹋,民族的生命不可戕贼。完成个人解放,培养国民人格,是建设新社会新国家的基本工作;所有偷巧,取捷径的办法都是没有真正出路的。

全盘西化与中国本位[*]

一个社会生存的状态在平时是没有关于全盘的计划,缺乏有意识的指导,补苴罅隙,得过且过的。不过这种办法行之过久,常常弊害丛生,害多利少,有时甚至完全行不前去,此时大家为利害所迫,便不能不想变通,不能不运用理智,不能不作一较有意识的计划。有意识的计划实行之后,社会渐渐又入静的(自然是比较的)状态。静的状态过了太久,弊害又生,又不能不运用理智,重新整理,再作比较有意识的计划。一切社会进化都有这样一个规律可寻,一切文化的发展都循这个动静起落的方式。所以如此的道理是因为人类的惰性使他倾向于静而需要又使他有时不能不动。静的支持是习惯,习惯在人类生活中自然有它的重要性。动的南针在理论上应该是纯粹理智,但在事实上往往是情感与理智的混合物,有时这个混合物中的理智成分也不甚高明。

中国社会现在又遇见一个不能不动,不能不作有意识的计划的时期。在这个时期中,理智应该有充分的表现。近来甚嚣尘上的"全盘西化"论及"中国本位文化"论就是此种有意识的计划的两个例子。我们此刻先评述这两种议论的内容,然后再说我们对于这个社会大问题应持何种态度,应作何种努力。

一

全盘西化论,在理论上,我认为有两个极不妥当的地方。第一,全盘西化论者,至少他们中的一部分人,所以提倡全盘西化的主要理由,据他们自己说,是因为什么"文化单位是分不开的"。因为分不开,所以要接受便须全盘接受,要拒绝便须全盘拒

---

[*] 原载《国闻周报》第十二卷第二十三期,1935年6月;署名张熙若。

绝。选择是不可能的，取舍是办不到的！这种议论我们可以叫作"单位定命论"。佛家有轮回定命说，基督教有先天定命说，唯物史观者有经济定命说，现在全盘西化论者又来一个单位定命说。生活的复杂是很恼人的一件事。最好把它弄简单点，才有安慰自己的效力。但是，既要简单，就非极端的简单不可；不然，是不能壮胆的，不然，复杂的魔鬼还有逃回吓人的危险。死了不数年的美国著名法学家侯尔穆斯（O. W. Holmes）有一句极有趣味的话，颇能发人深省。他说：

"There is in all men a demand for the superlative. So much more so, that the poor devil who has no other means of reaching it attains it by getting drunk."（见其 On Natural Law 一文中。手边无书，字句或不甚正确。）

很明显的，中国今日大部的事物都非现代化，或西化，不可。这是凡有现代智识现代眼光的人都承认的话，而且也都在各人所能的范围内努力实现。不过大部分西化与全盘西化是有极大的分别的。为辩论方便计，我们可以说，就令所谓大部分是百分之九十九，也不能叫作全盘，因为文化不全是量的问题，也有质的问题在内；若是所余的百分之一的价值很大，关系很重，那就不能因为它在量的方面只占百分之一就把它完全抹煞。何况，就是以量论，所谓大部分也不见得就高到百分之九十九的程度呢。此点牵连别的问题，下文再说，此处我所要说的是："我们热心现代化是天经地义，除过在黑暗中冥行的人们外，没有人不赞成的，但是我们不要因为热心提倡现代化而引起不必有的纠纷和无谓的争辩。我们的热心与精神是应该用在实际西化的工作方面的。争辩有时是不能免的，但无谓的争辩和争辩一个根本不通的问题是没有什么益处的。"单位定命论"就是此种根本不通的问题之一。

文化是多方面的，是很复杂的东西，它有的地方诚然是分不开的，但是有的地方却是分得开的。若是举例是必需的话，我们可以说现代工业与现代科学是分不开的，因为这其间有一个因果关系，没有现代科学就不会有现代工业。现代资本主义与现代劳工问题是分不开的，因为有了现代剥削工人的资本家便有仇视资本家的工人。近代社会主义与近代人道观念，人权观念，人格观念，是分不开的，因为没有近代这些尊重人的观念，资本家尽可以以人为刍狗去谋他个人的利益，除过上帝或者要见怪外，没有什么大不可以的地方。近代许多学术与进化观念是分不开的；离了进化观念，许多思想，许多学说，根本就不能成立。这都是些显而易见的事实，除过未受现代教育的人，是无人不承认的。

但是我们不能因为文化在这些方面是分不开的，就断定它在任何方面都是分不开的。如果你一定要那样颟顸，那就有许多不看面子的事实使你脸红。"学了西人的精确治学方法，不再去学他们见了女人脱帽子，不见得就有坏处。""吃饭的决不能都改吃番菜，用筷子的决不能全用刀叉。""他们岂只应该反对吃饭，反对用筷子而已，也应当反对说中国话，因为中国话绝不是西化"。这还只是几个老实的辩例。若是有人要开玩笑的问："学了法国人的数学，是不是还要学他们上级军官奖赏下级军官时的接吻仪式；学了德国人的化学工业，是不是还要学他们以脸上有特制创伤为荣的习惯，在好好的脸上恭而敬之的割造一个像给狼咬了的伤痕；学了美国人用机器人驾驶飞机的技术，是不是还要学他们把女人供在天堂永远不许她们脚着地的残忍办法"；那就使你更不好开口了。

外国的教科书常常是害人不浅的，不通的教科书害人的程度更深。写教科书的人可以看不见事实，念教科书的人不能不睁着眼睛。翻翻历史，有时也可以得到不少的智慧。罗马人接受了犹太人的基督教，却并没有接受他们的政治制度。日耳曼人接受了罗马帝国的宗教信仰，也并没有接受它的经济组织。英国人宁要拉丁文，不要罗马法。中国人容纳了印度的佛教，却未采取它的社会阶级组织，更说不上效法它那杀寡妇的风俗。日本人完全吸收了西洋的科学，同时又保存他们自己的大和魂。苏俄采取了西欧和美国的生产工具，同时又拒绝它们的资本主义。这都是分得开呢，还是分不开呢？

第二，全盘西化论者所以要全盘西化的第二个理由是因为他们以为西洋什么都好，中国什么都要不得。同第一个理由一样，这个理由也只有一部分，虽然是很大的一部分的根据。不过这其中牵扯主观问题和不易证明的问题太多，不大容易讨论。而且我个人也觉得中国今日应该现代化而且也不能不现代化的事情实在太多，就是有许多地方觉得中国的东西也很好，甚至比西洋的高明的多，也不愿随便提倡，徒为守旧者张目。不过全盘西化论者这种议论是容易引起反动的，因为自己的议论根本不健全，所以反动者更能振振有词。这也是不必有的纠纷。平心而论，西洋的好东西诚多，不过何至无论甚么都好；中国要不得的东西诚多，但也何至不管甚么都要不得。全盘西化论者在这里犯了一种很重大的嫌疑，就是：他们似乎对于西洋和中国的文化都没有充分的认识和深确的了解。我们虽然不敢称他们为"洋迷"，但总觉得他们是过于笼统，过于武断。

就大体说，在一百五十年以前，中国的物质状况和西洋的物质状况并没有好大的分别。一百五十年以来所以日日相形见绌的原因完全是因为人家有了科学，我们没有。近代科学的发展不但产生了近代工业，并且直接间接影响了许多别的东西，尤其是思想。我们今日不但要有科学化的物质环境，并且还要有科学化的思想方法。在这两方面我们都远不如人，都还远在中古时代，都不能不努力西化。

不过人的生活中有许多事物是完全受科学的支配的，例如火车，飞机，医药，照相；有许多受科学支配的成分比较多，例如政治制度，道德观念；有许多受科学支配的成分比较少，例如宗教情绪，美术哲理。现在完全受科学支配的东西将来当然还是要完全受它支配；现在受科学支配多的将来或者要变为完全受它支配；现在受它支配少的将来或者要受的多一点，甚至和别的东西一样也要完全受它支配。这都是将来的事，现时不必断定。关于西化我有一种看法，就是：（1）现在完全受科学支配的事情自然应于最短期间极端西化；（2）应该全受科学支配而现在尚未如此的事应努力使它尽量西化；（3）将来是否能完全受科学支配，现在尚有相当疑义的事，可以西化，也可以不必西化。

我现在不妨大胆的举几个不必西化或不应西化的例子。这些例子都属于艺术，或美术范围。在艺术的领域里，中国的造诣向来是极高的。许多方面不但与西洋的比较起来毫无逊色，而且，就是在今日，教有知识有训练的西洋人见了，除了五体投地的佩服崇拜外，再无别事可做。在这些地方，在这些有特别艺术价值而为中国人的创造能力所表现的地方，我们只有保存和继续的发展，绝对不应该西化。

中国还有这样好的东西！全盘西化论者听了未免要摇头。且慢，让我举几个例子，并且替你解释解释。

最明显最不含糊的一个例子便是中国的坛庙宫殿式的建筑。我常说，一个建筑要具备美丽与壮严（或伟大）两个原则是不容易的。我并不是说这两个原则在其本身上是彼此不相容的，我只是说要把它们极适宜的表现于一物是不大容易的。美丽本来容易流于轻俏，壮严又容易变为笨重。轻俏与笨重的混合物当然更是看不得的。光是美丽比较容易，光是庄严也有办法。美丽而庄严，庄严而美丽，美丽与庄严两个原则配合到天衣无缝的圆满境界，差不多是不可能的事。中国最好的坛庙宫殿式的建筑所以能使稍有审美能力的人见了都一齐拜倒的秘密就是因为它含着这两个不容易调和成功的美术原则。北平的天坛与太和殿就是两个有目共赏不容争辩的例子。我有一个朋友尝对我说过下面几句话。他说："中国今日事事不如人，使我们和外国人谈起来总觉得有些惭愧。但是有一次我有一个外国朋友到北平，我陪他去游览三殿。我们一进太和门，老远望见那富丽堂皇的太和殿，我不知不觉的长出了一口气，陡然觉得我和他一样，不，我觉得我比他还强，我觉得我们中国人比他们外国人还强！"我个人在地球上也跑了不少的地方，宫殿类的建筑也看见了许多，也觉得没有一个地方能够比上北平宫殿百分之一，千分之一的美术价值。伦敦的俗气，柏林的笨重，巴黎和凡尔赛的堆砌，罗马的平板，那一处可与北平媲美？

不要又扯到实用不实用及没有皇帝要它作甚一类的问题，不要忘记我们是讲艺术，是讲美的问题，只要美，其他的问题都是次要。也不要误会以为我是在反对洋房子。我只是说中国房子在美的方面是在洋房子以上的。当然，假如你要开一个工厂，谁也不敢请你建筑一座坛庙宫殿式的房子。

第二个不应西化的例子，就是中国的山水画。这个例子恐怕没有头一个例子容易得到一般人的同情，因为想象的东西是没有实物容易得到把握的。我在这里也只能稍微说明一下。中国的山水画不是写现实，是写所谓"意境"。现实写得再好，多看总觉索然无味。意境若是写得高妙，是百看不厌，百想不厌，百觉不厌的。自然，对于不能想不能觉的人，意境还不如现实，中国的山水画还不如西洋的风景画。不过不要忘记，我们还是在谈艺术。艺术并不是为，至少不是全为，不能想不能觉的人存在的。

不要误会，我并不是反对中国人画西洋画。我只是说中国的山水画在画中有它的特殊价值，不应该和其他许多东西一样也把它格杀勿论了。

第三个不应西化的例子是除过全盘西化论者外能得一般人的同意的，那就是中国饭。一切饭须要具备两个条件，才能算是好饭；不然，只是充饥的东西而已。第一须要富于营养成分，第二须要好吃。西洋饭多半只注意第一个条件，于第二个条件是不善注意或不会注意的。中国通商口岸和大都市的"番菜"自然是不必说，就是西洋各国，法国差可除外，普通人每日所吃的饭也是够难吃的，至少自中国人尝起来。中国饭不但比较好吃，它也不一定缺少滋养成分，这完全看你在这一方面注意不注意。

中国文化中不应西化的东西当然不止这三样，这不过是举几个比较明显的例子罢了。

以上只是讲全盘西化论理论上两个极不妥当的地方。除过理论上不妥当的地方外，实行上困难更多。

劈头一个难题就是因为"西洋"二字是代表一个极端复杂的东西。除过自然科学，工业，许多学术，及思想方法外，属于所谓社会科学范围以内的事情，就是在西洋，也是矛盾冲突，没有确定的标准，不易仿效的。例如，关于政治制度，我们应该采取民主政制呢，还是应该采取独裁政制呢？关于经济组织，我们应该采取资本主义呢，还是应该采取共产主义呢？如采民主政制，民主到甚么程度？如采资本主义，资本到什么界限？这些问题的极端重要性是讲文化谈社会问题的人应该知道的。这些问题似乎都不能认为是枝节问题，拿"既然都是西洋的，那就随便采取那一种都可以，都是无关宏旨"一类的话搪塞了事。

与此有连带关系的一个问题就是理智，除过抄袭旁人的现成文章外，是不是还有别的较大的用处？假如抄袭不成，又将怎么办呢？

还有一点也是谈文化讲社会问题的人应该特别注意的，那就是：民族的自尊心是不应该打倒的，民族的自信心是不应该摇动的。我们今日再不如人，我们还应该使大家明白这不过是一个时代陡变的暂时现象。我们若急起直追，是不难于相当时期后恢复我们旧日的地位的。在大体上讲，今日中国与西洋所有的区别都是科学和思想的区别，而科学和思想的区别也不过是一二百年或二三百年以来的事。在这个时期以前，我们是同他们一样的，或者比他们还要高明点。一个民族的历史有时是要拿长期的眼光去看的，一时的不如人不能证明是永久的劣败。一切都证明这暂时的晦蚀不久还要恢复原有的光明。但是我们如果要坚强中国人这种自信心，我们就不可以把他比得鹿豕一般，说人家什么都好，他什么都要不得，因为那样一来恐怕他连学人家的勇气都没有了。何况在实际上他也并不是什么都要不得呢。说到这里，我们就更可以明白天坛，太和殿，以及万里长城，四库全书一类的东西在今日的重要作用和神圣意义了。自大心是不可有的，自尊心和自信心却是绝对离了不可的。盲目的保守固然危险，随便乱化也是笑话。

二

"中国本位"一个名词若仅是望文生义不求甚解的看起来，大概是能博得一般人的同情的。因为，时至今日，我们一举一动还有不拿中国做本位的道理吗？不过天下事有的或者可以马马虎虎，不求甚解，有的却非弄得明明白白，清清楚楚，是不大方便，甚至还有危险的。

"中国本位"四字究竟作何解？"中国本位文化建设运动"的具体主张到底是什么？说也奇怪，自本年一月十日"十教授"发表了他们的《中国本位的文化建设宣言》一直到现在，快要半年工夫，我们局外人还如堕在五里雾中不知道这个名词究竟作何讲解，不明白这个运动的具体主张到底是什么。外边虽然有不少的揣测和解释，但恐怕也只是些揣测和解释罢。

我们现在先看看"十教授"在他们的《宣言》里对于"中国本位"作何解释。他们说：

> 中国是中国，不是任何一个地域，因而有它自己的特殊性。同时中国是现在的中国，不是过去的中国，自有其一定的时代性。所以我们特注意于此时此地的需要。此时此地的需要，就是中国本位的基础。

"中国本位文化建设运动"的主要目的似乎就是要供给中国"此时此地的需要"。但是什么又叫作"此时此地的需要"呢？"十教授"在他们的《宣言》里却并未提及。因为他们对于这最重要的一点没有解释，只说了些"不守旧，不盲从""根据中国本位，采取批评态度，应用科学方法""检讨过去，把握现在，创造将来"和"存其所当存，去其所当去"，"取长舍短，择善而从"一大套的空话，所以读《宣言》的人实在捉摸不着他们的真实意思与详确目的在那里。

好了，经过四个整月之后，"十教授"自己似乎也感觉这个空洞的缺陷了，所以他们在五月十日又发表了《我们的总答复》一篇文章。在《总答复》里，他们说：

> 总括起来，中国此时此地的需要就是，充实人民的生活，发展国民的生计，争取民族的生存。

经过此番解释后，前数月中空洞的，"此时此地的需要"现在变得稍微实在了些。"中国本位文化建设"的目的现在成了"充实人民的生活，发展国民生计，争取民族的生存"。

但是看文章的人还是不大名其妙。因为生活，生计，生存就算是文化罢，"中国本位文化"的范围是否就是如此其狭？《宣言》中大吹大擂的"文化建设"原来仅仅如此？若然，那岂不是，说得客气点，滥用名词或小题大做？

这些问题都是一般人要问的。在"十教授"没有再答复再解释以前，我们还须住在鼓里。不过近来这个鼓稍微破了一块，我们可以从这破缝里窥见一点亮光。

怎样叫作这鼓破了一块哩？原来五月二十五日那天大公报载了《中国本位文化要义》一篇文章。这篇文章的作者署名王西征。王西征先生是谁，我不知道，但拿文章的内容和口气看，大概和"十教授"一样，也是"曾经致力于党务的人"。若是我这个猜想不错，那他所说的话或者与"十教授"的意思也差不多，或者是也许就是"十教授"至现时止"心所欲而口所不能言的"罢。

王西征先生的文章中最重要的一段是解释"十教授"的"总答复"中我们莫名其妙的那一点，就是，什么叫作"充实人民的生活，发展国民的生计，争取民族的生存"。

方才说过，据"十教授"自己说，"中国本位"就等于"中国此时此地的需要"而"中国此时此地的需要"又等于"充实人民的生活，发展国民的生计，争取民族的生存"。现在王西征先生更进一步的告诉我们，说所谓"充实人民的生活，发展国民的生计，争取民族的生存"。就等于取消"三民主义"中的"民权主义"而代之以"二民主义"的独裁文化。

王西征先生这篇文章我认为是自"中国本位文化建设运动"开始以来，至现时止，最重要的一篇文章。要了解这个运动的真实意义，这篇文章是有长段征引的必要：

第二，"三民主义"是中国现在一切设施的依据，"十教授"大都是曾经致力于党务的人，所发宣言自然也不能根本上脱开这种立场。那末，大家一定要怀疑：关于"检讨过去"，"把握现在"，"创造将来"在孙中山先生的著作里，不是都能明白找到切实的主张么？为什么"十教授"不征引阐发，而要另发宣言呢？

要辟开这种怀疑，我们就必须承认：中国近年来由革命建设及特殊的困难上，已经将社会带到更新的情形下，与中山先生生前所看到不一样，所以不能再固执地运用"三民主义"，而应该使"三民主义"的理论向更高阶段发展。

倘使我们不承认这个前提，对于"十教授"的宣言，就一定无从捉摸，所有的辩难及讨论，便都无谓了。

第三，"十教授"在顾到"此地"的需要下，不主张"全盘承受"资本主义文化，也不主张"全盘承受"社会主义文化。那末，部分的"吸收其当吸收"，自然是可以的，同时，"十教授"已经明白表示"反帝"，也明白表示不能模仿苏俄；那末，结论是不难解释的。即：可以承受资本主义文化，而不承受到帝国主义的阶段；可以承受社会主义文化，而不承受到共产主义的阶段。

这结论所包含的意义并不复杂：因为"国家社会主义"和"民族资本主义"，都是这种意义的符号。

第四，"国家社会主义"的主张，不也是孙中山先生早就明白确定的吗？如何能算得"三民主义"理论向更高阶段的发展？这是不难回答的，只看"十教授"所宣布的"此时此地的需要",是充实人的生活,发展国民的生计,争取民族的生存。其中第二项,完全表示"民生主义"的意义;第三项,完全表示"民族主义"的意义,第一项,依前所引解释,其补救"人民生活贫乏"一义,可归入"民生主义";其补救"人民生活破产"一义,可归入"民族主义"。在三项"此时此地的需要"中,没有"民权主义";在两次宣言的全文中,也没有"民权主义"。

"三民主义"在"此时此地的需要"下,成为"二民主义",这是"三民主义"理论之更高阶段的发展之惟一可能的解释;也就是"十教授"宣言之最重要的意义。

第五,现阶段的"国家社会主义"以"独裁制"为必要的条件,所以不需要"民权"的发展,这是一切自由主义者所当认识的。

第六,"国家社会主义"的"狄克推多"是最现代的社会所产生的,和封建制度之专制的统治者不同。所以封建的残骸之复活,依然是应该排斥的。

"中国本位文化"之较为简单浅显的解释,为:不同于德、义的,中国的"独裁的国家社会主义"的文化。更较简单浅显的解释,为:"二民主义"的文化。

明白了吗?中国本位文化的要义就是取消"民权主义"!取消民权主义是"三民主义向更高阶段的发展"!更透澈的讲,中国本位文化建设运动就是独裁政制建设运动!

三

我个人对于今日中国社会改造的态度也可藉此机会说说。我认为我们今日大部分的事物都应该"西化",一切都应该"现代化"。如此说来,现代化是与西化有分别的了?当然。为讨论方便计,我们不妨说:西化差不多是抄袭西洋的现成办法,有的加以变通,有的不加变通。现代化有两种:一种是将中国所有西洋所无的东西,本着现在的智识,经验,和需要,加以合理化或适用化,例如将中国古书加以句读(注意:是加句读,不是加新式标点,因为新式标点是不大适用于中国的古文的),或将古文译为白话文(也不一定要用欧化文体);另一种是将西洋所有,但在现在并未合理化或适用的事情,与以合理化或适用化,例如许多社会制度的应用和改良(这也并不是不可能的,许多地方还是必需的)。比较起来,第一种的现代化比第二种的现代化在量的方面一定要多些,但第二种的在质的方面或者要重要些。若是有人愿拿"现代化"一个名词包括上文所说的"西化",那当然也可以,不过不要忘记:现代化可以包括西化,西化却不能包括现代化。这并不是斤斤于一个无谓的空洞名词，这其中包含着许多性质不同的事实。复杂的社会情况是不容许我们笼统的。

具体的讲，我以为中国现代化应在以下数方面特别努力。

第一，发展自然科学。这是现代文化的根本基础。这个基础若不巩固，一切都是无源之水，不能发扬光大。

第二，促进现代工业。一个国家若无现代工业，在平时就不能解决它的衣食住行各问题，在战时更不能解决它的军械军需军运各问题。一个平时无法生活战时无法攻守的国家是无法存在的。

第三，提倡各种现代学术。科学及工业而外，还有许多关于思想及实用的学术，也须极力提倡。先有自然科学及工业，没有这些多方面的现代学术，也是无法满足复杂的现代生活和思想，也不能成为一个现代的国家。

以上三者均属显而易见，又为一般人所注重的，但还有一点一般人似乎不大注意而它的重要性却是非常大的。那就是：

第四，思想方法科学化。每种科学，每种工业，每种学术都是一种智识或技能的有组织的单位。这个单位有它自己的规律；我们学它，须循一定的路径；学成之后，我们就得到一种特殊智识或技能。这些智识或技能的范围和功用都是具体的特殊的。超乎这些具体的特殊的智识或技能之上，有一种构成各种系统的普通线索，有一种可以开各种学术的门的总钥匙。这种普通线索，这种总钥匙，就是所谓科学方法，或逻辑方法。科学方法可于各种科学中见之，亦可于各种科学以外的方法学中得之。我们今日不但要学会运用各种具体的特殊的智识与技能的能力，我们并且还要养成使用抽象的普通的科学方法的习惯。这种习惯养成之后，我们的思想，态度，和做事的方法，自然都可以现代化，效率化，甚至，或者也可说，合理化。

现在一般人只知注重特殊科学或学术而不知科学化的思想方法和态度更是重要。一种特殊科学只能作它的特殊范围以内的事，但科学化的思想，态度与做事方法却是效力普遍，应用无穷的。

我们今日固然需要各种专门家，但这些专门家的数目一定比一般普通人才的数目小得多，因为每一个专门家都可支配很多普通人才。这些有科学化的思想，态度和做事方法的普通人才的重要性，由整个社会组织上去看，并不亚于专门家的重要性。而且，说得更深一层，这些专门家往往囿于所见，看法太偏，还须有比较规模大一点的，智识宽一点的普通人才在他上面总揽全局的去指挥他支配他，才能收整个组织之效。今日中国因为这种大规模的小规模的，用人的和人用的，普通人才太缺乏，所以许多人居人上时不能指挥，居人下时不能执行，徒见治丝益纷，将整个社会完全变成一个无思想无能力的大混乱。近来读经的政策，扫墓的风气，乞灵于书本中和地下的人的愚想，都不是思想稍微明通者所能做出的事。现代化不应该只注重物质方面，思想方面也是同样重要或者更重要的。

国难的展望*

自五月二十九日日本华北驻屯军向北平军分会委员长何应钦提出若干要求之后，本来久在风雨飘摇之中的平津局面骤然变得特别严重起来。因为要求的内容始终不大明瞭，同时只听见日本人一方所宣传的"若不全盘接受，便将自动解决"的声浪，严重的程度也就随着更加重了。那数日中，住在国防前线的平津两处居民的情绪是值得称述的。他们只觉得一腔悲愤，无处去说。他们在无可奈何中只有拿沉静去压抑冲动，拿智勇去消解悲愤。他们知道忍辱负重是我们此日应采的态度，准备牺牲是我们此时应做的工作。横竖在曙光未到以前，只得忍受黑暗。

六月十日中国完全承认要求后，形势始稍见和缓。这些要求究竟都是些甚么，我们至今还不知道。不过我们若将五月二十九日至六月十日这十数日中我们当局所做到的几件事参看一下，这些要求的内容大概也就可以窥见几分了。这些已经做到的事是：

一，河北省政府主席于学忠调任，河北省政府由天津迁往保定。

二，天津市长张廷谔免职。

三，中央宪兵第三团团长蒋孝先辞职，全团士兵调离北平。

四，北平军分会政训处处长曾扩情辞职，政训处撤销。

五，河北省及平津两市各级党部停止工作，办理结束。

六，驻扎北平的中央军第二及第二十五师奉令移防。

七，国民政府十日下睦邻令，禁止"排斥及挑拨恶感之言论行为"及"以此目的组织任何团体"。

条件既已完全接受，中国既已完全屈服，那么，问题是否可算完全解决？当然没

---

*　原载《秦风周报》第一卷第十八期，1935 年 7 月；署名张熙若。

有。因为自日本军部看起来，此次中国屈服所解决者只是他们所谓"河北问题"而非其心目中所悬想之"中国问题"。甚么叫作"河北问题"？日本军部说是河北有"反日"之组织及活动。甚么又叫作"中国问题"？当然，他们用同一逻辑说中国有"反日"之组织及活动。河北"反日"可用五月二十九日及六月九日所提各种要求解决了，中国"反日"又将用何种方法以解决之？这个问题的答案内容当然比较复杂的多了。日本军部现在所运筹帷幄者就是如何解决此问题，中国政府现在所诚惶诚恐绞尽脑血以应付者也就是如何可使此问题不至过分扩大。

我们中国人对于日本军人所谓中国有"反日运动"一语应该彻底了解。"反日"二字在日本军人口中是可大可小，并无一定意义，随时皆可利用的一个名词。抵制日货（这早已是历史名词）是反日，提倡国货也是反日，仇视日本人是反日，铲除汉奸也是反日，不"亲善"，不"提携"是反日，"亲善提携"而不到日本人所希望的程度也是反日，质直言之，要爱国，要救国，要保持中国的独立而不处处惟日人之命是听就是反日！俗云"站下也不是，坐下也不是"，就是我们国家此日的情景了。人家要你死，你偏想活着，无怪处处要得罪名了。

"河北问题"尚未完全解决之时，就发生了"察哈尔问题"。瑞察哈尔省政府主席宋哲元已经免职，军队或者亦须他调。"察哈尔问题"或者是可认为解决了，但不知接着又要来些甚么问题！

关于此点，我们看看最近数日来日本新闻社的消息或者也可窥见时局趋势之一斑。六月十二日电通社东京电称：

> 外相广田以河北问题可望依华方容纳日方要求，而于日内圆满解决，故拟俟有吉驻华大使抵任后，即图使对华外交恢复常轨，而全面的进行政治经济工作，又外务省方面，因鉴于此次问题，拟使排日取缔澈底实行于全中国，同时并促其解决关税问题与航空及无线电问题，并收回领港权问题等，而期使华北之经济工作积极化，故刻正命东亚通商两局，合力研究其具体案，此外更拟俟至华方旧日借款整理完毕后，即在中国全国创办合办事业，现则暂派交涉上之专家，检讨产业经营方法，并顾虑其与日"满"间之产业关系，而谋予以援助，俾克互相发展。

注意此电中所谓"拟使排日取缔澈底实行于全中国"及"即在中国全国创办合办事业"数语。"排日"自然是"欲加之罪，何患无辞"，而所谓"澈底实行于全中国"

又将"澈底"到甚么程度？所谓"合办事业"都包含些甚么？这都是煞费研究的问题。其实，恐怕连研究都用不着，不久或者就有事实展开给我们看。

同日新联社东京电亦谓：

> 陆军当局十二日关于河北问题，以当局谈话形式，发表如左，"此次河北交涉问题，在根本上为在华北表面标榜亲日，然而里面则运用各机关，实行排日，其结果始发生此事，因此次交涉，现在之各种排日机构，已渐次撤消，惟华北一处纵即铲灭排日分子，而中央政府如不根本的改变其态度，则全部之消灭，实不可能，而中日两国之善邻关系之恢复亦不可能，故陆军当局，不拟直接干涉，惟在里面则不惜予以援助，因此以此次问题为一转机，外务省应积极的进出全中国之排日铲灭工作，而切望其努力于中国关系之调整。"

注意"惟华北一处纵即铲灭排日分子，而中央政府如不根本的改变其态度，则全部之消灭实不可能，而中日两国之善邻关系之恢复亦不可能，"如"外务省应积极的进行全中国之排日铲灭工作"二语。我们试想他们将用甚么方法使中国政府"根本的改变其态度"？所谓"全中国之排日"又将如何"铲灭"？

六月十九日，电通社长春电说得稍微明白一点。此电云：

> 华北日驻军酒井参谋长，因与关东军接洽完毕，已于昨晚十时由当地出发赴津，其所携对华根本策如次：
>
> 一，关东军及华北日驻军当联成一体，而在军事协定范围内，谋华北问题及察哈尔问题善后对策之万全，并严重监视今后华方态度。
>
> 二，军方当与外务省协力对国民政府之排日主义，施以根本的纠正。若欲纠正其根本的态度，当在外务省与国府间，订立明确的政府协定，惟关于此等问题之交涉，可让诸外务省办理，军方则重返其本来所负使命。

照此电文看来，日本军方对于"纠正"国民政府"排日"的具体办法似乎是先要令"外务省与国府间订立一明确的政治协定"，然后再根据此"协定"实行其所谓"澈底铲灭"之工作。换句话说，就是日本军方想拿不用一枪不费一弹的办法来达到他们攫得全中国的目的。至于这个"政治协定"的内容如何，我们差不多都用不着猜想，不久恐怕就有事实给我们看。

　　国难的进展，在现在或不久的将来，大概总不外这些方式。我们对于这个"进展"应采何种抵御方法，那就只有看我们的贤明当局如何的措置了。同时，做国民的，除过准备坚决奋斗外再无别法可以尽他的责任。讲到底，民为邦本，只要有不亡的国民，断无能亡的国家。

二四，六，二一，北平。

东亚大局未来的推测

在国家生死关头的今日，凡关心国事的人们，心中都感觉着无穷的痛苦，而且有些人很想将解除此种痛苦的意见说出来，希望对于国家的劫运能有万一的挽回。不过在近日外交内政的紧迫空气中，大家却又感觉着话不好说或说也无用。因有话不好说及说也无用的两重感想，所以近来国事愈见危急，大家愈是沉默。这种沉默自然是有极深刻的意义的。

我在本文中，对于中日两国的关系的现势，不欲多所论列。我想暂时撇开现在，置身将来，完全拿历史家的眼光，将这两个民族的命运，这两个国家的关系，平心静气的检阅一下，看其中不幸的错误与其责任究竟都在那里。

要置身将来批评现在，自然非有数种假定不可。我的第一个假定便是：日本为实现其所谓"大陆政策"，将藉此千载一时的机会，在最近的期间，并吞全中国。第二个假定是：日本并吞全中国的事实将使世界各国，尤其英美俄三国，发生极大的威胁与恐慌。要解除此种威胁，要消灭此种恐慌，只有诉诸战争，而战争的结果日本因限于物力与人力将为战败者。第三个假定是：日本战败后，战胜各国，因无更妥善的方法处置这样大的一块地方，将使中国恢复其自由，完全的或部分的。那时英美俄的命运暂且不管，东亚两大主人翁的中日两国自然是两败俱伤，有百害而无一利。中国固然可怜，日本也是可惜。

推测将来本是一种很危险的消遣，尤其是推测者怀有多少成见或为心理学家所谓"愿望"支配的时候。我不敢说我完全没有成见或绝对不受"愿望"支配；既然是人，谁敢如此自负。不过我自信我在作这些假定时是极力将成见与"愿望"压抑下去，使

---

* 原载《独立评论》第一六一号，1935年7月；署名张熙若。

理智作唯一的判断者。这些假定都有极强的事实根据。这些事实不妨约略说说。

一，日本要并吞全中国而且将在最短期间完全实现：这在今日已经是没有任何含糊，谁都看得明白的明显事实。东北四省的版图早已变了颜色，自然是不必说。所谓"河北问题"，"察哈尔问题"，已都在过去一个多月中完全依照日方的意旨先后解决。这几天来，报纸上日日所看见的又是进一步的所谓"开发华北五省富源问题"。甚么"兴发祥公司"啦，"满铁扩大其使命"啦，"河北山东种棉"啦，"河北山西采矿"啦，"察哈尔绥远改良羊毛"啦，"华北五省建设铁路网及航空线"啦，教人听了，好像这些地方早已不属中国的样子！

危险当然不限于所谓"华北"。"华南"的攫取也只是时间问题。这在推行所谓"大陆政策"的逻辑上自是一种不可避免的结论。不得高丽，不能保障日本本国；不得东三省，不能保障高丽；不得热河，不能保障东三省；不得河北、察哈尔，又不能保障东三省及热河。这都是现在已经做到的事实。现在正在计划推行的是如何拿"华北"去保障"满蒙"，明天就要实现的是如何拿"华南"去保障"华北"。到了又要保障"华南"的时候，问题自然就更闹大了。所谓"生命线"原来是没有一定的地带的；所谓"缓冲区域"也是可以随时移动的。

这并不是抽象的推论，事实本朝这个方向指点。当"河北问题"初告解决的时候，日本外务省、陆军省及关东军三方面早已有明显的表示。六月十二日电通社东京电说：外务省发言人谓"外务省方面，因鉴于此次问题，拟使排日取缔澈底实行于全中国"。同日新联社东京电载陆军省所发表的谈话中亦有"惟华北一处纵即铲灭排日份子，而中央政府如不根本的改变其态度，则全部之消灭实不可能，中日两国之善邻关系之恢复亦不可能。……外务省应积极的进行全中国之排日铲灭工作"数语。六月十九日电通社长春电说得更为明白，它说："军方当与外务省协力对国民政府之排日主义施以根本的纠正。若欲纠正其根本的态度，当在外务省与国府间订立明确的政治协定。"嗣后还有许多更明显的表示，更积极的步骤，我们或者尚未忘记。总之，自日本军方看起来，"华北问题"已经解决，以后所应特别着力的就是剩余的"中国问题"。

二，第二个假定包含两个不同的事实：一是日本将因并吞中国引起所谓"第二次世界大战"，二是日本将为这个大战的战败者。第一个事实，即大战的发生，大概是一般人都承认的。只要日本并吞中国，只要日本并吞中国后在经济上及军事上变成英美俄的可怕的敌人，大战一定会发生。唯一的问题只是时间迟早问题。第二个事实，即日本将为战败者，自许多人看起来，还有相当的疑问。不过自我个人看，日本因限于物力、财力及人力，最后，与欧战终结时的德国一样，不能不作战败者。历史一方面固然不一定重复自己；一方面却也不一定不重复。日本军人当然不以我这话为然，我也没有法子可以折服他们。不过，反而言之，他们也没有法子可以折服我，也没有法子证明他们必胜。

三，第三个假定——日本战败后中国将恢复自由——大概也无多大疑问。唯一的问题是恢复到甚么程度？是不是又要恢复到九一八以前的次殖民地地位？这其中一大部分当然要看那时中国自己的实力及内部的情形如何而定。

假使这三个假定都不错，那么，有人或者要问，这一段历史，除过要证明人类的天赋愚蠢外，岂非毫无意义吗？谁说不是！

此刻让我们拿后世历史家的眼光研究这出悲剧的原因究竟在那里？此事当然有相当的复杂。不过我们若把次要的原因撇开，我们立刻会发现两个主要的原因。这两个主要的原因，一是日本人的征服欲，一是中国人的不争气。这两个原因中，日本人的征服欲自然比较重要些，虽然中国人的不争气也有奖励这种征服欲的发达的效力。

自后世历史家看起来，日本人最大的错误全在他们不容许中国与日本共同作东亚的主人，全在他们要独霸东亚的野心。因为要独霸东亚，所以便非压服中国，使为日本之附庸，甚或削平中国，使为日本之郡县不可。这种野心若是移前一百年或数十年或者不难达到，但是在一九三零年以后却是大不容易。不容易的最大原因便是因为在东亚有利害关系的其他各国，如英，如美，如俄，决不能让日本任意推翻东亚的均势局面，因而威胁到全世界的安全。日本尽可暂时占领全中国，到头还非退出不可。这种挫折，这种牺牲，自后世历史家看来，完全是自讨的，完全是不必有的。

反之，若是日本人自始能大量一点，情愿与中国共同维持东亚的和平，处处以近代文明先进国家的资格与态度辅助中国，提携中国，使中国也变成一个现代的国家，那就不但中国乐与为友，全世界的政治经济趋势亦将因这两大民族的提携发生很大的影响。不幸日本人为偏狭的国家主义和无餍的帝国主义所迷惑，一心要走上征服的路程；结果，不但中国受蹂躏受磨折，日本自身也逃不了极大的牺牲。为欧美各国张目，使黄种人短气，真是何必！

这是日本人的征服欲过分发达的结果。中国人的不争气的影响自然也是不小。假使中国能在鸦片战争以后，或甲午战争以后，甚至能在庚子拳乱以后，或日俄战争以后，或者再退一步说，能在辛亥革命以后，或华盛顿协约以后，急起直追，认真改革内政，培植国力，那就即有日本人从中作梗，也不至弄到现在这样可怜的地步！

不过方才说过，演成这出悲剧的两个原因中，日本人的征服欲是要负大部分的责任的，因为后进的中国，没有现代比的中国，就是比较的争气点，恐怕也是不能抵抗日本的积极的、优越的侵略势力的。

这都是拿后世历史家的眼光去判断这一段不幸的历史的话。至于说到现在，我以为我们没有方法可以使日本人取消他们并吞中国的计划，我们无力挽救这个劫运，我们只能努力减少这个劫运中的惨酷成分。努力的唯一方向只有求之在我。换句话说，就是我们在无可奈何中还只有拼命挣扎，还只有努力争气，拼命挣扎的结果不但现在可以减少劫运中的惨酷成分，并且将来恢复自由的程度也就视我们自今以后挣扎的程度而定。坐以待毙也是不争气的表现，死中求活终为唯一的出路。天下的大难惟有以大勇克之。

今日学生运动之意义及影响[*]

张先生此文,对于近日弥漫全国的学生救国运动,认识的最深刻,分析的最清楚,指导的亦最切实,希望全国的青年同学,立刻使此一运动沉毅化,组织化,效果化!张先生身处平津,当然受刺激最深,他这文内,是含有无限的势力,极纯挚的情绪,当能得到一般青年同学的感动。谨志数语,以当介绍。编者附志。

十二月九日北平的大学生及中学生约有数千人因为反对近来在平津一带扮演的假自治运动有极庄严的请愿游行之举。请愿的目的是在反对汉奸分裂国家疆土的举动,是在表示真正民意之所在。但是不幸的很,是日的请愿,自学生们看来,可谓完全失败。因为不但新华门前的数百学生没有看见军政部长何应钦氏的机会,请愿的要求无人接受,不但西直门外清华燕京两大学的学生七八百人在冰天雪地朔风怒号中鹄立终日不能入城,而且城内各处游行的学生竟因与军警冲突而有受伤及被捕者。因为是日的请愿失败,所以又有由次日起罢课的举动,所以又有十六日的示威运动。

十六日的示威运动比九日的请愿游行人数更多,组织更严,据次日平津外报纪称(北平的中国报纸完全禁止登载),约有七八千人之谱,秩序极其严肃。是日的示威运动,自参加者视之,是比较满意的。因为不但清华燕京千余学生踏破西直门冲进城来,不但西直,阜成,宣武,和平诸城门终日紧闭,一若强敌压境,并且前门外的游行大队逼得扼守前门的军警还放了数排空枪,才得到镇压片时的效力。是日受伤及被捕者的人数自然比上次更多。

北平学生的救国运动现已得到全国普遍的响应。天津,南京,上海,武汉,广州,

---

[*] 原载《秦风周报》第二卷第一期,1936年1月;署名张熙若。

及其他许多地方现在都已有过同样的请愿运动。风声所播，或将蔚为气象磅礴的救国势力。

这是这次北平学生救国运动的简略事实。现在让我们研讨这个运动的意义和影响。

近年来因为政治上种种关系，全国学生界的沉寂极了。此次北平学生运动所以能勃发的原因有三。一是上月平津汉奸所扮演的"自治"丑剧过分的刺激了青年学生们的爱国情感。二是学生们感觉华北已经名存实亡，在敌人的领土内安心读书，他们无此涵养，他们也不要此种涵养。三是他们对于政府年来的亲善外交大感不满而对于最近日方所宣传中国不否认的"三原则之承认"更觉忧心不已。他们恐怕全国各省不久都要变成华北。他们忍受不了不流血的亡国惨剧。他们要表示他们是活人，不是僵尸。

以上三种原因不妨略为分析。

第一，扮演"自治"丑剧者既可伪造民意，雇人请愿，真正爱国的青年们何以不可自动的作一热烈的反对分裂国家疆土的表示，向全国及全世界揭穿敌奸合演的"自治"把戏？这在今日北平的特殊情势下，消极然是千应该万应该，就是向来反对学生干政的人，对此也不能不默许为青年人应有的举动。

第二，"冀察政务委员会"的过渡局面，谁也知道，不能维持好久。等到下一幕揭开时，大部分的学校总得关门。因此，所谓"安心读书"就是勉强能办到，至多也是两三个月或者几个星期的事。几个星期的修养，在学生们看来，是没有多大关系的。而且救国运动若不藉学校尚未关门，大家尚未分散时，赶快组织，等到平津完全被人占领，大家各自回家后，如何组织？这在学生们看来，自然有极强的理由。

第三，青年们虽然拥护中央，拥护统一，但同时在事实上他们对于政府数年来应付国难的方法和成绩却认为完全错误，都感觉极端失望。塘沽协定的内容，通军通邮的办法，亲善提携的无谓屈辱，《何梅协定》的铸成大错，以及最近冀察政务委员会的组织，政府虽可说每次都有不得已的苦衷，但自青年们（其实何止青年们）的理智判断，这一大串屈辱都是畏怯和愚钝的结果。老实说，青年们对于政府只有疑惧，并无信仰。往时如此，斯时尤甚，他处如此，华北尤甚。因为如此，所以在此次汉奸卖国冀察沦亡时，他们的热烈情绪无法制止，便一发不可收拾而罢课请愿，而游行示威，而作他们青年人自救救国的政治活动了。我们若只往小处看，自然觉得他们这些办法都是白牺牲，都是可惜；但若往大处看，若能了解此次学生运动的深刻意义和将来可能的影响，我们的结论或者也不至于一定悲观。

据我个人看，这次北平学生的爱国运动是"五四"运动后十数年来比较最纯洁最自然而且因之或者影响最大的一个运动。若是学生自己能组织得法，政府当局能因势利导，这个运动可以成为现时及将来救国工作中一种最强的势力。反之，若是组织无法或不能因势利导，恐将不幸失败而散为各种暗流。不过无论如何，这样一个弥漫全国的大波澜既已掀动，在物理学及心理学上看都是不容易消沉的。自解除国难方面着想，我们应该想出一种最善的方法使此种运动成为最有用的势力，得到最大的效果。这种责任学生自己负其大半。国难深了，青年们不但应该有勇敢的精神，并且应该有绵密的计划和坚强的组织。请愿示威应该只是初发动时的形式，不应该是长久的办法。第一幕演过后，立刻应使全运动沉毅化，组织化，效果化，如能做到这点，方不负诸君的苦心，才对得住社会的期望。

二十四，十二，二十一日北平

国事不容再马虎下去了

本月三日天津《大公报》载元旦蒋院长在励志社设盛大茶会，邀各院部会司长以上人员欢聚，到五百余人。席间蒋先生致词，其大意如下：

> 本日茶会，系乘新年机会，表示庆祝之意。回忆二十四年以前之事，不胜感慨。今年预料将为最困难之时期。二十四年来过去各事皆从马虎中渡过。今欲渡过国家民族之难关，绝不能再事马虎。今年上下均须惕励奋勉，澈底自新。过去工作非不努力，主义非不适当，徒以方法不对，未求实在之故，如议案既决，每不澈底去行，故功效极少。君等俱领导一部工作之人，亟须时时检查，讲求切实工夫。

凡读过这段演词的人大概会有以下三种感想。第一，一般人，同蒋先生一样，也都感觉"二十四年来过去各事皆从马虎中渡过"，也都是"不胜感慨"。不过一般人与蒋先生不同的地方就是一般人对于这种"马虎渡过"的责任，虽然广义的讲可说人人都有相当的一份，但若专指政府言，那蒋先生的责任比他们的却就大的多了。二十四年中的最近八九年是国民党一党专政的时期。这个时期中除白崇禧和陈铭枢两次当政的极短时期外，可说全时期都是蒋先生直接的或间接的，形式上或事实上，大权在握的时期。至少，这个时期中的"马虎"责任，蒋先生即不全负，无论如何也要负一大半的。这是天下的公论，不是任何人的私见，恐怕就是蒋先生自己也不能不承认罢？其实，所谓"二十四年以前之事不胜感慨"一句话中似乎已经含有很大的"自劾"成分。这是我们对于蒋先生这个演词的第一种感想。

---

* 原载《独立评论》第一八六号，1936年1月；署名张熙若。

我们的第二种感想是：已往的二十四年不说了，从现在起，我们却不能再马虎了。若果再马虎下去，那就一切都要完了。我们对于蒋先生的演词中"今欲渡过国家民族之难关，绝不能再事马虎。今年上下均须惕励奋勉，澈底自新"两句话虔诚祝祷的希望真能做到。我们希望他这两句话是代表一种"昨死今生"的觉悟和"除旧布新"的决心。蒋先生在同日的广播演词中，讲"国民自救救国之要道"时，曾劝告一般国民说："从前所有一切纷乱散漫，苟且偷惰，骄奢淫逸，自私自利，萎靡不振，麻木不仁之腐败的生活习性，都要一扫而空，铲除净尽。不要再和从前一样，糊糊涂涂，做一个落伍的野蛮时代的人。"蒋先生这话是劝告一般国民的。我现在把它拿来奉劝政府。有这样生活习性的国民诚然是一个落伍的野蛮时代的国民。有这样生活习性的政府也是一个落伍的野蛮时代的政府。我们不情愿有落伍的国民，我们也不情愿有落伍的政府。

我们对于蒋先生这个演词的第三种感想是：说话是容易的，实行起来却就难了。蒋先生上面所说的"绝不再事马虎"和"均须惕励奋勉，澈底自新"，在实际上是不是真能实现或果能实现到甚么程度？这却就不好回答了。大凡一种政策之能否实现须视：（一）政策本身之是否正当，（二）方法之是否适宜，（三）执行之是否认真。二十四年来诸事多在马虎中渡过的原因当然并不是因为人人存心如此。所以成绩稀少效率低劣的理由：有的是因政策本身欠通，有的是因方法不适宜，有的是因执行不认真；这三种毛病中，有的只犯一种或两种，有的甚至三种全犯！

蒋先生在他的演词里说"过去工作非不努力，主义非不适当，徒以方法不对，未求实在之故，如议案既决，每不澈底去行，故功效极少"。这句话似乎有两个意义。一是要拿"工作非不努力，主义非不适当"替那天到会的五百余人和他自己去相当的洗刷上面所说的"马虎渡过"的责任。一是要拿"方法不对，未求实在"去解释已往的错误并引起将来纠正此种错误的注意点。"洗刷"是演说中应有的一笔，不去管它。至于解释呢，自我看来，却未免把问题又看得太简单了。有许多事诚然是因方法不对未能澈底实行，但是又有许多事还幸亏因无适当方法未能澈底实行，若果行了，就更糟了（例如统一思想与亲善外交）。总之，方法不适宜不过是功效低劣的一种理由。真欲"惕励奋勉，澈底自新"，还须把问题看大一点。不然，就是存心不欲马虎，结果还是免不了马虎。这是今后究竟再马虎或不马虎的一个重要关键。

以上数种感想，简单的说，第一种是对于已往的失望与愤懑，第二种是对于现在和将来的希望，第三种是对于这个希望能否实现的怀疑。我万分诚恳的希望这种怀疑只是一种过虑。但究竟是否过虑那就只有看今后的事实证明了。

我现在藉此机会提出几个关于内政外交的重要问题，希望对于决心"惕励奋勉，澈底自新"的当局能有一种参考的价值。

一，内政与外交本有相联的关系，不能各个独立。大凡一个强大的国家是可以内政为主，外交为副。外交上一切或大部分的政策都是要达到内政上某种政策的目的。这种国家对外政策是要受它的对内政策的支配的。弱小国家则不然。弱小国家的内政常常要受外交上种种严重的影响，所以不能不以外交为重，内政为次。这些国家的对内政策常常是要受对外政策的支配的。这还是指平时而言。至于战时或国家疆土受强敌侵略而且还在进逼不已不容喘息的时候，一个国家的一切对内政策都要受对外政策的很严重的影响和极端的支配。欧战时的法比两国和现时的亚比西尼亚是要聚精会神、战战兢兢、拿所有的精神与物力去应付那狰狞的敌人，绝不能像平时一样去作那些不急需或次要的事情的。因此，我希望我们的政府对于它的职务和工作，完全拿应付久经深入而且还在进逼不已的敌人做标准，分别轻重缓急；凡与此标准相符者都应立刻举办，克期完成，所遇一切阻力均应克服；反之，凡与此标准相反者均应缓办或停办。如此，则精力可聚，功效可期，人心可齐，而严重的国难庶有解除的希望。不然，徒以安内作不攘外的藉口，以内政建设作外交屈辱的辩护，其结果，外固不曾攘而内亦无从安，屈辱因无止境而建设亦难有真正的成功。

二，外患既然影响到每一个人的生活的至微小的一部分，外交既然支配了一切内政的设施，我们对于办理外交的方法、态度和政策就不能不予以极大的注意。严格的说，今日只有正式战争和非正式战争可讲，那有外交可言。至少自塘沽协定以来，所谓外交就是退让，就是屈辱，就是无止境的加重国难，永朝亡国灭种的固定方向进行。塘沽协定啦，大连会议啦，何梅协定啦，冀察问题的解决啦，试问那一件不是增加我们的束缚，巩固我们的锁链，一步紧一步的要置我们于死地？近所宣传的不久将开的中日会议在日本一方早已宣传是要以"三原则"为基础而讨论具体条件的。试问"三原则"为何等原则？根据此等原则所制成的任何具体方案除过加重国难自促灭亡外还有甚么用处？谁都知道，中日关系早已到了你死我活的关头，只有一条路可走，而我们的政府偏偏要否认举世皆认为不能否认的事实，偏偏想逃掉举世皆认为不能逃掉的办法！

我在这里有一句话要唤起政府的注意，那就是：办外交不比玩内政。玩内政尽可以用我们祖宗所遗传下来的老方法，挑尽枪花，使尽圈套，迂回迟缓的，不计时效的，去达到或不达到一种目的，得到或不得到一种结果。达到得到固然很好，达不到得不到也不要紧；就是这次完全错了，还可重新再来一次。横竖既无皇帝，又无民意，谁能去管！办外交，办今日在敌人铁蹄下处处受逼迫的外交，却不然。办今日劣势外交的方法务须简单，态度务须坚决，政策务须远大。可则可，不可则不可。简单明了，人既易懂；直截了当，我亦好守。不要今日随便承认，明日思之又悔。外交须慎之于先，一失着便悔之晚矣，很难有补救的机会，一切内政上临时应付的办法在这里都难施其技。

讲到这里，可知外交不但要有妥善的政策，办理外交的人员还须有远大的见识，超人的胆略，和新式的办事习惯与方法。正虽不一定能压邪，但邪与邪的混合物却为害甚大。殷汝耕一类的人岂但是丢脸而已哉！

三，近年来国家有两种重大危险：一是外患，一是内乱。所谓内乱当然是指共产党的蔓延。共产党势力膨胀的特别原因有二：一是农村破产，民不聊生；二是青年思想"左"倾，无正当发泄机会，只有铤而走险。这两种原因的总因当然又都是政治腐败，为渊驱鱼。解决这个问题本有治标治本二法。治标是用武力剿灭，治本是改良政治。可惜近年来政府耗费了无数的人力与财力只注意到治标的办法。对于治本，不但不注意，并且自许多人看起来，政府一方面用武力去剿灭共产党，一方面却又用政治去制造共产党，好像惟恐剿灭完了无事可做的样子。这种显而易见的矛盾，谁都能看出来，谁都感觉到不对，但政府却一贯的维持它的办法，真是世上的怪事。有人说资本主义有一种内在的矛盾，难道剿灭共产党和制造共产党同时并行也是因为有一种内在的矛盾吗？

近来的学生运动虽然是发生于反对所谓"自治"运动，但这只是一个导火线；它的真正意义是反对政府的恶劣内政和误国外交的。北平许多大学的学生拒绝派代表进京听训就是对于政府的不信任的一种极明显的表示。我以为这是一个性质很严重，政府不应漠然视之的社会大问题。它的影响就是近视也应该看到几分。

总之，政府对于内政外交诸大问题如能有明确的认识和适宜的措置，则国事虽极阽危犹有挽回余地，不然，一切恐又将"从马虎中渡过"。其结果，自然不仅是"不胜感慨"而已了。

二十五，一，十。

世界大混乱与中国的前途[*]

阿比西尼亚打败了，阿皇出亡了，罗马电讯且传莫索里尼将于今日（五月十日）正式宣布并吞阿国了！如是，一个国联会员国竟然在光天化日之下无端端的将另一个国联会员国任意占领了！所谓国联者竟亦眼看着它的约章被人撕毁践踏而无可奈何！弄得好了，国联今后或将实亡名存；弄得不好，恐怕连名都要亡了。纸老虎本来早已戳破，不待今日，但是现在眼看连模成它的纸片都要化为灰烬了。回想威尔逊总统的十四原则时代及《巴黎和约》初成立时人们对于它的热望，真有隔世之感。

国际和平机构推翻了，集体安全制无法存在了，继之而起者自然将为国际猜疑，仇视，连合，火并。我们今日显然又回到欧战以前巴尔干战争以后的国际局面，不同的就是阵线比较混乱些而毁灭文化的武器更来得特别可怕罢了。欧战的四年教训和数百万无名英雄的生命等于虚掷。历史之钟的指针又要拨回若干年，让后进的民族，落伍的国家，再尝尝血腥味道，满足他们在深山大泽时代的原始欲望。横竖这个世界谁都有份，他们硬要那样干，你有何法！

演成这种局面的原因自然非常复杂，然远者不必论，举其近者要者言之，约有以下数端。第一，国联对于日本强占中国东北四省的强暴行为不能为有效的处置已明示天下人以国联之无能，使怀抱野心者倚蛮力为干城，视道义若无物，一有机会，均思尝试。当时有些中国人颇感觉所谓国联者只是欧洲之国联，于东亚之痛痒原不相关。其实，现在看起来，它又何尝能为欧洲之国联。第二，意阿战争起后，英国及若干小国主张对意严厉制裁，而德国因与意大利有其他谅解不肯热心赞助，致使制裁难生实效，而国联之威权即在欧洲亦一落千丈。法意谅解虽然可以说是起因于英德海军协定

---

[*] 原载《独立评论》第二〇一号，1936 年 5 月；署名张熙若。

及英国对德国之各种放任态度，使法国惴惴不安之心不能不别策安全，然法国与国联本属休戚相关，支持国联原为法国外交的一贯政策，今若反对对意制裁，在名义及实际上，何啻自坏其干城，即属情有可原，终为不智之甚。第三，英法之间既有裂痕，则德国自可利用此机会，一方面达到其恢复国权之目的，一方面重演其铁血主义的本领。三月七日希特拉拿蛮横的样子宣布《罗迦诺条约》无效，并占领莱因非武装区域，简直是向法国及全世界的和平主义者挑战，那里是仅仅要解除战败的束缚！不赞成对意严厉制裁的法国此时方才着了急，要拥护条约，要惩治扰乱和平者。谁知天下事无独有偶，英国此时却三心二意，敷衍搪塞的不欲对德出以严厉手段。结果自然两个开倒车的怪物都是如愿以偿，而国际风云也就不能不日紧一日，世界混乱也就不能不日甚一日。

我们若追求这次世界混乱的责任问题，我以为英国的责任特别大。因为，第一，英法两国虽同为国联的台柱，但以维持国际和平的势力论，英国自然比法国重要得多；第二，法国不欲对意实施制裁虽属重大错误，但英国的对德政策实为造成这种局面的一大因素，英国不能不负相当的责任；第三，就是法国不赞成对意实施制裁，英国绝不应该对希特拉的蛮横行为出以敷衍迁就的态度，何况此时对法外交若能运用得法，大有对德对意同时制裁的可能呢。

有人或者要说英国对德的缓和政策亦自有其道理。这自然不错。英国对于压制战败的德国，因利害关系不同，自始即不与法国完全同调。在其传统的政策上，英国亦不愿任何一国在大陆上完全称霸，德国不行，法国亦不行。而最要的一点乃是英国深受上次大战的教训，且顾念到下次大战的残忍性质，绝不欲轻启战端。厌战的心理英法虽相同，但英国因地理及利害关系自然比法国尤甚。这自然都不错，不愿作战的心理尤其易于了解，甚至值得人尊敬。

不过这并不是说这些理由都可证明英国对德迁就是对的，因为照希特拉现在那样横冲直撞的办法迟早总要引起战争，现时羽毛未丰，制裁尚容易，等到将来全副武装起来就要麻烦了。何况此时英法若能协调，又有法苏公约可恃，对德并不必出于战争。希特拉若能稍学一点礼貌和规矩，莫索里尼也不见得一定不能就范。集体安全制不见得一定就崩溃。上次欧战之起，说者多以为当时英国外交大臣葛雷爵士的对德态度不明了，使德国以为英国不会加入战争，遂为戎首。时隔二十二年，现在英国又对德国过于放纵，使国际混乱局面更加扩大，对意制裁更加无法实施，集体安全制更加无法维持。欧战惟一成绩的国际和平机构竟然如此幻灭，无远见的英国政治家不能不负最大的责任。

用不着说，世界大混乱是与我们极端不利的。在此严重情形下，我们只有加速度的准备一切。阿比西尼亚的惨败不应使我们气馁，因为假使阿比西尼亚自始即不抵抗，其结果不过亡得更快些，且无自身恢复的精神条件罢了。在救亡的神圣工作中，原则上的是非与实际上的利害是分不开的。勉强要分，只有徒受其害，自速其亡而已。

二五，五，十。

对于两广异动应有的认识*

所谓西南两机关者忽于本月二日发一通电,主张"立即对日抗战"。粤桂将领陈济棠、李宗仁、白崇禧等亦于四日通电响应,并请两机关"迅予改颁军号,明令属部北上抗日"。同时粤桂军即向湘境出动,于八九两日占领了湖南的郴州、祁阳,并向衡阳进发。此外又有粤军一路入赣,一路入闽之传说。中央当局于此事发生后,除劝告粤桂将领顾念大局迅退原防外,一面电令驻湘南之中央军向后撤退,以免冲突,一面决定于七月十日召开第五届二中全会,以决内外大计。十三日平津各报忽传粤军已撤退,桂军亦停进。嗣后数日报纸所载消息都说粤桂军已先后退出湘省,似乎粤桂将领果能悬崖勒马,内争之祸果已避免了的样子。不过最近两三日来各方又传粤桂军又复前进,一若内战果将爆发者。究竟退乎进乎,和平乎战争乎,此时尚难完全判断。

但是不管粤军现在是否再进,也不管内战最后能否避免,我们对于此次粤桂将领的行动应有以下数种认识。

第一,他们此次完全是借抗日的名义作内争的口实。此点不但明眼人一目了然,就是再没有常识的人也能明白。因为若是真正抗日,那有单独行动,自乱阵线的道理?那有改立建制,自异于中央的道理?那有视邻省为敌国,予取予夺的道理?路透社九日香港电称:

> 此间中国观察家对所称桂省与日人间之强烈仇恨有表示怀疑之倾向。并称桂省过去曾聘有日籍顾问,现可确定彼等尚在服务中,桂省向日本购买水泥、飞机、机器、军火等物品继续不辍。尚有一层颇为重要,日本现正攫取足以藉

---

* 原载《独立评论》第二○七号,1936年6月;署名张熙若。

口提出抗议之口实,但日本对西南已往数周之强烈抗日态度竟并一措辞至温和之抗议而无之。

说日本对于西南的抗日态度,"竟并一措辞至温和之抗议而无之"一句话,后来证明不确。同盟社十一日东京电称:

> 对于中国西南军人之抗日运动,帝国虽认为系西南抗争对南京政府之一种口实而不重视,但因其后广东、广西两派之排日运动日见恶化而无所底止,八日当由广东河相总领事访问陈济棠提出警告矣。

这个抗议的措辞至堪玩味。它的大意只是说:我们可以允许你们利用抗日的名义作反对南京政府的口实,不过还是应该小心点,不要使抗日有弄假成真的危险。其实,这不过是一种外交的形式,日本政府何尝不知此等抗日并没有弄假成真的危险呢。

此外陈中孚之南下,潘宜之之北来,不经过上海、南京而取道日本、大连,其用意岂不明显?抗日乎,反蒋乎?对外乎,对内乎?三尺童子亦应知之。

第二,从整个国家的立场看来,白崇禧、李宗仁、陈济棠等均为民族的罪人,国家的叛徒。以将近五年的国难痛苦而不能消灭西南的独立状态,而不能消灭他们因私人仇怨对于中央的反抗心理,这已足令忧国者认为是中华民族堕落没出息的证据。所谓西南两机关者,所谓粤桂领袖者,对于南京老是别扭,不合作,反对这样,不赞成那样。这自对于个人恩怨没有成见,完全站在国家立场的人看起来,早已不耐烦了。然而在从前这还可以拿反对独裁、反对屈辱外交的话去解释。但是现在哩?现在一切假面具在事实上都揭开了。现在竟然不惜在国难极端严重的时候,在辽吉黑热四省沦亡的四年之后,在冀察绥发发不保,国人方且忧虑恐惧急思如何应付的时候,忽然掀起内争大波澜,而且还要借抗日的名义掀起此种波澜。用三家村的大众语来说,这是有人心的人干得出的事吗!读书,明理,爱国,革命,到头来反干出这种戕贼国脉的事来!我们已往对于石友三、刘桂堂、白坚武、殷汝耕一流人祸国叛国的行为本已痛恨万分,认为罪不容诛,但是这些人毕竟还只是些无知的兵匪或卑污的政客,其行为还可相当了解。现在西南的革命领袖,封疆大吏,竟然因私人嫌怨甘心给人作"以华制华"的工具,教人如何不痛心。

第三,这些民族的罪人,国家的叛徒,政府即一时因顾全大局不能惩治,我们站在国民的地位，有表示意见的能力的人却应给他们以道德的抗议和制裁。我们应该全体一致的认他们是民族的罪人，国家的叛徒。我们作国民的人虽然只能拿舆论做制裁，舆论的制裁虽然对于这些民族罪人不能发生效力，但是这是我们在现在严重情形下对于国家应尽且能尽的责任，我们不应躲避。我们在环境允许时还应请政府对于这些国家叛徒予以国法上应得的惩罚。

近日北平、上海有一部分学生竟然有响应西南抗日的运动。这是看不清事实呢，还是别有作用呢？我希望他们是看不清事实。我希望他们能看清事实。（二十五,六,二十一）

国难的下一幕

自九一八以至现在，国难自然是时时加重，一年不如一年，一月更甚一月。因为国际种种关系，敌人不能采取极端的猛进政策，将中国一举而囊括之，只得应用渐进的分期攫取方法，以达其最后并吞之志。因为是分期渐进的，所以我们的国难也就分做许多段落。每一段落告成之后，不能不暂时休息整理，布置下着；下着布置就绪之后，空气自可随时紧张，情形亦可任意严重；紧张严重的结果，自然又是如愿以偿，又踏入一个新阶段。这些阶段自然都只是些步骤，它们的目的，用不着说，是并吞全中国。步骤尽可随时变更，目的却是永远不易。所谓九一八，一·二八，《塘沽协定》，《何梅协定》，自治运动，走私政策，不过是这些步骤的一部分。其他的步骤自然会应时出现的。

本来自去年十一月的华北自治运动告一段落之后，至今已有八九月之久，以其时考之，尽应有"事件"发生了。何况华北增兵已有数月之久，走私亦到了相当的程度，一个阶段后的整理布置也应该完备了。而且两广叛变的顺利解决意外的增加了中央政府的力量，造成了华北以外的真正统一局面，这岂是以反对中国统一为传统的国策的敌人所能忍受的？

果然，最近数日各电讯社纷传日本外陆海三相之对华宣言矣。路透社二十二日东京电称：

> 外务、陆军、海军三相会议后，本日发表半官声明，其要点为："如中央政府漠视日本在华北之特殊地位，仍采取以夷制夷政策，日本在华北之政策不能避

---

* 原载《独立评论》第二一二号，1936年8月；署名张熙若。

免的将更趋强硬。"该项会议在"考察中国统一之进步及反日之增加"。彼等曾引中国以夷制夷之例证二,即中德借款及中美借款。二者虽经否认,但东京仍谓牵涉购买军火。该声明结论称,"吾人应忠告中国政府,表示诚意,以日本可以接受之方式解决华北问题"云。

这个电讯虽然过于简略,不能窥见宣言的详细意义,但宣言的大致轮廓已可谓相当明了。宣言的起因,据路透电说,是中德借款及中美借款。宣言的结论是"日本在华北的政策将更趋强硬"。虽然所谓中德及中美借款经关系各方一再否认,但日本政府似乎成见在胸,不愿置信。其实,否认不否认,并无多大关系,因为这不过是一种藉口而已,真实原因当然别有所在。同日日本电讯机关同盟社东京电云:

> 以经济提携为目标,而入手中日国交调整之日政府,自川越大使赴任以来,着着努力于亲善空气之酿成,与经济提携之基础工作。惟是中美借款成立,西南问题,中德密约等,予最近之中日关系以重大影响。中日关系已现出微妙关系状态,据迄最近之情报,可称为经济提携前提之华北工作,意外展开良好氛围气。日政府俟王克敏入冀察政权之机会,即将入手关于依低减高率关税之华北贸易,铁道交涉,其他一般的经济提携之具体交涉,而已定入手冀察政权明朗化之程序。外务军部既一致向驻在官宪发出重要训令,(中略)中国依然不放弃欧美依存主义,查中美借款成立及于日本之影响,与日本朝野对西南问题之意向,而后徐徐入手对日工作,故日本政府以中国尚未觉中日提携之真意义,于东亚之安定上深感遗憾。至当事者国民政府既眩惑于对西南工作之成功,而出于无诚意之态度于此,认为不得不暂察看其所为,因决暂采静观主义。日政府之方针,拟始终不弛监视之目,于适当时期促其反省。

这个电讯里三次提及"西南问题",使人不能不疑心"西南问题"乃是《三相宣言》的真实原因,事实上并无根据之中德、中美借款不过是一种陪衬而已。这个电讯中所传的警告是"冀察政权明朗化"及对于国民政府"于适当时期促其反省"。"冀察政权"将"明朗化"到何等程度?大概恐不外乎与殷汝耕"合流"或脱离中央之类。对于国民政府将如何"促其反省"?这是一个普泛的恐吓,范围甚广,伸缩性亦大,既无一定作法,也可用任何作法。

以上系就中日两国的关系上推测现在及最近将来的发展。同时自国际方面看，日本侵略中国的政策更有强化的趋势。日俄关系将来究竟怎样现时虽难断定，但现时双方积极备战却是人所共知的事实。苏俄不必说，日本对于外蒙古及西伯利亚当然有种种准备。察北六县之占领，内蒙古独立之酝酿，绥远以西以至阿拉善之种种布置，均属既成或公开的事实，无从讳言，亦不必讳言。为预备将来对俄战争计，后方之中国自不能不事先预防，庶临时不至有任何可能的后顾之忧。此着迟早必出，而现在似乎并不能算是过早。因此，我们的国难也就不能不更趋严重了。

无论自并吞中国的政策本身看，或自反对中国统一的传统策略看，或自对俄准备作战的计划看，国难的下一幕都到快要揭开的时候了。惟一的问题就是内容究竟如何及我们应该如何应付而已。内容虽由他人决定，应付之道却完全操在我们手中。应付之道我以为应有以下数点。

（一）中国政府应明白告诉日本政府：现代的中国人对于作另一民族，另一国家的被征服的臣民并不感觉任何兴趣；反之，他们对于侵略他们领土、侵犯他们主权的国家将坚决的反抗到底。为拥护他们民族生存及国家独立计，他们可采取任何人类常识和国际习惯所允许的方法。日本人所咒骂不已的"以夷制夷"政策不过是此种方法之一，任何国家，包括日本在内，都可采用，都曾采用，都将采用，中国当然不能独作例外。中国今日在事实上采用此种方法的能力和机会虽然甚小，但在原则上却与其他国家一样永远享有此种权利。日本人近日所传之中德密约、中美借款，事实上虽无根据，但在原则上中国既为独立国家自可随时与任何国家订立密约，商订借款。日本政府以后尽可不必为这些事徒费唇舌。若谓日本为东亚之"安定势力"，不能坐视此等事之出现，须知这不过是日本一面之词，中国并不承认。中国不但不承认日本是东亚的"安定势力"；反之，中国根据最近数年的痛苦经验确认日本为今日东亚最大的"扰乱势力"。事实俱在，不待引证。昨日（二十五日）报载中国政府已接到日本《三相宣言》，我以为我们应藉此机会根据上述各种理由向日本作一堂堂正正的表示，不必仅仅置辩于中德、中美借款之有无的琐碎问题。如此则外交空气或可净化而外交精神亦可振作。

（二）关于走私，要求减低关税及华北关税独立，划归冀察政权的计划均应有有效的处置。我至今不懂冀鲁以外的走私何以扰攘数月至今不能断绝的道理。冀鲁有"特殊环境"可作解释，冀鲁以外则固中央势力之所达，何以火车不能绝对统制，竟使徐州、郑州、西安、兰州、重庆、成都，亦成私货充斥之地？在现代有组织的国家里，凡属政府势力所到之处，此等利用铁路的大量走私应在二十四小时内完全消灭，而我们弄了数月还是不能为有效的制止，岂非怪事！关税税率关系国家经济政策，若属过高，于国不利，自应自动减低，毋待他人要求，倘若并非过高，即有要求，亦应置之不理。至于分裂关税，划归地方，自属侵犯主权及破坏行政完整，理应不加考虑的严词拒绝。

（三）空言无补于实际，形式的拒绝亦难有实际的效力，除过纠正日方谬误见解及拒绝其无理要求外，最要之着还须有实力的准备，以防万一。华北一旦有事，冀鲁晋绥一旦被侵，究应如何应付，均应有积极的详确的实力准备，不是临时随便对付，归咎于天，所可塞责的。住在华北的人数年来颇感觉政府对于华北的看法极端错误，亟应改正。政府数年来似乎以为华北之事不可挽回，只有听其自然，能保持一日算一日，不能保持只有放弃。换句话说，政府年来对于华北似乎采取一种消极的旁观态度，不把它放在国防计划之内的样子。我以为这种态度是极端错误的。不但华北不保，华中华南失却屏障，而且那有一个政府把偌大的半壁江山轻易认为不易守卫，在心理及事实上早已事先放弃的道理！现代战术争尺争步，我们对于数省地方焉能不争，焉能不抵死力争，而随便把它放在国防计划之外？

总之，国难的下一幕不久自将揭开，我们在外交，经济，实力三方面均应有充分的准备，勿令临时又是束手无策，徒唤奈何。

二十五，七，二十六。

绥东问题的严重性*

大概系因西南问题凝住了大家的视线吧，国人对于绥东问题似乎不大注意的样子。其实，绥东问题的严重性决不在西南问题之下，因为所谓西南问题现在已经成了尾声，已经缩小为广西问题，而广西问题不久总可得到适当的解决，但是绥东问题却系国难深刻化中一个新阶段的开始，其止境尚难预测，其关系极为重大。

这个问题我们可以分作三方面探讨：一，此次敌人侵扰绥东的意义；二，此次的侵扰将发展到什么程度；三，我们应该如何应付。

（一）此次敌人侵扰绥东的最大意义当然是在实行准备对俄作战的一种预定计划。这个计划，很明显的，是要将自察哈尔起，经过绥远，宁夏，甘肃，以至新疆的一长条地带于开战前一概占领，并且作种种军事设备，以为战时之用。这个计划，至去年年底，已经做到的只有察哈尔。（顺便说一句，察哈尔早已名存实亡，现在察哈尔省政府所管辖的只有长城以南旧日直隶省的宣化府而已，长城以外数千里之地早非我有矣！）自去年年底至最近所计划布置的就是如何及何时再行西进占领绥远。现在占领绥远的计划已经开始进行。绥远占领之后，自然又将依次占领宁夏及甘肃的西北部，不到新疆不止。

这个庞大计划的最要目的，已经说过，是在对俄作战。这个计划的次要目的是要将中国与苏俄分离，使战时彼此不至有接济合作之可能。中国尽可永远不作联俄之想，苏俄亦尽可永远不屑要中国做助手，日本却不能不防止此种可能的联合的发生。中国昔日筑长城以防夷狄，日本今日竟在同一地区设隔离地带以制中国。中国边防史上竟添了这样奇异的一页。

---
* 原载《独立评论》第二一五号，1936年8月；署名张熙若。

这个大计划若能成功，不但中国北部与外国的交通完全断绝，不但昔日内蒙古之地完全丧失，而且关内的山西、陕西、甘肃等省立刻感受到极大的威胁。东四省一去，冀察立受威胁；绥、宁及甘肃的西部一失，则雁门关以南嘉峪关以东数省地方也就失掉屏障，岌岌难保了。

侵扰绥东只是一个庞大的计划中的一环。它有它的必然性，它有它的严重影响，我们绝不可短视，以为塞外之地无足轻重。我们如欲保全黄河以北、雁门关以南、嘉峪关以东数省之地，此事决不能轻易放过，决不能不抵死力争。不争察哈尔已属失策，若连绥东亦不争，那就更加危险了。察哈尔之沦亡或者可拿中央势力不能达到一句话去塞责，绥远固为中央势力能到之地，且其地守土之官尤为渴望中央势力速到之人，断不可蹈察哈尔之覆辙，靠地方长官自行处理。绥远并非绥远或山西之绥远，乃是整个中国今日边防上最关重要的地区之一，须以整个国家之力争之守之。

（二）现时之侵扰将发展到甚么程度？是否不久要将绥远全省或其主要地区完全占领？这当然要看我们抵御的决心及实力如何而定。就敌人方而言，能如察哈尔之无声无息的不费一枪一弹的和平占领，自然最好；不然，自将用种种恫吓、威胁、煽惑、扰乱的手段以取之；非万不得已，不肯用正式军队作大规模的军事行动。拿现在绥远当局及驻军的忠诚及精神看，不费一枪一弹的办法及煽惑、扰乱的手段是绝对不能售其技的。最可怕的是我们实力单薄，倘遇人家用正式军队作大规模的侵略时，我们若无强厚的实力及可靠的准备，结果自将不利。可虞的在此，应该急速准备的亦在此。

当然，此事或有相当的曲折和延缓，但是我们须知占领绥远既是包围外蒙的整个计划中的一部分，迟早必求实现；一时的曲折延缓或有之，根本放弃则不能。我们不可因敌人稍有动静即便张皇失措，亦不可因敌人暂无动静却又苟且偷安。我们应该充分利用敌人延缓时期的机会准备一切，等待不可避免的冲突到来。

但究竟有无曲折，是否延缓，及曲折到甚么程度，延缓到甚么时候，我们丝毫没有把握。此事现在既已发动，我们只能假定是没有多大的曲折和延缓，我们应该拿整个国家的力量加紧的准备一切。侥幸的心理，消极的态度，推诿的习惯，都是亡国的恶因，应该痛切戒除。人家是志在必得，我们是理在必守。我们不能希望人家不来，我们只能严阵以待，使之不敢来，至少不敢轻来，欧战时的立爱基虽然终归陷落，但它对于欧战的结果是有绝大的影响的。我们今日应急速设法使全国各重要地区都成为一种相当的立爱基。惟有如此，才可免沉沦的浩劫。往者不论，如有决心，请从绥东始。

（三）应付绥东危机的办法，在大体上说，原甚简单。中央应照前此调兵入晋剿灭共党的办法迅速调遣得力军队至绥东布防。若遇股匪来犯，自可立予解决；倘有正式军队相侵，更应迎头痛击。若是三师五师不够，自应增至八师十师及十师以上足用之数。疆上不守是失职，守而不力也是失职。澈底有效的守卫不是随便对付即可办到的，它须要有精细的计划和严密的组织始有成功的希望。交通、运输、军需、给养等事均须有极详确可靠的规划，庶临时不至有陨越之虞。

关于调遣得力军队至绥东增防一点，有些人或者以为现在两广问题尚未解决，中央恐无可靠数目的军队供此调遣。此点我以为不然。广西问题如能和平解决自可腾出许多军队，供此调遣；即不然，应付广西一省绝对也用不了原来预备应付广东广西两省的原有军队数目。此虽系一专门问题，非深知现在中国军事情形者不能详言，但以常识论，可供调遣的军队似乎犹属不少。所以我认为此点不应成为不去援救绥东的理由。

还有一点值得辨正。有些人以为日本现时对华外交趋向和缓，不应为绥东事过分刺激，使之反趋强硬。此真不通之论。因为若果和缓，何来绥东之事？而且若果和缓，自不会因我增防绥东，转趋强硬。倘若并非和缓而我误认为和缓，不加戒备，则绥远自将为热河及察哈尔之续，结果又添一误国的行为。

其实，调遣中央军队至绥，不见得一定立刻就要打仗，大致在眼下还是震慑的效力多。反之，若无可靠的戒备，更易令人生觊觎之心，无异鼓励侵略。国防之事，与其用而无备，不若备而不用。何况以现时实际情形论，并不见得是备而不用呢？

归结一句话，现时绥东的侵扰包藏着极端严重的因素，我们不可不注意，不可不用整个国家的力量去应付。

二十五，八，十六。

论成都事件[*]

上月二十四日成都忽发生一群众暴动事件。暴动的目的不大明瞭，但据有些报纸所载似在反对日本违犯条约在成都强设总领事馆事。参加暴动的人数据传有两三千人之多。暴动的结果，除华方的伤亡外，有二日人受伤，二日人死亡。受伤者一为满铁上海驻在员田中武夫，一为汉口商人濑户尚；死亡者一为大阪每日新闻社上海特派员渡边洸三郎，一为上海每日新闻社深川经二。

此事发生后，中日两方各派员赶赴成都就地调查。调查结果现在尚未发表；不久发表后我们当可知道此事真相。我方于事发后，除一面派员调查外，立采两种紧急处置办法：一，四川当局将二十四日暴动时当场拿获之刘成光、苏得胜二名立予枪决；二，中央电令四川省政府主席刘湘严行缉凶，加意保侨，并惩办负责军警。国民政府且于二十九日为此事重申睦邻之令，以冀缓和空气。

日本方面于此事发生后外陆海三相屡次作紧急会议商讨对策，首相广田及外相有田并且数次觐见天皇，奏报办理此事经过及政策，其重视此事之心理可见一斑。连日电讯所传日政府意向，不曰"反对地方解决"，即曰"除惩凶及赔偿等惯常要求外将采强硬的基本步骤"，不曰"应令国民政府保证成都总领事馆之再开"，即曰"应根本铲除中国各地反日排日心理及运动"。昨今两日东京电传日政府已训令川越大使向我外交部提出要求进行交涉了。要求内容尚未发表无从得知。但据昨日（五日）路透社东京电传《日日新闻》所载八项要求观之，日本政府似仍不愿放弃其向来藉题发挥之习惯，欲使此事格外严重化者。路透社所传八项要求如下：

---

[*] 原载《独立评论》第二一八号，1936年9月；署名张熙若。

（一）国民政府必须澈底统制抗日运动，并制止在将来发生类似的事件；（二）从略；（三）禁止抗日之集会及解散抗日组织；（四）国民政府对国民党之抗日运动必须负责；（五）铲除阻止日本在成都设领之行动；（六）国民政府正式向日道歉；（七）处罚负责人员；（八）赔偿被难者。（见九月五日天津《大公报》）

　　此八项中，除七、八两项外，余皆藉题发挥，故意扩大问题之条件，若果属实，我政府自应据理力驳，并告其此并非"调整中日邦交"之正当办法。凡事在情理之中者始可商量，越出情理之外者应严峻拒绝之。

　　此为此事发生以来之大略经过及我们对此事应采之根本方针。至于此事发生之原因及日本国民对于今后中日关系应有之正当了解，亦可略述数语于次。

　　此次事件发生之原因虽然不大明了，但日本违犯条约欲在成都强设总领事馆，并在国民政府反对之下悍然不顾的派遣岩井前赴成都上任（事件发生时岩井已行至重庆）。似与此次事件有绝大的关系。就理说，成都既非通商口岸，按约各国皆无派遣领事之权，而日本偏偏要拿"不管条约不条约，要设便要设"的态度硬派领事赴任，惹起中国国民的反感，酿成此次不幸事件，平情衡理，不能不说是祸由自取。日本近年来的统治阶级久已养成蔑视国际条约的习惯与崇尚蛮力的心理，遇事只要于己有利，不管条约不条约，道义不道义，一味用强力发挥其自然本能。此种习惯与心理之发挥于中国境内者，大则有东四省之攫取，冀东伪组织之制造，华北独立政权之酝酿，察北之占领，平津一带之增兵，走私之卵翼，及绥东之侵扰等震惊世界之暴行；小则有军用飞机横行华北各地，绥远、太原、阿拉善及他处强设特务机关，两广绥西帮助或制造内乱等有目共见之蛮举。此等行为在日本方面久已视为天经地义不可非议之事。此次欲在成都强设总领事馆，比之以上诸端，虽似事涉微细，但其进行方法及意义却与以上诸重大蛮行毫无分别。成都群众反对此事之方法虽属错误，但其拥护国家主权完整之热心及精神则与反对其他暴行者初无二致。日本政府藉口数年前曾在成都设置总领事馆，后因故暂撤，认为此次成都总领事馆之再开仅为行使"既得权益"，并无不合之处。须知数年前之设置本属违约，数年前之违约行为不能证明今日行为之不违约。理由甚显，毋待多辩。

　　假如此次成都事件之动机完全出于反对日本违约强设领馆，我以为我们的政府对于国家及国民应负一种道德上的责任。我以为我们的政府于赴任之岩井总领事初抵沪或到京后，在我与日本政府折冲无效时，应发表一强调的声明，指明岩井如强行赴成都开设领馆，国民政府为拥护国家主权计不能不于其到任后采取一种有效制止办法。当然，这样一来，日本不见得就会让步，但至少成都的群众或者会等待政府自己用有效办法制止，不必拿群众暴动方式去越俎代庖了。我认为此次成都事件，假如其原因纯为反对日本强设领馆，日本政府之蛮横违约激起众怒固然是其主要原因，中国政府年来已经成为习惯的软膝外交不于适当时候采取应有的合理步骤亦是一种副因。我所谓中国政府对于国家及国民应负的道德责任在此。或者有人以为政府如果采取有效制止办法（质言之，就是要封闭领馆，逮捕领事押解出境）岂不也要引起日方恶感和要求？诚然。不过试问：因政府采取有效办法所引起的日方恶感和要求的交涉比由群众暴动杀伤日人所引起的日方恶感和要求的交涉，何者较为易办？何者较为合理？何者易得国际同情？

当然，我并不是说此次成都暴动事件是对的，更谈不上鼓励的话。我只是说它是情有可原的，而且，在近年来日本一手造成的仇恨心理状态下，这种事件也不应该视为是甚么奇怪的事。日本人如易地而处或者还要奇怪此等事何以如此之少了。不过自今日中国国家处境看，此等事实属不幸万分，因为此次事件虽然可说情有可原或动机完全出于爱国，但在效果上确属不智之甚，不但无补于事，并且徒然的给国家增加了许多困难，与他人平添了许多口实。爱国行为不但应审察动机，并且还要计算效果。

至于日本国民对于今后中日关系应有之正当了解不妨藉此机会质直言之如下。

日本国民假如完全迷信其统治阶级的宣传，以为日本非贯澈其所谓大陆政策不足以图存或者为防俄抗美计不能不占领中国，那就无话可说，只有看他们的运气如何。假如日本国民不愿拿他们数十年来辛苦经营所得的宝贵成绩作征服世界或统一亚洲大陆一套迷梦的孤注一掷，假如日本明达之士不愿与中国人民结九世不解之仇，假如日本有识之人能设身处地承认中国今日所有的反日心理都属人世间绝对天经地义之事。那么，似乎总应该在消除此种仇恨及减少此种心理上做工夫，不应该使已够恶化之中国国民情感更形恶化。日本当权者年来标榜"调整中日关系"之义，但他们所谓"调整"无非是要中国政府及中国人民完全接受他们侵略中国压制中国的办法而已，那里有真正调整的诚意和可能？老实说，日本若不归还中国东四省，若不停止其在中国领土内的种种暴行，若不以平等自由的国家待中国，那就永无"调整"之可言，那就只有永远做仇人。至于"亲善"、"提携"的一大套话只有政客们彼此互骗的用处，在我们两方做国民的人看起来，不是侮辱，便是无聊。

讲到这次不幸的成都事件，我们除对已死及受伤的几个日本人在个人方面表示歉意外，我们还须正告日本国民，这在今日中日两国仇恨关系继续存在的状态下并没有甚么足以奇怪的理由。我在上面已经说过，假使日本人易地而处或者还要奇怪此等事何以如此之少了。日本政府或者要小题大做的藉题发挥一阵，日本国民却用不着大惊小怪的过分愤懑或仇视。昨日报载日本前任驻华大使有吉明最近数日有《中日关系之重行检讨》一文登载于东京《朝日新闻》，中有中日两国政府应往大处看，对于偶然发生之冲突应迅速予以解决等语。这在日本今日或为少数人的意见，但在我们及全世界的人看来这却是对于成都事件惟一合理的态度。昨日伦敦《泰晤士报》的社论对于成都事件之见解与有吉之文颇有相似之处，或可供日本国民的参考。昨日路透社电所传此文要点如下：

《泰晤士报》今日（五日）载有社论云：东京显视成都案为奇货可居，日本陆海军已保证所拟向中政府提出之要求必将爽利云。末谓：中日关系，必须使之避免此种暴行之再见一语，或将以种种方法解释之。现日本绝少准备取温和态度之征象，要求已露不祥之兆，日人惯将丘陵转成火山，惟此次转变之机关，现已轧轧作声，在意想中，殊多罅隙也。至责南京政府暗中与闻无谓之暴烈行动，则实太轻视华人之声明矣。此事绝不致置诸不理。日本表示不适当之愤懑，其意欲在成都获一种立足地耳云云。（见九月六日《北平晨报》）

我希望"东京"于冷静考虑之后并不以成都事件为"奇货可居"，我更希望日本人能改除他们向来"变丘陵为火山"的习惯。倘因此次成都事件能令日本政府及日本国民觉悟：欲真正调整中日关系，须另辟正当途径，须另想合理办法，则此次不幸的成都事件庶不致尽为不幸了。

廿五，九，六。

外交政策与策略[*]

外交应有一定的政策。这句话骤闻之不但感觉肤泛，简直有点迂阔，为老生常谈中最不必谈者。然而天下最不必谈之事往往又为最应谈之事，最不成问题之事往往又成为绝大的问题。原则上，政府应保民，人民应爱国，都是丝毫不成问题的，但在实际上政府岂皆真能保民，人民岂皆真能爱国者？原则上，一个国家的外交应有一种远大坚牢的政策，但在事实上有些国家的外交简直永远是像游丝无定随风飘转着。中国近年来的外交大有此种情景。失地五省有半，逾时五载有奇，竟然逼不出一个有计划有步骤的外交政策。政府有标语口号自娱，人民只有变色地图可看。

因为没有有计划的外交政策，只得拿标语口号一类的东西去搪塞。回忆"一二八"时代汪精卫先生"一面交涉，一面抵抗"的口号，真令人不知哭笑何从。汪先生是非常长于辞令的人，这个口号当为其生平最得意的辞令之一。《塘沽协定》以后，则为一般所谓"日本通"的外交家的活跃时期。这个时期中只闻叩头打千之声，"抵抗"固嫌大胆，"交涉"似亦不恭。这个时期中只有《塘沽协定》，通车通邮，《何梅协定》一类的事实足资纪念，没有甚么高明的正式外交口号值得传诵。"亲善"，"提携"只能认作是悲哀的"幽默"，而且是人家教给我们念唱的，不能算是正式口号。不正式，但为当时办理对日外交的专家们所称赞不已运用不穷的口号只有"向鲨鱼抛糖袋"一个秘诀而已。经过数年之后，我们的政府忽然发现糖袋有限鲨鱼无穷的事实，于是不得不另换一种口号以为号召，因此我们的对日外交口号史也就转入了它的第三时期。第一时期是"一面交涉，一面抵抗"的时期。第二时期是"向鲨鱼抛糖袋"的时期。

第三时期的正式口号是"和平未到完全绝望时期，决不放弃和平；牺牲未到最

---

[*] 原载《独立评论》第二二三号，1936年10月；署名张熙若。

后关头，亦不轻言牺牲"。文章是做得愈加漂亮了，但实质上与数年前的"一面交涉，一面抵抗"似乎并无多大区别，因为和平云云就是交涉，牺牲云云就是抵抗，不同的就是由八字变为三十字，并且加了"完全绝望"和"最后关头"种种限制罢了。

这个口号表面上虽似冠冕堂皇，实际上却受到各方不少的批评。何时方可认为"完全绝望"？甚么叫作"最后关头"？这都是人人要问的话。因为人人要问，所以蒋介石先生才于今年七月十三日在二中全会中给所谓"最低限度"一句话下了一个界说。他说："中央对外交所抱的最低限度就是要保持领土主权的完整。"我们可说"保持领土主权完整"便是我们第四时期的口号。

不过蒋先生那天所说的关于保持领土主权完整的话颇为明晰具体，或者不应完全当作口号看，或者是今后对日外交关键所在，值得引证一下。蒋先生说：

> 中央对外交所抱的最低限度就是要保持领土主权的完整。任何国家要来侵扰我们领土主权，我们绝对不能容忍。我们绝对不订立任何侵害我们领土主权的协定，并绝对不容忍任何侵害我们领土主权的事实。再明白些说，假如有人强迫我们订立承认伪国等损害领土主权的协定的时候，就是我们不能容忍的时候，就是我们最后牺牲的时候。这是一点。其次，从去年十一月全国代表大会以后，我们如遇有领土主权再被人侵害，如果用尽政治外交方法而仍不能排除这个侵害，就是要危害到我们国家民族之根本的生存，这就是为我们不能容忍的时候。到这时候，我们一定作最后之牺牲。所谓我们的最低限度就是如此。

分析的说，这段文章里把"保持领土主权完整"的原则分为"不签订任何侵害领土主权的协定"及"不容忍任何侵害领土主权的事实"两种。这是很值得注意的。并且更值得注意的乃是拿去年十一月全国代表大会为划分期间。在去年十一月全国代表大会以前所签订的侵害领土主权的协定及所容忍的侵害领土主权的事实。此后还继续（至少暂时）承认有效，还继续容忍存在。但在去年十一月全国代表大会以后，如遇领土主权再被侵害，而且要危害到我们国家民族的根本生存时，那就绝对不能再容忍，那就到了应该牺牲的最后关头。

这个界说及这些解释当然是一般国民所欢迎的。不过一般国民，尤其是住在华北的人，对于这些解释在事实上所表现的效力却是万分怀疑的。就以去年十一月以后说吧，政府对于冀东伪组织的成立，对于察北的沦亡，对于走私的猖獗，对于违犯条约的增兵，对于军用飞机的横行，对于绥东的侵扰，对于宁夏、甘肃各种军事布置及侵占，是否当真不容忍，是否认为已经到了最后关头，却不能不令人极端的怀疑和忧惧。假如这个界说及这些解释在事实上犹是不能发生丝毫效力，那它的价值是不是与其他的口号的价值一样？

近来局势更紧了，"保持领土主权完整"的原则究竟是否完全不兑现的标语口号，现在正遇到一个极严重的试验机会，不久当有事实证明。我们为国家命脉计当然虔诚的希望它能十足兑现。

外交不但要有远大的政策，并且还要有灵活的策略。所谓策略，在积极方面，是实现政策的方法；在消极方面，是抵制别人的政策或策略的手段。积极方面的重要自不待言，消极方面的重要也是值得特别注意的。消极方面的用处有时可以减少许多不必有的误会或疑忌，有时可使对方顾虑、审慎或让步，有时可使大事化小事，小事化无事。

举几个例说吧。当去年日本广田外相在议会中说明他的对华三原则的时候，照世界外交惯例说，中国的外交部应该立刻有一极严正的驳斥，使日本朝野明了中国方面的真实态度，免得以我之不言为默认或可商，使一二外交官的政治口号渐渐变为全国的国策。然而我们当时的汪兼外交部长却一味的装聋作哑，好像全世界都听见广田的演说，他独没有听见的样子。最近成都、北海等事件发生后，日本政府想借题发挥，造作将有种种扩大要求的宣传。照常情常例说，中国政府应该立刻有一正式或半正式的声明，说明中国政府只能按照国际惯例办理此等案件，无理的扩大问题及借题发挥的故技希望不至成为事实；如果成为事实，中国政府只有坚决的置之不理，或只能认为是一种有计划的敌对行为。如此，对方除非完全准备决裂或将有所顾虑，或将因顾虑而审慎，因审慎而事先作种种让步，亦未可知。然而我们的外交部，除过诚惶诚恐的待罪萨家湾或到处打听此等要求的性质外，并未采取任何先发制人的外交策略。又如前几天日方初传出须与蒋院长直接交涉的消息时，中国方面应立即正式或不正式的声明这是对于中国政府及外交部的一种侮辱，蒋院长绝对不能参与此等侮辱本国政府的行为。对方若知此路绝对不通，自不会坚持到底。

以上所举数例中的应付策略，在内政外交上轨道的国家里，都视为是一种如响斯应的机动行为，不但自己应当如此作，人家也期待你如此作。你若不作，人家不但不感激，并且更瞧你不起。这个世界上，崇敬麻木不仁及卑怯的人是很少的。

中国政府向来所以不注重此等外交策略的原因，和中国其他许多事情的原因一样，大致不外乎愚闇与怯懦二因。因为愚闇，所以不知此等策略之重要；因为怯懦，所以也没有采取此等策略的勇气。其实，越怕事，事情越多，越让步，越无路走，越想消极的马虎混过越是混不过。外交策略不但可以实现自己的外交政策，并且还可以抵制或破坏别人的外交策略，并非真如妄人所说没有用处的。此中范围其广，运用无穷，只要政府有活的外交，自可得到极大的收获。

中国向来无政策无策略的外交今日已到山穷水尽的时候。惟一的出路还是要有政策有策略。现在中日交涉的严重关头里，正是树立此种政策，发展此种策略的好机会，希望政府不要错过。

冀察不应以特殊自居[*]

近来日本向中国所提出的各项无理要求中，以"华北特殊化"及"共同防共"二端为最险恶。"特殊化"的最终目的自然是脱离中国，并入日本。"共同防共"本为"共同防俄"之外交名词，而"共同防俄"又为以军事控制中国之烟幕弹。两者之共同目的自然仍是要实现"并吞全中国"那个旧梦。这是我们东邻多年来千变万化不离其宗的一贯政策。积极提倡者固多军人，从旁赞助者岂乏文人。军人的方法是努力造成所谓"既成事实"，文人及官僚的责任是将这些"既成事实"加以理论化或法律化。近来日本的外交官在南京极力作法律上"华北特殊化"的工作，同时日本的军人在冀察晋绥一带积极的进行他们事实上"华北特殊化"的固定计划。双管齐下，并行不悖，文武合作，南北并耀，真可谓开创日本大陆帝国之妙法。

不过"华北特殊化"的局面不是日本一方所能单独造成的。中国的中央及地方当局，尤其地方当局，自始若能有精神上的坚壁清野政策和事实上的坚决抵抗方略，日本至多只能造成军事占领的状态，万无今日所谓"特殊化"的怪象。不幸得很，我们的地方当局去年今日竟然乐于利用国际背景造成冀察的"特殊"局面于前（大家当然还未忘记去年十一、二月平津两处"自治请愿"的丑剧），我们的中央当局又复过于畏忌的承认此等"特殊"局面于后，于是"华北特殊化"便得到了初步的成功和法律的基础。假使去年今日地方当局能严守国家立场不为所动，中央当局能抱定宁愿敌人事实占领或地方公然背叛，不作法律承认的方针，坚持到底，则事态演变不见得定如今日之险恶。

以中国人而参加制造冀察特殊局面的工作，本已万分不幸，但若能于所谓"冀察

---

[*] 原载《独立评论》第二二九号，1936年11月；署名张熙若。

政权"树立之后，适可而止，忠诚的拥护国家主权的完整，则去年十一、二月"自治运动"时的种种不当行为或可见宥于世。不料冀察政务委员会成立后的一切设施都是向造成独立或半独立的方向走。人家说华北情形特殊，我们也说华北情形特殊。人家希望冀察与中央减少或断绝关系，我们也竟朝这条路上走。法币的行使和现金的集中，人家说冀察情形特殊，不能接受中央命令，我们也说冀察情形特殊，须通融办理。走私的猖獗，我们不但不竭力协助中央设法消灭，反而另设机关，抽收低税，结果不啻在冀察境内变相的承认走私为合法。人家说关税应减低，天津海关应归冀察当局支配，我们也乐于附和其说，希望增加地方收入。凡此种种，何异与大盗共裂父母肢体以图一日之饱者。

近来更进一步的站在半属自造的"特殊情形"的立场上，与敌人作不必有周旋，造成种种祸国的事实而不自知。一两月来各方所传的"四原则，八大项"，证以事实，当属不虚，所谓"四原则"类皆空洞的幌子。其中最著名的二条：一为大胆欺世之"共存共荣"，一为不知所云之"互惠平等"。但是所谓"八大项"者却是具体而又具体，切实而又切实，其名目据传为：修筑津石铁路，开采龙烟铁矿，华北通航，河北植棉，整理井陉及正丰煤矿，发展河北电气事业，振兴河北水利，塘沽开港等。津石铁路现已开始筹备，龙烟铁矿已经着手整理，电气事业已在天津发动。其中最重要的通航一端已于本月十七日起次第实现。航线系以天津为中心，有天津至大连，天津至锦州，天津至承德三线。据本月二十一日天津《大公报》载称，除普通航线外，还有军用航线三条，专供日本军事人员因公乘坐者，亦系以天津为中心，为津岛、津包、津太三线。如此，在"黄郛政权"时代所未做到者，今日竟然做到了，谋人国者焉能不踌躇满志。

当然，冀察当局必有他们的理由。不过他们的理由，自别人看起来，不是无诚意，便是愚不可及的。据我个人所闻及在报纸上所见的约有以下数种。第一，中央无整个计划，二十九军不能单独牺牲。中央无整个计划，在去年此时，或者属实，但二十九军不能单独牺牲的逻辑，我们站在国家的立场，不认个人或团体利益高于一切的人，却就完全不懂了。难道军人连"守土有责"一句老话都没有听见过吗？有人说，中央既不能为有效的援助，冀察首当其冲，似不能不委曲求全。这与事实不大相符。姑无论中央是否的真不能为有效的援助，退一万步讲，"委曲求全"四字无论如何解释，大概总不能包括"自治请愿"等假托民意的事实吧。第二，冀察受《塘沽协定》及所谓《何梅协定》一套的束缚，在去年夏间以前已经造成"特殊"情形。非冀察现当局所能负责。这在表面上似有相当理由，实则亦不尽然。自别人看起来，这也不外一种藉口。因为以上两种协定，无论如何解释，都不能包括阻挠法币、坐视走私、丰台撤防，及最近进行的所谓"八大项"的祸国行为。通航一事虽与黄郛有关，但黄郛既未做到的事，我们如果认为于国不利，何必又偏要替他作到呢？第三，现在所有一切让步，将来如果正式开战，都可一笔勾销。这种议论未免幼稚可笑，因为我们做事只能拿现时的本身是非作标准，不应现在处处让步，希望将来在假设的情形下再去翻案。而且今日事实上多一分让步，即多一分束缚，多一分束缚，将来开战时的优势和凭藉也就失掉一分。军人们岂并此理而不懂！

冀察当局的理由，无论真实与否，无论诚意与否，都是错误。既是错误，我们站在同胞的立场，为民族利益打算，总希望他们能觉悟，能认错，能翻然改悔。现在中国的政治情形与一年以前大不相同了，冀察当局的耳目虽然常有所蔽当亦多少知道。一年以前还可藉口两广半独立的状态，在华北组织一个类似的机关以与南京对抗，现在两广已经完全统一，西南的割据局面已不复存在了。西南的割据局面既已不存，冀察的特殊组织又何必要作此种仅存的硕果呢？

全国今日拥护统一，抵御外侮的热烈情绪，冀察当局岂能装作不闻不见？冀察今日在法律、事实及种种利害关系上犹为中华民国的一部分，而且与晋绥为邻省，对于今日绥远之被侵，岂能隔岸观火，坐视不救？傅作义既能不以特殊环境自缚，宋哲元又何必以此自缚？阎锡山既可援绥，宋哲元又独何不可？何况察哈尔为敌人侵绥之后路，而张家口犹在冀察当局手中，举足之间，事半功倍，又何故竟如秦越相视呢？冀察当局一年来的种种错误，今日正是自行改正的大好机会，我万分诚恳的希望他们不要错过。

以上是对于冀察当局的批评和希望。至于中央，自亦不应因为过去一年间的关系视冀察为化外。中央对于冀察应按照保持及恢复领土主权完整的既定方针，振起精神，放手做去。我以为今日中央对于冀察有两事应做紧急处置：一为明令取消分裂国家行政完整的冀察政务委员会，一为速令二十九军军长宋哲元及诸将领迅速出兵援助绥远。前者是为完成国家真正的统一，后者是尽政府守土卫国之责。我想深明大义并有光荣历史的二十九军诸将士一定赞成这个用快刀斩乱麻的合理办法。我希望统筹全局准备牺牲的中央当局能立刻采纳我这个建议。

廿五，十一，廿三。

国际政治与中国[*]

曾院长，诸位先生，诸位同学：

兄弟对于农学素乏研究，故不便讲农业与政治有关系的题目，只得专讲本行的政治，或不致使诸君完全失望。相当的失望，当然是难免的了。

今天所讲的题目很大，国际政治已够复杂，还要加上中国。把中国问题与国际政治合在一起，其范围之广大，绝非几十分钟的短时间所能讲完，然在可能范围内，略道其梗概。现在先所把近数十年的国际政治的动向，申述一下，然后再讲到与中国有关系的。

在二十年前，震动世界的欧战结束，谁都知道，这一次的大战，德是戎首，自应负重大责任，由协约国共同的予以惩罚，这一次订的条约虽然很多，概括言之，重要的也不过两点：（一）限制海军，将德军舰及潜艇概行交出，由协约国处置，并交出军用自动车、火车、飞机等；（二）德陆军大败后，限制编遣，并限制兵工厂军械制造等；其一八七零年之殖民地，则交国际代管，此种惩罚，几使德国一蹶不振。当时之美总统威尔逊则力主国际联盟，以和平方法解决国际间纠纷，限制侵略国家之狂热，期跻世界于和平，意思当然是好的，无如十余年来国际间相互所发生的事态，已证明了，《凡尔赛和约》，仅是一种希望而已，实际上并无作用。如一九三一年，日本之强占我东四省，中国与日本均为国际联盟的会员，依照公约则日本应受处分，及列强均以本身利害之牵制，顾虑太多，虽经决定的经济制裁之消极办法，亦不便实行，经济制裁尚虑牵涉，遑言军事制裁？不过略予中国以道义上之同情而已。日本见国际联盟之无如伊何，自属兴高采烈，然其影响于国际和平则甚大，因为国际联盟的纸老虎一经戳

---

[*] 1937年5月在国立四川大学农学院讲演；原载《国立四川大学周刊》第五卷第卅一期，1937年6月。

破，侵略国家知国际联盟之无能，更毫无顾忌的肆行侵略了。一九三四年意大利并吞阿比西尼亚，该两国亦系同盟会员，结果又无办法。在远东日本侵略中国，尚可诿为"鞭长莫及"，乃意阿两国亦无相当制裁办法，更足证国联之无能。德国褐色势力的抬头，重整军备，使英法两国极度不安，法国尤为恐慌，盖法国人民趋向享乐，妇女更不愿生产，以致人口不能增加，德国则励行奖励生育，人口增加，相形见绌，备战风云，乃日趋紧急。国际联盟已陷于不能撑持场面，地位遂日形衰落，关于军缩会议在一九三二年即遇着了第一次极严重的危机，当时德国建议，坚决要求保证平等权利，但被各国拒绝了，德国便从军缩会议里退出，直到列强承认后，德国才重新加入，到了一九三三年英国提出了一个军缩方案，即所谓麦唐纳方案，终以同床异梦，把这会议闹成僵局，特别值得注意的是日本，他不单口头声明要求三强海军比率平等，而它近年狂热扩充军备的结果，事实上早已打破了五·五·三的比率，所以他对于英国提出的麦唐纳方案中，海军部分，始终表示反对；至于陆军军备问题，亦取同一方针，法国则坚持其安全保障之主张，因感觉无一强有力的帮手，乃向苏联表示亲善，以求赞助其安全保障主张，苏联更清楚了各国在军缩的美名下努力军缩的竞争，便不得不与法国作进一步的亲善，而实行其一般的安全保障，英国与美国则心照不宣，用不着多话了。

现代政治局面有两大阵线，即民主国家阵线，与法西斯蒂阵线。我们的芳邻极力倾向法西斯蒂，然其程度远不及德意两国政权集中，目前尚有问题，就是财阀军阀，政见矛盾，所以有"二二六""五一五"事件之发生，然终有一日××发生问题，法西斯主义将更具体化了。总之民主阵线与法西斯蒂阵线相对峙，是避免不了冲突的。芳邻虽倾向于法西斯蒂，然在世界上为孤立的国家，但于外交方面很活动，是以有"日德同盟""日意协定"，乃至于德意日三国同盟的产生，均足证明法西斯蒂之力谋团结。以巩固其侵略阵线。所谓民主阵线，现仅为一种酝酿，因为英法美三个国家，各有其利害关系之不同，但也并不是绝不可能，法国与英国早有勾结，法国陆军很可观，久欲赶德国出莱茵河区域，英国有钱，有海军，且有廿五万海军前线在莱茵河，进一步而言战争，如开始则看粮食军械原料是否可以持久，美国为世界最富国家，英国殖民地很多，苏联空军为世界第一，陆军也很可观，如果英法美苏能联合一致，则一切反对侵略的国家，都将加以赞助，民主阵线很有扩大的可能，我们再看将来的变化罢！

国际政治的动态已略如上述，再来谈谈与中国的关系罢。谈到中国，有许多不利于政府的宣传，如说中国也是法西斯蒂国家。此真梦呓之言。据谓意大利与德有冲突，日本可同中国联合一气，实现其大陆政策，但是我们若根据事实与历史，断其绝不可能，将来一定加入民主阵线无疑。盖中国目的在"救亡"，但我们的芳邻要你亡，我们又将如何？一方面固然要靠自己的努力，另一方面也要靠世界大势的转变，最好是世界大战把"芳邻"打败，那么，不但可以救亡，还要复兴。不管复兴也好，救亡也好，均非中国直接参战不可。第一次世界大战，中国加入战团，仅仅打电报宣战，便获得一些利益，可是第二次世界大战，要想收回我们东北失地，便非打通电所能办到，必也短兵相接，努力战斗，以追随于民主阵线之后，但此种"单相思"，是否能得到他人的同情，尚属问题。若要得到他人的同情，除非注意于内政的修明，和建设的努力，同时培养国家的战斗力，使其能胜任民主阵线的战斗员，不如是，决不易得到他人的联络，而加以帮助的，但是政治的修明，和军备的设施等，绝不是单靠政治家，军事家，所能竣事，即整个民族，均应发奋图强，农学院诸君，更应改进农作生产，增加财富，所谓足食足兵，民族方不至于灭亡，而复兴之基，胥利赖之。

民主政治当真是幼稚的政制吗？

凡是向来注意胡适之先生的政治理论的人都知道胡先生是一个自由主义者，是一个民治主义者。在近年来独裁专制一类思想风靡全国的时期中，胡先生居然还能抱残守缺的提倡自由，鼓吹民治，虽不见得真能有中流砥柱的效力，但他那种敢信敢言的精神和态度真值得我们大家尊敬。我自己也相信自由主义和民治主义，所以对于胡先生这种精神更觉得格外钦佩。

不过胡先生在结论上虽然信仰自由，主张民治，但他得到这种结论的理由，在我看来，却是往往不大正确，有时甚至完全错误。其中一个很明显的例证，便是他那"民主宪政只是一种幼稚的政治制度"一套的议论。我认为这种议论是一种对于提倡民治非徒无益而又害之的议论，是容易给反对者以攻击的机会而与赞成者以"以辞害意"的遗憾，所以我现在将我对于这个问题的意见写出来，作为对于胡先生提倡民治的意思的一种修正，不知胡先生能接受否？

我们可以先征引胡先生下列一段议论：

> 我观察近几十年的世界政治，感觉到民主宪政只是一种幼稚的政治制度，最适宜于训练一个缺乏政治经验的民族。……民主政治的好处在于不甚需要出类拔萃的人才；在于可以逐渐推广政权，有伸缩的余地；在于"集思广益"，使许多阿斗把他们的平凡常识凑起来也可以勉强对付；在于给多数平庸的人有个参加政治的机会，可以训练他们爱护自己的权利。……在我们这样缺乏人才的国家，最好的政治训练是一种可以逐渐推广政权的民主宪政（独立第八二期及第二三六期）。

---

* 原载《独立评论》第二三九号，1937年6月；署名张熙若。

胡先生说蒋廷黻先生说他这一段议论简直是"笑话",丁在君先生说他这议论是"不可通的"。蒋丁两先生的话虽似不大客气,但意思却是非常对的。胡先生这几句话不但鼓吹专制的蒋先生和提倡独裁的丁先生不以为然,就是我们赞成民治的人也觉得不敢苟同(这与学政治或不学政治并无关系)。

胡先生错误的地方似有以下数点。第一,民主宪政有各种程度的不同。借用君衡先生的说法,我们可以说民主宪政有"低度"与"高度"的区别(独立第二三八期)。胡先生似乎以为民主宪政可以由低度开始,便认为它是一种幼稚的政治制度。这在逻辑上发生问题。因为若是在低度时可以称之为幼稚园的政治制度,那么,等它到了高度时,岂不是又要称它为大学的政治制度吗?何以同一制度竟有两种性质相反的名称?若谓低度时的幼稚园可以概括高度时的大学,那么,高度时的大学又何尝不可以概括低度时的幼稚园?照哲学上的"归宿论"(Teleology)讲,后一说似乎还比较的合理点。胡先生说,"我们不妨从幼稚园做起,逐渐升学上去!"(独立第二三六期)我要问:升学后所升入之"学"是高度的民治呢,还是专制与独裁呢?若是高度的民治,那时是否还算幼稚园?若是专制或独裁,难道在胡先生的心目中民治的用处竟是如此,竟是替专制与独裁作预备工作?

第二,胡先生说:"民主政治的好处在于不甚需要出类拔萃的人材……在于集思广益,使许多阿斗把他们的平凡常识凑起来也可以勉强应付。"他又说:"我们这样一个智识太低,经验又太幼稚的民族,在这最近的将来,怕没有试行新式独裁政治的资格。新式的独裁政治并不是单靠一个领袖的圣明的,——虽然领袖占一个绝重要的地位,乃是要靠那无数专门技术人材的。"(独立第一三〇期)我在《国闻周报》第十二卷第六期中《一切政制之基础》一文里曾对这个见解有所批评,不妨摘录其中一段:

> 关于智识条件,有一点值得有些人注意,那就是智识的数量与政制的关系。一个政府所需要的智识的数量是完全看那个政府所要办的事业的范围大小而定,与那个政府的体制是无丝毫关系的。假如一个政府的职责只限一普通所谓政治问题而不包括经济问题,或者只管极少的经济事业而留大部分的经济事业于社会私人之手,那么,不管它的体制是君主,是共和,是民治,是独裁,它所需要的智识的数量一定比较小一点。反之,若是它的职责是于政治问题之外兼管经济问题,而且这样国营,那样官办,管理很多很大的经济事业,那么无论它是君主,是共和,

是民治，是独裁，它所需要的智识的数量一定比较的大一点。从前的政府比现代的政府需要智识少，完全是因为那时社会没有工业化，经济问题比较简单，政府采取放任政策的原故。现在需要智识多，完全是因为工业发达，经济关系复杂，政府不能不采取干涉主义或国营政策的道理。这与政制问题没有丝毫关系。君主国家如此，共和国家亦如此；民治国家如此，独裁国家亦如此。譬如你要修一条铁路，开一个工厂，设一个医院，办一个学校，假设其他条件相同，不管你的政制是那一种，你所需要的智识的数量都是一样的。冷硬的事实，无知的物质，是不讲人情，不看面子的。

丁在君先生对于胡先生这民主政治不需要大量的专门技术人材，只要叫平凡的人去应付就行的议论也有一段批评，我认为很透澈。丁先生说：

> 他（指胡先生）似乎相信，"两个臭皮匠，凑起来是个诸葛亮"。他太乐观了。事实上两个臭皮匠凑起来依然是两个臭皮匠！胡适之先生似乎以为专门技术人材是行独裁政治才需要的。事实上在任何政治制度之下，民主也好，独裁也好，如果国家是现代式的，胡先生所举的一百五十万个专家一个也少不了的！英美政治以前比较的简单，因为他们是实行正统经济学的放任主义的，与政制无关。现在英国也要有专家政治，美国也要有"智囊团"了。因为放任经济主义在英美也不能存在了。岂但英美，连落伍的中国银出口也要加税了。这都是时代的表示（独立第一三三期）。

以上是胡先生的"幼稚论"的两大弱点。此外还有许多次要的论点，如谓民主政治曾经实行于许多幼稚的民族及民主政治宜行于缺乏政治经验的民族等，更觉与事实不符。第一，幼稚的民族曾经实行过民治者并没有"许多"。中国、印度、巴比伦、希伯来、波斯、埃及，都没有实行过民治。曾经实行民治者只有古代希腊几个城市国家，其中只有雅典算是有成绩的。但是雅典的民治并不是我们今日所谓民治。雅典的民治是直接民治，用不着代议制度。我们今日因为国家并非古代的城市国家，无法行使直接民治。我们今日所能行的民治是近代英美式的民治，近代英美式的民治离了代议制度根本就无法运用。然而一讲到代议制度，各种困难就立刻发生，而且这些困难并非任何幼稚方法所可解决的。第二，民主政治适宜于缺乏政治经验的民族之说也不见得正确。就今日欧美各国说，德意俄是缺乏政治经验的民族，但是它们却偏偏都不能行，都不愿行民主政治。能行的反而还是那些政治经验最丰富的英美法各国。

照上面所说，民主政治既不是一种幼稚的政治制度，那么，胡先生何以又如此主张呢？我以为胡先生所以如此主张的道理，至少一部分道理，是与他的实际政治见解有关系的。他鼓吹这个议会的时期有二。一是三四年前，他因为反对专制与独裁，所以不惜和他的老朋友蒋廷黻先生和丁在君先生对垒，互相批驳。在最近，他因为希望结束所谓训政，立刻开始宪政，所以他赞成张佛泉先生的"宪政随时随地都可以起始"和君衡先生"要实现较圆满的宪政，只有从幼稚的宪政做起"的议论。他又恐怕人家以为或藉口民治理想太高，不易实行，所以便说民治只是一种幼稚的政治制度，极易实行。

但是我觉得我们尽可以反对独裁，尽可以主张立刻实行宪政，却用不着拿"民治是幼稚的政治"一类不妥当的理由去证明我们的主张的合理。我所以要修正胡先生的议论的理由如此。

至于民主政治既非幼稚的政治制度而我们的政治程度又很幼稚，那岂非我们便无实行民主政治的可能吗？这当然不然。不然的道理，除过张佛泉先生及君衡先生所已言者外，我自己还有其他理论与事实两方面的道理，随后再说。

我为甚么相信民治*

我在上期独立里《民主政治当真是幼稚的政制吗？》一文里指出胡适之先生"民主政治是一种幼稚的政治制度"那种奇特的见解的"不可通的"地方。在那篇文章里，我指出胡先生那种议论在逻辑及事实两方都不可通。但那还只是拿胡先生自己的话去驳胡先生，只能认为是消极的证明民主政治并非幼稚的政治制度。本篇第一意旨乃是要拿普通一般赞成民治的人的理由，连我自己的包括在内，去证明民治并非幼稚的政治制度，去证明民治，在原则上及大体上，乃是人类的聪明，至现时止，所发明的最高明的政治制度。

民主政治所以不是幼稚的而是最高等的政治制度的理由甚多，举其要者言之，约有以下数端。

第一，民主政治的最要精神便在它是以所谓"被治者的同意"（为方便计，借用政治学中一句熟语，希望胡先生能原谅）作一切政治设施或活动的根据。十八世纪中美国革命时最足以代表那个革命的口号是"不出代议士，不纳租税"。"出代议士"就是被治者表示"同意"的一种方法。法国革命也可以说是为反对"朕即国家"一类的专制精神的。反对"朕即国家"就是反对抹杀人民，就是反对蔑视"被治者的同意"。这都是近代民主政治发展史上几件公认的事实，用不着多说。

但是"同意"的反面就是"不同意"。民主政治的真精神，在消极方面，就是治者能够允许被治者不同意，就是政府能够接受人民异于自己的主张的主张。假如人民对于政府不同意，而政府又不能允许人民不同意，结果政府自然将用武力强迫人民，使他们不能不服从，不敢不服从。拿武力压迫出来的服从是所谓"以力服人"。拿

---

* 原载《独立评论》第二四○号，1937年6月；署名张熙若。

"同意"作根据的服从是所谓"中心悦而诚服也"的服从,是"以理服人"。自古以来,只有民治是适用"以理服人"的原则的政治制度。其他一切政治制度,尤其是独裁,各种形式的独裁,都是"以力服人"的政治制度。亚里士多德说,统治和其他许多东西一样也有高等下等的区别,统治奴隶是下等的统治,也就是这个道理。

做人的困难就是他有讲道理的义务。我们不讲道理则已,若讲道理,就不能不承认"理"比"力"在道德价值上是高一等的东西。既然如此,那"以理服人"和"以力服人"的两种政治制度,那一种是"幼稚",那一种是"高等",还有争辩的余地吗?这是我赞成民治的最要理由。若是这个理由不能成立,其他任何理由就都更难成立,也就都没有成立的必要了。

第二,民主政治虽然在原则上是比其他任何政制都高明的一种政治制度,但是在事实上它须在两种条件之下才有实现的可能。(一)一般人民须要有相当的智识,须要有了解普通政治问题的能力。有了这种智识和能力,才有赞成这个政策或反对那个人选的资格,才能认清宣传的真假,才能不为另有作用的政客们所欺骗。这本是民主政治最难的一点。民主政治,在现在或将来,若要真正成功,必须克服这一点。这不但是反对民治的人所乐于指出的一点,就是赞成民治的人也应该时时让大家注意这一点。罗素、韦尔士、拉斯克、杜威、黎蒲满几位英美赞成民治的理论家,也都认为这是现在或将来民主政治成败的最大关键。承认这一点,并不见得就须反对民治;反之,要提倡民治,便非首先承认并且努力克服这一点不可。(二)一般人民对于政治不但要有相当的智识,并且还须有极大的兴趣与关心。一个人对于一件事没有智识,完全不懂,固然不行;有了智识而无兴趣,不愿管它,不屑管它,也是不行。因为在你不愿管不屑管的当儿,别人就会假借你的意思替你管了。常常替你管的结果,民治就变成徒有其名而无其实了。要使人民对于政治有相当的智识比较的还容易,要使他们有长久的兴趣却就更难了。然而民治要真正成功,又非人民对于政治既有智识且有兴趣不可。

可是政治的智识与兴趣都是教育的结果,都不是本能的表现,都不是幼稚的反映。所以我以为民主政治并不是一种幼稚的容易的政治制度,而是需要相当高的政治训练才有实现的可能的。

胡适之先生当然不以这话为然。他曾有下列一段议论:

民主政治的好处正在他能使那大多数"看体育新闻,读侦探小说"的人每

"逢时逢节"都得到选举场里想想一两分钟的国家大事。平常人的政治兴趣不过尔尔。平常人的政治能力也不过尔尔……英美国家知道绝大多数的阿斗是不配干预政治，也不爱干预政治的，所以充分容许他们去看棒球，看赛马，看Cricket，看电影，只要他们"逢时逢节"来画个诺，投张票，做个临时诸葛亮，就行了（独立第一三三期及第二三六期）。

胡先生这段议论虽然可以说相当的代表英美今日的事实，但是我们须知这些事实正是英美今日的民治不高明的地方，这些事实正是提倡民治的罗素及韦尔士等人所最担忧的地方。胡先生是遇事容易犯乐观病的，是往往以现实为理想的。假如让"不配干预政治"的人"逢时逢节"对于国家大事去糊里糊涂的"画画诺"或"画画否"就算是民治，就算是合理的或可能的民治，那么，这种民治，提倡不提倡，就都无关紧要了。因为这种政治并非真正的民主政治，只是一种"民棍政治"（demagoguism），这些"不配干预政治"的人只是政客们的利用品罢了。我们只应提倡民主政治，绝不应提倡民棍政治，民棍政治或者是民主政治发展史上一种很难避免的现象，但这至多只是一个阶段而非终极。是不值得称赞的。

第三，现代的民主政治离不开代议制度，但是代议制度若要运用得宜，使它真能达到代表民意的目的，却就极端的不容易。在原则上，卢梭在一百七十多年以前反对代议政治的理由并不是完全没有道理的。假使卢梭有十九世纪以来实行代议政治的经验，他反对的理由自然就更要多了。

代议制度有以下数种主要困难。（一）在事实上一个选民不大容易选他理想上所要选的人，他只能在各党推出来的候选人中挑选他反对较少的一个人或一群人。（二）他的判断须靠事实做根据，但是政党所供给他的事实多半是有作用，不可靠。（三）代表一经选出，在事实及理论上，并不能，且不必，代表他。这几种困难都是不容易解决的，至少并非幼稚的简陋方法所可解决的。

如此，在政治原理方面，在实现条件方面，在实际运用方面，我都认为民主政治并非如胡适之先生所说是一种幼稚的政治制度；反之，它实在是一种极高明极高等的政治制度。

这里立刻有一问题发生，就是：民主政治既然是一种高等的政治制度而我们的政治经验又极简陋，如何能实行它呢？我的答案极其简单，就是：民主政治既然是最合理的政治制度，我们的程度再低，也应该去学它。我相信民主政治的最要理由就是因为它是一种值得学的东西。别的政治制度，就是容易学，若不值得，也不必学。这是一个价值问题，不应忽略过去。其次，现在因为各种工具发达的原故，社会进化甚速，我们增进人民智识的效率也就甚大，从前数百年做不到的事情，现在十数年或数年便可做到，所以就是在"学会的可能"方面讲，只要我们肯真心努力去学，并不是没有把握的。

民治在原则方面既是应学，在实际方面又属能学，那我们又何苦不学呢？何况在其他许多事实方面，例如民主政治可以提高国民人格及减少革命发生等，又有几种更应学的重要道理呢？

假如真要学，那就只有一条路可以走通。这条路就是先由低度的民治做起，逐渐扩充范围，提高程度，以期在不远的将来可以进步到高度的民治。我们一方不应因为民治可以由低度做起，便误认它为幼稚的政治制度；同时另一方也不应因为它是很高明的政治制度，又不先由低度做起。"登高必自卑"，这是一种不易之理。

中国的出路*

我今天不想讲中国政治的出路，但所要讲的自然仍与政治有关，刚才孙先生对过去的分析我大体上可以赞同，但有些方面须作一二补充，我不知孙先生是否认为他所指出的那些特殊现象只限于中国而外国没有？

我觉得君主专制，农业社会及一般小民被剥削数点原属人类历史上的共同现象，初无分乎中外。孙先生所指出的数点中，只士大夫阶级一点可认为相当特殊。中国士大夫阶级比外国所以特殊的道理是因为它有长期不变的儒家思想为之理想，科举制度为之进身之阶，及长期的统一时间为之掌权机会。但这不过是就狭义说。若就广义说，就是这个号称中国土产的士大夫阶级原也无甚特殊。因为所谓士大夫阶级也不过是一种智识垄断阶级，而智识垄断阶级本来各国历史皆有，并不限于中国。这个阶级的主要功用有二，一是维持或传播文化，一是接近或辅佐政权。维持文化及接近政权的结果是功过参半的，并不全是坏，也不限于中国。中国这种阶级特殊的地方，方才说过，只在儒家思想及科学制度而已。但这只是小异，并非大不同。

若要知道中国将来的出路，可先看看西洋各国从前的出路如何。西洋社会在十八世纪以前与中国社会原无甚大差别。它脱离中古社会的两大推动力，我们知道，是思想解放和工业革命。

思想解放的结果是人人变成他自己的生命的主宰，不做他人的奴隶或工具。他的尊严、价值、人格，随之增高。他的自动力的加强就是国家民族生存力的加强，今日外国社会生机勃勃，中国社会死气沉沉的根本原因在此。

工业革命的结果是财富增加，生活改善，智识普遍。所谓生活改善并不限于资本

---

* 1944年12月27日自由论坛社座谈会记录；原载《自由论坛》第三卷第五期，1945年3月。

家，工人也在内。此点看看今日中国劳苦大众的生活和外国工人的生活便知，智识普遍更为今日西洋一切文化进步的推动力。若无工业革命，这些便根本无从谈起。

西洋如此，中国怎样？我觉得除过走这两条大道外，别无他法。中国的"五四"运动颇似西洋的文艺复兴，可惜为时太短，成就不大。今日舍旧调重弹，继续这个运动的大无畏精神，用理智打倒一切偶像，增加个人活力外，别无救己救国之道。

至于工业化问题，那更是刻不容缓。这点若做不到，其他都是空的。大家没有饭吃，大部分人不认识字，永远停留在农业社会的阶级上，那就只能外面过殖民地生活，内面受军阀压制，没有出路，只有死路。

关于工业化的制度问题，应注意二点：一是生产问题，一是分配问题，若只讲生产，英美的办法差不多也可说够了。但若还要讲分配，便非采苏联或高度的国家社会主义的办法不为功。不过这是道理上的应该。若讲事实上的或能，我恐怕若是由今之道无变今之俗，不但苏联英美谈不上，连法西斯底国家的办法都谈不上，结果只是中国式的军阀，政客，市侩大集团的榨取而已。此点我们应该充分明了，应该格外防范。

总而言之，我们若能达到思想解放及社会工业化二大目标，则一切机会为一个阶级或少数集团垄断的现象可以消除，孙先生所焦虑的士大夫垄断政权的历史传统也可以终止。

至于潘先生怀疑教育功用的说法，我不能同意，教育可改变人的思想，最低限度可以加强国人的公德观念及技术能力。我们此次抗战不合理不满人意的地方固然很多太多，但若拿甲午时代比较起来，进步总不能算不大。这不能不归功于这数十年之教育。

（至此有人提及中共政策与革命问题）

中共现在的态度根本只是一个反对党常有的态度。其次他们的政策也是为了与他们现在统治的北方地区的实际情况配合而出对中古式的农业社会经济只有鼓励小规模之私经济自由发展在现情下，他何能谈国营与统制？所以他们的作风，只是一时的策略问题，其根本政策自不能放弃。共产党而不讲生产工具国有而不讲经济统制岂非笑话！

说到革命，我们要求解决的一个对象是经济问题，革命对这样大一个问题是否真能有办法，我却不敢乐观。人家统制的结果是生产和分配问题得到合理解决，我们统治的结果恐只是官僚主义找到新生活。我们知道，国营就是官办，官办在中国就是官僚发财的机会。讲到这里，不禁为这个国家抱无限的隐忧。

我不相信中共在统制经济一点上会起什么改变。我所怀疑的是中共于执行这大政策时的人才从那里来，就是那决定全盘政策者的实力，我也很怀疑。

问题自仍须归到经济上来，中国人口多，而供生养的生产力又极有限，所以非提高一般人民生活程度，而侈谈道德，那是椽木求鱼。中国古语说：衣食足而后知荣辱，其中实含至理。

杨先生所谓应抓住今后二十年的时间以应付第三次世界大战，是指救亡问题而言，这也非工业化无以为功。否则中国将永远停滞在农业社会的阶段，民生无从谈起，国防也无谈起。工业化的主要目的有三：第一是解决国防问题，第二是提高一般人的生活标准，第三是提高民族文化水准。但这三者是互有关连，不能随便取舍的。

政治协商会议所应该解决的问题[*]

自从昆明的惨案发生过后，联大，一直就没有举行一次像十一月二十五日晚那样的集会。昆明的学生在重重的压逼下，在沉痛的哀默中他们并没有终止他们争民主运动的斗争，他们知道在这艰巨的争民主自由的漫长的道途中，是要付出很大的代价的，他们为争取自由，为争取做人的基本权利，他们在掀起的伟大的反内战运动中，失去了他们的英勇的伙伴，他们伤心，他们痛苦，但他们并没有失望。

在这些日子里昆明的学生运动转进了另一个阶段，他们在现实的环境里，饱受了统治者权力滥用的滋味，他们知道了民主政治必须争取的更深刻的道理，他们不再彷徨于理论与方法的不相调谐的矛盾中，他们看到成千百的青年们热诚坦率的心情，和广大百姓的同情的温藉，这一切更增加了他们的信心，善良的百姓和恶魔般的统治者的对比。

如今，内战已因国际舆论和美国外交政策的改变而不得不停息了，但这并不能使我们就满意于现在的政府的这样的作为，我们对于正在重庆举行的政治协商会议，对于他的召开，从许多阴暗，恐怖，欺诈的日子里产生出来的会议，我们曾经花费了长久日子的争取和对他有过很深厚的期望，然而，最近开会后的情况，从各方面的观察真使人看不出一点有真正的作为。

我们认为政治协商会议必然要召开的道理是很简单的，因为国家的事再决不能让一党包办的政府继续他的反动的自私的强暴的手段和政策，因此，我们人民有权利也有义务，要向这个会有发表意见的机会，有批评指正的责任，要让这个会不是白开的，不是做样子的会议。

所以，在昆明，西南联合大学政治系主任张奚若教授便在这个正在召开的政治协

---

[*] 元月十三日一时半在昆明西南联合大学图书馆前草坪上的演讲，王子光记录；原载《时代评论》周刊第十二期，1946年1月18日。

商会议的第三天中午出现在昆明的年轻人面前。

午后不到一点钟，联大图书馆前的草坪上，早挤得坐得满地都是年青的同学和从城里城外别处赶来的听众，把这个演讲台围得满满的不能走动，会场远近不断的传来"学联会通讯"，"时代评论特刊"的叫声，坐在草地上的听众们差不多每一个人手里都有了一份"学联通讯"或是"时代评论特刊"，在中午直射的太阳光下眯着眼睛瞧政治协商会议专号的文章。他们是多么的关心这个会议，他们又是如何的想知道关于召开这个会议的种种。这使人不能不联想到新兴的民主中国的建立，靠这些有热情有丰沛精力的男女青年们，要缔造并不是件难事啊？

他们在露天的阳光下，饱受着昆明风季里风沙的侵袭，他们耐心的等待、谈笑、辩论，年轻人聚在一起便热闹起来，顿时就充满了许多活力，他们的精神，他们的希望，他们聚在露天的广场上的心情，能不叫在几千里外在重庆开会的那些代表们警惕吗？感觉自己任务的重大吗？

时间慢慢的移动，阳光射得更是恼火，昆明冬季的中午天气也老实厉害了，我们的张先生这时便在群众的热烈的掌声中走进了会场。

张先生今天身着黑呢大衣，戴上一副不很深的度数的老花眼镜，手杖则是挂在他的左手的手腕上的。他以和蔼的态度向认识他的人招呼，很多以前没有见过他面相的人挤着拢来打量他一番，远处的人伸长了颈子，想要先睹一快呢？要看这位来演讲的究竟是怎样的一位教授！

一点半钟，张先生在主席的介绍之后，在听众的热烈的掌声中，步上了讲台，他把戴在他那灰白色头发上的帽子脱了下来，轻轻的放在桌子上，然后望了望台下的四五千听众，正在头上空飞越过去的飞机，半玩笑似的向听众声明，"帽子是暂时脱下来的，等一会还要保留有戴上去的权利，因为这两天来我有点伤风。"

张先生首先说他有好些年没有在露天公开讲演，今天是第一次在露天讲演，在这样的场合下讲演是有它的好处的，空气新鲜流通。但是在日光下晒得叫人难受，风又大，露天又收不住声音。这时站在最后面的人答应张先生的问话，"后面听得到"，如是，张先生的话便转上了正题，政治协商会议应该解决的问题。

我们只讲应该的

为甚么要加上"应该"二字呢？因为中国政治演变到今天，如果要是能解决得得法的话，便能平安的渡过这个难关，否则便难于叫人想象了，外交，政治词令尽管说得好听，那只能还是"拖"的办法。

玩政治的人，有一个本领，尽管别人认为不满意，甚至于连自己心里也不以为满意，但口头偏说是非常满意。

去年"双十宣言"发表前后，有一政府发言人称，国共双方谈判很成功，成功达到百分之七十，但不过几天各地冲突，请问做到了百分之七没有？所以，政治上的事情是需要虚心的，现在各方都很关心既得利益的问题。但我们在学校里教书的读书的人则是应该讲道理的，也许别的人会说这太迂适了，然而，我们不讲道理谁去讲道理呢？所以我们要说中国问题"应该"如何解决，我们要从客观的立场讲道理，不管既得利益，人家面子，也不敷衍这应付那，我们只希望离"应该"的距离近，离"不应该"的距离远。

讲到本题政治协商会议也好，其他政治会议也好，目的在要解决当前社会上的重要问题，我们的社会常常生病，大而且危险的病，社会如同一个有机体，所以，他有了病就应该请有名望的医生们来共同诊断，处方，求其脱险，现在重庆开的政治协商会议的代表们的作用就在此，他们应该知道今天我们究竟是害的甚么病。看病的法子各人自有巧妙，今天，我自己的看法，说出来，大家也许认为对，也许认为不对。但我就我平日读书讲道理论是非从理智方面集合我所能有的本领，来看今天中国究竟是害的甚么样的政治病。

也许我讲的这道理你们不同意，但我有责任要为你们找得许多证据和事实，来证明我所说的不是假话，要找事实来证明费时又太长，但不讲多点又难得使人相信，我是要先由事实再有批评然后才有结论的，就像大夫看病先有脉按，是阴阳不调或是寒热上升之后始能断定害的甚么病，判定要怎样治理。今天各位都是大医生小医生男医生女医生，你们对这个病的看法怎样呢？在学校里讲话不免总有几分学究气。听众们嘘了一口气，不约而同的揩了揩额头的汗珠。

张先生接着讲，现在中国的政治病，用简单的话来讲，便是政治学上所称的"政权"，政权便是统治权是统治国家的大权，但在今天，中国的政权是为"一群无知、愚蠢、贪污、反动，专制封建的集团所垄断"，张先生讲到这里，台下鼓起了极热烈的掌声，这声音震动了每一个听众的心弦，他使我们对于统治者的真面目得到了一个明确而具体的解答。

这话你们听起来也许觉得太厉害，但事实确确是这样的，无知、愚蠢、贪污是他们的拿手好戏,反动,专制封建,这些更不必说了。"一二一"惨案大家是亲身领受过的,这个姓"中国"叫"国民党"的,他们拿住政权不放,究竟干些什么呢?底下又是掌声。

什么时候开始反动

但中国国民党并非自孙中山先生组织同盟会起,便是如此的反动专制。而是从抗战八年来,当权的反动花样才五花八门的变来变去,变成了今天这五个形容词的集团。今天不管报上说得怎样好听,你仔细研究一番,你不得不相信这个政团是为他自己的利益而存在的,没有一点为国家利益着想,尽管标语口号好听,那都是骗人的玩意,结果是喊的"福国利民"的口号,做的则是"祸国殃民"的事情。

这个政治组织,他自称是革命的政党,但实际上今天已变成了人家革命的对象了,是等别人来革他的命了。礼记上有句话"鹦鹉能言,不懂人意",真可以解释他了,是甚么话都说,甚么都不做。

这种集团,他玩了这多花样究竟是靠甚么来支持,存在呢?

那便是靠理论和事实两者为凭藉。

理论上的凭藉便是法律。我是政府,是合法的中央政府,还军于国,应该把所有的军队都归我管,这就法律观点说,是不错的,因为二三十年来就承认了他是合法的政府。

在实际上讲,说得好听称他为"武力"或是"暴力",说得不好听则是"枪杆"。一个国家的政权操在一部分人的手里,只有法律上的根据,有枪杆为后盾,而在道德上则没有一个人拥护,孟子说的要心悦诚服,却不能做到。如有人反对他们,则称为"反动分子",我的地位连国际都承认,你敢反对!但这在道德上究竟得不到满足,我们是要坚决的反对这个靠暴力支持的政府,他的暴力程度"一二一"运动中已表演得很精彩了。

如今这个国民政府,在法律上他是合法政府,在道德上则是一群强盗。

听众们又是一阵掌声,张先生喝了一口水,换了一个语调,使我们引起无限感触,他说:

这多年来政府的作为与强盗并没有分别,实际上比强盗更凶,强盗来了我们还可以喊警察,但对于它却是没有应付的办法,这种强盗,有法律上根据的强盗,是法律承认的强盗，所以他的力量比一般的强盗大。

这个国民政府是靠暴力支持的，十一月二十五日夜晚，十二月一日关麟征李宗黄要是没有枪杆，他有甚么力量，他比你们，比我都怕不如呢！

政权在无知，愚蠢，贪污，反动，专制封建的集团手里所垄断，为他自己利益打算，靠枪杆支持。这种情形，自中国将来命运而言，是国家极不幸的事，且就国民党本身而言，也辜负了孙中山先生当日创党建国的抱负，在今天虽名义上称他为国父，但实则仅是利用他。我不禁要为孙先生叫冤枉了，如真有在天之灵的话孙先生应该会在深夜里告诉这些执政的利用他的人说："你们好狠呀！这样的利用我，没有良心，你好无耻！"

事实是最好的证人

中国今天所生的病便是上面所说的那些病。

我先说害的什么病，再说病源，也许有人不满意我的这样的说法。但是都是有事实作根据的，事实可源源而来，俯拾皆是。

张先生讲到这里，便提出了许多事实要来证明他所说的不是血口喷人的话，他说我要讲事实的证明，但事实真是太多，不知从何说起，首先我提出来的第一件大事是：

三民主义，国民党天天讲要实行三民主义，是三民主义的信徒，"五五宪章"中且规定了是"中华民国为三民主义共和国"，但请问诸位除名义是的外，有甚么要实行的征象没有？现在外蒙古已经独立了，蒋主席说这是实行了民族主义，你们能同意民族主义的实践是这样的做吗？

说到民权主义，你们去年十一月二十五日开会证明那是有权了吗？寄信，贴标语有权吗？我们唯一的权是开纪念周，向党国旗鞠躬（台下又是笑声）。

这比起外国人怎样？美国工人罢工，总统府的电话线也被割断了，这样才能算得是有权，而我们的权则是念党义，不然不能毕业（笑声）。

再说民生主义，街头叫化子多，士兵的待遇，死亡流落，是民生主义实行的结果吗？

一、普通一个礼堂，要挂"革命尚未成功，同志仍须努力"的对联，讲究点的则要挂上"节制资本，平均地权"，也许高级的官员革命已经累了，用不着再努力了（笑声）。如今这对联也挂了二十多年，请问资本"节制"了没有？地权"平均"了没有？但是上自总裁下至党团，是否有过一纸行不通"平均地权""节制资本"的公文？你们听到没有！（又是哈哈笑声）

二、训政时期，为的是要训练人民行使四权，你们在甚么地方有人训练过你们，实在这个训政时期只能自反面解释，绝对不能有行宪政的一天，训政时期究竟要有多长，那只有天晓得。

三、国民大会，十年前曾在南京大造会场，前几年在重庆也曾大兴土木，现在还都了又要大兴土木盖造会场，如今又定在五月五日开会，这多年来奉读总理遗嘱最后一句，"最近主张召开国民代表大会，尤须于最短期间促其实现"，这是民国十四年（一九二五）年写的，到现在二十多年会还未开成，他口头总在说要开，不然怕人说没有诚意，但总有藉口，房子没有修好，风吹倒了……没有会场（笑声），我们中国人对时间观念与外国人真不同，今年行明年也行后年更好，计算时间单位太长，最短期间促其实现，转瞬已是二十多年了。

十八年来的成就

五、刚才说的都是国民党没有做成功的，空洞的例子，但第五例则是行了的，而且行得很成功便是"统制思想"，政府自民国十八年到今天最有成绩的便是这一点。

六、这一点从前也曾讲过，今天不妨再讲一遍，抗战开始政府看到苏联曾经有五年计划，所以他也来一个两年计划，各部都有各的计划，但各部彼此都没有联系，也不问扩军，筑路的钱怎么来，财政上的收入怎样来源，后来，政府又有个三年计划，我出席参政会时收到一份，但不能批评，我不知道这个三年计划是将原来的两年计划后面加上一年称为三年计划呢？还是把先的两年计划再加上这三年一共五年？我问那个主管这事的部长，他说："奚若先生你何必这么认真呢？你们这些学究总要问到底，这是上面交来的，秘书处好容易连夜赶工印出来，你还要吹毛求疵？"

七、抗战期中军事第一，兵最重要，但士兵的生活情况我们在昆明的人也许看得最清楚，在新校舍附近天天几乎都有躺在马路边的病弱的士兵们，但报纸上却天天说我们愈战愈强，何种愈战愈强的证明，由郑州，洛阳而跑到独山几乎到了昆明，你们不是要武装自己吗？这就是我们政府愈战愈强的表演啊？弄到结果士兵叫苦连天吃都吃不饱，军官们则是腰缠万贯的囤积商人了。

八、有钱出钱有力出力的口号，抗战期中有力的是出了力，有钱的岂但没有出钱反而发了国难财，在抗战结束时那些囤积居奇的人们感到"头寸"短少，请求政府救济，政府便照数应准，今天准五十亿，明天准一百亿，而原先要改善士兵待遇，调整公教人员待遇则总以好些不成理由的话拒绝,这样作为的政府我们只有用新的既得阶级的利益来解释了。

胜利之后

九、收复区的接收情形,从报上便看得出来,真叫人生气,但细想这样的政府他的作风根本便是如此,又有甚么可气的呢?南京,上海说是投降得太快,没有事先准备,但北平是最后去接收的为甚么还是那样呢?在中央去了之后,有一歌谣:

"盼中央,望中央,中央来了民遭殃。"

及对联:

"三洋开泰,五子登科。"

三洋是抢现洋,骂东洋,捧西洋。五子是房子,金子,面子,车子,女子。

等到主席去了,不准再说这些了,这表明了收复区里的情形是怎样的糟。

十、还有一事便是关于胜利勋章,颁给胜利勋章也有叫人研究一番的价值:一等蒋中正,二等何应钦,三等中委吴敬恒,四等宋子文,五等王世杰,六等次长阶级,七等蒋宋美龄,孔宋蔼龄,冯李德全,这些人的勋章如何得来,只有他的先生们知道,先生的功也只有他的夫人们晓得,谈到这里,台下又大笑一阵,张先生又转换了一个口吻非常感慨的说:

逃难到美国去躲警报的也有勋章,但是在缅甸作战的孙立人,廖耀湘却没有得到勋章,他们只领到一个忠勤奖章,我们由发给胜利勋章的名单中也可以发现这个无知,愚蠢,贪污,反动,专制封建的集团的真面目,那个官僚政客作了些甚么?他发勋章只看官阶的大小,而不看人做事的功劳,完全是代表中古封建官僚的作风,难道八年抗战前线长官,士兵,兵士厂里的工程师,工人,公务员都没有功吗?外国人也发胜利勋章,却发给他们的大兵,那是人家民主的作风,我们中华军国则做不到这样的。

十一、还政于民,结束训政,要把政权交给国民大会,由国民大会决定。问题就在国民大会是否能代表人民,现在的国民代表大会的代表由他们产生的卑劣,有谁还相信他们?

还军于国,要还军于国则需研究这是还给甚么样的国,现今的国,除枪杆,手榴弹外于我们有那样的关系?谁愿意把军队交给这些家伙去自找毁灭。

十二、昆明"一二一"惨案是充分的表现了当政的无知,愚蠢,贪污,反动,专制封建而且残暴，欺骗，把人炸伤了还要戳上几刺刀。这是在今日中国政治局面发展下来的必然会有的结果，所以你们有校内的开会自由，他便有校外的放枪自由。这不是关李一两个人的问题，如要这样讨论便是看得不对。

上面我所讲的这些，如不是受了麻醉的人，他就绝不会说——

三民主义，平均地权……都已做到了。

"三洋开泰，五子登科"，都是谣言。

以上所列举出来的例子，仅只是为要证明这个政治集团的无知，愚蠢，贪污，反动，专制封建。是证明他们只为他们本身的利益而用暴力枪杆来支持他们的"黑匪"政策。

这时候，太阳和风像在比赛一般，我们坐在地上的人们，似乎有些等耐不及了，汗水黏湿了飞沙，停留在额上，在耳朵鼻孔里，但我们望见站在台上的张先生，虽然他已是六十开外的人，他的声调还没有使站在最后一排的人感觉得微弱。他的精神还是如起始一样的健铄，在我们青年人面前真是没有一点年老人衰老的气息，我们只有对他更加的尊崇和敬爱。

张先生继续说，上面是个别的举例，下面将要概括的笼统的讲下去。

为什么会这样

"为什么今天会变得这样？"张先生提出了这个问题。接着他解说，这是因为这几年来政治由一个人包办，采用手谕，手令制度产生的结果。这是疯子政治，在下的属员收到这样的条子，不管能不能行，行不行得通，总之是手令就必得做，必得办不可，有的甚至拿这作为献功的好机会。名义上是有各部院院长部长，实则是大听差小听差，都是些莫明其妙的家伙，连甚么是两年计划三年计划都说不清楚，这叫作手谕制度，听差制度，领袖制度，奴才制度。没有计划乱作乱为，怎么做得出好事呢，那才真是太阳从西边出呢？所以结果是弄得一塌糊涂。

张先生讲到这里，他略微的停歇了两分钟，便提出了他的最后的办法，对这个病所下的处方，他所希望于政治协商会议的诸先生的办法。

理想和现实

医生看病应依自己诊断不避忌讳的用药，这是医生自己的事，不能问病人再下药，我看现今的病的结果有两个诊断方法，一是理想办法，二是现实办法。

甲，理想办法。要澈底的澄清政治上的恶劣空气和态度，从那坏的习惯黑暗的死路上转向到光明的路上来，这便是要澈底废除党治，党里面所产生的总裁制度非要铲除不可，由这一政党所造成的局面是非要扭转来不可，因此：

a. 为国家前途和为执政者前途着想，应该趁此机会下野，我看，他还好意思再干下去，这还应该要受惩罚的，他的办法是枪杆政策，是关麟征的放枪自由，我们人民是不能让他继续干下去，他的办法我们是坚决的反对。他应该自己知道退避，大丈夫应能承认过失，否则是太不讲道理了。今天客观情形是这样的，这是解决国家大事的唯一好办法，他若是不肯这样做，怕将来会有一天弄的身败名裂没有面子。张先生的这段话真出乎人们的意料，人们都惊讶于他这样的论断，但他还是不动声色继续的讲。

b. 成立联合政府，应该是最高权力机关，其中的国民党员，只能是它的开明分子。

c. 这些年来帮凶做了很多坏事的那些人，也应该惩办，那些反动，贪污，祸国殃民的分子都该惩办，谁违害了人民的利益，谁就应该受到惩罚。

d. 由联合政府召开制宪会议，制定宪法，但不能交给五月五日召开的国民大会办理。

这些都是理想办法，这完全是正根清源最澈底的妥善办法。我相信你们中间有人会赞成这样做的。不要以为这是太理想了的条件不容易做到。青年人不讲理想谁去讲理想，岂要等待到八十岁以后再谈理想吗？

乙，现实办法。因为怕理想办法太难实行，所以我又另外有壹个事实上容易行得通现实些的办法。

a. 废除党治，限制个人的集权，所以应该做到：

b. 世界没有元首领袖应在法律之上，我们大家都要守法。英国的政治史上几百年来的斗争便是要把君主和老百姓都同样的守一个法，他不能参与立法，不能再把手令条子算是法。

c. 问题中的问题是决定政策的机关，任何人只能有一票权，不能再让谁一个人决定便算数，如这一点放松了，那么你就是天天开协商会议也是没有用的，十八年的经验已够多了。

d. 执行政策者，应由许多有能力的专家共同商订执行，不能容许任何人非法操纵或为所欲为，到那时候，部长也才能真算是个部长。

e. 院长委员的国民党员名额应有限制，国民党员不能占全数四分之一或最多三分之一，由这些年来他们所表演的成绩可见，而且在经过了消毒的工作以后能用到三分之一的人数也是很乐观的估计呢。

如果大家有良心有理智，从国家前途着想，当然不会以我这些条件太苛，这些条件是应该做得到的，这是最低的条件，我们决不能再行包办政策，不然联合政府是骗人的东西，我们的病就没有法子治了。

依目前情形观察，我们认为容易的能够做得到的，那些官员们却认为是理想，不能实行，他们以为你们要茶要酒可以立刻答应，但要争这些便不可，认为是不可能。我们应该办争，争不到的话，各党各派和无党无派的代表应该散会各人回家去，不要留在会场里作那些无意义的牵求和让步，我们还有别的工作可做，我们对于小事情可以马虎，大事情却千万非争不可，争到不能得到的时候宁可有意义的失败，却不可能只是形式上的成功。那便是上当了。

谨防阴谋重演

前天孙科发表谈话，那是官方的代表言论，看起来非常整齐好看，也许还有人对他发生好感，那是官方利用群众这点心理，孙先生谈话可分：

a. 国民政府委员增加若干人，简称国民政府委员，能享受好些优待，但这些年国府委员开了几次会，能决定甚么？政府想这么一来便可把周恩来，罗隆基等人放进去，表示政府宽宏大量，大公无私，我们是要这样的联合政府吗？

b. 行政院中增加不管部委员。

c. 五月五日召开国民大会制定宪法，称国大代表只有任务而无任期，要如此解释则代表死了可把这代表职分传给他的儿子了。

想不到孙科在今天竟也说出这样的话。

政府今天摆出阵式，添设了不管部，增加了委员的名额，你们都可以来，设了这样的圈套，而我们是理想也做不到，现实办法也行不通，结果只有看着失败了，我们现在天天看报，就是看这些代表是不是会上当，我真怕这些开会的先生们上了当，中华民国之前途可以想象了。

张先生讲到这里，他说在太阳晒了这久的此刻，讲了这久，这多，本可以结束讲演了，但我还得要继续的讲下去，也许大家并不在乎，为的是，这几十年不开一次的政治协商会议。他又提出了两个先决的问题。

一，联合政府下应该成立制宪会议，这工作不能让国民代表大会做，国民大会不是任务的问题,根本是他们不能够代表中国的人民,这些代表都是指派固定,贿赂选出来的,他们靠不住的,他们就像民国初年北方的猪仔议员,猪仔议员能做得出甚?

二,所谓军令政令统一问题,政府先前责共产党的军队不听中央命令,军令不统一那能成个国家,像个现代的国家,实际上也颇有几分道理。但天下的事是相对的不是绝对的,相对的说来为甚么不能军令统一,政治纷乱,不上轨道……但如政府收编了这些共产党的军队,试问政治有进步上得了轨道吗?在这无知,愚蠢,贪污,反动,专制封建的政府,根本就没有统一政令军令的资格,如或真要做到他们想的那样,统治者将更要变得更无知,愚蠢,贪污,反动,专制封建了,这个政治协商会议能够开得成,还不是靠共产党有军队搞来的么?在今天我们要是服从这样的政府,则就等于无条件拥护无知,愚蠢,贪污,反动,封建专制的政府了。有良知受过教育的人应该服从这样的政府吗?这也是政治学上的道理。

一个插曲

讲到这里张先生喝了点水,他今天的讲演是结束了,他说他要再补充一点题外的话。

去年十一月廿五日夜晚的时事晚会场上有钱端升教授讲演,关麟征告诉我"钱先生是共产党",我问他"你怎样晓得的",他说"钱先生直呼蒋介石的名并且还骂他老朽昏庸",所以"他是共党",如此说来,我又是甚么党呢?我比钱先生的话还厉害,怕要被他们称作"无政府党"了。但在今天,有良心的有干劲的不愿做奴才的人是不怕这些加在头上的帽子的,我们应该在国家危险的时候大胆的说几句话。

张先生便在听众的掌声和欢呼声中走下讲台,会便在闹哄哄的声音中散了。

我们怀着沉痛的心情把张先生讲给我们听的这些道理,分析给我们的许多事实,在脑子里盘桓思索,我们展望着我们的国家前途,对于自身只有更加的警惕了。

对政协会的意见[*]

政协会刚结束记者就去访问张奚若先生，请他发表对于政协会议结果的意见，不幸那时张先生正在病中，不能接谈。昨晚我们再去访问，蒙张先生发表意见如下：

张先生首先表示：在他看来，和平建国纲领是个次要的问题；主要的还得看政府如何组织，由那些人来执行？政协会所发表的协议结果，当然从纸上看来总比没有要好一点，可是并没有像一般报纸上所吹的那样成功。协议的结果有五项：（一）改组政府，（二）建国纲领，（三）军队整编，（四）国民大会，（五）宪草修正原则。其中要紧的是政府改组、国民大会、宪草修改这三项。

关于政府改组，因为国民党不肯放弃政权，所以最乐观的一种看法，是希望在政府中能造成一个强有力的反对势力，以左右政府。可是事实上根据决议案，各党派并没有左右政府的力量：在四十个国府委员里面，国民党占了一半。在普通时国民会议是最高权力机关，有二十一票（超过二分之一）就可以通过一个决议案，变更施政纲领要有三分之二通过，决议否决案需要五分之三才能坚持。而在四十票之中国民党要弄个二十七八票是很容易的。青年党大致和他一致。在无党无派之中他只要先挑选一下，譬如郭沫若无党无派，王云五也是无党无派，这两个人相差就很大，他只要挑与他自己相近的。所以拉上二十七八票并不难。共产党和民主同盟一起最多不过十四票。在国府委员会中的反对力量也就只有这十四票是有把握的，国民党却可以有二十六票，加一个就是三分之二的压倒多数，而十四票决不足五分之三，所以国府委员会的决议国府主席如要否决，反对力量不能坚持。所以改组后的国民政府，国民党仍旧大权在握，形式和实际的一党专政并未废止。这十四个人希望能够是一个有脑筋有力量的反对力

[*] 原载《学生报》第四期，1946年2月16日；选自清华大学出版社1989年版《张奚若文集》。

量，不过这也只有间接的力量，最多如英国的反对党而已，并不能有什么决定作用。

建国纲领并不重要，主要的还在执行的人。执行的人是好的，纲领会发生效力；如果政府不得其人，没有执行的意思，纲领就不过是一张废纸。

关于军队改编，纸上说得冠冕堂皇，满够漂亮，好像两面都照顾到。可是从蒋先生谈话中看出，是只注重中共军的改编。军队国家化只限于中共军队，而国民党军队是"国军"不在其内，这叫什么"军队国家化"呢？所谓取消军队党部，那不过是掩耳盗铃而已，共产党也会这样说的。所以国民党军队是必须也应该同样实行国家化，他们的军官更应该澈底消一下毒。并且应该交给别人来改编整顿，不能由现在的政府自己改编，像军政部林次长那种整编九十师的办法是不行的。

关于国民大会承认旧代表这点是根本说不通的，在野党派不坚持这点是不对的。新增加的七百个代表又被国民党挖去二二〇个，剩下给各党派及无党派的不过四八〇个，共产党一九〇，民主同盟一二〇，合起来也不过三一〇个，即使完全一致尚不足四分之一。积极方面不能通过自己所赞成的决议，消极方面甚至连反对力量都不够。五月五日的大会如果开成，仍旧是国民党一手包办。撇开党争不谈，九年前的宪法是国民党一手包办的宪法，在一般人心目中已无价值与尊严可言。这种宪法不过是国民党的宪法。如果他包办通过了，一有机会还是要被推翻取消的。居然要拿出什么"法律论"来吓唬人，根本是他们一党的法律，别人根本没有赞成的义务。无党无派的王云五居然还要赞成，真是笑话。

关于宪法修改原则中有一项是立法院委员由普选产生，其权限和民主国家的国会一样。这在政协会的结果中是最不错的一项。现在所谓国民大会是三年召开一次，每次开会一月。在三十六个月中，三十五个月中政府就不受人管束。这就因为现在立法院地位不够高，政府无人过问，可以随便乱干之故。假如立法院真的变成国会，就是把现在的政治制度正常化了，这是向孙中山先生的民权主义迈进了一步。

不过政协会决议的宪草原则，国民大会是否会采纳还是问题。看蒋介石在闭幕中所说的"采纳"一语，将来他会以政治协商会议不高于国民大会，不能强迫国民大会采纳为藉口，玩一个花样，"采而不纳"。原来所谓"采纳"两个字的解释是非常微妙的。

接着张先生又表示：总结起来，这次政协会的结果很不满意：在政权运用上，国民党仍旧占了多数，不过是由国民党"请客"而已。军队改编只限于中共军队的国家化，而且还由军政部来改编，是根本说不通而且不可信的。国民大会仍由国民党一手包办，宪法修改原则是否能由国民大会通过还成问题。所以说来说去，根本的关键还在我们是否能再相信国民党？

就整个政治前途来看，也是不能乐观的。从最近发生的三件事情就可以看出：第一，政协会开会期间，黄炎培家里被搜查，可以看出国民党是念念不忘的怀恨在心，根本连面子都撕开了，还谈什么协商？第二，在政协会开会期中，重庆政协促进会每次开会都被捣乱，连别人促进都不允许，可见得他们根本就不想协议；第三，在重庆庆祝协议成功会上，还出来一个刘野樵来捣乱。连庆祝成功都要捣乱，还谈得上什么"兑现"？

这些事情都是国民党有组织的干出来的。问题是在国民党的总裁知情不知情？一方面开会谈论保障各种自由，一方面自食其言，这是什么政府？如果他不知情，那就表示出他根本无能，连自己党内行动都控制不住，是要不得；如果他知情，那就表现出他的反动阴谋，狠毒无耻，是更要不得！在那些发动的人他们自以为是很聪明，其实这种行为完全暴露出自己的反动，无知，愚蠢与无聊的面目。由此可见国民党的情绪和态度已经达到愤恨而无从发泄，就出头来捣乱。这些事情竟发生在国民政府主席所在地的重庆，他自己就不能辞其咎。连这点治安都不能维持，还称得上什么政府？这种行为只有使他自己的威信越来越低，表现出来的这种心理状态，他怎么会情愿兑现？

所以除非各党各派、无党无派共同联合施以最大的压力，否则什么决议案都是不会兑现的。

最后，张先生说："我的知识让我反对这种一党专政的统治；假如让我服从，那是我的一种侮辱！"

对东北问题的谈话[*]

提纲挈领的讲，现在所谓东北问题是国民党所放的烟幕，想叫人注意外交问题而忘记了内政问题。在作用上，好像是向你眼睛撒一把土，使你看不清楚，他然后再从中取巧。

具体的讲，这几天许多人所谈的东北问题包括着下列几个问题：

第一是苏联撤兵问题。按照"中苏条约"的附件，苏联答应在十二月三日撤兵，后来没有撤，是因为中国政府请求他不要撤，这是因为内政问题，这是怕共产党要跑进东北去的缘故。所以去年有一个时期，《中央日报》老是怪苏联，怪他们说好不撤兵，怎么又撤了呢？那时中国政府是惟恐苏联撤兵，跪在地上眼泪汪汪的请他不要撤。当时苏联答应延到一月一日撤退，可是届时自己仍旧不能开进去，只好再请他延期，又是眼泪汪汪的恳求，苏联于是又允许延到二月一日撤兵。以全部时间论，从十二月三日到现在还不到三个月，其中有两个月的时间是我们政府请求人家不要撤的，这个我相信大家总还没有忘记。所以这两个月的时间应该由中国政府负责，应该写在国民党的账上，苏联只能负最近二十几天的责任。而实际上重庆发动舆论攻势是开始于二月十五日左右，只因为苏联迟撤了两个礼拜，国民党就这样发急了。

苏联为什么不撤兵？这问题中国政府一定已经向苏联提出询问。照常规讲，苏联也一定提出答复，可是为什么到现在这答复还不公布？若是没有答复，也应该告诉我们没有答复。交涉经过一点不公布，却策动舆论攻势和民众运动，请问这把人民，把学生，把教授，究竟当些什么东西？我猜想苏联或者是以美军撤退为要求。现在美军不但不撤退，反而节节推进；今（二十七）日早晨报上载苏联宣布自本月十五日起已

---

[*] 原载《学生报》第六期，1946 年 3 月 2 日；选自清华大学出版社 1989 年版《张奚若文集》。

经开始撤兵，但是仍旧提到美军撤退的问题，说是可以在美军撤退之前撤退。这样说：好像苏联这二十多天所以没有撤兵的主要原因是因为美军没有撤。不过这是我的猜想，并没有事实根据，因为政府没有发表关于这问题的正式消息和事实。现在中国政府不肯发表苏联的复文，不肯发表交涉经过，不知是什么缘故，也许是因为牵涉到美军撤退的问题。蒋介石政府最害怕的是美军撤退，因为美军在中国可以替他撑腰，可以延长国民党的寿命。

归结一句话，关于苏联撤兵的问题，前两个月是因为中国政府请求延迟的缘故，近二十多天来的事情真相不明，无从下一定的断语。

第二个问题是所谓苏联把很多东西从东北运走的事情。直到今天之前，我们并不知道事情的真相究竟如何。记得去年十二月间美国《时代》杂志（注意：这是到处替中国政府说好话做宣传的美国杂志）载称它的记者亲到东北锦州等地查看过，讲苏联并没有把东西搬走，与中央社的传说不符。总之，一直到今天以前，事实真相如何，我们并不知道，可是大家都说苏联把东西搬走了，重庆、昆明群众游行及中大、西南联大教授的宣言中也都提及此事，我真不知道他们根据的是什么？到今天俄国人发表声明了，说是搬走若干东西是根据三国协定，并且说是与制造军火有关的东西。但是这是在今天，游行和宣言都过了数天之后才有的声明。在今天以前，我就不知道这些教授先生们是根据些什么，难道政府给他们有特别的情报吗？

第三个问题是张莘夫事件。张莘夫究竟是谁杀死的？我不知道。俄国人可以说这是中国共产党杀死的，那末这便是内政问题，与俄国无关。我不是说一定不是俄国人杀死的。我没有事实根据，不敢这样说。不过一直到今天事实究竟如何，政府是密而不宣，却由私人到处大呼大闹。这成个什么样子。我觉得凡是行动总要根据事实，依我的分析，这些事情到今天止，都是没有充分根据的，用不着什么"重庆大游行"、"昆明怒吼"这些动作的。

还有一件事情是关于"雅尔达密约"。"雅尔达密约"究竟应不应该反对，这是另一问题，我现在暂且不谈。不过假如说要反对这密约的话，那就必须连带的也反对，并且先反对根据这个密约而订立的"中苏条约"。因为"雅尔达密约"是外国人拿中国的领土来订协定，是美国为了减少自己的牺牲，得到苏联的帮助，战胜日本，而牺牲了中国的利益，这可以说是取巧，也可以说是慷他人之慨。但"中苏条约"却是中国人自己订的。那是干什么？"雅尔达密约"在当时我们虽然不知道，但是蒋介石先生却不能说不知道；岂但知道，实际上"中苏条约"就是根据"雅尔达密约"而订立的。

所以如果要反对"雅尔达密约",就得先反对"中苏条约"。换句话说,要反对人家的政府,还得先反对自己的政府。

不过我本人并不反对"中苏条约",因为这条约是无论谁当权都非订立不可的。现在还是强权外交,谁叫我们中国是个弱国呢?我的意思是:从逻辑上说,如果要反对"雅尔达密约",就得先反对根据这个密约而订立的"中苏条约"。这是一件事,并非两件。如果外国政府不对,中国政府当然更不对了。为什么大家现在对于外国政府大肆攻击,而对于自己的政府连一句话也不说呢?这是不敢呢,还是因为心痛舍不得呢?

以上是讲这十几天来由重庆推动的反对苏联的运动。这种运动所根据的事实都是中央社多半不可靠的消息,我对于这些事实并不明了。联大一百一十位教授虽然发表了一个宣言,但是对于事实我知道他们也像我一样的不明了。对于事实不明了,就这样大喊大叫,好一点说,这是感情用事;坏一点说,难免是受人利用。难道近来在联大生活的人还不知中央社的消息是靠不住的,十一月二十五日那几天的事情总还该记得。前天昆明的《中央日报》的短评说"民气可用",这意思难道还不清楚?人家就是要利用你,这还用得着多大的聪明才可以发现吗?

一个大学教授在治学问的时候,总得要有事实证明,结论才能成立。治学的时候是这样,何以谈到国家大事的时候就不是这样了呢?理智到那里去了?习惯到那里去了?报纸上说那天联大演讲的时候还有几位教授落泪。我真不懂眼泪是不是可以代替事实?我们对于东北问题所急切需要的是事实,不是眼泪,除非这些教授先生以为眼泪可以代替事实。

话又得说回来,我并不是说实际情形一定不是这样糟。我们没有事实根据,我不敢武断的说。不过假如说苏联真的不准备撤兵,真的把东西搬走,真的主使杀死张莘夫,再假设苏联真的有计划不退出东北,那末在现在这个阶段上,中国政府是应该采用适当的、谨慎的外交上可能的方法和手腕来应付这个困难局面,决不应该利用学生、教授和无知之徒来叫骂的游行发宣言。这种办法是会使局势更恶化的,是要对国家不起的。因为在现在这种强权政治的局势下,不是空嚷嚷所能吓住人的。总而言之,若是情形并没有像中央社和国民党反动分子所传之严重,那几天的办法简直是胡闹;万一不幸情形真的这样严重(我看不像),这种闹法便是有害无利或害多利少了。

对于最近这些事情,我无以名之。只好叫她是"新义和团运动"。庚子年的义和团,也是有一片纯洁的爱国心的,不过他们的知识太差了,以为只要把东交民巷的几个外国人杀死就好了,实在可笑可怜。现在那些不用脑筋的年轻人和给理智放假的大学教授,究竟有没有比他们高明呢?在我看来,新义和团还比不上旧的,因为旧的虽然也有人指使,但是比较总算自然得多,而现在的却是极不自然,完全是国民党的反动分子所策动的。他们想以外交上的问题来达到在内政上转移视线的目的。而且旧义和团只是些乡间无知愚民,而现在的新义和团却大部都是受过高等教育甚至洋教育的!

人民怎样渡过这内战的难关？[*]

一，今天的内战是一个甚么性质的战争？

简单的说，我认为今天这个战争是一个富于理想的，要改革现实社会的政党，与一个完全失掉理想的，专要保持既得利益的政党的战争。有理想的政党，为了实现其理想，自然不能不排除拦路的障碍；操有政权的政党，为了保持其既得利益，也不能不用各种方法来压迫和消灭新兴政治集团的力量。换言之，社会历史发展到某种阶段时，有理想的新兴势力，自然要取旧的统治集团而代之，而旧的集团也一定企图作最后的挣扎，因此就发生了新与旧的战争。在社会进化史上看，这是不可避免的，也是不必避免的。

二，谁是谁非，由何方发动的？

如果对第一个问题答得不错的话，那末，自然是有丰富理想的一方面是对的；要保持既得利益的一方面是错的。换句话，共产党是对的，国民党是错的。今日的内战是由企图保持既得利益的集体发动的。

何以知之呢？

第一，前年八月毛泽东到重庆，与国民党商谈国事时，采取让步政策的，是共产党；采取压迫政策的，是国民党。这可从后来发表的"国共会谈纪要"中完全看出。中共方面最初提出的要求是（如果我的记忆不错的话）六个省的省长，三个市的市长。国民党的代表说不行，要中共让步。中共于是把六个省减为四个省，三个市减为两个或一个市。国民党的代表说，还是不行。中共于是再让步，按照孙中山先生的建国大纲，提出省长民选的办法。国民党的代表又说是不行。理由是目前还在训政时期云云。国

---

[*] 原载《民主》半月刊第四期，1947年3月1日。

民党自己变通所谓总理遗教不知有多少次，独于此点坚持不让，岂能令人心服。何况建国大纲也并没有规定实施宪政一定要在民国几年几月几日几点钟，而绝对不能提前的。据我看，国民党这点最无道理。何况"不行"的结果是破裂是打仗呢！最后中共提出"维持现状"的办法，想来该可"行"了，不料国民党还是不答应。不答应维持现状，是要中共整个投降，不然，就只有打仗了。

其次，我们再从政协来看。作为团结，和平，建设的起点的政协决议的不能实行，是非常可惜的。今日全国人民到处所受的痛苦都是因为政协决议没有实行的原故。而政协决议所以没有实行的原因又完全是因为国民党反对它的原故。此点连马歇尔都承认的。政协闭幕后，接着就是国民党二中全会把政协决议要点立刻推翻。更接着就是种种暴行的表演，从沧白堂事件，较场口暴行，毁打新华日报馆和民主报馆，捣毁西安《秦风工商日报》，昆明李闻案，南京下关事件，北平中山公园事件，广州，上海，各地的反动行动，以至最近重庆，上海的特务暴行，一大串事实都清清楚楚，明明白白的证明国民党不但没有诚意实现政协决议，而且要变本加厉的维持一党专政和个人独裁。今日的内战就是维持一党专政和个人独裁的方法罢了。

三，有无和平的前途？

我看不容易。大家都希望和平，但事实上却很难办到。因为，要和平，就要实行政协决议，成立联合政府，但国民党，国民党的老板蒋先生，是不会要政协决议，不会要联合政府的。所谓联合政府，是要大家来商量，来管理国家的事情。蒋先生是独裁惯了的，要他来同大家商量，那怎么能成？他是听惯了"最高领袖"，"贤明领袖"，"英明睿智"，"神圣威武"，"万岁"这一套谀词的，而且对于这些谀词的涵义似乎也是居之不疑的。要这样一个人和大家来平等的商量国事那几乎对他是一种侮辱。这是从心理上说。至于要既得权势者放弃权势，既得利益者放弃利益，那就更难。他们非到万万万不得已的时候是不会接受这种办法的！由此看来，军事不到一败涂地时，和平是不会到来，但这个时期，因为美国的军事援助不致完全断绝，也还相当远。所以和平和民主在目前，除非有张君劢的忠厚，曾琦的糊涂，是不会相信会实现的。

四，和平的关键与途径在那里？

对于第三个问题的解答，已包括第四个了。和平的关键是：联合政府。途径是：国民党军事一败涂地。此外没有别的路径可走。

五，对于国际共同干涉的看法？

大家对三月间莫斯科的四外长会议，像有很大的期待。据我看，莫斯科会议对中国问题，恐怕也只会有一个初步的劝告。劝告之后，不听，也就算了。除此之外，我看不会有甚么有效的办法。"干涉"两字，似乎太重了一些。四国中目前对中国问题发生兴趣的实际上只是美国与苏联。美国对中国问题有一个顾虑，即中共问题。美国人看中共，不是把它看作一个中国的内政问题，而是把它看作一个国际的问题。美国人害怕共产党在中国得势，由此而使中国投向苏联，而成为苏联的助手。此次马歇尔去苏，在心理上仍旧怀有这种顾虑，所以很难有甚么好结果的。这就决定了美国的对华外交，今天是没有出路的。苏联的外交一向很灵活，很坚定，他们有办法就办，没办法就不说。要他们来帮国民党当然不会，帮共产党呢？目前也不会。苏联有他自己一套的作风。所以今天国际共同干涉中国内战的可能，我看是很少。

六、人民怎样渡过这内战的难关？

人民受不了暴政的压迫，在理论上讲是应该反抗的。但是，今日中国人民有何能力去反抗暴政？没有机关枪，大炮，坦克，飞机，反抗很难成功。没有武力的老百姓，碰到有武器的军警，有何办法。在古代，人民可揭竿而起，但现代的统治集团，拥有精良的武器，打日本人不足，镇压老百姓却是有余的。讲道理，人民应该反抗，但在事实上恐怕只有忍受，继续忍受，努力忍受！

关于以上几个问题，我所想到的，大体上就是如此。

谈 时 局[*]

在《清华周刊》复刊以前，我们很希望能听一听教授们对于本刊复刊的意见，在所有的教授们当中，首先使我们想到的，就是年高德重为青年们所热烈爱戴的张奚若先生，尤其是在目前这样的局面下，我们很希望（敢相信许多青年朋友们也同我们一样希望）能听到张先生对于时局的看法。因此，在五号晚七点半，我们怀着希望与兴奋的心情去拜访张奚若先生，恰巧张先生刚从城里面回来，还没有用饭，本想等张先生吃过饭后畅谈的，可是张先生已走进客厅，一点不摆架子诚挚而恳切的和我们攀谈起来。谈的时间虽然很短，然而接触的范围却很广泛，我们非常感谢在张先生劳累了一天以后，仍然那样热情的接见我们，仍然不惮其烦的给我们以很多的指示，下面是我们和张先生的谈话。——本报记者章

问：《清华周刊》复刊在即，希望先生对目前时局发表一些珍贵的意见。

答：《清华周刊》是学生发表意见的地方，不过你们有什么要问的，我回答好了。

问：美方的撤退军调部工作人员，先生对此事如何看法？

答：军调部早该取消了，因为它早已失去作用，这是马歇尔调解失败后应有的文章，马歇尔的任务是调停国共纷争，但从其最后之报告中可知他自己也承认调解工作失败，不管中宣部如何宣传马歇尔的功绩，美国这第三者调解的失败是事实。军调部乃是执行调解任务的一个具体机关，调解工作既然失败，军调部自然也没有存在的意义和必要了。

问：美军撤退，与目前遍及全国的学生运动是否有关？

答：或者有相当关系，但关系并不大，学生运动只能促进美国人民对中国的认识。

---

[*] 《清华周刊》记者对张奚若的采访；原载《清华周刊》复刊第一期（总第六七七期），1947年2月；亦载《观察》第二卷第三期，1947年3月。

一切没有党派关系的学生大概都讨厌美国军队驻在中国，东单事件更证明一般中国人都不欢迎美军，这是促成美军撤退的一点因素，但并不是美军撤退的决定力量。

问：马歇尔任国务卿，美国的对华政策，是否将有改变？

答：可能略有一些改变，马歇尔未作国务卿以前，美国一国单独调解的工作失败了，他作国务卿之后，大概也不会以全力帮助国民党政府，因为单独帮助国民党政府，也就等于帮助阻碍他调处工作的反动派，别人或者可以这样做，马歇尔我想是不会的。美国单独调解失败后，有两种发展可能：一是暂时撒手不管，一是另想调解方式。利用莫斯科四外长会议，由四国或三国或两国来共同想办法便是新方式之一。

问：四外长会议对解决中国问题会有什么有效办法吗？

答：可以给以有力的劝告或警告，以外就看不出什么好办法了，办法原是有的，美国自己也可以单独做到，美国既不肯澈底做，请苏联来也不见得一定有甚么有效的办法。如果四外长会议开得好，减少彼此的猜疑，使紧张空气缓和，对中国问题的解决是有好处的。

问：英法联盟对美苏之关系有无影响？

答：这要先看英法联盟的性质而定，如联盟性质是在对付苏联，自然与苏联不利，但分析事实，英法同盟可以说是介乎美苏之间的独立的欧洲集团，法国政府内共产党势力相当大，英政府工党执政，也不会对苏联挑战。

问：国内战事之前途如何？如果目前苏北鲁南战局有了转变，可能组织联合政府吗？

答：苏北鲁南之战，对根本解决中国问题还不会有决定的意义，联合政府还不到组织时机，国民党军事上不一败涂地，是不会容许联合政府成立的。

问：目前经济情形是否已到没有办法的地步？

答：你们说的经济没有办法，是看见物价飞涨，人民经济没办法，国家经济没有办法，但人民经济，国家经济，政府经济，政府中少数分子的经济，都是截然不同的东西，不能混为一谈。国家经济没办法，人民都在饥饿线上挣扎是事实，但在困兽犹斗的国民党少数人，将一切财富集中在他们手里，完全以巩固政权为目的，是不顾人民死活的，他们的经济是有办法的。他们不但有印刷机，还有黄金和外汇。有了这些，还能说没办法吗？

问：国民经济破产，军人吃不饱饭，还能继续打内战吗？

答：军人有军官与兵士之分，兵士是苦的，军官却很阔绰啦！过年前我到市场买东西，心里计算着买了这个就不能买那个，又计算着是买一斤呢，还是买半斤；计算半天仍觉太贵，结果还是不买，恰在那时走来一位穿军装的，一买就是二十多万元的糖果和咖啡，连价却不屑于问一声的派头。你再看饭馆戏院，坐汽车的，不都是穿军装的居多数吗？

问：美国人很器重自由份子，自由份子对政局的作用如何？

答：政府垮台以后的自由份子才能起作用。现在这情形，连一个闻一多都不能容，自由份子还能起什么大作用，政府现在所靠的完全是枪杆，要他听从自由份子的建设，只有在另一个更大的力量压迫之下才有可能。

问：对于政府的改组先生作何看法？

答：今天的改组政府是骗骗各党派和美国人，为的是让人家说不是国民党一手包办的。青年党民社党的份子虽然参加国大了，但人数比例只占一千七八百人中的一百四十位，这有什么用呢？改组政府与制定宪法都是要要花样，不能起一点刷新政治或解决国共争执的作用。

问：中国要如何才有希望？

答：在这个政府垮台后，政治是否上轨道，虽然不容易说，但在这个政府垮台以前，政治决无好转希望，却是无法避免的结论。

纵谈时局[*]

（一）莫斯科会议与国际干涉

最近莫斯科外长会议，苏外长刚提议要讨论中国问题，国民党反动分子便策动他们的各种御用团体，这个会，那个会，来叫嚣反对。这是多年来党治下常有的现象，自然不足为奇。但我看，不管你怎样反对，人家要讨论，还是要讨论的，因为人家根本不把你的党和你的政府放在眼里，更谈不上那些应声虫的御用团体了。人家要消大寄生虫的毒，小寄生虫出来嚷，有什么用处呢？即使你弄出像去年那样的反苏游行，人家要讨论，你还是没有办法！

现在国民党学会了所谓发动舆论攻势的把戏，常常御用一些团体，利用人民对真相还不十分明了的时候，搞出一些像去年东北问题时的所谓爱国运动。不过这些党棍花样是骗不了明眼人的。昨天（十二日）报上刚登出苏外长提议要讨论中国问题，而在同天的报纸上就又登出了一大批什么会什么会的反对宣言。这样多的团体，在未看见报纸前，便有这样整齐划一的表示，不是受国民党操纵是什么？因为，只是搞党政的人才能在报纸尚未登出的前一天就得到这个重要消息呀！其实，未免搞得太笨了一点，多等一天，岂不更像一点吗？

而且，这些反对的消息，都是由中央社发出来的，我们只要一看见"中央社"三个字，就知道后面要钻出许多大鬼小鬼黑鬼白鬼来。这些骗局，连马歇尔现在都明白了！焉能还骗中国人？

自然，站在中国人的立场，中国是中国人的中国，中国的事情应当中国人自己管。

---

[*] 原载《清华周刊》复刊第四期（总第六八〇期），1947年3月。

但是，站在世界的立场，中国又是世界的一部分，如果中国内部不发生变乱冲突，不影响世界治安，则你独裁也好，民主也好，人家可以不过问。但你既然内部发生变乱冲突，而这又可能影响美苏关系，加深美苏冲突，你扰乱及我，我为什么不能讨论你哩？天下事不能光看自己那一面的道理。

为什么莫斯科会议不讨论英国问题、法国问题，而偏偏要讨论五强之一的中国的问题？这就是因为你太高明了，弄得太像样子了！

老实说，如果莫斯科会议果真干涉中国内政，我觉得，别人都可以反对，国民党却没有资格反对，因为这全是你统治不良的结果。如果去年的政协决议不被破坏，则中国早已经和平团结了，那会闹得像现在这样一团糟，竟致引起人家干涉。

昨天国民党在上海闹什么爱国护权，真不害臊，早到那里去了，以前人家要求美国撤兵，你骂人家是汉奸，现在还有什么脸、什么资格来说爱国护权，一群无耻的东西！回去想想，去年谁要把"仲裁权"交给马歇尔？

总之，莫斯科会议，可能讨论中国问题，或者由美国另外提出办法，或者邀请中国代表参加；因为，美国舆论本来有一派主张中国的国共争执不能单独由美国调解，应与苏联共同调解，尤其是在美国调解失败之后。自然，马歇尔对这些舆论可以不管，但是此外他又有什么办法呢？八上庐山的结果在那里？

会议中如果讨论中国问题，可能要美国报告这一年来调处的情况，而马歇尔对会议的报告，可能与他离华时发表的调处声明差不多。他这个声明，在大体上是不通的。

他说国民党中有反动集团，政协决议没有实施的原因正因为这个反动集团反对。这是一点不错。他的不通的地方乃在：他的逻辑似乎是说蒋介石先生是与这个反动集团无关的而且也无能力控制这个集团。这岂不是等于说我们这位号称"英明睿智""神圣威武"的"贤明领袖"只是这个无法无天的反动集团的傀儡吗？这岂不是与事实完全不符，这简直是对这位"最高领袖"的一种重大侮辱！至于要教各党各派的自由份子在蒋介石先生领导之下组织民主政府，那当然更是笑话了。

所以在会议中，苏联可能提出对于这个报告的修正，认为实际情形，并不如此。

马歇尔对于中国问题，今后，可有三种办法：（一）依照美国极右份子的主张，单方面的继续支持国民党。但我看，美国不会这样做。（二）不闻不问，由中国自己去搞。但这样会更引起其他国际纠纷，美国也不愿意这样做。（三）与其他国家共同调解。这办法虽然不一定有效，但美国很可能这样试试。

依我看，对于中国问题，莫斯科会议也不会提出什么有效的办法。为什么呢？因为，显而易见，中国问题的解决，总不外实行政协决议成立联合政府一途。但我看，蒋先生是不会同意这种做法的，否则，何以在政协开会后，又来一个二中全会推翻政协决议，在前线破坏停战协定，在后方一连串的演出沧白堂、较场口、李闻惨案、劝工大楼等血案呢？现在觉悟吗？那有那回事。不得已而接受吗？时间还未到。

这些事情，都一再的表现了一党专政、个人独裁的作风；事实上，蒋先生即国民党，国民党即蒋先生。目前，一党专政的局面丝毫未变，拉上曾琦、张君劢等人来参加政府，无非是做幌子、骗骗美国人而已，非到万一不得已，蒋先生是不会同意组织名实相符的联合政府的。

中国问题，马歇尔守在中国调停了一年，都无结果，莫斯科会议，又能有什么办法呢？

其实，办法是有的，就是要加压力于国民党，表示"如果你再不听话，我就要停止帮助"。但是，莫斯科会议的四国中只有美国才有说这话的资格。"解铃还须系铃人"，美国也有这样做的义务。然而，美国从前单独的不愿意这样做，现在加上苏联，恐怕更不愿意这样做了。因为，美国认为这样做的结果会加强中共的力量，那是与美国的远东政策相背驰的。依我看，除非美苏关系改善，美国消除了对于苏联的戒心，它是不会这样做的。

因此，莫斯科会议，对中国问题，我看是不能有多大的成就，顶多是劝告而已，但那又有什么用呢？任何好劝告，在前方军事大失利以前，蒋介石先生是不会接受的。

（二）台湾事件

从台湾同胞发表的三十二条要求来看，可见，国民党在接收台湾后，把在内地的一套统治方法完全搬到那里去了。台湾同胞提出的问题，绝大部分本来是内地人民常常提出的问题。

国民党对台湾人民的压制剥削，远不及对内地各省人民之甚，但台湾人民已经受不了啦。因为，日本人统治台湾，还让台湾人民活着来受压榨，而国民党统治，则不顾台湾人民活不活。前次《大公报》上萧乾先生的台湾通讯说得好：譬如挤牛奶，日本人还先把牛喂饱了才挤，而国民党则一点不喂，完全干挤，最后连牛都杀掉了！

对于这次台湾事件，内地各省人民，应当打电报向台湾人民致敬，因为他们还有反抗的精神，还有挣扎的勇气，我们这些让人压扁了的顺民真感觉惭愧极了！

台湾事件发生后，有人尽量攻击陈仪，我对这有两种看法：一种是国民党内部派系的倾轧，有人想借此打击政学系，这种可能性是非常之大的。

另一种看法，则是借此可把一切过失都推在陈仪个人身上，使别人感到台湾事件与中央政府无关，与蒋先生无关。蒋先生总是贤明的，一切都是他下面的人搞坏了。这正如傅斯年先生大骂孔宋是王八蛋，却不愿有一字提到为甚么有人偏爱用这些"王八蛋"的道理是一样的作用。"天王贤明，臣罪当诛"，这在历史上权臣当国的时候，或者可以如是说，而在现在这种独裁政治下，就不能这样推脱了！

远在抗战初期，国民党就有这一套做法，每逢发生了什么坏事情，就先用中央社来遮掩，将坏说好；等到闹大了遮掩不住时，就由下面一批奴才来担认过错，说领袖是贤明，只是奴才做错了，这一套，完全是独裁政治的策略。

陈仪出长台湾，据说，还是挑选出来的比较好一点的人，好一点的人都这样坏，更坏的还用说吗？其实，国民党中的所谓好人与坏人，在有些地方不过是半斤与八两之分，连五十步与百步之差别都没有。这个不行，换上那个，也难有很大的进步，改良也改良不到那里去。若是他们能把中国弄好，早已弄好了，何待今天。

有人认为，这台湾事件，完全是共产党及一些平时期的退伍军人搞的。自然，我不能说台湾没有这些退伍军人，也无法证明台湾没有共产党。但是，在数日之内，变乱就波及全台，就绝不是少数退伍军人及共产党所能搞出来的。老实说，共产党及退伍军人还没有这样大的本领。这种说法，只表示一种执迷不悟的态度而已。李公朴闻一多不也说是共产党杀死的吗？但究竟有谁相信呢？

总之，蒋介石先生认为，一切坏事情，都是共产党干的，一点也不承认自己有错。在国军初开入台湾时，台湾人是如何的表示欢迎；而现在，完全是自己搞糟了，还无认错的勇气。台湾的贪官污吏，警察特务，一定像在内地一样的胡作乱为，这样才失尽了人心。现在，就是不为国家体面计，为自己的政治寿命计，也应该改变改变作风。不过，话又得说回来，这样一个无知无能腐化封建的政治集团，你叫它从何改变起呢！

（三）国共关系及行政院改组

取消中共各地办事处，与国共问题没有多大关系；因为，现在国共问题，全取决于战场，无论你说得怎样好，战场上打了败仗，总是不行的！

从去年政协会议以后，中国政治问题，已经不是讲道理开谈判所能解决的了。一切全靠武力，这是无可奈何的事情；因为，今日的国民党就建筑在枪杆上。而且，讲道理是双方的，一方不讲就不成。政协会议闭幕后，就是一方讲道理，一方不讲道理，结果政协决议被推翻了，闻一多讲道理，特务不讲道理，结果闻一多被暗杀了！

国家问题，要求靠武力来解决，这的确是最不幸的事情，但是，有什么办法呢？国民党靠武力，中共当然也只有拿武力来对抗。这所谓"势逼处此"。

内战究竟会打多久，要看美国是否长期支持国民党来决定，我看，美国是不会长期支持国民党的，因为，美国内部也不简单，由赫尔利到现在，已经帮助了两年了，是否再长期继续下去，颇有问题。

如果国民党的外援断绝，则几个月后，已有的优越装备消耗完了，战场上就会看出一个分晓来，武力的迷梦破灭后，蒋先生或可接受联合政府！我只希望那时不太迟。

最后，关于行政院改组，我个人对这问题，从不感觉兴趣，因为改来改去，还不是那一套，无论是张群来，或者王宠惠来，实权总是在蒋先生手里，发号施令的总是那一个人。戏唱不好，光换跑龙套有什么用？

新 的 课 题[*]

"五四运动",简单地说起来,就是"思想解放"运动——人类的思想从旧社会、旧礼教、旧道德中解放出来!这对于旧思想,旧道德,旧制度重新估值的运动,是使中国走向现代化的道路上的一步决不可少的工作。要使中国现代化,必须把二千多年来的陈腐思想革除掉。所以"五四运动"在中国近代历史上的意义,是非常重要的。

"五四运动"是补充并扩大辛亥革命的意义。辛亥革命仅仅代表形式上的改变,把君主换了总统而已,其他的一切,尤其是思想方面,多半是率由旧章,对于民主、自由等名词,都是囫囵吞枣,不明其含义与应用。但到了《新青年》时代及"五四运动"爆发,提出思想解放的口号后,大家才开始检查一切思想上及社会制度上的各种问题,如忠、孝、节、义、国家、家庭、婚姻、财产等等,觉得须有一个新的评价,给一现代的意义,这个旧社会才能改造过来。

"五四运动"的美中不足的地方,是在它经历的时间太短,开花,结果都不够大,也不够多。不过这点是要由历史自己或实际政治环境负责任的。因为在民国十三年国民党改组后,因为要实现革命,在组织上只重上级的领导,不重下级的自动;只注重纪律与服从,不注重自由。因此便有:"有国家的自由,无个人的自由"的口号。北伐后党内的领袖的地位一天高出一天,党员的地位一天低出一天。至于党外人的地位当然就比党员的更低了。所以我们可以说,从民国十三年开始,中国的政治就一步一步地走上极权的路上去,个人的自由,连理论上都不容易存在了。这一切都是和"五四运动"相反的,相冲突的。"五四"运动提倡各人用他自己的理智去判断事物,各人的想法尽可不同,但他有思想不同的权利。思想不同不是罪恶,而是光荣。在十三年

---

[*] 原载《现实文摘》第一卷第三期,1947年5月。

后这二十四年中,"五四运动"始终处在这种逆流中。现在,强迫实施党化教育,在各小学,中学、大学中灌注一套□一的机械式的教育,根本违反思想自由,这是当年"五四运动"的精神所绝对不许可的!

我们应该去继续或恢复"五四运动",使"五四运动"的范围更扩大。现在的口号仍然是"打倒偶像",不论是有形的或无形的——无形的偶像,即各种思想上锢闭聪明、阻碍进步的标语口号——把以前留下来的旧偶像,和近二三十年建立起来的新偶像,一律从根铲除。现在的口号仍然是"怀疑传统","修正传统","打倒传统","重新估价"和"自我作古"。现在我们最重要的课题,是要更进一步直接研究,讨论政治上,经济上各种重要问题,而在研究、讨论时,必须有一个中心思想,否则讨论出来的结果,仍是似是而非,不见得行得通,行得远。所谓中心思想,就是举凡一切政治上,经济上的重要设施,必须以人民为出发点,而且以人民为归宿。我们今日不谈社会问题则已,若谈,必须以全体人民的利益,作为最重要、最基本、最后的目标,不必专为少数统治者或某一部分的人作打算。若是专为少数统治者或某一部分人,那就不是帮凶,便是帮闲。今日帮凶帮闲的人够多了,用不着我们去附和。

时事杂话*

关于美国援华问题

这个问题最近在报纸上又被宣传得"甚嚣尘上"了,但在事实上,美国援华政策在现阶段是不会有多大的转变的。要了解美国援华的趋向和规模,必定先要了解美国对国际问题的一贯政策。大致上说,美国对援助欧洲比较对援助中国热心的多,因为欧洲对于美国的利害关系大,而且美国认为援助欧洲的结果是比较有把握的。援助中国,在他们看则等于填补一个无底的深坑,谁也不敢说一定会有预期的结果。因有这个道理,所以他们对于援华总是迟疑,审慎,不愿大规模的干。最近由于蒲立德,周一德等人先后来中国考察后,大肆宣传,要求美国政府立即有效地以军事和经济援华,似乎有些人觉得美国或者会在目前这种情形下采取有效的援华行动的。但我看问题决不如此简单。即以美国的执政者来说吧,杜鲁门,马歇尔,在援华问题的看法上并没有像这些人那样热心。马歇尔在中国一年多,他对于中国的情形是相当清楚的。数月前他又派魏德迈来过一次。由马歇尔返国的报告和魏德迈离华的声明看来,他们对中国政府不但没有恭维,而且都有很坏的批评。魏德迈认为:"中国政府是一个贪污,无能的政府"(这句话在美国人看来是相当严重的)。他们是不愿意以全力援助这样的一个政府的。

马歇尔最近在美国国会解释援华问题的态度并不积极,甚至也可说是非常敷衍,他说在目前的计划里直至后年六月以前,实际的援华款项只有三亿。而且就是这个数目还要等到十二月后才能提出。总而言之,我认为除非蒲立德,周一德,或鲁斯一类

---

* 原载《燕京新闻》第十四卷第六期,1947 年 11 月。

的人作国务卿，美国的援华是不会太痛快的。至于中国政府人士对于此事的态度，我觉得孙科这次长进得多了，他只说："三亿不够，差得多"，并没有像上两次谈要考虑亲苏的话。

关于目前国内局势

石家庄之战或者对于河北的战局有影响，但是对于整个战局却不起决定性的作用。目前内战重心仍在山东和东北两个战场。山东方面，中共虽然放弃若干城市，但其实力似乎依旧存在，国军虽在山东战场有相当收获，但似乎并不能因此大量调兵到东北。此点做不到，终是伤脑筋。最近，政府组织六省联防，这是在注视刘伯诚部在大别山的活动，这一方面情势的发展，自然也是值得重视的。说到国内政治情形，自民主立场说，当然是一天比一天坏，民盟被解散是今天政治逆流下的必然结果。而且民盟被解散后，其他民主人士也可能受到民盟的同样命运。

忆民国初年的陕西大选[*]

我在上海准备出洋的时期中曾回陕西去一次，这一次回乡很有意思，是选举国会议员去的。这是民国成立后第一次选举，有些情形或者值得记述。

当时选举国会议员是采复选制。每个县分为几个区，每区选出几个代表，这些初选当选的代表称为初选当选人。再将全省分为几个区，由每区所辖各县的初选当选人投票，选出来的才是国会议员。我在上海，忽然接到家中来信，说我已在初选中当选为代表。我当时很奇怪，觉到我在十一岁即离开乡间（我是朝邑南乡人），十八岁即到外县去念书，知道我的人很少，谁会来投我的票？同时更奇怪的是乡下人不识字如何会投票。我为了当时是否回陕西去在复选时投票，也考虑很久不能决定。若是回去罢，这一次实在太远，路费也不少，回去了，还要出来准备出洋，未免太不经济。不回去罢，我们在当时读的民主书上都说投票是一种权利，也是一种义务，若是公民都不尽这种义务，政治就要被少数人把持操纵。考虑的结果，认为既然参加过革命，对选举也应当尽公民的责任。因此就自掏腰包，路迢迢地回陕西去投票。

到家之后，才明白我何以能当选及乡下人如何会投票的道理。原来自从要"办选举"，朝邑就设了一个选举事务所，事务所请了各乡绅士，商量选举的办法。本来法律规定按照人口比例朝邑应当有二十一个初选当选人，又规定大约有若干选民。选举事务所所请下的各位帮忙的绅士的实际任务有二：第一，他们要决定各乡应当当选的人名单；第二，他们要雇些书记为这些"应当"当选的人按法定票数（拿二十一除全县选民的总数的得数）抄写若干票（譬如说每人二百张或三百张）。抄写好了，还要把这些票封在一个柜子里，又把这柜子送到县里，定期开柜数票。数票后当然是

---
[*] 原载《书报精华月刊》第三十六期，1947年12月。
[*] 编者按：本文为《辛亥革命回忆录》的最后一节。

人人当选，因为不能当选的人的票，书记根本一张也没有写。也可以说，因为要当选才写的，不当选何必写呢。当年"办选举"就等于"办差"。别县的办法或技术如何，我不晓得，我们朝邑的确是这样"办"的。我的故乡属于朝邑南区，选举事务所的绅士们有许多知道我和革命有关系，就把我的名字列在里面，我也就因书记先生抄写之劳而当选了。

朝邑县在复选时属于陕西东区，在潼关投票。前一两天，同区十几县的人都陆续来了。我到了潼关，认识我的人见我从上海回来，都以为是来竞选。我告诉他们，我已决定出洋，这次是来投票的。他们之中除了和我很熟的人外，都不相信，认为决无从上海不远千里赶回来投这一票的道理。

可是无独有偶，第二天又来了一个我的同志，这人就是抗战第一年作古的全国驰名的水利专家李宜之（仪祉）。他是从南京赶回来投票的。李宜之是蒲城人，他的伯父是数学专家，在陕西高等学堂教过数学，父亲李桐轩，是文学家（后来陕西从事改良戏剧的易俗社的初期的剧本多出于桐轩先生之手），两人都赞成革命，和井勿幕是小同乡。有一个时期，李宜之的伯母和母亲都去世了，他和他的哥哥尚未结婚，所以朋友说他们是"一家人四口，革命党两双"。他是京师大学堂预科毕业后去德国留学，回来后在南京河海工程学校做教务长。他虽未积极奔走革命，但对革命始终极同情，所以这一次也赶回来尽公民义务。他是有名的书呆子，我和他又根本没有从事竞选活动，所以大家终于相信我们并不是想做国会议员而来的了，终于相信天下竟然有为尽公民义务不远数千里而来投票的傻子。

这一次选举是中华民国成立以来，所有的选举中最清白的一次，大家根本不懂行贿赂，连请客的事也没有，完全是靠情面拉票子，真有点"古风"。到二次选举，大家晓得票子可以卖钱，就一塌糊涂了。

我们东区选举出来的众议院议员共有五个，其中后来为人所知的现时大概只有两个：一个是马彦翀（骧），抗战初起时张自忠做天津市长，他是秘书长；一个是寇胜浮（遐），在段祺瑞执政府时代曾因国民军关系做过农商总长，是一个出名的书家，两人现在尚都健在。

从陕西回到上海我就加紧准备出洋，革命朋友们当时对我"游洋"（那时不叫留学）之举颇有表示反对的，认为是不负责，把革命事业让给进步党和北洋军阀官僚就不管了，而我则深觉到没有现代知识或技术一切都办不到，于是就不顾朋友的批评，决心出国赴美。我在出国前，本来是预备学土木工程的，这自然与上面所说的铁道协会会员一事有关。不幸到美（民国二年七月）后，因对数学兴趣不浓，未入学即改变计划。当时陕西派的留美学生共四人，除我外，其他三人是严庄，刘楚材，林济青。林济青是山东人，革命后因在陕西外交司做事，又因当时革命党人颇富大同思想，没有省界观念，所以就派到了他，以后可就不容易了。

论中国的政治前途

问：中国政治应该向那一个方向走？资本主义还是社会主义？用什么方法来走？

答：广泛的来说，政治的目的可分为两方面，对于个人的和对于社会的。对个人说，是要人活得像样点，人不是牛马，因此政治要保证人民有这种权利来获得人生的乐趣。对社会来说，要进步，要向前走，使整个社会的生活文化进步，使国家现代化。个人的，或者少数人的生活提高不能算是整个社会生活的提高，这只是畸形的现象。今天中国人民是在作牛马，作牛马的原因有两点：第一是生产的落后；第二是人为的制度，现社会中存着一些心肠毒辣的人，他们要使多数人的劳动成为他们的享受，所以就制造出一种制度，甚至一套道德观念。这种在历史上传统的统治阶层，使中国人民变成双重牛马，经济的和政治的。政治所要走的方向就是要解除人民牛马的生活，恢复人的尊严，提高整个社会的生活水准，成为一个现代化的国家。在目前就要整个政治制度改变以后才能达以上的目的。谈到政治，普通分为理论的和实际的。理论的有时写上几本书说不出所以然，实际上中国的事情也可以把他看成很简单。在以前是认为不经过资本主义的社会是不能到达社会主义的，但这种学说近二三十年已站不住脚了。苏联革命成功以后，能说它的人民生活、工业、文化等无进步吗？假如这就是我们所说的目的达到以后所实现的事情，那么我们为什么在能够不走资本主义的道路的时候一定要去走？为什么要再经历资本主义的缺点和坏处。况且即使孙中山先生也说过，民主主义就是社会主义。说容易，做起来并不容易，不过事在人为，打定主意，一定要达到的话，当然会达到，假如觉得走到前面去还不如现在所走的好，那自然不必去做。要是有决心，青年人有的勇气与热情，自然一定成功，问题是方法，究竟那种方法呢？

---

* 原载《时代批评》第五卷第九十七期，1948 年 1 月。

在今日的情形下只有两个字："革命"。

问：依目前的军事、经济、政治情形来看，中国可能发展成怎样一个地步呢？

答：这个问题很难回答。本来让中国人自己来解决自己的事情是很容易解决的。但是有些悲天悯人的国家，可怜我们，要来帮助，要来干涉，打开天窗说亮话就是美国。不管什么援华，什么借款，都是给中国造成一股暂时扰乱的力量，扰乱只是扰乱，不会太久也不是会有决定性，它不能将必然的趋势从一个方面趋向另一个相反的方向。不管杜鲁门，不管马歇尔都没有用，因为大多数的人民已认定了一个方向走。目前局势不会太长久。

问：许多人以三民主义相标榜，究竟是否适合于中国？如果有缺点，又是那些？

答：缺点很多，这是我多年的看法。抽象的总括的来说，三民主义是坏的。当然在表面看来都很冠冕堂皇。标语式的贴出来说出来，一个稍有理性的人都不会反对。民族主义吧，自然没有人愿受别人的压迫。民权主义呢！二十世纪的人民能不给予吗？民生主义更不用说，不要民生难道要民死。但实际上标语口号并不能生效，要看具体的办法怎样。

民族主义和民权主义都没有什么太了不起的道理和具体的办法提出来，而且民生主义是还没有写完的，这里暂且不论。

民权主义，看起来似乎当然是对的，人民行使四权，选举，罢免，创制，复决。其实后面三项都是假的，骗骗人而已。就说罢免吧，宪法有权保护他，谁也罢免不了。倒是第一项"选举"是真的，你们看看近来不是很热闹吗！这个得几票，那个得几票。人家有枪杆，要主席就主席，要做什么官就做什么官，还用得到什么选举权，不过要唱戏唱得好听点，明明两三步自己就可能跨上去的，偏偏又要指定几个人把他抬上去，反正选来选去就是那一些人。国民党内一般人常常大吹大擂，说三民主义不仅是中国所必须的唯一主义，而且三民主义是具有世界性的，将来还要推行于全世界。实际上这是人家所不要用的东西，完全是抄袭过来的。代替议会、国会的是国民大会，三年开会一次，除了上面所说的选举外还能做出些什么，三年中除了那一个月的会期，又有谁去罢免创制复决。这些东西，说得忠厚点是"糊涂"，说得不忠厚点这是"欺骗"。用一句四川话来说都是"要不得"，尤其是这个民权主义更"要不得"。

问：人的因素和主义，政策的相互关系怎样呢？

答：最好的方法自己本身不能走的，要人去执行，好人去推行一个坏的方法固然不会有好结果，坏人去行一个好的主义也没有用，中国作八股文也许作得太久了，一切事情都有点八股味。不讲政策，死讲主义；国民党二十多年来没有拿出来过什么政策来，有的话就是什么"紧急措施方案"那一类似是而非的政策。老说要实行三民主义，可是二十多年来老在那里"说"三民主义，而不是实行三民主义。也就是说二十多年都是"吃"三民主义。靠了三民主义这块招牌吃饭。

问：目前的政治局面是否只有完全取决战争？青年人在这混乱局面里向那一面走呢？

答：自从中国胜利以后——我是不喜欢用"胜利"两个字的。经过蒋毛的会谈，马歇尔来中国，以至政协的召开，一直到今天，一面在"动员戡乱"，一面要彻底解决"反动势力"。政治出路一变两变，变到现在，除了取决于战场之外是没有第二个方法了。当然我们不希望这样，可是不管你希望也罢，不希望也罢，都没有办法不打下去，想回到政协那时的情形是不可能了。

至于参加那方面，那是不能勉强的事情，各人有各人的信仰不同，有人喜欢吃馒头，有人喜欢吃米饭，也有人喜欢吃窝窝头。你要想"吃"三民主义当然也可以。

问：内战既不能避免，那一方赢得胜利呢？

答：刚才说过，外国势力的干涉并不能起决定性的作用。同时我们只要看看，即使国民党内右得最右的份子有的已在叫："收拾人心"了，大家可以想象到情形是怎样的严重。国民党常常说民盟帮助共产党啦，还有什么人帮助共产党啦，否则共产党怎么会愈来愈凶呢？其实数十年如一日，一心一德，热诚不懈的帮助共产党是国民党自己。一方面在"戡"，另一方在"造"。在昆明的时候，有一个装疯的特务到我家里来找我，他大概从前是走江湖的，很会说话，啰啰唆唆一大堆，我很不耐烦，就对他说：你们吃国民党的饭却替共产党做事。我从来没有看见共产党登报招收党员，不但《中央日报》没有，即使《新华日报》也没有，但共产党却愈来愈多，还不是你们将人赶过去的。一面捕杀，一面制造，但是杀的没有造的快。老怨人家帮忙共产党，而自己却真正的帮共产党，连自己都在帮对方，那还打什么呢？大势已定，我看即使美国怎样的热心也是爱莫能助。

问：新民主主义的内容是什么？中国需要什么主义？

答：第一个问题无从回答。第一我不是共产党员；第二我也没有到过解放区；第三毛泽东我也不认识。至多是在文字上看见一些，恐怕你们比我知道还要多些。第二个问题，我看三民主义没有希望了，即使本身好，拿来作幌子挂挂而不实行也是没有用，况且刚才说过，理论就要不得。余下的一个，是否为中国所需要，就要研究它实行以后的效果如何。共产主义是社会主义中比较急进的一种，能够不流血就得到的话，大多数人是会接受的。资本家当然是不流血也不愿意要。假如能像一夜风雪，明天起来就是已经社会主义的世界，那问题就简单得多了。问题是在有人不愿流血，生怕刀子放到自己的颈子上。有人说，要实行社会主义则个人间的仇恨太激烈了；又有人说，会使得文化倒退。无论如何，这些理论都毫无力量能够阻止必然的到来。假如在这里举手表决的话，就可以看出是需要还是不需要。代价的问题，在某种情况之下想达到某种目的，必须要代价。据我个人看，今天的情形，代价是非出不可。看客观环境的情形才能决定代价的大小；不必要的时候当然不必付出，要的时候就一定要付出代价。

问：假如推行社会主义，是否只有共产党才能执行？

答：答案是肯定的，我已经看了几十年，国民党是已经要成为过去的了，毫无办法，我的看法可能偏一点，但我看了这几十年，相信不会偏得太远。除了国共之外，说第三方面罢，民盟解散了，民社党和青年党这两个名字在大家的心里算取消了。其他一些只会在文章上发表发表议论，不能在实际上产生什么作用。有作用也只是副作用，这批人幸亏没有组织，有组织更糟糕。他们在美国倒是良好的公民，可惜生在中国。在他们心目中的世界是已经死了，或者将近要死了。国民党已经腐化到不可救药，起死回生绝对不可能，诸位如果有兴趣，有雄图大略，倒不妨试试看，这工作在一二十年来都有人做过，结果都失败了。

问：社会主义实行以后，联合政府是否仍会存在？

答：假定旧的一幕已经过去，新的一幕出现。在社会主义实行的初期，为了减少推行的困难，是可能合作的。周恩来和毛泽东都在口头上和文字上表示过联合政府以后仍要存在。在昆明的时候，我也和罗隆基讨论过这个问题，他认为中共不但在现在需要联合政府，以后还是需要联合政府的。我个人看，在初期时联合政府是会存在，但到了某一个阶段，在他们认为其他人碍手碍脚，足以减低他们的行政效率时，便可能不需要。他们认为进步的程度赶不上是急进的障碍，为了更快的成功，就采取这样的政策。

问：社会主义实现以后是否就完美无缺？人民生活就感到满足？要是有缺点，又是些什么？

答：一个较好的制度当然比一个坏的制度好，但天地没有绝对完美的事情。从历史上看，开始的时候是能够满足人民的需要的话，到了以后就可能渐渐有缺点。我们现在是处在两个时代之间，应该死的还没有完全死去；应该生的也还没有生出来。新生的 Baby 不一定是永远健康的，可是，不能因为他可能不永远健康就不生出来。将来可能发生的问题的大小，现在还无从预言。在每个历史阶段里面，我们只能尽到我们自己的历史任务。到了我们的子孙再有问题发生的话，到那时自然有办法解决，甚至再革命都可以。假如今天我们有力量来解决我们当前的问题；以后，他们也会有力量来解决那时的问题，不能因为以后可能仍有问题今天就不前进。（本文为张氏于去年十一月二十五日，在北平清华大学"中国的政治前途"讨论会上，答学生问的讲词。记者：文琪）

青年人的理想与勇气 *

今日学生的立场和统治者的立场相去甚远，而且是无法接近的。一切冲突和仇恨都由此而起，都无法避免。统治者以统治阶级本身的利益（其实还是这个阶级中极小部分人的利益）为统治的目标，学生则以被统治者广大人民的利益为目标；统治者喜欢独裁，需要独裁，非独裁不可，学生则赞成民主，需要民主，非民主不可；统治者只知用武力压制，学生则用理智宣传；统治者处处制造丑恶的事实，学生则处处追求崇高的理想；统治者要领导国家走死路，学生却要走活路；统治者要学生做奴才，学生却坚持非做人不可；一言以蔽之，统治者要维持封建，学生却要打破封建。从旁观者或历史家的立场看，也可说：统治者似乎是专心一志地在误国祸国，而学生则是百折不回地在救国建国。因为两方的根本立场相去如此之远，所以冲突也就如此之烈。光从小处看，这似乎是一种悲剧，但若从大处着眼，这乃是未死将生之间的必然现象。能把眼光放射到将来的人，对于此种现象，不但不必欷歔太息，而且还应该额手称庆，庆祝中国有这样有理想、有勇气、牺牲自己、拯救民族的青年！

学生这种立场、态度、和作风，不但使有权有势、剥削人民的统治者完全采取敌对态度，就是无权无势、受人剥削，而且还多多少少抱有民主信仰的他们的师长们有时也不愿同情，甚至还要反对。这其中的主要理由有二：一是这些师长们认为学生这种行动是徒荒学业，无益实际，或者在生气时甚至还要说这些学生都是"戾气所钟，不堪造就"。二是他们认为学校是念书的地方，不是搞政治的地方。此外还有些教书匠似乎以为天下最大的事便是学校的纪律学风；在他们看，学生常罢课，不但是学生自身的损失，而且对于学校的风气也有很坏的影响。相信第一种理由的人完全忽略了

---

* 原载《团结战斗在四月》，1948年4月；选自清华大学出版社1989年版《张奚若文集》。

今日学生的行动完全是黑暗政治逼出来的，完全是被动的，完全是明知荒废学业，于己不利，但在不得已时却不能不忍痛牺牲小我的利益，去卫护大群的利益。那就是说，他们在不得已时是情愿牺牲自己学业上的利益，去尽救国救民的道德上的义务的。这正是今日青年人纯洁可敬的地方。中年人和老年人若不了解此点，那只证明他们糊涂和堕落的程度的可怕！把人家的忍痛牺牲学业和准备牺牲性命，认为是逃学，认为是小孩子胡闹，是完全认错了题目。幸而今日学生目光远大，不愿和年长者计较无谓的小节，对于他们的师长们这种糊涂的看法是采取原谅的态度的；不然，师生之间连今日那点勉强的联系恐怕都不容易维持了。采取第二种看法的人是要勉强把做学生和做人分开，要把理论和实践分开，那就是说，做学生时代暂且不要做人，对于思想，只许相信，不许实行。这里他们显然忘记了两件基本事实：第一，他们忘记了大学生至少有一半是成年人，在民主国家里本来有参政权，本来有言论、集会、结社的自由；不能因为是学生便把他们的国民资格取消，也不能因为要尽国民义务便不准做学生。第二，他们也忘记了中年人自己的怯懦、驯顺、无限度的忍受和缺乏正义感，也是促使青年人不能不以天下为己任的一个原因。至于纪律云云，学风云云，那本是"只看见树木，看不见森林"的人应有的悲哀，不值得多说。

　　青年人有理想，有勇气！这是他们自己的光荣，这也是民族的幸运。不然，全国不论老少都是精通世故人情的明哲保身者，都是可以威胁利诱的懦夫，那这个民族除了给少数野心家做奴才外，还有什么用处？

　　青年人，保持你们的理想，善用你们的勇气！封建势力不但不能击破你们，终于要被你们击破。将来是属于你们的。不管反动势力今日如何猖獗，不久总是要消灭的。你们的理想就是你们的武器，你们的勇气就是作你们成功的保证。你们是历史的创造者。只要你们善自努力，谁都不能改变这个事实。

不要辜负了时代
——献给刚踏进大学的年青朋友*

你们不久都要变成中国社会的领导或做中坚人物。对于做领导或做中坚若要胜任，现在一定要在思想和技能方面尽量地充实你们。一个思想和技能低劣的人，在任何社会都是不会发生很大的作用。

思想怎样才能不落伍呢？这一定要认清我们今日所处的时代的性质。中国今日是正在经过一个历史上从未有过的大规模的社会革命时代，一切思想都要与此革命事实和精神配合，配合得好，所有努力才能成功，配合得不好，或违反这个革命事实，任何努力都将变为蠢动，将得到历史注定的失败。

其次，技能怎样才能不低劣呢？这当然一定要加倍学习些关于各种建设的原理和应用。一才一艺，不管大小，都是有用的。大厦之成，固然要栋梁，也要基石和木屑，俗语说："行行出状元"，我们也可以说："事事有英雄"。

归纳起来你们思想的方向和技能的应用，都要朝着一个中心目标，那就是：人民的福利，而不是个人或阶级的利益。为了这目标去努力，才有前途，才是合理，才是道德的。不然，便是开倒车，反理智，罪恶的。今日所有徘徊歧路的所谓"知识分子"，"自由主义者"，"中间路线者"，都是犯了不愿真正为人民福利而奋斗的错误。他们除去极少数是因为先天地或后天地头脑不清外，大部分都是自觉地或不自觉地把个人和阶级的利益放在人民的利益之上，虽然他们并不承认这一点；从理智上说，这是一种逻辑的错误，从动机和结果上说，这乃是一种很严重的损人利己的罪恶。

最后一句话，是要恭贺你们生长在这大时代的幸运。在物质方面，你们虽然都是

---

* 原载《清华旬刊》第六期，1948年4月；《新时代》第二十三期，1948年11月。

贫穷的伴侣,困苦的同路,但在精神方面,你们却都有充分发挥你们天赋才能的机会,都有充分发挥你们悲天悯人的抱负的机会。

努力吧,时代绝不辜负你们,希望你们也不要辜负时代!

三十七年三月二十八日

五四运动的将来*

五四运动是近代中国社会思想史上的启蒙运动。就启蒙运动而言，它是有相当的光辉和成就的。它一方面对于中国旧文化给一新估价，另一方面又介绍了许多西洋新思想。这在当时都是极重要的工作，而且也收到了相当的效果。

不过在现在和将来，中国的社会运动却非采取一个新方向不可，或者也可说，须强调一个未曾充分注意的老问题，那就是，社会经济问题。换句话说，五四运动在当年只是解决了法兰西革命时代所要解决的许多思想问题，今后我们却须更进一步要解决苏联革命所代表的各种思想和实际问题。若不着眼于此，而仅仅抄袭当年的旧调，那便是忽略现实，不进步，而且要立刻遭遇到失败的。

简单言之，今后中国社会改革运动在思想方面的第一任务便是对于将近三十年前的五四运动给以重新估价，取其有长久价值的地方而弃其已经失掉时代性的地方。须知世界是进步的，在思想和实际的领域里，马克思和列宁早已代替了服尔太和卢梭。这并不是要趋时髦，也不是认为凡是最新的都是最好的，这不过是没有偏见，正视现实的人无法避免的一个结论。明显的事实是工业革命以前的社会理论不能医救资本主义发达以后的社会病症，而且，事实告诉我们，资产阶级的自私和贪婪绝非劝告或哀求所能改变的。还有一件许多人听了不大愉快的事实，那就是，在今日的中国，没落的士大夫阶级绝无革命能力；它不但不能救人，连自己都不能救，它得救的唯一希望和可能全在第四阶级革命的成功。

若是以上的分析不错，那么，五四运动的将来和今后中国社会改革运动所应采取的方向，内容，和方法，也就可以思过半了。

---

* 原载《北大半月刊》第四期，1948年5月。

北京大学是当年五四运动的中心堡垒,它发过光,也发过热。但它对于将来的中国社会改革运动是否能保持当年的领导地位,那就要看这一代人的努力如何了。新斗士们:准备你们吧,工作是艰苦的!老斗士们:能领导的领导,能赞助的赞助,万一不能领导或赞助,至少不要做障碍,中国是非变不可的,而且也只有一个变的方向和方法。

司徒雷登的威！*

司徒雷登六月四日针对"反美扶日运动"发表了一篇声明，此举一方面是很不幸，另一方面却因此使我们认识司徒雷登究竟是怎样一个人。司徒原是燕京大学的校务长，在中国办了好多年教育，给人的印象还好，美国政府就利用他同中国社会的这点关系，派他做了大使。

两年来，一般人都以为执行美国帝国主义政策是国务院的事，司徒是中国的朋友，与他无关。而这次却给了我们一个证明：司徒雷登与其他执行美帝国主义政策的人是完全一样的。有些人对司徒的幻想，从此可以一扫而空了。

司徒雷登在中国，似乎有三重人格；第一他是美帝国主义驻华的执行人或监视人。第二他是一个大使，一个外交官。但事实告诉我们在很多地方，他都是以第一种姿态出现的。譬如他曾批评过中国政府太贪污，无能，不民主；固然这些都是事实，但在大使地位上说出这些话，未免太没有外交礼貌了。这当然很污显的是以太上政府代表的资格说的，同魏德迈亚，赫尔利的表现并无差异。再如他又教训地说过：中国的知识分子不应该消极地批评政府，而应积极地帮助政府。自然有些知识分子是乐于领受这些教训的，但这种做法实在是超过了大使的资格。第三司徒雷登又常以"中国友人"的姿态现身。因为在中国办了多年学校，他便以为对中国学生很了解，很同情，对中国人民很友善；多少年来，司徒都是以"中国友人"这个招牌讷的。但这次他的声明，却无意中说出了老实话，把他的本来面貌表露得无遗。从这个声明我们得到了两点证明：（一）司徒雷登并不是中国友人，更不了解中国学生。（二）当中国与美帝国主义者利害冲突时，当然美国第一，非让中国听美国人的话不可，不然，你就得准备接受

---

* 原载《知识与生活》第二十九期，1948年6月。

不幸的后果！若是完全站在美帝国主义者的立场，大使这话当然是一点也没有错。从前我们听惯了英国人和日本人这一套，我们一点也不惊怪。不过在"中国友人"的立场上，那却就说不通了。了解中国，为什么不了解中国人反对美国过分地扶植日本，反对日本侵略势力的复活？中国人八年抗战，受了多么大的牺牲，为的是什么？司徒又常自鸣得意地说他了解中国学生，而他这次竟以中国下流官僚的口吻诬蔑学生的反美扶日爱国运动，是受人利用，是欺骗，是有阴谋，是不爱国。甚至还说："对余之所言如不同意，则诸君必须准备承受行动之结果"。又云："如仍继续进行，可能招致不幸之结果"这都是不折不扣的威胁，由此可以窥见他的第一重人格——太上政府的钦差，美在中国的执行人——的狰狞面目。总之，这些话绝对不像是了解中国的朋友说的，更不像是在中国办了许多年教育真正了解中国学生的人说的。这充分表明了他只是以帝国主义政府代言人的资格和脑筋说的。

司徒雷登这篇声明，完全是出以教训的口气，他根本无理由，也没有资格教训中国学生（这只是帝国主义者妄自尊大的表示）。这些话不但学生不服，年纪大的人也认为是岂有此理。他的许多朋友都为他惋惜。

现在我们再看看这篇声明的另一部分内容：

司徒雷登说美国并没有过分地扶植日本，这不能由他单方面说有或没有，他讲"事实"，我们也讲事实，而且我们所讲的事实，他是无法不承认的。

第一，我们要指出，现在处置日本的一切都是由美国人一手包办的。就解除军备，管制，赔偿，惩罚战犯无论那一方面说，都没有得到最高决策的远东委员会的同意，都是由美国人独断独行的。譬如拆毁日本战时工业，请问你是按照什么标准去拆毁？不说办得不对，即就是办得对我们也有理由反对。麦克阿瑟既不按照盟国最高决策机关远东委员会的决议，又不接受盟国管制委员会的建议，一切都是独断独行，中国当然可以批评，可以反对。因为一旦日本军阀财阀势力复活了，首先受其害者便是中国，中国又焉得不反对。其实，反对美国这种一意孤行的作风的，岂止中国一国，苏联，澳大利亚，英国又何尝不反对？中国因抗战损失最大，而且又距离最近，当然更有反对的理由。就是美国人也何尝不反对？政治家如华莱士，新闻记者如康德和阿诺德，著名刊物如《纽约民族杂志》和《上海密勒氏评论报》，不过是几个最显著的例子罢！

司徒雷登又说不能让日本人饿死，而"必须恢复日本之经济至日人能以自给之程度，盖无人能期望美国赋税之担负者，无限期支付日人之费用也。"中国并无意让日本饿死，也没有叫美国纳税负担。你本人的生活，问题全在扶植的程度上，那就是说到了什么程度以后，就算到了侵略势力复活的起点，未到什么程度以前。这个程度界限的问题是一个极端重要的问题，当然是应该由远东委员会或与日本有密切关系的几个国家决定的不应该是由美国违反《波茨坦协定》和四强协定独断独行的。近来一切纠纷都由此而起，美国极当反省。

说句老实话，美国近两年在国际政治上所表现的智慧，我们是无法佩服的。今天帮希腊打内战，明天在意大利干涉选举，忽然赞成巴力斯坦分治，忽然提议和苏联讨论问题，忽然又拒绝；忽然要利用联合国，忽然又舍弃，以及用马歇尔计划去干涉他国的内政等等，我们已看得太多了，她没有资格再让我们去欣赏她玩国际政治的手法。她也没有资格再让我们信任她管理日本的能力和大公无私的坦怀。

第二，司徒雷登说："余以为无任何能提出日本军力之任何部分现在正予恢复之根据……"当真吗？请问日本最大军港横须贺，佐世保，吴港等何以没有解除武装而反保留？青森建筑九千五百公尺跑道的特大机场，系作何用？一千多名神风队飞行员到美国去受训是什么意思？战犯如东条，土肥原，松井等何以至今并无一人受处？在乡军人团体何以听其公开活动？东京一处的右翼团体何以能多至二百五十个以上，全国多至一千六十个以上？这些事实岂不是说明了日本军国主义颇有复活的可能吗？这都不是日本军力和旧势力已经在和将恢复的根据吗？

日本法西斯团体不但没有消灭，战犯不但没有惩处，而且还放出来去压制民主团体和工人阶级。这些难道说不是在扶植日本的反动势力吗？这与日本人活不下去有什么关系？日本人没有了这些人就当真活不下去吗？而且这些事实也就是我们要反对的。若是这些政策是经过远东委员会通过的，当然我们无可质疑，而事实上完全是美国人的独断独行，私心自用，强权政治的表现。司徒大使尽可替它们辩护，说它们是"真理"，但别人难道也有接受这种美国"真理"的义务吗？

第三，对日和约，美国去年也曾一度起劲，后来因为中，苏两国要保留否决权，于是便不提了。现在看来，索性是不要了。横竖可以用一手包办的办法将一切造成既成事实，管他别人反对不反对。但是此又何足以服天下人之心？这便是强权政治，阴谋政治，这便是帝国主义的老把戏，我们是看惯了的，我们还是要反对。

根据以上的事实，我们知这美国扶植日本完全是因为她有私心，没有别的话可说，若不要人家有这种看法，那只有一切公开，放弃两年来一手包办的作风。遵照远东委员会的决定，若是这点做不到，人家当然还要反对的。

最后，司徒大使似乎还应该晓得一个道理。一般的美国人，在小孩受教育的时候，就养成了一种偏见，以为凡是美国所有的都是天下最好的。譬如战时有许多 GI 在各国与人冲突，总觉得人家什么都不如美国，都要不得。这本是一种中古时代岛国民的看法，而现在在世界交通发达的时代，还保留着这种看法，未免太觉可笑。若是有智识的人，甚至一国的大使，竟然也采取这种看法，那就未免更可笑了。司徒大使认为美国对日政策全对，都是"真理"，如果反对美国对日政策，就等于反对"真理"，那与上面所说的岛国国民的看法，有何分别？老实说，这乃是美式帝国主义的态度。美式帝国主义不同于以前的老牌帝国主义处，是老牌的帝国主义只要领土和物质，而现在这个美国新牌的帝国主义还伸手要国家的灵魂，要现在人家的良心！不过不幸中国人的灵魂和良心并不是那么便宜！不是拿食物和药品等救济品所能收买的，所以结果恐吓威胁都是不会发生效力的。司徒大使倘若不信，咱们只有等瞧着吧。（转载清华旬刊）

国防与青年智识分子[*]

在帝国主义未澈底覆灭以前，国防对于社会主义和新民主主义国家是第一位的需要。讲到现代的国防，便离不了空军，海军和陆军中的机械化部队。中国今日的国防，不但空军和海军皆在草创时代，即陆军中的机械化部队，在质与量两方面，亦嫌不够，亦须大大扩充并提高。

事实摆在我们面前，若是我们有强大的空军，美帝国主义者便不敢一日数次地侦察、扫射、轰炸我们的东北边境；若是我们有强大的海军，美帝国主义者便不敢在我们山东沿海射击搜查我们的船只；若是我们的陆军有高度的机械化部队，那美帝国主义者在朝鲜战场上的损失就要比现在已经很大的损失还要大得多。

用不着说，学空军，海军和高度的机械化部队和参加普通陆军不同。学这些，需要文化水平相当高的青年，才能胜任愉快。这就是我们中央人民政府最近号召具有初中二年级以上的资格的青年去参加各种军事干部学校的道理。

青年们，踊跃参加这些军事干部学校吧！今日中国人民空军的建立，中国人民海军的发展和中国人民陆军的高度机械化，都是你们这一代青年的责任。这是一种神圣的责任，这是一种很难得的光荣的责任，这是四万七千五百万中国人民付托给你们而且恳切希望你们完成的责任。大家须记住：没有海空军和机械化部队，便没有完备的国防；没有完备的国防，建设便没有可靠的保障；建设没有可靠的保障，革命的目的便无从完全达到。

---

[*] 原载《人民清华》第四期，1950 年 12 月 16 日。

清华同学们，我们清华同学在最近三十年来中国学生的爱国运动中都居重要地位，都有伟大成就。这次我们对于政府号召，祖国呼唤，当然应有更好的表现。我们的理工科是全国数一数二的。海空军和机械化部队特别需要学习理工科的青年，我们应当把我们特长的地方特殊地优异地表现出来。学文法的人当然也需要。你们或者要多学一点，但我相信你们学起来比初中二年级的同学总要容易得多。

批评工作中的"四大偏差"*

张奚若十三日分析"三大主义"的根源的发言在报纸上公布以后,引起很多人的重视和一些人的共鸣。昨天,他在会上,又严正批评了共产党和政府工作中的"四大偏差"。他所谓的"四大偏差"是:好大喜功、急功近利、鄙视既往、迷信将来。

在批判"好大喜功"时,张奚若说,某些人在工作中好大喜功,什么事都喜欢"大",一为形式要大,一为组织要大。其中,又以形式要大为最突出,最受人喜欢。因为,在他们看来,大的东西是近代工程。其实,大的东西并非都是近代化的。张奚若举例说,新建的北京饭店的那个大礼堂,大则大矣,适用与否,却是不管的。去年在那个大礼堂举行学术报告会,效果是:在前排的听来声音太响,坐在后面的人又听不清,结果不得不改到天桥剧场去举行。王府井的百货大楼,六层只用了三层营业,据说上边有礼堂、办公室,但没有货仓。只顾礼堂、办公室,而不管货仓,也是一妙事。许多人对"伟大"这概念搞不清楚。伟大是一个道德的概念,是一个质量的概念,不是一个数量的概念。体积上、尺寸上的大,并不等于精神上的伟大。大是大,伟大是伟大,这两个东西并不相等。可是,他们把形体之大误会为质量之大,把尺寸之大误会为伟大。前两天我看《北京日报》上登的北京建设规划,看了以后捏了一把汗,又是好大!凡此种种,都是只顾数量大,形体大,大则大矣,未必伟大。庞大的庞字与伟大的伟字含义是不同的。现在常常说,社会主义等于集体主义又等于集中主义。过去,琉璃厂的旧书画店很多,东西也很多,大家可以逛,国际人士也想观逛,艾德礼到中国来之前就在日内瓦提出到了中国一定要看北京的琉璃厂。现在要集体,集中,结果只好合并,关门,现在的琉璃厂除了卖古玩旧字画的"宝古斋"和卖旧书的"来薰阁",所剩不多了。

---

* 原载《光明日报》第2854号,1957年5月16日。

并进那两个店，地方不大，许多货品堆积起来，字面也挂不出来，这就由于有些人认为搞社会主义就要集体，就要集中，由集中而合并，由合并而关门，只要大的，不要小的。琉璃厂的这些小书店，小字画店，只好关门，剩几家，有的只好改成油盐铺和煤铺，在琉璃厂再看不见文化了。

好大喜功的第二点是组织要大，从琉璃厂这件事情可以看出，工商业组织要大，文化艺术组织也要大，生活娱乐也要大。于是小的文娱场所都收起来了，不管人民的生活和消费者方不方便，"老子就喜欢大"，其大无边。现在连一件衬衫，衣领也显得特别大。美国什么都喜欢大（谈到这里，他念了几句英文，是美国夸耀说美国什么什么是世界第一，什么什么是世界最大。引起全场大笑），我们反对美帝，但偏偏学了这些坏东西。

好大喜功的原因，客气一点说是由于"幼稚"，比如小孩子要苹果总是要大的，不管好不好吃。好大的结果必然粗糙。文化，不细致，结果是使人脑筋简单，思想笼统。

他说，天安门上平时也竖八根旗杆，好像八根牙签，配在巨大的建筑物上，很不好看。我跟市长说过，并未见效。午门上也装了避雷针。午门修了几百年了，雷都没有光顾过，而今天是什么道理，是不是由于有了原子能什么的，雷就要光顾午门了。

张奚若接着谈"急功近利"。一切都要速成，要快。说什么向科学进军，大学毕业几年以后，可以考副博士等等，等等。作学问的事情，没有那么简单。杨振宁、李政道推翻了"宇称守恒定律"，轰动了全世界，杨振宁有很好的数学基础，大学毕业也已经十几年了，而且毕业十几年的大学生也不是每个人都能如此。我说治学是要投资的，给一批人时间，叫他们去研究，可能这批人中间只有少数能真正有所贡献，有些人会变成书呆子，但不要紧，六亿人口出几个书呆子有什么了不起呢！我想有一些事情不要急着办，尽可能在第三个五年计划办。

关于"鄙视既往"，张奚若说了很多，批评得也很尖锐。他说，历史是一步一步继承下来的，每个社会都要继承前一阶段的东西。当然，这几年来"鄙视既往"的偏差有了很大改变，但还不够，这偏差还很严重。好像是什么东西都是解放以后算起，以前什么都是封建，在打倒之列。好像马克思出生之前，人类就没有文化似的。王羲之的字，赵子昂的画，李白、杜甫的诗，等等，都是封建。倒是苏联文化界纪念了司马迁，我们却没有重视这些。

张奚若说，当然有些人不是存心打倒，他们是对旧社会不大了解，但说他们对新社会了解也不见得，他们就会搬洋教条，只知道旧的要打倒。

最后谈到"迷信将来"时，张奚若说，我们都知道五十年后一定比现在好，不是黄金时代在过去，而将来黑暗。将来有的发展，有的停滞，有的后退，有的消灭。而发展也有不平衡的。问题是好事也要分开办。要知道，发展也不是机械地，等速地进行。机械化好不好，什么都机械化就不一定好，因为世界上并不是中国第一个办机械化，其他国家的情况我们是知道的。将来是好，但不是不分青红皂白，事无巨细，都好。对将来不能有机械的看法。

在结束发言时，张奚若作了一个很巧妙的比喻，他说，比如做衣服，头一次作得长了，第二次又短了，头一次瘦了，第二次又肥了，怎么都不行，就是要适当。不是说大的都不好，过去的都好，将来的都不好，问题在于要有区别，要有适当的比例，要有适当的配合。脑筋简单是文化高的人很不幸的事情，也是我们脑力劳动者很大的负担。他说，文化科学发展到今天，应该看得出今后该怎么办。我想虚心一点，事情还是能办好的。

辛亥革命回忆录*

序

没有丕强君的劝说和劳力,这些回忆是永远不会写下来的。因为就"史实"说,我的活动范围实在太有限而所涉历到的又皆与辛亥革命的主流无关;至于说到"教训"(史实、教训二词皆用丕强君语),那就更加渺茫难稽了。我觉得这些回忆若是留给家人看,或有相当亲切意味;公之于世,总觉没有多大意义。这并非自谦,这实在是我的真实感觉和看法。

这些回忆,原用《回忆辛亥革命》为题,发表于三十六年四月十六日至五月五日上海《文汇报》。印为单行本,大半是出于吴晗先生的怂恿。吴先生是历史专家。专家多半有癖,而癖多半没有理由可言。吴先生这种"史料癖"似乎就是一个例子。

单行本将付印,丕强君来索序。没有别的话值得说,乃述个人感想及印行经过如上。

张奚若　三十六年七月三十日清华园

关于张奚若先生,《文汇报》文教版(一月十三十四两天)已经有过域槐先生的记述,这里不再多说。回北平后,张先生心脏病始终未愈,这学期又在校中担任了一门功课。为了请他讲起这些旧事,不但占了他一整个晚上,而且直至深夜,实在很不安。我在此深致谢意。

请张先生讲的是辛亥革命旧事(张先生在当时是同盟会会员)。事情是过了,而

---

* 张奚若、丕强著,生活书店1947年版。

记载一方面可以作为史实来看，另一方面当年的精神今天仍是活着的，许多事在我们也还是很好的教训。下面是张先生的话，为了方便，就用第一人称叙述，不再加引号。

丕强识

一

辛亥革命前，同盟会陕西支部长是井勿幕，一个了不起的人。井勿幕是井岳秀（民国初年直到民国二十几年在榆林做陕北镇守使）的弟弟，幼时在家中读过不少旧书，光绪末年曾到日本留过学，在日本结识了不少从事革命运动的人物。宣统元年回国，宣统二年我在上海遇到他，当时他不过二十二三岁。陕西人中运动革命出力最大的，一个是在上海办报的于右任，一个是他。他在陕西运动革命，活动的范围很广。他固然能和青年人在一起讲"新学"，讲他在日本时得到的革命理论，也能和中年的秀才举人们做诗谈旧学，而且因为他的哥哥从小习武艺（井岳秀是武秀才），他也在一起学过，对于所谓"十八般武艺"也会使用，所以更能与江湖上的人结交。

陕西的江湖人物（陕西是既无江又无湖的，姑且借用这名词——丕强）大抵有两种，一种是哥老会，当时哥老会在新军里颇有势力，还有一种是陕西人所谓"刀客"。"刀客"是一种侠盗，类似英国的罗宾汉之流，崇尚侠义，劫富济贫的。清朝末年，有一个大刀客头儿，朝邑人，叫作王振乾，外号王狮子，是山西陕西甘肃三省刀客的领袖，在辛亥前就死了。他的党羽遍布各县，尤以陕西东部的十几县为多，井勿幕是同州蒲城县人，与他们很容易发生关系。那时有名的刀客头儿一个是阎孝全（朝邑人），一个姓严，忘其名，外号叫白翎子（渭南人），后来均在革命军中出过力。阎孝全阵亡于辛亥攻打咸阳之役。刀客和土匪当然是不同的，杨虎城是刀客出身，现在有人说他原是土匪，实是错的。那时的哥老会人物和刀客们，看见井勿幕这样一个张子房式的白面书生，居然也会各种武艺，而且有时比他们还好，所以对他很钦佩，情愿服从他的领导。

辛亥四月间，我从上海回到西安才两个月左右，正在养病，井勿幕在北山（陕西人称同官以北为北山）养马，预备养好了将来革命时编马队的。同盟会另一个重要的人是当时的陕西谘议局议长郭希仁，此时也不在西安。我住在藩台衙门（现在的民政厅）里土地祠中养病，有一天忽然有一个同盟会会员李仲三（现在西京市参议会议长）来找我，惊惊慌慌地说有一件大事要找我出主意。我问他什么事，他说哥老会的人决定就要起义了，怎么办？李仲三是潼关厅（现在潼关县）的秀才，外貌粗陋，面孔很黑，绰号叫作李逵,遇事不易有主张的一个人。我想我在此对一切都不熟,就问李仲三已经去找井勿幕没有?他说已经去找了,但不一定找得到,而哥老会想这两天就起义,找到也来不及了。我此时感觉责任非常重大,也无别人可以商量,沉思之后,乃告诉他:目前第一要劝阻哥老会,不能举事,因为我们没有充分准备,领袖又不在,起义之后也无法组织政府,我们的军火也不够,当地有新军,还有旗人的驻防,万一起义不成,我们就要全被消灭,以后就再没有革命的机会了。我叫李仲三劝他们忍耐,我们对外省也没有联络,就是在陕西革命成功了,也太孤单,随时有被围歼的可能。第二,要赶快去找井勿幕回来。

第二天,李仲三又来了,一进门很高兴地说:"伙计,你的办法真灵,他们听了。"这一次计划因此并没有发动。不久井勿幕回来,一方面对哥老会重新又说了一遍需要忍耐的话,一方面就加紧准备。派我到日本去买炸药和手枪。(张先生笑了,说:"我还干过这个呢!"——丕强)

二

我病还没有全好,可是必须就动身。买军火的钱,我是没有多少。井勿幕父母已经不在了,只有他和他哥哥两个人,他把家中好的字画挑出来两箱,托我带出去卖了买军火。我还记得有王石谷郑板桥的画,刘石庵的字等。当时大家为革命是不顾一切的。我又拿了井的介绍信,到汉口去找一个陕西泾阳的财主柏筱渔,他在汉口有大生意,预备到汉口找他捐钱。柏筱渔原是我在三原宏道高等学堂时的老同学,不过在此以前没有革命的关系罢了。这又可见井勿幕运动革命范围之广。

我坐了八九天的骡车到洛阳,换火车到郑州,转车到汉口,找到柏筱渔拿到一些钱(我记得数目不大)后,乘船到上海。

到上海所找的人里面,有刘亚休,本来认识,又加井勿幕再介绍的。刘是四川人,同盟会会员,同井在日本认识。他为我介绍了到日本后的四川同乡,并谈到过运军火的计划。

又到民立报馆找宋遯初(教仁),因为若哥老会一定要举动而陕西首先发难,则革命政府就要在陕西设立,可是陕西那时候没有法政人材,所以要和宋商量派一个法政方面的人到陕西去。当时有两个人可能去,一个是吕天民(志伊),云南人,一个是居觉生(正)。

因为宋的关系，认识了谭石屏（人凤），湖南人，哥老会的大头儿。那时常常开会，地点也没有一定，有时在北四川路谭家开，参加的人有淡宅旸（四川人），吕天民，宋遯初等。结论是吕天民不能离开上海，东南方面需要他；居觉生可以去。

（张先生又讲起一点琐碎的事。谭人凤的"吃相"很怪，张先生学谭骂人时的样子，总是那一句粗话，而那咬牙切齿的烦恨之状，尤其好笑，引得我们大笑。张先生又说有一次同宋教仁乘人力车到北四川路，原已讲好了价，下车后人力车夫又要叫加一点，宋先生的湖南倔强脾气忽然发作，坚持不付，争吵不已。张先生说他当时的感想，觉得要做革命大事，怎么对这些小事不肯放松呢？——丕强）

陈英士（其美）也是这时认得的。那时候陈英士当然是官方注意的人物，我和他初次是在堂子里见面的。清和坊（我记不清路名了）的怡情别墅有他最喜欢的姑娘。第一次彼此就躺在姑娘屋里的床上交头接耳地说话。姑娘当然避出去了，老妈子总进来倒茶拿瓜子。这是我第一次进堂子，此后还在那里吃过几次花酒，也是陈英士请的。可是那个时候最熟的还是宋遯初。

不久我就去日本买军火，刘亚休介绍的四川人，就是任叔永（鸿隽），后来又在他那里认识吴玉章。此外又认识一个怪人洪承典，洪是江苏北部人，喜欢讲究慷慨悲歌的英雄派头，爱喝酒。有一次聚会时，他已喝了五瓶啤酒，走来叫我喝，我说我一点也不会喝，他认为我不行，要我一杯茶对他一瓶酒地干杯，我觉到这还可以，欣然奉陪。不料他又喝了五瓶啤酒，还要再喝，我喝了五杯茶，已经胀到实在不能再喝了，只得认输。当然被他认为不够英雄了。他又喝了三瓶，前后共喝了十三瓶始罢。洪后来在二次革命时一度任革命军南京卫戍司令。

我告诉任叔永等我来日本的目的之后，他们都说买手枪炸药没有问题，就是运输回国困难，在上海检查时不易逃过。问我是否曾注意，上海近来检查偏重那方面，不注重那方面，因为这些情形是常常变换的，如能得知，就较易隐匿这些武器了。我在上海不知这些事情，没有注意，于是大家商定由我再去上海看一次情形，调查明白之后再回日本运武器。

从日本回上海之后，常常和陈英士商量运武器的事，来往比较多。陈住马霍路，答应帮忙我将东西由上海运到内地。陈英士有一个听差，穿得很好，人很强壮，管包扎运军火。我有一次看见他装运军火，办法是拆开一套新的洋式沙发（当时上海还没有汽车，沙发也极少见），将手枪塞在弹簧中间，然后将沙发仔细缝好，看起来天衣无缝，决不会知道其中有武器。运起来好在沙发本身已很重，当时人也不大知道沙发到底该有多么重，所以更不会看出来。这个听差的姓名我记不起了，而他的相貌如今想来还历历如绘。后来我曾打听过他的下落，也没有人知道。

我好像记得当时黄克强（兴）不在上海，有一次他从广州来信，大家在民立报馆传观，他的字写得很好。

三

正想回日本，八月十九日武昌起义了，上海紧张起来，大家一天到晚在开会。武汉是四通八达的地方，可能遭到清军围攻，必须发动各地响应，以分散清廷兵力。大家推我赶快回陕西策动起义。当时汉口不能走，京汉路（今平汉路）南段已经因运兵完全不通，所以我决定绕天津北京郑州到西安，虽然知道京汉路北段未必通客车，但是总希望这一段比南面一段好，能够通行。

我在光绪三十四年由陕西到上海时已经剪掉了辫子，这次在风声鹤唳中经过北京，当然相当危险，然而装了假辫子又容易看出来，所以还是没有装。北京我是初次到，请人写了信介绍给当时《民意报》的赵铁桥（同盟会员）。带了两箱子没有卖出去的字画，匆匆地在八月二十二日离上海北上。

我记得到北京的那一天已经将近晚间八点，因为没有辫子，在前门车站就被仔细检查了一番。我住在前门外西河沿的中西旅馆，从晚间八点钟到第二天早晨八点钟，我一共被检查了八次。检查者包括内城外城各种军警机关。还有一次是一个斯斯文文戴眼镜的便衣密探，询问我许多之后居然还要我的字画看。幸而这个密探不大高明，否则那时的我一点也不懂字画，恐怕就要露马脚了。

第二天上午到民意报馆去找赵铁桥，没有看见，回旅馆后下午就有人来问我，今天到民意报馆是去找谁的。我于是明白出入有人盯着了，只得扯个谎，说是间接辗转找别人的，总算支吾过去。后来看到赵铁桥，也是约在窑子里见面的。在旅馆中住了两星期，忽然铁路通了，我就离北京南下，经过郑州到洛阳。

四

这次从北平到西安一路所见全是革命时期的变乱现象。当时由北平同回陕西的人约有四五十个，有的是由日本归国的，有的是在北平读书的。从北平坐敞车（本来是运马的，而且这次其中的确有马与我们为伴）走了两天到郑州，从郑州换车到洛阳以西的一个小站观音堂。当时陇海路还只修到这里，向西就要换骡车。平日在观音堂，总有骡车来兜问是否到陕西省去的，这时因为"天下大乱了"，没有人肯出门，雇不到骡车了，我们四十多个人就搁浅在观音堂。后来我总算雇到了一辆骡车，平常从洛阳到西安车资要十来两银子，这次却要二十多两，比寻常贵了一倍多。平常雇车是先付两三成车资为安家费，其余一部作为车夫路上各种用途，大约还有一半到西安再付清。这一次车夫却坚持先付全部，否则不肯走，无奈只得全部付给他。同伴们雇到了从陕西驼货到观音堂来的四十来匹骡子（叫作驼骡），这些骡子是从关中运货来，本来要回陕西去的。车子和驼骡一起出发，走了一天到英壕镇歇夜。在店中车夫忽然说不走了，问他原因，他说听到西面来的人说那边已经乱了，杀人并且杀牲口。我去打听时，才知这些消息是从陕西来的河南人（陕西东部比较富饶而豫西贫瘠，所以豫西的人有移居陕东的，也有每年农忙时到陕东去做工，秋收后再回河南的）说的。但只说陕西已经乱了，详细情形却讲不出所以然来。

我同车夫商量，在这一个小镇上是雇不到车的，能不能明天一天赶到陕州（离英壕镇一百三十里，陕州离潼关一百八十里），陕州是一个大地方，我可以在那里再雇别的车子西行。车夫起初不肯，后来再三劝说，他才答应了。

第二天起了一个大早，天还没有亮，就在月光下出发了。走了二三里路，向西走的骡车突然又掉过头来，转向东方，飞快地跑回英壕去。我原在车中打盹，这时被颠醒了，问车夫什么事，车夫只说杀人啦，杀人啦。我从车后望出去，果然看见西面一大堆人，有哭叫之声。回到英壕之后，我说这是抢劫，天亮后行人多就不会再有，但车夫一定要说是杀人，再也不肯走了。我只得骑了同伴的驼骡队让出来的一匹驼骡，带了两箱很重的字画西行。

五

走了几天，经过陕州，到了距离潼关只十几里的地方，得知前面走不通了。问别人时，说是袁世凯的第六师和陕西革命党在潼关打仗，这才确实知道陕西已革命了。西去不成，大家计划北行渡黄河经山西入陕西。但这时因为天下已经乱了，各地都纷纷图自保，河南山西虽都没有革命，可是山西已不准河南的人过河去，把黄河渡船都控制了，我们找不到船只。

这时我忽然想起以前在宏道读书时有一个同学，住在潼关东十几里的小镇上，这小镇属潼关，所以他仍是陕西人，但因为到底是在潼关外了，我们常常笑他陕西人住在河南地方。这时正好去找他，居然找到了，他也答应设法船只，我们才能过河。

我们好几个船同时由河南向山西出发，将近北岸时看见岸上聚了一大堆人，船渐渐靠近岸时，岸上有一个人朝天放了一枪，以手作势，不许我们登岸。我们商量了一下，派一只船，上面只坐了两三个人，上前去解释，告诉他们，我们是预备经过蒲州转往陕西去的。总算说好了，上岸时见一个老头子，提着一把手枪，方才放枪的就是他。我们这四五十人连驼骡和这些监视我们的民团，一起到芮城县去，预备由芮城去蒲州（现在的永济县）。

将到芮城时，看见芮城又在严阵以待了。城门楼上及城墙上挤满了许多人，靠近时有人大叫"骑马的下来！"我们就从我们的"马"——驼骡——上下来。他俩又叫"不准进城，到东关去！"我们乃到东关（东门外）的一个小店中。一会见城里来了一个人，说守城的武官叫我们举几个代表去接头。一共举了四个人，我也是其中之一。跟着那人到了城门口，看见城门开了尺把宽的一条缝，只能容一个人走；城门里面，上面一把刺刀，下面一个枪口地排满了。我问他们说：这是做什么？到底要不要我们进去？我们四个人又不带武器，何必如此严密戒备？我们这样走进去，若是刺伤了怎样办？他们总算把刺刀和枪都退后一步，让我们走进去。

守城的武官站在他的桌子后面，穿着一件紫红袍子，右面的袍角提起来卷在腰带里，右手提一把手枪。他凶狠狠地问我们的姓名，问我们从哪里来，干什么的。等到问明白了，他放下了袍角，把手枪丢在桌上，长出了一口气，说："弄了半天，什么革命党，原来是些念书人。"我们才知道是被当作革命党看待了。回到东关客店，店里的掌柜的才告诉我们说，方才传说我们这些革命党的"马队"来了，县官吓得溜之大吉，城上装好了"大将军"（一种土炮），"大将军"里面已装好了火药钉子铁片等等，一个年青的民团看见我们走近，已经点着了火香预备去引燃大将军。幸而有一位老年人止住了，说这些人载了这许多东西，人在马上东倒西歪，不像是马队，不要打错了人。于是才叫我们下"马"来，也幸而我们顺从了，没有开炮，否则不死也要重伤几个人。县官到此时还未找到。

六

次日，从芮城走了一天，到蒲州城东南十五里的韩阳镇。在客店里我刚打完土正要洗脸的时候，一位同行者面无人色地跑进来，急得只能说"达达，达达，达达"。陕西话称爸爸为达达，说"不得了了"为"好达达呀"。我们问他什么事不得了，他说店中掌柜的告诉他今晚这里要闹事，叫我们大家小心。我们听了他的话不知是什么事。我想所谓闹事只有两个可能：一个是附近盐滩中有土匪，土匪听说我们这样四五十个人带了箱笼物件路过，前来抢劫；另一个可能是革命。不久店里掌柜的来了，也只说要闹事，说不清要闹的是什么事，叫我们顶好不要睡觉。他的严重语调使我们有些人听了毛发耸然。

晚间我支持不住，就和衣而睡，并告诉同伴们有事时务必叫我。正睡得好，被人摇醒了，起来走到一间大屋子中，全客店的人除了几个人爬到房顶上去以外，都聚集在这里，大家站着等着人进来。等了半晌，并无人进来，只听见街上有许多声音，脚步很多而比较整齐，像过军队一样。我们到院子里，从大门罅隙向外看去时，这些人两个一排，由东往西去，每隔几排有一个骑马者。我们听见他们打一个染坊的门要白布（当时革命军以白为徽号，白旗，兵士臂上也围白布条），才知道是去革命的。向西去一定是去蒲州府。我和大家计议，因为我们原定第二天去蒲州的，如今蒲州革命，不能再去了。有人主张在韩阳镇等着，有人说蒲州清兵和革命军打，总有一面要败，退下来的败兵经过韩阳镇总要抢的，不如退回东面去。我说虽然要抢，也反对转向东面去，芮城的经验告诉我们退回去也不一定就平安，我们的目的地在西面，哪有向东走与目的地的方向背道而驰的？终于决定在韩阳镇等一天。这一天上午没有败兵来，平安过去。我们料想蒲州革命已成功，就计议此后的行程。蒲州既已由革命军占领，必不能再通行，蒲州以南到潼关对过的风陵渡之间还有三十里河岸，由此过河是朝邑县的南乡。第二天我们就这样走，渡河到朝邑县的时候，已经天黑了。

七

朝邑是我的故乡，这时我父亲就住在县城里，然而我却不想回去。因为恐怕我父亲看见我回家，在这天下大乱的时候，不肯再放我出去。而我则是负了同盟会的使命，非到西安去不可，所以预备悄悄地在店里住一夜，第二天早晨就走。可是店主东又说夜间要闹事的，问他是不是革命军要起事，他说不知道，但确有人说因为知县那天下午杀了一个刀客，刀客弟兄们今夜要报仇。同伴们因为我是朝邑人，公推我出去打听一下，到底是什么事。

我走出了店门，当然没有想向父亲或父亲的朋友处去打听。可是出门没有走几步，忽然迎面遇到了父亲。父亲晚间出门，向来叫仆人提一把灯笼走在前面，街上的灯笼很多，我也不能都注意到，父亲却先瞧见我了。叫着我的小名，问我什么时候回来的。我听到父亲的声音，知道过门不入是不成的了。

我参加革命的事，过去父亲也许有些晓得，但不知真相。这一次我完全对他说了，并且说明第二天就要往西安去。我对老人家解释，如今各地虽然乱，然而都是革命党，我自己就是革命党，总不会自己人杀自己人。父亲听了默然，没有对我第二天去西安表示反对，我又问到今晚闹事的传说，父亲说也不知道是什么事。我说同伴们叫我出来打听，我今夜就要到店里去告诉他们，住在店里，明早一齐走。这次父亲却表示不赞成了，他说："你明天早晨走，我不反对，但今天却望你住在这里。"我只得到店中告诉同伴们不知道闹事传说的真相，便又回来。

半夜里，果然闹事了，有人打我们的大门，也打街对面铺子的门。我们的房子在城外靠城门很近，后屋顶上，为了怕变乱，不久前特地开了一个天窗，下面放了一架梯子，这时大家爬了上去。忽然城楼那面有子弹向外射了。陕西较好一点的房子，屋脊是相当高的，我们蹲在屋脊后面躲着，听见城楼上的兵士问下面的人："城下是人是鬼？"如答"是鬼"，就不开枪；如答"是人"，就开枪射击。"鬼"大概就是当夜革命军的口令了。我们并看见城内的火光（后来知道是知县衙门被烧了）。过了一阵，下起雨来了，我们大家只得都下来，幸而以后再没有什么事。

翌晨，天亮了许久没有人敢开门。大亮之后好些时候街上才有人走，城门楼上已经挂了一面大白旗。邻居们也逐渐出来张望，大家才知道知县衙门昨夜被烧了，县官也被捉住了。我这时也无暇去打听本县革命的消息，赶快去找了同伴们，即日同去西安。四天之后，到了西安。这时已经是九月二十四五，离开上海已经一个多月了。到西安后，过些日子，才知道那晚在朝邑起义的是我私塾时代的一个老同学名徐召南者，才知道知县李焕墀（湖南人）虽被捉而并未被杀，后且为一"刀客"出身之某小军官做秘书，得全性命。

八

到了西安，才知道陕西的革命九月初一就发动了，那时我还在北京等火车。又知道因起义时井勿幕不在西安，是由张翔初（凤翔）领导的。当时满清的新军在陕西有一混成协（约如现在的旅），协统（旅长）是旗人，张是协统下面的一等参谋官。革命后陕西的首领没有称作都督，而叫作大统领（后来求与各省划一，改称都督）。在大统领张凤翙之下另设四个都督，像现在的厅长一样。

到了西安之后最感伤心的是除了张凤翙之外，所有要位都在不识字的哥老会人手上。四个都督好像全是哥老会的人——至少有三个是；张凤翙没有实权，财政和兵权都在哥老会手中。郭希仁在张凤翙下面做个秘书长之类的事，终日忙得不亦乐乎，我们戏称他为郭丞相。此外又设了四个参议，我到西安后也补我做参议。参议们每天批公事，什么实际的事也不管，例如有人来告状了，就顺着状子上的语气批一下，也不问事实真相如何，整天纸上谈兵。李子仪（元鼎）茹卓亭（欲立）终日在做批公事的参议。

过了两三个月，我实在待不下去，想走。井勿幕膺了陕北招讨使的名义驻节三原，这时也回到西安，他也觉到不满，同同盟会的人谈，大家都认为革命失败了。我预备到汉口，井勿幕希望我见到黄克强（黄当时是大元帅）黎元洪（黎是湖北都督）时，请他们派一枝革命军来陕西驱除哥老会势力。（这时已是民国元年春天，清廷大势已去，袁世凯已出来要求媾和）井勿幕写了两封信给黄克强和黎元洪，张凤翙也以陕西都督的名义备了一封正式公事给湖北都督黎元洪，都由我带去。张凤翙给我一张离开西安的护照，可以凭此出城。不料到城门口时，大统领的护照和参议的身份都没有用，兵士不许出门，说一定要有"大哥"的护照，这位哥老会的"大哥"叫张云山，是当时四都督之一。我又去找张凤翙，对他发了一顿脾气，他叫秘书去请"张大哥"另发了一张护照，我才离开西安。

九

当时河南在清廷手中，从郑州到汉口的一条路是不能走的。我预备由西安翻过秦岭到龙驹寨，听说龙驹寨到汉口水路仍通，而且当时龙驹寨电报局局长杨叔吉是我的老同学，预备到龙驹寨去找他。这一次到汉口去，井勿幕叫我请黄克强接济军火，我当时因为自己不内行，另找了一个同伴同行，陕西陆军中学毕业的，四川人，叫汤万宇，一起出发，作为我的军火顾问。

到龙驹寨，找到电报局局长杨叔吉，杨说去汉口不成问题，因为电报局有一位师爷贾东垣去年冬天到老河口去买过电线（当革命的时候，农民间因传说电线杆子破坏了风水,以致收成不好,于是把大部分电线杆子全砍断了,电线也拿走了,所以必须补添),过几天还要再去,可以搭他的船同行。由龙驹寨到老河口这一段中,经过河南,或有危险,但陕豫交界的荆紫关的清军长官姓任的与贾师爷认得,可以请他关照;至于老河口到汉口,则在湖北境中,换坐大船,毫无问题了。为了小心起见,我又去找贾师爷,问在河南境内一段究竟有无危险。贾说任大人(我忘了他的名字和职位,当时确是如此称呼的)绝对可靠,不但从前见过,吃过他的饭,过年的时候他还派人送礼来。因此,我也不再疑惑,乃同贾东垣,汤万宇,带了四个卫兵启程东下。

过了两天到了荆紫关。上午十点左右就到的,贾师爷(贾是一个秀才,喜欢抽鸦片烟)上岸去拜访任大人,请他派兵护送我们出河南境。但一去四五个钟头不见回来,汤万宇说,不要是出了什么事罢?我经他一说,也担忧起来,但推测也许贾在城里抽鸦片或是打牌,所以没有回来。到下午四五点钟,任大人派人来,请我和汤万宇进城去吃晚饭,我们此时比较放心,但因为和任不认识,托故辞谢了。天快黑的时候贾师爷才回来,说在任大人那里打了几圈牌,任已答应派兵护送我们出河南境。果然不久就有二十个兵到来,他们另坐一条船护送,第二天清早就出发了。

又过了两天到淅川厅(现在淅川县),船还没有靠岸,远远看见岸上黑压压一大群人。我还以为有庙会,但这些人都望着我们的船,向我们的船指指点点。这时我们还未细想,忽然对面划过来一条船,把我们的船撞停了,跳上来三个人——后来我们知道这三个人是代表政军学三方面的,政方是知事衙门的师爷,军方是团练方面的武官,学方则是士绅之流——问我们从哪里来,几个人,做什么的。贾师爷实告是去老河口买电线的;我说是因为有个弟弟在汉口病重,到汉口去看弟弟的;汤万宇说回四川去的。武官问他由陕西回四川怎么走到这条路上来了?他说因汉中广元一条路有土匪,所以绕道汉口。武官于是说:"我们接到了任大人的电报,说你们是革命党,叫我们来捉拿你们。"我们当然不承认是革命党。那个办学的士绅就把我拉到一边,轻轻地对我说叫我告知实情,以便代为设法解脱。我怕他骗我,矢口不认。三个人见没有结果,就走了,派了两个兵在船舱两头口上把着看守我们。

他们走了,我就想这回可糟糕了。但若没有证据的话,我们可以坚不承认,或可幸免。而我身边所有的证据是两封给黄克强黎元洪的信和一份陕西都督给湖北都督的公事,必须立即毁去。我想着毁去的办法:若是丢进河去,恐怕下游他们特意派了人在等着,捡了去的话,是我们送证据给他们,若是吃下去,这样厚的长信和桑皮纸制的大马封,如何吃得下去;若是用火烧的话,有烟,也有纸灰,况且两个兵眼睁睁地看着。想了一会，最后决定还是烧。幸亏那时天气还冷，舱里生着炭盆，我就佯说太冷，叫添炭，又故意挑了没有烧熟的炭来，烧得满舱是烟。我们一面还骂拿炭的人太笨，为甚么拿这样的炭。"烟幕"布置好了，为减少两个兵的疑心起见，我乃走到两边舱口，请那两个兵进来烤火。两个人看见这样的"先生"请他们烤火，有些不习惯，同时大概也怕他们进舱之后我们若逃了一个人他们犯嫌疑，不肯进来。我一再请他们，他们推辞着更走远了一点。这当然是正中下怀，于是三个人围了炭盆，把信撕成一片一片放进炭盆去。又因没有火苗，纸着不起来，我们就嚷火不行，拿一把扇子煽火。纸灰飞起来了，我们就说谁这样糊涂，拿炭的时候连纸也夹在里面了。两个老实的兵士就被我们这样骗了过去。总算把信烧完了。

信烧完了还不到十分钟，检查的人就来了。把我们所有的行李都查了一遍，一无所获，只有贾师爷所带的二千两和我们的几百两银子。他们又说厅知事请我们到衙门去住一夜，可是我们离船时他们又叫我们将全部东西都带着，连四个龙驹寨电报局的卫兵也跟着，我们知道这次事情将很麻烦了。可是因为证据已全毁了，所以也不太怕。

十

我们三个人进了厅知事的衙门，从大堂到二堂，从二堂到花厅，两旁密密地排了武装的兵士，希特勒卫队式，背对背地站着（所以实际上是有四排了），情形看起来很严重。走到花厅门口，厅官走到屋外来迎接，他把我们打点之后，举手让我们进去。贾师爷年纪大，被让到上面平床上，汤坐在东面，我坐在西面，厅官也坐在西面我下首的椅子上。他是个小个子，八字白胡须，浙江湖州人，说起话来滑头得很。照例的官派的寒暄过了，问了我们的来历，我们的回答和船上所说的一样。他又说到荆紫关姓任的军官的电报，我们说根本无此事，希望他小事化无，放我们走。他不肯，说"这事兄弟不敢担肩（负责任），要送三位到南阳由军门大人发落。"他说的军门大人是指南阳府的镇台，姓谢，因为是道士出身，百姓叫他作"谢老道"，素以杀革命党出名。我们想一送到南阳便凶多吉少，但是和厅官争执也难有效果。就辞了出来。

出了会客厅，我们的身份马上从客人降为囚犯，进了监牢。第二天从监牢里提出来，点名后在颈上拴上铁绳，向南阳出发。路上虽是山路，但允许自己花钱坐轿子。所谓轿子是比四川滑竿还不如的椅子和两根杠子组成的，我们每人都雇了一乘。颈上的铁链始终有一个"解差"牵着，每到一个村镇似乎是招摇过市，大家都来看。后来总算同解差讲好,把铁链子交给我,藏到皮袍子里面去,拖下去的一段放在皮袍子底下的西装衣袋中,虽然很重,到底不会处处被人围观了。解送我们的卫队一共有二十个人,队长特别同我拉拢,称我为同志。我怕他有花样,不愿答理。后来他说,谢老道是个杀人不眨眼的魔王,知府知县都是旗人,叫我们特别小心,最好到南阳以前先写好几封信和禀帖,到后分送政学各方面,叙说自己实是冤枉,这样或可得到开脱。我想倒也有理,后来是照办了的。后来想,他也可能真是同志。

到内乡县,淅川来的人算有一个交代,把我们送到县衙门大堂上点名换铁链(他们给换铁链取了一个很好听的名词,叫作"换线")。在内乡我们是住在待审所(比监狱好得多),知县还派人送了一桌酒席来,我们生死不可测,心绪很坏,谁也吃不下,就送给待审所的人们吃了。大家对这县官是什么用意,也猜想不出(现在想起来,也许是"一脚踩两只船",投机一下而已;那时年青,还以为可能他是在酒席中放了砒霜毒死我们呢),县官又派人来说晚饭后有空的话想见一见我们。后来因为我们同来的龙驹寨电报局四个卫兵,突然逃走了一个,县官大概怕我们也逃走,那么他如会见我们,岂不有了嫌疑,所以又取消了这个约会。

次日,由内乡到镇平,也是住在待审所中,也是在大堂上点名换"线",递解的差人又换了。第三天到了南阳府,并没有直接送到镇台衙门,而是送到南阳县衙门。由这时起我们三个人被分开了,进了南阳县三个不同的监狱。

十一

我住在一间非常肮脏的小屋中,挤满了十几个人,没有床或炕,铺盖就地上都无法打开。夜里睡醒时,常发现别的犯人拿我的腿和脚做枕头。空气当然是非常恶浊。到后第二天早晨我拿出几两银子托狱卒换一点钱,那时一两银子可以换两吊钱,但狱卒换来的行市是一两合一吊二百钱。他问我要吃点什么,我说不想吃什么。他安慰我说"事有事在,饭总要吃啦",并且建议我吃"糊辣汤"(是一种河南街头食品,或者是因为吃起来胡拉有声,故名)和饼。我同意要一碗汤一张饼,但他叫出去时却说"要二十张饼,二十碗糊辣汤"。我告诉他我只要一碗汤一张饼,他回答说"先生,这些人也要吃啦。"我才明白新囚犯应当请旧囚犯的道理;旧囚犯穷了,等新囚犯来大家吃他的,新的囚犯吃光了,他也就变成旧的囚犯,再吃后来的新囚犯。

我在镇平的时候就把给各方面的信和禀帖都写好了,托狱卒找人送一下,我想特别加多，付他二百钱作送力，他竟要两吊，只好照付。

这里又有一件奇事出现。那天早晨，忽然外面叫问有张先生没有，某师爷（我忘了他姓名，后来知道他是知县的亲信师爷）来看。接着就有一个三四十岁的人走进来，我站了起来，他却客气得很，一下子就坐在地上，攀谈起来。他说："听说诸位来了，敝上司令兄弟来看看，敝上司深恐诸位是冤枉的"等等，我于是又说了一遍弟弟在汉口生病的话。他满口讲"等军门大人回来，敝上司一定代各位说说各位冤枉的情形"，并且说"现在兄弟先回去回敝上司一下，一两天敝上司有空时还想见见各位"。又问我有什么事，他可帮忙。我说要换银子，他连称不必，"回头兄弟叫人送来"。果然走后不一会就送来四吊钱。后来我才得知他看过我之后还去看过贾汤二人。这个人到底是有什么用意我到现在还不清楚，总之，他很帮我们的忙。狱卒从此对我当然也客气得多了。

不料这位师爷一去十几天没有下文。一天夜间我已经睡了，忽然被叫醒，说请张先生出去。我以为夜里提人大概是要行刑了，可是出门后看见贾汤二人也从外面（他们的狱在外面）向里走进来，又似乎不像是解往刑场的样子。紧接着我们三个人的铺盖也搬进来了，而且直带我们向里面走。走过大堂后，在一间屋子里见了上次那位师爷，他说因为知县事忙，所以到今天才能接见我们，很对不起。我问是怎样见法，他含含糊糊，不愿给一个具体回答，我直截了当地问他见时是不是应当跪下，他吞吐许久，最后说"还是跪下好"；我又问他是不是应当称"大人"，他吞吐之后也说"还是称大人好"。知县是在二堂"接见"我们的，贾东垣第一个进去，第二个是我，走进去时才知道根本就是坐堂审问。

（已经夜深了，张先生还是讲得很高兴，毫无倦容。他比画出这个"县大老爷"公堂上的情形给我看，两旁站着衙役，犯人走到阶下时，衙役十几个人同声喝"跪"的声音，就像我也被当作一个小革命党带到堂上一样——丕强）

审问的情形是官样文章，他完全照我禀帖上叙述事实的次序问了一遍，毫无挑剔。最后知县说他也觉得我们像是冤枉，等军门大人回来，他可以替我们解释，并且叫我们住到外面一个比较好一点的地方去——不住在这又小又脏的监牢了。临退前还嘱咐在那里安心住——意思自然是不要跑。

我们当晚搬到一个优待的监狱里，一个小院，只有三间房子，据说是"告上状"（各县到府来上告）者或有功名的人住的监狱。从此以后，我们三个人又住在一起了。搬过来之后那位师爷最初来看过我们几次，还送一些他自己家中烧的红炖牛肉等食品，但是后来又不来了。我们一住两个月,愈过愈焦灼不安。

这两个月的日子真不是好受的。隔墙就是重犯监狱,铁链的声音常常可以听见,镇台处的下文听不到,我们以为不免一死了,半夜里灯光如豆,听到门外马蹄声或是刀枪的磨擦声就不由人要吃惊。日子就随着恐怖的黑夜蠕动地过去。这两个月中,白天还可以拿看书来排闷,就是夜里睡不着时特别焦燥。贾东垣有他的烟灯作伴,还好,我和汤万宇最觉烦闷。

我在上海念书时有一个同学是南阳府人,叫周起孟。当时并不太熟,别后亦未通信。我这次到南阳后与学界中人的信中有一封便是给他的。信去后多日没有消息,我以为或者是信未送到,或者是他不愿来,不料有一天有一个身穿粗布小棉袄,鞠着腰带,完全农民模样的中年人来看我。他说他是周起孟的哥哥,特来告诉我起孟到湖北参加革命去了,所以不能来。此事给我一很深的印象,因为周起孟在我看来似乎是一个心气和平,与世无争的人,而现在居然也参加革命,可见当时革命思想传播之速之广。后来他回南阳后,也来狱中看过我一次。

十二

看守我们的有四个兵,三个年老的很谨慎,一个年小的才十四五岁,常偷偷告诉我们一点消息。南阳与湖北襄阳接境,襄阳的革命军由季雨霖率领,准备攻打河南,因此谢老道常在南阳襄阳边境部署军队并建筑防御工事,偶然回南阳府也很忙。有一次那个小兵说谢老道吃了败仗了,我们一喜一惧,因为固然希望革命军来,可是又怕谢老道放弃南阳时临走把我们这些革命党全杀了。其后又一次那小孩说季雨霖要来了,城内住户的灯笼都已拿到官家去准备作守城用。可是那天夜间革命军并没有来攻城。

南阳陷落的前两天,情形越来越严重。我们全靠那小孩报告消息。有一天,他说季雨霖离南阳只有五十里了,次日上午还说有三十里,到了下午又说只有十几里了。谢老道在南阳以倔强嗜杀著称。因为倔强,我们总以为他到退无可退时一定要背城一战;因为嗜杀,我们恐怕他在弃城逃走前或者要杀我们以泄愤。因此,我们对于季雨霖越来越近的消息是有相当矛盾的反应的。不过因为只有季雨霖来我们才能出去,而谢老道的临时泄愤却是或然的,所以还是希望季来的心切。何况在公的方面讲,当然也是盼望革命军从早光复此地呢。

最后一天的演变几乎是戏剧式的。清早起来不久,一个老兵说:昨天知县下乡去查乡,没有回来。小孩在一边插嘴说:"那里是查乡,我看他是跑了。"又过了一会,忽然另外一个老兵叫我们到院子里去看,说镇台衙门起火了,谢老道已经跑了。再过几十分钟,听见街上有人放枪。小孩从街上回来,背了半个小猪,说这是他抢来的。又过了些时候,看大门的老头子跑进来对我们说:"张爷,汤爷,你们的人来了,现在你们可以出去了。"

我们到门外去看,有些老百姓,包括男女老幼,在抢一个当铺,大家抱了很多衣服出来。季雨霖这时只有四个骑兵进城,告诉人民不许抢,果然大家都不敢抢了,把已经抱出来的东西都放在十字路口堆起来,预备退还当铺。过一会,家家门上都插白旗,表示欢迎革命军。我们因为外面太乱,而且流弹也很多,所以决定暂时在狱里再住一两天。由那时起,狱中一切便由我们支配了。

第二天,我们正预备搬到旅店去住,季雨霖的参谋部有人来找我们了。原来淅川南阳途中在内乡逃掉的那个卫兵,回龙驹寨报告我们被捕的消息后,张凤翔也就知道了,早打电报通知湖北方面,叫季雨霖到后立刻释放我们。出来之后,季雨霖的参谋部还请我们帮忙,我们因急于赴汉沪,自然谢绝了。离开南阳前,游了一次卧龙岗,看见岳武穆所书出师表石刻,是此行唯一值得纪念的事。经过襄阳到武汉,看见湖北的革命也是一团糟。由汉口到上海已是四五月间。

十三

在上海住了半年多,曾到南京去看过临时政府的情形,也感觉很失望。在陕西觉得是一些无知的人代替了另一些无知的人,由武昌到上海,沿路所见,也很难令人满意。当时我颇感觉革命党人固然是富于热情勇气和牺牲精神,但革命成功后对于治理国家建设国家,在计划及实行方面,就一筹莫展。因此除了赶走满人,把君主政体换成所谓共和政体之外,革命是徒有其表的。皇帝换了总统,巡抚改称都督,而中国并没有更现代化一点。"破坏容易建设难"一句格言,不幸完全证实。在这种失望情形下,我便决定到外国去读书。预备学些实在的学问,回来帮助建设革命后的新国家。

在未出洋前,也就是在上海的后一段时期中,有两件事或者值得谈谈。一件是与孙中山有关的,一件是与选举国会议员有关的。孙中山当时已经让袁世凯做临时总统,他自己决心办实业,并且以修筑二十万里铁路为号召,组织了一个铁道协会,会员多半是同盟会会员和后来的国民党党员,我也是会员之一。当时袁世凯为排挤孙中山,乃叫他的交通部次长叶恭绰在北京又组织了一个铁路协会，包括一批北洋官僚（即后来所谓交通系），以与南方的铁道协会对抗。后来再进一步，铁路协会竟要求取消铁道协会，不久又调换枪花，要与铁道协会合并。（实际上就是要吞并铁道协会）当时我们听了都很生气，觉到袁世凯不但在政治上容不了孙中山，连实业，甚至一个空洞的铁道协会，都不许他办。大家生气得很，谈起来都坚决反对合并。

过了几天，铁道协会要开会了。我们纷纷议论，以为这一次开会一定要决定反对合并。果然，开会之后，孙中山请我们发表意见，发言者大概都反对合并，大骂袁世凯，不料孙中山自己在最后发言，他却主张合并。他举了许多理由，分析得很清楚，大家听了觉得也很合理，到表决时竟然大多数都赞成合并了！这固然表示大家当时对他的信任和拥护，但同时他的口才的确也真令人佩服。那时的革命党人每个都是自命不凡，他居然能（不管在现在眼光中看起来是否正确）列举各种理由，完全依逻辑方式推论，毫不煽动地折服了人心。这确是他在当时过人之处。

后来章行严（士钊）有一次曾同我谈起孙中山的说话本领，他也很佩服孙氏的辩才，他说："我每次去看孙中山，未进他的门以前，觉到他是不对的；可是见了面听他讲话时，又觉得他头头是道，确有道理；等到走出来之后，又觉到他还是错的。"章氏此话虽未必完全正确，但藉此也可见孙中山的口才。

另一个与孙中山有关的事是他有一次应当时的中国社会党党魁江亢虎之邀，在丹桂茶园讲社会主义。一天讲两小时，连讲了三天，我也去听讲。他的讲题是社会主义与马克思主义。那时我还是第一次听到他的公开讲演，也觉到他的完全逻辑式的陈述中有特别的力量。当时在大家心目中（今天仍有些人如此想）孙中山是个"洋人"，学问都是用英文得来，没有读过多少中国书的，而那一次却出人意料之外，他讲到马克思学说中共产主义实行后社会没有阶级，人人各尽所能各取所需的时候，竟然说"那时候就像我们的苏东坡先生所讲的两句话，人生的物质需要就如山间明月，江上清风，取之不尽，用之不竭了。"当时许多人听了都非常诧异，不禁彼此相问他那里来的这一套！这事留给我的印象相当深刻，到现在相隔三十多年犹历历如绘。

十四

我在上海准备出洋的时期中曾回陕西去一次，这一次回乡很有意思，是选举国会议员去的。这是民国成立后第一次选举，有些情形或者值得记述。

当时选举国会议员是采复选制。每个县分为几个区,每区选出几个代表,这些初选当选的代表称为初选当选人。再将全省分为几个区,由每区所辖各县的初选当选人投票,选出来的才是国会议员。我在上海,忽然接到家中来信,说我已在初选中当选为代表。我当时很奇怪,觉到我在十一岁即离开乡间(我是朝邑南乡人),十八岁即到外县去念书,知道我的人很少,谁会来投我的票?同时更奇怪的是乡下人不识字如何会投票。我为了当时是否回陕西去在复选时投票,也考虑很久不能决定。若是回去罢,这一次实在太远,路费也不少,回去了,还要出来准备出洋,未免太不经济。不回去罢,我们在当时读的民主书上都说投票是一种权利,也是一种义务,若是公民都不尽这种义务,政治就要被少数人把持操纵。考虑的结果,认为既然参加过革命,对选举也应当尽公民的责任。因此就自掏腰包,路迢迢地回陕西去投票。

到家之后,才明白我何以能当选及乡下人如何会投票的道理。原来自从要"办选举",朝邑就设了一个选举事务所,事务所请了各乡绅士,商量选举的办法。本来法律规定按照人口比例朝邑应当有二十一个初选当选人,又规定大约有若干选民。选举事务所所请下的各位帮忙的绅士的实际任务有二:第一,他们要决定各乡应当当选的人名单;第二,他们要雇些书记为这些"应当"当选的人按法定票数(拿二十一除全县选民的总数的得数)抄写若干票(譬如说每人二百张或三百张)。抄写好了,还要把这些票封在一个柜子里,又把这柜子送到县里,定期开柜数票。数票后当然是人人当选,因为不能当选的人的票,书记根本一张也没有写。也可以说,因为要当选才写的,不当选何必写呢。当年"办选举"就等于"办差"。别县的办法或技术如何,我不晓得,我们朝邑的确是这样"办"的。我的故乡属于朝邑南区,选举事务所的绅士们有许多知道我和革命有关系,就把我的名字列在里面,我也就因书记先生抄写之劳而当选了。

朝邑县在复选时属于陕西东区,在潼关投票。前一两天,同区十几县的人都陆续来了。我到了潼关,认识我的人见我从上海回来,都以为是来竞选。我告诉他们,我已决定出洋,这次是来投票的。他们之中除了和我很熟的人外,都不相信,认为决无从上海不远千里赶回来投这一票的道理。

可是无独有偶,第二天又来了一个我的同志,这人就是抗战第一年作古的全国驰名的水利专家李宜之(仪祉)。他是从南京赶回来投票的。李宜之是蒲城人,他的伯父是数学专家,在陕西高等学堂教过数学,父亲李桐轩,是文学家(后来陕西从事改良戏剧的易俗社的初期的剧本多出于桐轩先生之手），两人都赞成革命，和井勿幕是小同乡。有一个时期，李宜之的伯母和母亲都去世了，他和他的哥哥尚未结婚，所以朋友说他们是"一家人四口，革命党两双"。他是京师大学堂预科毕业后去德国留学，回来后在南京河海工程学校做教务长。他虽未积极奔走革命，但对革命始终极同情，所以这一次也赶回来尽公民义务。他是有名的书呆子，我和他又根本没有从事竞选活动，所以大家终于相信我们并不是想做国会议员而来的了，终于相信天下竟然有为尽公民义务不远数千里而来投票的傻子。

这一次选举是中华民国成立以来，所有的选举中最清白的一次，大家根本不懂行贿赂，连请客的事也没有，完全是靠情面拉票子，真有点"古风"。到二次选举，大家晓得票子可以卖钱，就一塌糊涂了。

我们东区选举出来的众议院议员共有五个，其中后来为人所知的现时大概只有两个：一个是马彦翀（骧），抗战初起时张自忠做天津市长，他是秘书长；一个是寇胜浮（遐），在段祺瑞执政府时代曾因国民军关系做过农商总长，是一个出名的书家，两人现在尚都健在。

从陕西回到上海我就加紧准备出洋，革命朋友们当时对我"游洋"（那时不叫留学）之举颇有表示反对的，认为是不负责，把革命事业让给进步党和北洋军阀官僚就不管了，而我则深觉到没有现代知识或技术一切都办不到，于是就不顾朋友的批评，决心出国赴美。我在出国前，本来是预备学土木工程的，这自然与上面所说的铁道协会会员一事有关。不幸到美（民国二年七月）后，因对数学兴趣不浓，未入学即改变计划。当时陕西派的留美学生共四人，除我外，其他三人是严庄，刘楚材，林济青。林济青是山东人，革命后因在陕西外交司做事，又因当时革命党人颇富大同思想，没有省界观念，所以就派到了他，以后可就不容易了。

（张先生讲到这里，关于辛亥革命已经告一段落。但题外之文，尚有数点可记。其一，关于谢老道。张先生在南阳听说他带了亲信卫队逃出去，在路上他的卫队把他抢了，他愤而自尽，杀人不眨眼的"英雄"或"妖道"，下场如此。然而后来有人却不愿让他这样平凡地死，甚至也可说不大光荣地死，又造出些神话来。张先生说抗战前有一本似乎叫《辛亥殉难记》（金梁著）的书中，却说谢老道死得非常壮烈，兵败后，衣冠顶戴，北向三跪九叩谢恩而后"尽节"的。

其二，关于严庄，就是现在继程中行做江苏监察使的，是张先生在三原宏道高等学堂同学，后来一起去美国的。据说辛亥革命时在有驻防的地方大家都杀旗人，西安杀的尤其多。井岳秀在九月初一那一天就杀了二十几个人。严先生到满城碰见了一个旗人小孩,砍了四五刀,小孩还未死。严心软了,回来放下刀,再不去了。当时陕西的革命党人都嘲笑他无用。张先生说:"我当时不在陕西,若是在的话,不知要怎样才能杀得了人呢!"——丕强)

(四月二日及七日讲,八日写完)、

- 我所认识的志摩
- 为《学生报五四特刊》题词
- 悲愤的话语
- 一多先生死难一周年纪念
- 一个报告
- 书信

附 录

我所认识的志摩[*]

志摩的惨死是中国新文艺界莫大的损失,这是人人知道的。中国新文艺界对于他的长逝将有许多哀悼和纪念,那也是不问可知的。我非文学家,也非艺术家,对于文艺家的徐志摩不敢有所论列。我所要说的只是关于"人"的方面的徐志摩,换句话说,就是志摩的人格,志摩的风度。

第一,志摩是一个和蔼可亲的朋友。他的惨死消息传到各处后,知己的朋友无不为他落泪。许多朋友好几夜不能成寐,老在想着他和他的死。这一半固然是由于他死的情形太惨,引起人类的同情心,但大部分恐怕还是因为大家对于他感情太深的原故。志摩这个人狠会交识朋友,他一见面就和你狠熟。他那豪爽的态度,风雅的谈吐和热烈的情感,不由得你不一见倾心,不由得你不情愿和他接近。他的朋友恐怕一大半都是这样征服来的。熟的朋友对他更加喜欢,因为他那不拘形迹的地方使你认识他的天真,他那没有机心的地方使你相信他的纯洁,他那急公好义的地方使你佩服他的热诚,他那崇尚理想的地方使你敬慕他的高尚。除过这些以外,再加上他那到处的温存和永久和蔼,就不由你不永远屈服于他的魔力之下了。普通一个人,尤其是富于情感的人,生平大概总有几个最憎恶或最仇视的人;同时也被几个人所憎恶,所仇视。但是志摩却是一个例外。他一生是没有对头,没有仇人的。他对于人生一切小仇小怨概不置意,他是超乎这些以上的。因此,人人都相信他是好人,人人都和他过得来。别人不能拉拢的朋友,他能拉拢;别人不能合作的事情,他能合作;别人不能成功的地方,他能成功。你看那《新月》月刊,新月书店,诗刊种种团体工作,那一种不是靠他在那里做发酵素,那一种不是靠他在那里做黏合物。这是他伟大的地方,这也是我们许多朋

---

[*] 原载《大公报》第一万零一百九十号,1931年12月6日。

友敬他，爱他，永远不能忘他的地方。

第二，志摩是一个学问极博，方面极多的人。一般人仅仅知道志摩是一个诗人。其实他对于文学的兴趣和造诣何尝限于诗的方面。他的散文有人以为还在他的诗以上，虽然他自己不是这样想。他的戏剧，他的小说，都有它们的特别价值和地位。这还只是指文学一方面言。若是他仅仅是一个诗人或一个文学家，那恐怕还不足以见他的气度的宏大，兴趣的广博。文学而外，在美术方面，他对于绘画，□□[1]，建筑，音乐等都有极浓的兴趣和很深的了解。我记得十年前在欧洲时，每次见面，他不是讲达文期（Da Vinci），拉福尔（Raphael），梅开安吉禄（Michael Angelo），席□[1]（CÉzanne），马体斯（Matisse），皮卡叔（Picasso），就是谈贝透文（Beethoven），瓦格纳（Wagner），杰考夫斯克（Tschaikowsky），再不然，就是鼓吹罗丹（Rodin）或赞赏 Gothic 建筑。我承认我对于这些东西，这些人物，所有的兴趣，都是由他引起的。他在遇难的前一日由南京写给北平一个友人的信中，还在大谈石涛的画和类似的题目。然而他的聪明，他的天才，当然也不限于美术方面。他对于科学有时也感很大的兴趣。当我一九二一年和他在伦敦重聚时，他因分手半年，一见面就很得意的向我说他近来作了一篇文章，料我无论如何也猜不着他作的是甚么题目。我笑谓大概不是自由恋爱，就是布尔歇维克主义。他说都不是。原来他作了一篇爱斯坦的相对论！后来这篇文章登在上海出版的民铎杂志上。据说梁任公先生对于相对论的最初认识还是由他这里来的。这虽然不能证明他对于相对论有甚高深的理解，但他的天才不肯为文学或艺术所束缚，他的□□方面之多，亦可窥见一斑了。他不但对于各种学问有极强烈的兴趣，对于人生本身也有极深切的认识。上自道德哲学，下至轮盘赌，他对之都有同样的兴致，都有同样的了解。因为他的方面特别多，所以他的交游特别广。旁人不能认识的人，他能认识；旁人不能了解的事，他能了解：秘诀全在此处。

第三，志摩的理想。一个真诗人总有他的理想。雪莱有雪莱的理想，拜轮有拜轮的理想，志摩也有志摩的理想。倘使志摩没有他的理想，则他那多方面的天材均将减色，均将没有多大意义。志摩的理想，和他的人一样，是很广大，很不容易拿一两个字来形容。粗浅的说，他的理想是在希望人类品性的改良。因为他不满意于现在的人，同时又希望他能改良，所以他处处崇尚"纯洁"，崇尚"同情"，崇尚"勇敢"，所以他处处攻击"虚伪"，攻击"仇恨"，攻击"怯懦"。他有一首诗的末尾两行是：

---

[1] 原文模糊不清。——编者注。

抹下西山黄昏的一天紫，

也涂不没这人变兽的耻！

我们读此，可以想见他的理想在他胸中是如何的沸涌了。

归结一句话，因为志摩的个性这样特殊，人格这样伟大，理想这样高尚，所以他死了，我们的损失也就特别大，也就特别无法补偿。他的死不但是中国新文艺界的大不幸，也是中国整个□□[1]阶级的大不幸，也是中国全体人民的大不幸！二十年十二月四日。

---

[1] 原文模糊不清。——编者注。

为《学生报五四特刊》题词

五四的目的是自由光明进步

五四的方法是批评与打倒偶像

这是人们爱它的道理

这也是人们恨它的道理

---

* 原载《学生报五四特刊》，1946年5月4日；选自清华大学出版社1989年版《张奚若文集》。

悲愤的话语[*]

我对公朴先生被暗杀没有什么话可说。我说的社会人士自然明白——这是政治上很卑鄙的手段。用军警的暴力来威胁政治，是很下等了，再用"暗杀"这是暴力中下等里最下等的一种。最下等的暴力绝对不能解决政治纠纷，反而使政治斗争益加恶化，而绝对达不到他的目的！

---

[*] 原载《学生报纪念李公朴先生遇难特刊》，1946年7月15日；选自清华大学出版社1989年版《张奚若文集》。

一多先生死难一周年纪念[*]

在你的朋友中，谁能像你将服膺半生的自由思想和道德观念，在一旦觉悟之后，认为只是某一阶级的偏见而并非永恒的真理，弃之惟恐不尽，攻之惟恐不力！

谁能像你将"人民"看作国家的真正主人翁，社会的主体，将自己的生命完全献给它，而不把它当作仅仅是供大人先生们生存需要的一种工具，或学者政客们鹦鹉式的口头禅！

谁能像你，在这人民解放的历史过程中，勇敢地向解放军的急先锋青年们虚心学习，而不堕入"年长就是道高"的错误观念！

谁能像你，绝对地鄙视那"明哲保身"哲学而将"威武不能屈"的精神发挥到顶点，为民族争光，为懦夫添耻！

假如你没有死，你今日是否还能耐心地守着原有的岗位？

假如你要离开原有的岗位，除了更向前，还有别的方向吗？

---

[*] 原载《闻一多先生死难周年纪念特刊》，1947年7月20日；选自清华大学出版社1989年版《张奚若文集》。

一 个 报 告*

一多，你已经离开我们两年了。这两年中经过的事情实在太多，无法向你一一报告。这其中有些是极端可喜，有些是非常可悲，有些是人类灵魂最高洁最神圣的表现，有些却是愚昧、自私、卑鄙、怯懦的大演奏。别的不必提，单讲智识分子吧！

一般说来，年青的是越来越进步，不愧为你的信徒；年老的却是和你在时同样地，甚至更加，没有出息。年老的没出息本来是生物学上一种通象，毫不足怪。可怪的，其实也是可怜的，乃是他们那一套不通的理论。

什么"赞成渐进啦，反对急进啦；赞成进化啦，反对革命啦；赞成和平方法啦，反对使用暴力啦"。你知道，总是那一套！在这些自命为自由主义者的人们看起来，一个自由主义者似乎是在任何情形之下都不能赞成，更谈不上参加，革命的。他们所念的西洋历史里面是绝对没有英国清教徒革命、美国革命和法国革命那些不愉快的事实的。再不然，就是他们认为密尔顿，洛克、服尔泰、卢梭、培恩、杰富逊那一群人都是共产党（或者苏联的尾巴！）而绝非自由主义者。依照同一逻辑，这些人大概也是反对辛亥革命和北伐的，不过嘴里不好意思这样说罢了。满清政府和北洋军阀是应当如何感激这些人的呀！

假如他们真是心口如一地爱好和平，那也可以原谅。不幸的是这些人大概又都是赞成"勘乱"的，好像美国的枪炮炸弹绝对不能认为是与暴力有任何关系似的。

一多，我们今日是如何感觉没有你的寂寞，是如何感觉战斗行列的疏稀，是如何感觉无人扛大纛的缺陷！虽然现在与两年前的情形是大不相同，但我们还需要一个鼓手，还需要一个号角，还需要一个能常常"强占危险的尖端"的领导者！不，情势越紧迫，

---

* 原载《北大半月刊》第八期，1948年7月。

我们需要这等勇气和这等能力的程度也就越高。

一多,顺便再谈一件事,我很可惜你那篇《八教授颂》长诗没有写完,不然,虽然不敢说一定会"与别人有益",但总可增加青年人对于人性的认识,对于社会革命运动进一步的了解。假如你那篇原来可与《八哀诗》媲美的大作没有写成的原因是和我那天与你谈话有关,那我就真的追悔无及了。为了可能忏悔这一点,我现在想把你那封与这首诗有关的信发表,你大概不至反对吧。

安息吧,一多,明年此时当有更好的消息报告给你。

书　信

致　胡　适[1]

适之足下：

别来未一通书，疏懒之罪，自不能辞，惟向好写信如足下，而返国后书简亦甚稀少，以与耘校，比例上犹觉不我如也。

前阅来书，知已至北京大学，惟堂堂大学，尚须哲学教习代授英文，其幼稚情景可想而知，望足下尽力所能至处，大加整顿，总期大学名实相符，庶国中将来或有高等学问可言也。课程及教授法二者改良外，耘意足下应急与蔡子民先生及诸同事等设法为北京大学设一大图书馆，以作造学基础。此事向为足下所注意，如能从早见诸实行，则更幸矣。

德俄议和如成，俄新政府或有机会将其社会革命政策从容实施，"八十九"年[2]之后，此为人类历史上第一大事，如能成功，其影响何可限量。即不幸而失败，亦是政治学社会学上一大"尝试"，向前看者不必稍挫其气也。

科校 Trustee〔平议会〕前因 Professor Cattell and Dana 有和平行为（pacifist-activities），将该两教员革退，一时教员学生多鸣不平，Prof. Beard 竟以辞职作反对的表示，Prof. Mussey 亦继 Beard 而去，Robinson 虽未去，然到处痛骂 Trustee 不已，即 Dewey 亦在各报痛论 Trustee 不应作此中古时代之举动。Beard 辞职书议论正大，词气激昂，读之令人起敬，惜看过未存，不能寄君一阅，借知科校近况，是为憾耳。

---

[1] 信写于1917年，选自中国社会科学院近代史研究所中华民国史研究室编：《胡适来往书信选》（上），社会科学文献出版社2013年版，第6~7页。

[2] 指1789年法国大革命。

闻君将于后日成婚，耘本拟将此信迟至是日再写，以表一种贺意，但明日或与叔永同赴 Philadelphia 预备过年，经农亦将往，恐至彼无暇，故于今日写之。余不多及。

此颂

新婚大喜

弟耘上　十二月廿八日

致 胡 适[1]

［上缺］我欲今年在此暂停一年，明年转赴法国，惟学费转国事究竟能否办到，此时尚毫无把握也。

欧战自七月十八日德军在 Marne ［马恩］大败后至今，日日退北，德政府乞和，尚未见允，而希土奥三国已于一周之内先后舍德投降，昔日声震全欧之联邦国，今所存者惟一德意志，虽犹未降，然希土奥既去，万难久持，城下之盟，以今视之，直旦暮间事耳。德之终必败，世所早知，然未料其败竟如此其速，且竟如此其可怜也。今希君已去，希已宣告共和。匈牙利与 Bohemia ［波希米亚］离奥独立，均已宣布共和。奥京在社会党手中，奥皇能否返任，尚属问题。德皇日日被迫，能否抵抗到底，保其皇位，亦不敢必，以大势观之，似去多留少耳。大战四年，得此结果，亦云值得，吾等倾心民权者闻之快慰何似。且欧战一终，中国事亦将收场。旧国会恢复，段祺瑞下野，徐世昌退职，若能一一做到，岂非大快人心之事。话久不说，说便长了，暂且停住罢。

再者：老任、老杨都回去了，你的外国通信朋友又少了两个，请常与我来信谈谈罢。

耘　十一月六日

致 胡 适[2]

适之足下：

两书、《先母行述》，《新青年》四册、《新潮》二册及《每周评论》五期，均一一

---

[1] 信写于1918年，选自《胡适来往书信选》（上），第17页。
[2] 信写于1919年，选自《胡适来往书信选》（上），第23~24页。

收到，谢谢。

足下去年丧母，与我前年丧父同属人生不幸，所异者，久别之后足下犹听见"好呀来了"，而吾则并此亦未听见，思之诚属"终天之憾"。然人情爱母甚于爱父，是足下比我尤为悲惨耳。

《新青年》、《新潮》、《每周评论》等今日同时收到，尚无暇细阅，略读数篇，觉其论调均差不多。读后感触是喜是悲，是赞成，是反对，亦颇难言。盖自国中顽固不进步的一方想起来便觉可喜，便觉应该赞成；然转念想到真正建设的手续上，又觉这些一知半解、不生不熟的议论，不但讨厌，简直危险。这赞成、反对两个意思相消之后，究竟还是赞成的意思多，还是反对的意思多，实在也很难说。但因社会不能停滞不进，而且我们总是带有几分好新的偏向，故到底恐是赞成之意多于反对之意，不过终不喜欢，所谓多者亦无几耳。

尝思将来回国做事，有两大敌：一为一味守旧的活古人，二为一知半解的维新家。二者相衡，似活古人犹不足畏。此等维新家大弊，在对于极复杂的社会现象，纯以极简单的思想去判断。换言之，那只知其一，不知其二；发为言论，仅觉讨厌，施之事实，且属危险。适之，这非老张现在退步，不过因为他们许多地方同小孩子一般的胡说乱道，心有不安，不能不言耳。实在说来，你老胡在他们这一党里算是顶顽固的了。不知你自己可承认吗？

吾非谓《新青年》等报中的人说话毫无道理，不过有道理与无道理参半，因他们说话好持一种挑战的态度，——漫骂更无论了，——所以人家看了只记着无道理的，而忘却有道理的。这因人类心理如此，是不能怪的。此外，这些脑筋简单的先生们，又喜作一笔抹杀之说，如某君之《去兵》篇中"故在疆场为勇士，在社会即为乱民"云云，问问良心，恐他自己也不能相信，别说旁人信不信。又如其上文"世之所谓恶人……而其杀人放火则一也"数语，纯因不知兵为社会进化中一种自然制度，有其利自有弊。今见弊多，裁之可也，去之可也，理由多端，何必取此不通之论？盖吾人发言在欲令人信我，此种不通之论，欲人信之得乎？

《新青年》中除足下外，陶履恭似乎还属学有根底，其余强半皆蒋梦麟所谓"无源之水"。李大钊好像是个新上台的，所作《Bolshevism 的胜利》及《联治主义与世界组织》，虽前者空空洞洞，并未言及 Bolsheviki［布尔塞维克，下同］的实在政策，后者结论四条思律，不无 mechanical［机械的］，而通体观之，尚不大谬，可称新潮。Bolsheviki，中国报纸向称为过激党，不通已极。"联治"二字比"联邦"较佳万倍，可免许多无谓争执。

　　读中国报纸，见官府人民一齐庆祝联军胜利，令人赧颜。读《新青年》等报，见谓公理战胜强权，以后世界将永远太平，令人叹其看事太不 critical [批判的]。德、奥之败，谓败于 Bolsheviki 之公理或威尔逊之公理则可，谓败于英、法、日、意之公理则不可，以英、法、日、意之公理与德、奥之公理无大别也。至于世界以后果能太平与否，全视此次和平条约之性质如何，the League of Nations [国际联盟] 之组织若何，及以后各国政府对于此 League of Nations 有无诚意维持。以将来大势测之，似将和平；以目下事实言之，则不敢也。《新青年》等报谓世界将永久太平，未免蹈混事实与希望为一之弊。

　　国中所出杂志，多不于其目录中每题之下标明页数，翻阅颇觉不便，《新青年》、《新潮》亦是如此，殊属不解。

　　附呈《俄国新宪法》一本，或为足下所未前睹。

　　并勿幕遇害，陈 [树] 藩病死，人材凋残，为私情悲，为公谊伤，为国家惜。老任到底将作何事？文伯已回国，足下见之否？前所定杂志，均照常收到否？巴黎和议，上海和议，你知道，我知道，不必说了。

　　　　　　　　　　　　　　　　　　　　　　　　　　　　　奚若　三月十三日

致　王　徵[1]

文伯足下：

　　二月廿二日东京一书敬悉，你说我与你的"公文似的已收到了"，当系指我一月十四日报告书箱之信而言，因我去年十二月廿二日曾与你一长信（约六七千字），内中正事闲话不知说了多少，才能谓为"公文似的"哩。但据你此次来信观之，似此信从未至君手意者，此信抵北京时君已去彼，展转失落乎？如能查出亦好，因我现在不能将一切重新再说了。

　　你的书箱已于一月廿七日由 Bottom Carth 船运回天津，此时当已收到。

　　你说你现已决定从事学问，再也不想那甚么银行甚么实业，我听见非常欢喜，因

---

[1] 信约写于1920年，选自耿云志主编：《胡适遗稿及秘藏书信》第34册，合肥，黄山书社1994年版，第298~305页；原书为手稿影印，整理时添加标点。《胡适来往书信选》（下）亦收入此信，但不全，系残稿，参见第1184~1185页。

为这种决定在吾人生活中总要算是一种大事，你若决定到法国去，我请你在东京多停几天，因我现已决定于六月半或七月初间与叔永一道回来，狠想过日时见你一面，不知可能做到吗？

我本然也想到法国去，但是教育部说我不是博士，不能转国，严恩极更自然也是无法可设，所以不得已只得暂且回来，拟在国中住一二年后，再往法国。我的主意，既然已经如此定了，所以你所说的秦司长及大学津贴事不能适用我，只得谢谢你的好意罢了。且将来至法可多住数年，比此时去仅住一年许较佳，淮钟将来亦有往法之意，吾意君若能俟至一二年后与吾等同去，岂不更佳。

我到北京大学教书事，我已于去年十二月廿二日长信中告诉你说，恐怕做不到，因：（1）刚出学堂又进学堂，虽有学生先生之分，到底不甚喜欢；（2）我确有意于"新革命运动"（此事君此次来书亦提及之，可谓志同道合，但我做此事，非君在国合作不可，请君斟酌后与我一信，详情过后时当面商）；（3）上政治舞台之念现虽打消，但我又想用全副精神去办两种杂志，一谈普通政治，一谈专门学术。有此数因，故北大之事不能冒许。但此等计画均须抵国后始能确定取舍。若（2）（3）二者均办不到，彼时再去教书，亦不为迟。此种办法为我个人计，似乎审慎周到，君当无异辞也。再，请 Beard 事，叔永来谓彼并不知此事，我虽热心，但以无此权柄，无从为力，大学如真有此意，应令从早与我一信，以便进行。

《政治学报》第一期本不见佳，再加《国际大同盟论》及《中国政治道德堕落之原因》二文，自是愈弄愈糟，而中华书局又要省钱，不肯登广告，销路自然不会好。新出之报若要人知，自非广登告白不可，君以为然否？

我对于新思潮大致赞成，即或不如足下之热心，但亦断不若觐庄之反动。至所以不能如足下之热心者，大抵由于未尝亲睹国中腐败现象。自忖抵国后目击实象，热心当与君等。惟新思潮所须之领袖人物，似非适之所能胜任，以适之好邀众誉，而真正领袖人物，有时非犯众怒忤众情不可也。

你信中说"老婆不管他，儿子教育也要放弃了"，足下归国不到一年，不但有了老婆，并且有了儿子；不但有了儿子，并且儿子已到读书的年龄了，真要算是一个wonder，不知淮钟闻之，作何语也，一笑。

我大概六月初间就要离纽约，你若与我回信，请赶快写罢。余不及此，问

学安

耘　三月廿五日

与沈星五书已转达，彼已于昨日赴德国留学去了，暂时通信处如下：c/o B. Shen 127 Holland Rd. Kensington London W. 14

致 胡 适[1]

适之老友：

久不给你写信，你可好吗？你送我的《尝试集》已经收到，谢谢！读《我的儿子》一首才知你现在已经做了父亲，虽不敢照例恭喜，也总算是一件新闻。

张奚若今为一事托你帮忙如下，我预备今年暑假后转学法国，已经写信请陕西教育厅呈部了，但陕文至部时能否批准，实不可知闻。文伯云你与教育部专门司长秦汾君相识，所以现在写信，请你告诉秦君，陕文到时请他即速批准为盼，我这求学苦心告诉秦司长的事，请你不要忘记。你如能抽暇与我一信，更属非常欢迎。

耘
民国九年　五月卅日

再者，信到时，恐怕陕文已经到部，所以请你不要耽搁为幸。

致 王 徵[2]

文伯吾友：

你五月初十、十七、二十寄我三信，都于数日内先后收到，公费事你替我帮忙，真属感激得狠，想两三周内当又有信来告诉结果，我于五月三十日曾致适之一函，请其转告秦汾，陕西公文到时即为批准，想当不难办到。至于你从前所说请秦汾写信严监督一节，我因恐怕办不到，故未言及，不知你与适之信中如何说法？

你五月十日信中所谈办报各端，都属确有见地，惟自我看来，此中有二大难处：第一就是人的问题，我看今日确有见解有学问，并会做文章，可以共事办报的人，真

---

[1] 选自耿云志主编：《胡适遗稿及秘藏书信》第34册，合肥，黄山书社1994年版，第282~283页；原书为手稿影印，整理时添加标点。
[2] 信写于1920年，选自耿云志主编：《胡适遗稿及秘藏书信》第34册，合肥，黄山书社1994年版，第306~313页；原书为手稿影印，整理时添加标点。

是不多，若是第一能组成一极强健的 editorial stand，我想其余一切都好办了。第二就是钱的问题，零星小款或易筹措，持久正项终属难事。不过我以为二者之中第一问题尤其要紧，因为有了人没钱总算容易办的，这虽是宽泛无着的话，但总有几分道理。

你近来来信中几乎无一次不为适之说好话，这真算是你为朋友为人才为社会的苦心，我非痴愚，安敢不敬重你的好意，不过我对于适之的意见，也不十分太恶，也并非彼此不能相容，我从前信中若有偏激之话，大概也是责备贤者之意。你说"适之究竟还是我辈中人"，正与我的意见相同。犹忆不久有人痛骂适之，我听见极为适之帮忙，说骂者此理胡说，旁有某友问"你前天自己骂适之，现在人家骂他，你又为他说好话，这是甚么道理"，我答"骂胡适也不是容易事，也不是不论何事不论何人都可骂的"。这并不是我对于骂适之事要来自己专利，不许旁人开口也，正因适之是"我辈中人"，指责若不得当，不但适之听见不能服，连我们自己也不愿受，你说对不对哩。我从前批评适之若有不当或者也是因为我不知道"已尝试的适之"的原故，谢谢你的纠正，总之我对适之即有时不满意，也绝无害于将来的合作，要像梅老先生那样 reactionary 的一半，实在也是万万做不到的，请你不要担心。

你五月廿日书中有几句最要紧的话，我听见非常快活，并且想与你讨论讨论，可惜没有时候对之，不是这封信上所能写得下的，只得简单说几句罢。你说你的 whole □都是倾向 Communist-State 那方面，并言我与龙荪相信此理是以美国情形为背景，而你则"以中国现势为背景，这是不同的地方"，你这几句话触动我的感想不少，而最有趣味的就是那"中国背景"数字，因为我常对我自己讲"我在外国是一个社会党，是一个布尔歇维克，但是我一回中国，恐怕自然就不会是这些东西了，因为中国的社会背景与外国的不同"，换言之，就是我对于外国的社会问题是一种解决法，对于中国的社会问题是另外一种解决法，问题之性质不同，解决之道亦自不能不异，这话我自己以为并非毫无道理，今你来信偏说你的 Communist-State 是以中国现势作背景，这岂不是把我的意思完全推翻了吗！我并非要保全这个意思，要保全这个中国外国的分别，不过想晓得你那"中国现势"是何等现势，理想上事实上是否有打倒此种根本区别之能力，倘真能打倒，那我们读书做事岂不是便当得多了吗？请你有暇把这种"现势"详细告诉我一番，我实在感激得狠。

适之劝我著书，我原本也有这个意思。但是著书，说自己的话哩，还是说旁人的话哩，若说旁人的话，实在太多说不清楚，若说自己的话，我现在尚无话说。这话我想凡读过书的人，都赞成的。且今年若赴欧洲，无论自己的话人家的话，恐怕都无时候说了。

著有统系的大书一时是不成问题的,我想把我为《政治学报》所做的《主权论沿革》《社约论考》《自然法史》《自然权利史》四文汇为一策,再加一稍长序文,印一单行小本,名曰《自由与政权》或《西洋政治哲学史摘论》,不知你以为若何,如以为可行,即请代为打听何处可印行十万字可得售版权费若干——请你不要笑我小气,因为我现在经济非常困难,若非有三四百元,不但不能回国,连欧洲也不能去——再,《自然权利史》一篇,尚未起作,若决定印一单行本,自当从早作成。

我的"她"将来美,而先归陕省也,若来至早亦在八月底,我因身体不适,夏间不敢再住纽约,定于七月初五左右赴 Kesmout 休夏,归来约在八月半间或八月底,以后来信暂托龙荪代转,龙荪住址如下：

Mr. Y. L. Chin

414 Wlat 118 St.

耘　六月十八日晚一时半

致　胡　适[1]

适之：

由旧金山寄你一信收到吗？听说你有病,现可好否？我到上海忽忽已三日了,不知忙的何事。杨女士回陕,欧行不能即定。光阴空度,想起来实在害怕。

现寓一品香四四号。

奚若　〔十月〕廿二

致　胡　适[2]

适之：

你十月廿三日的信我在上海时已收到了。

---

[1] 信写于1920年,选自《胡适来往书信选》(上),第83页。
[2] 信写于1920年,选自《胡适来往书信选》(上),第83~84页。

我因在上海无事，前天来南京，住杏佛家，预备一星期后又回上海。

来北京看看本是我很情愿的，但是初回国，行动颇难自由，若果能来，本星期末即可由此动身，否则就不能不俟诸异日了。

你的病此时可完全好否？

奚若　十一月二日

致 胡 适[1]

适之：

我到上海已经四天才与你写信，未免太迟了。迟的原因实不能不归罪于租房、定船、寻人种种细故，请你原谅我些。

我已定于三月十日左右乘法邮船 Porthos 赴欧，因二等舱不能得，只得改定三等，甚望红海一带不至热死也。

我为你们照的相片因光线不合，洗出来很不好，随信与你寄来，请你放在你的字纸篓里。你为我与思祖所照合影，以光线言之，洗出必佳，请你为我寄一张来，千万不要忘记。

一涵之书进步如何？ Mrs. Hu 请代我问好。

与我来信仍寄南成都路辅德里 622 号。

奚若　二月十六日

致 任 鸿 隽[2]

叔永足下：

你十二月三十日寄我一信，昨日始由英国朋友转至此间。你移家南京很好，我将来或亦在南京，实未可知。以此地虽较京沪稍为蔽塞，但社会恶习惯尚少，家居稍觉清闲也。

---

[1] 信写于1921年，选自《胡适来往书信选》(上)，第91~92页。
[2] 信约写于1923年，选自《胡适来往书信选》(下)，第1190~1191页。

我于正月一日至德，想你已由杏佛处知之。现在让我将我月余以来对于德国社会人民所有感想，略述数端，当作谈天。

（1）德人理想中之最大要素曰"宏大"。外来之人，一入德境，处处皆见此"宏大"理想之表现。如火车站也，街道也，一般建筑也，无处不见此"宏大"理想之贯彻。然"宏大"之反面曰"笨重"。如每至一家，非用双肩推门，简直无从而入。进门后第一层楼梯已比上海二层楼的房顶高得多，中国学生又多在四五层楼上，故每至一家，楼梯上完，见朋友时，多半力竭声嘶，气息奄奄矣。饭馆的牙签，简直有四寸长，半寸宽，不知者竟认为敷牛油叉或裁纸刀。

（2）德人做事精细，一事须经许多手续，方能完结。然精细有弊，曰 beauracratic〔官僚主义〕。初来柏林者，第一礼拜内只报巡警一件事，已弄不清楚。又有许多地方，简直是"慢"，并非精细。譬如书铺定书，在柏林本城者，至快亦须十日或一礼拜始能得。在外城者。一月以内，简直毫无希望，我正月初定了许多书，至今已过一月半，还毫无消息。洗衣店洗衣，至快亦须两三礼拜始能拿回。我们在美国住惯了的人，这些地方觉着实在不便。

（3）柏林街上到处都是咖啡馆。这个制度，也好也不好。好处无事时可约朋友去谈谈天，不像英美除散步外毫无休息去处，干燥无味可比。不好处是欧洲人把时间全不爱惜，竟有半日不出者。普通我想每人一进去，在里面至少也要坐过两点钟才肯出去。

（4）音乐馆不管大小，也是随处皆是。这也足征他们音乐发达及一般人能懂音乐的程度，不知中国何日始能及其万分之一。我所讲的这几件事。都甚浅薄，因为我到此不久，话讲不好，眼所见的，只有这些浅薄事，此刻与你谈天，随便拿来说一说，请你不要笑。

还有一件事，也可随便告诉你，这就是德国的中国学生。留德的学风向来不好，我到此后才知道。以前的不说了。现在这一群人（数目甚大）、道德堕落，就不说了，学问一方，简直不能说。大多数不是不能进大学，就是进去也无用处。因为中国中学堂毕业的人，原来离他们那 gymnasium〔大学预科〕出来的学生差得远。在大学听讲，多半没有资格，听不懂，而且德国的"讲演制"，于造学问也不大相宜。他们最要紧的 seminar〔讨论会〕中国人又不去理，那学问一方，还有甚么希望？再加现在德国生活便宜，许多人不好好的在上海打麻雀，拉胡琴，却跑来德国玩阔（雀牌，胡琴自然也是随身带来），这些人德文既不懂，又不学，其讨厌可杀，更不消说了。（下略）

致 杨 杏 佛[1]

杏佛足下：

去年九月廿日手书已于两月前收到，所以未能于一星期内回信者，先以待商务来款，嗣以欲等朱中道等抵此后面询所商之事。不意商务款终未来，而朱等到后亦无好消息，官费又不来。穷生涯中牢骚多，心思少，故于足下之信竟一搁逾两月而未作答，破约之罪，自知难逭。今惟有以"以后再不敢如此"相许，不知足下尚能信我乎？

我本拟今夏回国，惟以川资无着，故又恐不能成为事实。来书言"我等拟将《努力》移沪，并请兄任主撰，如兄欲归，弟等当可代筹川资"云云，骤观之，似可达我今夏归国目的，应即承诺。但细思觉有数点尚待商酌处：（1）《努力》编辑部组织，我不大明了。关于每件重要问题本报应取态度之决定，不知系取编辑部会议制抑取主撰独裁制？如取主撰独裁制则无论矣；如取会议制，未识主撰之权限若何？简言之，我如任主撰，自应有主撰权。当权限须能实行我良心上所主张的政策，始敢接手。（2）《努力》现时体裁似太狭枯，有时几同《时事新报》的附张《学灯》一样，太不像国中有知识、有主张的Élite（杰出人物）所出的报。我意拟将其改编如下（张数并不加多，还是一张四页）：第一页专论重要政治或社会问题，名曰"社论"。第二页摘述本周重要政闻，于每段之下加以评语，名曰"政评"。第三页不谈政治，专评国内关于社会风俗习惯的新闻，事无巨细，凡能作攻击及改革社会恶习之资料者皆纳之，名曰"社会问题"。第四页名曰"学艺"，凡书评、诗词及关于专门学问之文皆归之；或将第四页上半页作"学艺"，下半页留作"杂评"之用亦可。（以上所言第一页社论，第二页政评，第三页……，自不必定限于每页一栏，临时视材料之多少略为伸缩，自无不可，不过内容能如此扩充，始觉较有生气。）大致体裁如是，能再改良，自属更好。未识你们以为然否？以上（1）（2）两条，你们如能赞成，而我归来又本想办报，似无拒绝你此次来信中所提议的理由。至于川资一层，我现拟五月动身，能赶上三月底以前电汇千元至巴黎最佳（须汇成英镑，万勿汇佛郎，以其跌落无常，至易吃亏，能由美国银行如 Guaranty Trust Co. 或 American Express Co.［保证信托公司或大通公司］或其他英国银行汇，自较法银行为便多矣），以须一月前预定船位，并预备一切启程

---

[1] 信写于1924年，选自《胡适来往书信选》（上），第172~173页。

回国事也。

志摩回国后，因离婚事不大得意，连与我一封信都无心写，不知我托他由伦敦所带两个书箱究竟带回中国没有（因我听见老金说，在伦敦或有未运上船的差错）？万一还在伦敦，请你转问他现存何处，以便我未离欧前，就近将此事办清楚。

我现居一法国人家，一切都好，回国前不至再迁，以后来信或汇款，均请直寄下开新住址：Chez Madame NÉsius, 129 Boulward Diderot, Paris 12ᵉ, France。

奚若　一月十日

诸熟人统此致意。

致 胡 适[1]

适之：

四日寄经农及我的一封信，前日由南京回来才收到。以内中所言各端口气看来，似乎我前次寄你的那封信，当发此信时还未收到。

我本欲即日来北京，与你商量办《努力》的事。但因交通不便，且无居北京的冬衣，故不能不略缓数日。如冬衣早成，且临时能弄得路费，自当从早动身。

现在让我在此信中将《努力》及我个人生活问题二事，提先谈谈。

（一）《努力》。《努力》独出，我也是赞成的，但须有确实可靠的款项始可。不知你对于此层有无具体办法？前日在南京听叔永说，你们从前与商务书馆订有一种办法（即由商务代印外，又由他们每月出四百元编辑费），不知现在尚能适用否？

（二）我的生活问题。我本想以全副精神办《努力》，但若无的款，则我自不能不别谋生活之道。照你这次来信看来，北大一方尚无法想，何况别处。故我自接你此信后，对于北来事不禁又减去了几分热心。编书一层，我也是半不谓然。简单言之，就是若全靠编书吃饭，则所编之书难免不带有几分蔬菜或杂碎味，非良心所许。反之，若所编之书尽合己意，或与自己理想上所悬之标准相差不太远，则恐手编不如口吃之快。手、口二速率不等，是生活问题犹不能解决。结论：若《努力》无相当维持费，则我的生活问题似又不能不借教书解决，编书只能认为教书余暇的副出产。教书北京既不行，则又不能不别谋他处。教书本非素愿，但报若不能办，则教书似又难免。经农留我在

---

[1] 信写于1925年，选自《胡适来往书信选》（上），第214~215页。

商务充孟和遗缺，更非素志所及也。

我如能凑得路费，不久或来北京一行，但不能定确期。一、二日内或移至经农家去住，如来信，请由经农转可也。

诸熟人先代致意。

奚若　一月十八日

致　胡　适[1]

适之兄：

到沪已二日，以交通不便，不能他往，甚困。

《努力》事与经农谈数次，毫无结果，本拟来京面商，而津浦路不通，海行又惧风涛（以数周来苦病海，此时心怯犹未减），似难做到。倘兄亦不能来沪，则此事暂时惟有函商。

以下数点，兄计划如何，望速见复：（1）地点如仍在北京，不知言论一方究有几分自由？（2）经费何出，是否有维持一人之力？如不能完全维持，究能维持几分？每月为数大概若干？（3）《现代评论》出版，与我们续办《努力》原计划有无影响？

与志摩函祈即转去为盼。

奚若　〔一月〕廿八日

通信处：一品香旅社

致　胡　适[2]

适之兄：

十二日书敬悉。为《独立评论》作文，本属应尽义务，不过近年来政治问题日趋复杂，立言颇觉不易。同时个人勇气与年俱减，遇事先见其难处，结果更难下笔。《独立》已出四期，弟尚无文送上，实属心有余而力不足，至希鉴原是幸。

---

[1] 信写于1925年，选自《胡适来往书信选》（上），第224~225页。
[2] 信写于1932年，选自《胡适来往书信选》（中），第484~485页。

弟前所借《努力》千元，数年来无力归还，真是抱歉万分。今承慨允每月归还廿五元的轻而易举的办法，衷心非常感激，请即自本月起实行，预计三年四个月即可还完。此在兄虽有琐碎不便之感，而在弟则能达到偿此　笔宿债目的，实属不胜欣慰之至。再：偿还期暂定为每月廿一，二日，因廿日为清华发薪日也。下星期二、三当有支票一张寄上，余不多及。顺颂撰安。

弟奚若　廿一年六月十四日

致梅贻琦[1]

月涵校长先生赐鉴：

敬启者。前此教授会，选举评议员时，有人提奚若为候选人，当时本欲辞谢，惟自忖不会当选，辞了未免多事。不意开票结果，竟然当选，实觉惶惑万分。本拟会后即行函辞，策以赋性疏懒，因循迁延，至今未果。顷接评议会明日开会通知，始感非立辞不可。盖奚若寓居城中来往不便，且对于学校行政事务素乏长期兴趣，偶尔兴来尽可争吵不休，按期到会未免滥竽自苦。为此谨向先生恳辞评议员一职。情出至诚，务乞照准。不胜祝祷，感荷之至。专此，即颂

教祺

张奚若敬上
六月廿三日

致梅贻琦[2]

月涵校长先生左右：

敬启者。昨日教授会选举奚若为下届评议员，本应勉参末议，以答投票者之盛意，不意会后乃闻此次选举一部分同人有奔竞操纵情事，虽事出传闻，未敢尽信，然亦无法证其必无。奚若虽自信并未参加此种组织，而仅于会后间接知之，然在此种情形下当选，

---

[1] 原件藏清华大学档案馆，整理时添加标点。
[2] 原件藏清华大学档案馆，整理时添加标点。

总恐难免物议猜疑，兹为避免嫌疑计，特请准辞下届评议员一职，情出自爱，务祈俯允为祷。再者，此种传说如果属实，则与清华所以为清华之传统精神，根本相反，而于学校前途将丛生一极不良影响，杜渐防微，尚望先生有以处之，学校幸甚。专此，敬颂

道祺

张奚若
六月九日

致梅贻琦[1]

月涵校长先生道席：

敬启者。昨日教授会选举奚若为评议员，当场恳辞，未蒙谅准。兹再披诚奉恳，务祈准辞是项职务，并希以得票次多之第一名候补人李辑祥先生依法递补，庶新评议会，第一次开会时李先生即可出席，仪容整齐，效率提高，一举而两得。至希立准施行，不胜感荷之至。专此，顺颂

时祺

张奚若敬启
七月卅一日

致梅贻琦[2]

月涵校长先生道席：

敬启者。政治学系教授萧公权先生于芦沟桥事变后即未到校，去夏学校因盼其回校，乃从宽办理，给以休假权利，冀其能于休假后回校服务。萧先生当时亦曾来函声明，谓休假后一定回校决不食言。不意日前忽接萧先生来函，谓近又决定下年不回校，并辞去聘约。至于所受休假权利一层，则仅谓所领薪金如学校认为应当退还，彼亦可照办。

奚若认为，萧先生此举其不当处有二：第一，不应于在特殊情形下享受休假权利

---

[1] 信写于1937年，原件藏清华大学档案馆，整理时添加标点。
[2] 原件藏清华大学档案馆，整理时添加标点。

之后，竟不回校。第二，若不回校，自应自动归还假期中所领薪金，不应存丝毫希图规避之心。惟事实既已如此，学校自应索还所领薪金，以维校章，而杜效尤。倘万一萧先生于接到学校此种通告后，藉口事实上无此能力而图规避，则请在奚若薪金内每月扣还百元，以至扣清为止。奚若虽非富有，然为明责任维校章，不能不如此办理也。再，此种建议全出至诚，绝非虚伪形式，如不幸萧先生果不肯还或不能还，则只有如此办理，绝不宜有任何客气之处。盖萧先生之所以竟然不肯回校者，完全出于计较个人小利，而吾人为维护学校计，应绝对出以大公，不应计较私人利害也。情出至诚，尚祈鉴核办理为幸。余不一一，即颂

教祺

张奚若
七月十日

致 陈 岱 孙[1]

岱孙院长先生道席：

敬启者。政治学系副教授龚祥瑞，自民国二十八年到校服务，已满二年，学识卓越，成绩优良，拟请照章升为教授。如荷赞同，请提出聘任委员会为祷！专此，敬颂

道祺

张奚若
五月二十八日

致 梅 贻 琦[2]

月涵校长先生左右：

敬启者。本校政治学系助教曹保颐君，在系服务业满五年，拟援本校资送助教出国研究办法，赴美研究政治制度及行政。按，曹君毕业本校，成绩甚佳，服务劳绩亦

---

[1] 原件藏清华大学档案馆，整理时添加标点。
[2] 原件藏清华大学档案馆，整理时添加标点。

极优异，其所拟研究计划书，又属切实通达，可见功效，奚若与之相知有素，谨为保荐如左，如邀选送，诚不胜感荷之至。专此，并颂

道祺

张奚若 敬启
四月十九日

致 梅 贻 琦[1]

月涵校长先生道席：

敬启者。本校政治学系助教曹保颐君已辞职离校，遗缺拟聘瞿维熊君继任，如荷赞同，请即发给聘书为盼。专此，即颂

教祺

张奚若再拜
三十年九月九日

附瞿君履历如下：
一九四〇　　清华政治学系毕业
一九四〇——一九四一　　清华研究院肄业

致 陈 岱 孙[2]

岱孙院长先生道席：

敬启者。政治学系下年度拟聘楼邦彦先生为教授，楼先生前曾任本校副教授一年，嗣任武汉大学教授二年，其以前学历存清华大学秘书处，兹不另赘，如蒙赞同，敬祈提交聘任委员会为荷。专此，顺颂

节祺

张奚若再拜
卅一年六月十八日

---

[1] 原件藏清华大学档案馆，整理时添加标点。
[2] 原件藏清华大学档案馆，整理时添加标点。

致 陈 岱 孙[1]

岱孙院长先生道席：

敬启者。政治学系下学年拟不续聘龚祥瑞先生，理由前已面达，兹不赘。如荷赞同，请通知聘任委员会为祷。专此，顺颂

时绥

张奚若　敬启

六月廿六日

致 龚 祥 瑞[2]

祥瑞仁弟：

清华聘任委员会昨议决对于吾弟下学年不续聘，特此通知，顺候

时祺

张奚若　敬启

六月廿七日

致 梅 贻 琦[3]

月涵校长先生左右：

敬启者。日前致龚祥瑞先生一函，兹将函稿附呈，以备参考。专此，顺颂

道祺

张奚若　敬上

七月一日

---

[1] 原件藏清华大学档案馆，整理时添加标点。
[2] 原件藏清华大学档案馆，整理时添加标点。
[3] 原件藏清华大学档案馆，整理时添加标点。

致梅贻琦[1]

月涵校长先生大鉴：

敬启者。清华政治学系助教瞿维熊君，因病辞职，可不续聘，遗缺拟以联大政治学系去年毕业生杜汝楫君继任，杜君学品兼优，为该班高材生。如荷赞同，请自本年度（八月份）起聘为清华政治学系助教为荷。专此，顺颂

道祺

张奚若　敬启

卅三年八月十日

致梅贻琦[2]

月涵校长先生道席：

十七日函敬悉，嘱在陈岱孙先生离校期间代理法学院院长职务事，再三思之，终觉无从应命，盖（一）奚若于廿年前初进教育界时，即决定在教育界祇教书不任行政职务，（二）近数月来身体日差，时常多病，医嘱宜静养，尤忌生气，以此所嘱，实难遵命，不恭之处，尚祈见原为幸。匆此，即颂

教祺

张奚若　敬上

卅五年一月廿二日

致梅贻琦[3]

月涵校长先生道席：

敬启者。清华政治学系拟聘林伴圣先生（现仍在美）为教授（注意：非副教授），

---

[1] 原件藏清华大学档案馆，整理时添加标点。
[2] 原件藏清华大学档案馆，整理时添加标点。
[3] 原件藏清华大学档案馆，整理时添加标点。

如荷同意，请提出于今日开会之聘任委员会。又因奚若今日不能到会，希将开会结果令秘书处于一二日内通知，不胜翘企之至。附呈林先生英文履历一纸，及陈岱孙、吴景超两先生关于此事来函三件，一并附呈，以备参考。此项函件阅后仍祈掷还为盼。专此，顺颂

教祺

张奚若拜上

卅五年一月卅一日

致梅贻琦[1]

月涵校长左右：

敬启者。学校复员在即，系中一切诸待擘划，而奚若对于行政事务向乏兴趣与能力，近又多病，久治不愈，即欲有所努力，亦殊无此勇气，再加迩来感受各种刺激，对于中国教育前途极为悲观，有此数因，故决意辞去清华政治学系系主任一职，兹特正式恳辞，务祈俯准为盼为祷。再，此事前已与岱孙先生言之，以后关于系中各种计划，请直与岱孙先生商酌，奚若为贯澈初衷计，绝不与闻也。专此，并颂

道祺

张奚若　拜上

卅五年三月二日

致赵凤喈[2]

鸣岐我兄：

兹送上林俨圣君来电一通，阅后请寄岱孙一阅。嫂夫人已来了否？甚念。匆此，即颂

---

[1] 原件藏清华大学档案馆，整理时添加标点。
[2] 原件藏清华大学档案馆，整理时添加标点。

时祺

        弟　奚若　敬启
        六月十二日

致 梅 贻 琦[1]

月涵校长先生左右：
  敬启者。奚若自一九二九年至本校任教以来，仅一九三四年休假一次，而且系在国内研究。兹拟于下学年度（一九四八至一九四九）请求休假并赴美国研究，其研究计划拟至哥仑比亚大学及哈佛大学，研究最近十年来各国所出关于政治学之书籍。如时间许可，并拟至英国考查工党改革社会之成绩，以明理论与事实之关系。如蒙俞允，自属感荷。专此，并颂
道祺

        张奚若　拜启
        卅七，三，十三

致 鲍 觉 民

觉民我兄：
  别来年余，一切当甚佳胜，兹有恳者清华政治系四年级女生张遵修，拟于今夏毕业后来南开任助教，托弟代为介绍，弟因不识王德辉先生，只得渎扰我兄。该生学行确属优异，对于助教一职定能胜任愉快，如有缺额，尚望能予成全，如何之处，希便中见复为荷。附该生成绩单一份，以备参考，专此，顺颂
时祺

        弟　张奚若　拜启
        卅七年三月廿二日

---

[1] 原件藏清华大学档案馆，整理时添加标点。

致 张 正 欣

正欣侄孙：

你八月廿三日的信卅日才转到。最近一周来，我一因事忙二因身体又不大好，现在才有时间和精神给你写回信。兹分三点述如下。

一、我很高兴接到你这封信，很喜欢听见你今夏已在大荔中学初中毕业，更喜欢听见你当选为毕业班的文化革命代表！

我是一九三四年最后一次回朝邑的，那时候你父亲和你叔父才只七八岁大。一九五三年你二老奶奶来北京后，老家情形知道的就更少了。我现在要问你几个问题，希望你一一具体回答。（一）你祖母还健康吗？（二）你父亲和你叔父现在都在何处做何事？

二、《毛泽东选集》北京也脱销，也无法买到。据说现在的政策是先顾外地，并且是在各省印各省销的。希望你们学校可以逐渐多发到些。报载不久还要印简体字横排本，也是在各地印各地发的，你应时常注意。

三、来信所说王重九曾说去年"考到北京大学的大荔中学学生受到了张奚若的热情招待，坐上小汽车游览北京美景，并设宴招待"。这句话中之"热情招待"，若改成"热情接待"，比较与事实相符；"坐小汽车游览北京美景"是绝无其事；"设宴招待"则是把事实过分夸大了。听我下边解释。

去年考上北京高等院校的大荔中学学生十二人有一天到我的寓所来看我，因我不在家，未进门而去。后来用电话约定具体时间，按时又来，我接见了，而且的确是"热情接见"了。为甚么"热情"呢？这是这件事的关键性问题，不明此点，就很难了解整个问题。

当时我对他们说，抗日战争前我在北京的清华大学和北京大学教了十几年书，从来没有看见一个在陕西高中毕业的学生考上过清华或北大（偶有陕西学生考上者，那都是在外处如北京天津上海等处上高中的），结果，只能去入那些私立大学，而且有些人还只能入私立大学中最坏的几个（只交学费，不必上课，不必考试，到时拿文凭）。现在，全国解放才十六年，陕西仅大荔中学一个学校考上北京高等院校者就有十二人之多！全陕西的高中毕业生考上全国的有名高等院校者就不知更有多少了！拿陕西来说，这是一件破天荒的大事！拿中国来说，这证明新中国在中国共产党和毛主席的英明领导下全国教育事业的伟大胜利！当时我是在这种特殊历史背景下，在爱国爱乡崇拜党的激动心情下，接待他们的，怎能不"热情"！

  那天，因为这十二个人（好像只来了十一个）是初到北京，对北京的地理历史学校情况政治要点国际问题都不大了解，话就说得多了长了。话说完后，为庆祝上面所说的破天荒大事，就请他们到一个饭馆子去吃饭（因为人多我的寓所是没有这个条件的）。馆子的饭当然同家里的不同，当然比较丰富些多样些。不过若说成是"设宴招待"，那显然是过分夸大了。

  由我的寓所到饭馆子约有三里路，我的小汽车除我自己外还可坐三四个人，所以就带了他们三四个人。这三里路上约有一里多是经过热闹市区，大城市的热闹市区当然有些花花绿绿的现象。我想这可能就是所谓"游览北京美景"这句话的事实根据吧。不过实际上北京的真正游览区是城内的故宫，天坛与公园和郊外的颐和园（现改名人民公园）明陵与长城。这些地方我却没有在任何时候陪他们任何人去过，所以上边我说所谓"坐小汽车游览北京美景"一语是绝无其事。现在我再重复一次，"绝无其事！绝无其事！"

  信已经写得很长了，最后再问一句要紧的话：你初中毕业后将作何事，升学还是做事？如做事，做何事？

  还有一件小事，顺便提一下。大约两三年前我曾托人给你父亲带回一套英雄牌金笔和铅笔，不知曾否收到？带笔人的姓名忘记了。他说他和你父亲一块工作，说他刚由东北回来，一二日内回陕西，我就乘便托他带了这个东西。不过数年以来他和你父都无来信，不知到底收到没有？

  祝你和你一家都好。

大爷爷　奚若
一九六六年九月八日

八年多未曾照相，只能给你一张旧的。
来信直寄北京北长街 56 号张奚若收

编后小记

如孟子所说,"颂其诗,读其书,不知其人,可乎?是以论其世也",所以在文集结尾处做一点"知人论世"的工作,以更好地理解作者及其学术思想。在《清华暑期周刊》的"教授印象记"中,清华同学如是描绘张奚若教授:

> 张奚若这名字,仿佛已经过时了;五四时代法国留学生代表中好像有张先生的名字,是当时一员少年战将。
>
> 五四时代让位给五卅,张先生也从前线退到后防。你望到他那一小胡,有点像日本人的风度,当年的英俊气象还隐约在眉间呢。
>
> 教育的工作,比较站在前线匹夫之勇重要得多,五四时代死去了,她的精神不死,张先生把这种精神传给了新的英雄。
>
> 一颗麦粒在树上枯死了,只是一粒麦子,她落在地下死了,能生出许多麦子来。
>
> 张先生由斗士退到教授,未始不有重要意义的,我们对他的期望也愈大。

经此一述,作者的神态栩栩如生,跃然纸上;读者也仿佛可以穿过枯卷,神游驰往,触碰历史,感受百年前的学术生态。

《张奚若文集》由刘猛编选,张小劲、谈火生审定。编选过程中,广为搜罗,以期较为全面地展示张奚若一生学思。整理时以保持初刊原貌为原则,但原文有印刷错误则径直改正。张文朴先生、白晟教授、谢喆平教授支持襄助,政治学系博士研究生江文路协助校对,一并谨致谢忱!

2018 年 3 月于清华园